Christian Dillo

Der tiefe Wunsch nach Lebendigkeit

CHRISTIAN DILLO

DER TIEFE WUNSCH NACH LEBENDIGKEIT

Ein buddhistischer Wegweiser für das 21. Jahrhundert

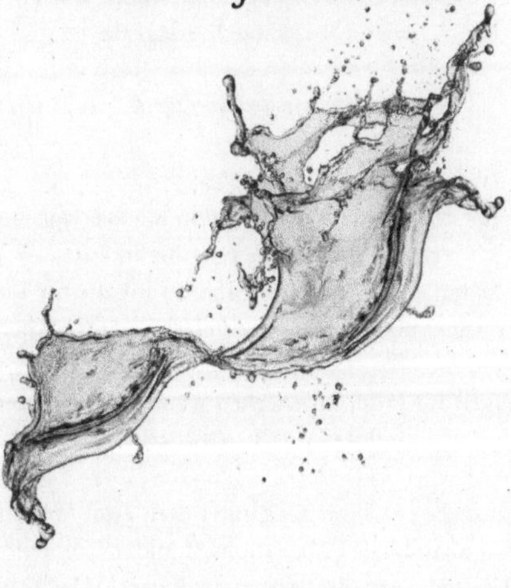

allegria

Allegria ist ein Verlag der Ullstein Buchverlage
www.ullstein-buchverlage.de

ISBN 978-3-7934-2437-6

2. Auflage 2025

Bei Fragen zur Produktsicherheit wenden Sie sich bitte an
produktsicherheit@ullstein.de

Die Originalausgabe erscheint 2022 unter dem Titel *The Path of Aliveness*
bei Shambhala Publications, Boulder, Colorado
Umschlaggestaltung: zero-media.net, München
Titelabbildung: © FinePic®, München
Satz: Pinkuin Satz und Datentechnik, Berlin
Gesetzt aus der Sabon Next
Druck und Bindearbeiten: GGP Media GmbH, Pößneck

Der tiefe Wunsch nach Erwachen und die
umgebende Welt halten gemeinsam eine Hand auf –
eine Hand frei aufgehalten, inmitten des Seins.

DOGEN

INHALT

TEIL DREI: WEISHEIT

TEIL VIER: MITGEFÜHL

VORWORT

zur deutschen Ausgabe von Mariana Leky

In meiner Kindheit lebte in der Wohnung unter uns ein Jahr lang das Ehepaar Kordes. Weil Herr Kordes jeden Freitag um 18 Uhr eine Stunde lang meditierte, mussten wir in dieser Zeit absolut still sein (Herr Kordes hatte gleich nach dem Einzug darum gebeten; Frau Kordes war das sichtlich unangenehm gewesen). Jeden Freitag ab 18 Uhr schlichen wir durch unsere Wohnung, und mit der Zeit lernte auch unser beleibter Pudel, sich am frühen Freitagabend leichtfüßig über die Dielen zu bewegen. Eines Freitags stand um kurz vor sechs Frau Kordes vor unserer Tür. »Sind wir zu laut?«, fragte meine Mutter besorgt, obwohl das nicht sein konnte, weil bei uns freitags ab 18 Uhr nur die Stille laut war. »Überhaupt nicht«, sagte Frau Kordes, sie wolle nur fragen, ob sie die Meditationsstunde ihres Mannes vielleicht bei uns verbringen dürfe; sie habe einfach keine Lust mehr, sich alleine tot zu stellen. Von da an saß Frau Kordes freitags leise bei uns am Küchentisch, und ich fragte mich, warum wir uns alle verhielten, als schlummere in der Wohnung unter uns ein Drache oder ein Baby, nur weil Herr Kordes auf einem Kissen saß. Herr Kordes bedankte sich regelmäßig dafür, wie lautlos wir wieder gewesen waren. Das war für lange Zeit meine einzige Erfahrung mit Meditation: wenn jemand meditiert, muss es im Oberstübchen absolut leise sein, muss das Leben sich tot stellen oder sich lautlos bewegen; wenn jemand meditiert, müssen auch schwere Pudel das Schweben lernen.

Viele Jahre später gab Herr Kordes Meditationskurse und mir einen Gutschein. Herr Kordes ermunterte uns Teilnehmerinnen und Teilnehmer, in uns hineinzuspüren und unserem wahren Selbst zu begegnen. Ich traute mich nicht zu fragen, was das wahre Selbst ist – das schien mir eine peinliche Frage zu sein, etwa so, als würde man einen langjährigen Freund fragen, was er eigentlich noch mal beruflich macht. Ich saß auf meinem Kissen und versuchte, diesem wahren Selbst zu begegnen, verlief mich aber beim Hineinspüren und landete immer wieder im Oberstübchen, in dem niemand daran dachte, eine Stunde lang leise zu sein, in dem keiner schwebte, sondern alle in Plateaustiefeln herumstapften. Heimlich beobachtete ich Herrn Kordes und bewunderte, wie er auf seinem Kissen saß; sehr gern hätte ich auch so dagesessen, so gleichzeitig entrückt und ganz anwesend.

Fortan habe ich den Buddhismus immer von Ferne bestaunt – wie etwas Unbezahlbares im Schaufenster oder ein absonderliches Tier. Ich habe, womöglich aus Bequemlichkeit, geglaubt, dass man den Buddhismus nur durchdringen kann, wenn man ohne Anschluss und Alltag auf einem Berg lebt, weil der Buddhismus das herkömmliche Leben nur mit spitzen Fingern anfasst, dass man für den Buddhismus einen Wunsch nach unbeirrbarem Gleichmut und ein Diplom in Spiritualität braucht, dass Buddhismus etwas für Leute ist, die bei nichts mitfiebern. Ich ahnte, dass das Unfug ist, geglaubt habe ich es trotzdem. Buddhismus ist nichts für mich, glaubte ich, wegen meines trampeligen Alltags, meines sehr beirrbaren Gleichmuts und meines Armutszeugnisses in Spiritualität. Losgelassen hat mich das Thema aber nie, deshalb beschloss ich irgendwann, einen buddhistischen Mönch in einem Roman zu installieren.

Als ich diesen Plan gefasst hatte, rief ich Christian Dillo in Amerika an (wo er ganz und gar nicht auf einem anschlusslosen Berg lebt), in der Hoffnung, dass er mir den Buddhismus erläutern könne. Das tat er, und seine Darstellung war so einleuchtend und hat all meine Buddhismusvorurteile so spielend entkräftet, dass ich sehr froh bin über sein nun vorliegendes Buch. Es ist ein Buch für Kenner der Materie und eins für Leute wie mich, die immer bloß von Ferne zugeschaut haben. Der Buddhismus, wie er hier dargelegt wird, umgeht den Alltag nicht spitzfingerig, er passt diesem Alltag im Gegenteil wie angegossen. Ganz ohne esoterische Nebelmaschinen erzählt Christian Dillo den Buddhismus als eine Haltung, mit der man in der Welt steht und ihr begegnet – dem ganz großen Weltgeschehen wie auch den Dingen, die sozusagen vor der inneren Haustür geschehen. Er beschreibt den Buddhismus als eine Art Handwerk, für dessen Anwendung der Alltag nicht erst mal umständlich verräumt und vertröstet werden muss, ein Handwerk, das in ganz gewöhnlichen Situationen zum Einsatz kommen kann: auf Autofahrten, oder wenn man einen Schokoriegel isst, wenn man ein Gedicht liest, eine Mail schreibt oder bei Schmerzen jeglicher Art. Und was die sagenumwobene Meditation angeht: Christian Dillo setzt uns nicht mit einem irgendwie zu erspürenden wahren Selbst auf ein Kissen, sondern beschreibt die Meditation so detailliert und konkret, als erläutere er einen Motor, ein Organ, ein Uhrwerk. Klassische Buddhismusschlagworte – wie zum Beispiel die Achtsamkeit, das Anhaften, der Geist – werden von ihrer Klischeekruste befreit und ganz neu mit Leben gefüllt; und endlich wird auf sehr pragmatische Weise beschrieben, was es wirklich heißt, Gedanken nicht zum Tee einzuladen. *Der tiefe Wunsch nach Lebendigkeit* ist eine kolossale, haargenaue Gebrauchsanweisung für das Leben, gespickt mit Sätzen, die man sich über die Spüle hängen möchte. Ich wünschte, auch Herr Kordes würde es lesen.

VORBEMERKUNG
des Autors

Was wir wollen, sagen und tun und wie lebendig wir uns dabei fühlen, hängt maßgeblich von unseren Überzeugungen ab. Was ist unsere Sicht auf die Wirklichkeit? Auf das Bewusstsein, den Körper, das Selbst und unser Gegenüber, auf die Zeit und den Raum? Ich habe mich schon immer dafür interessiert, wie unsere kulturell verankerten und häufig unbewussten Sichtweisen auf die Welt zunächst bemerkt und dann verwandelt werden können. Die westliche Philosophie, der ich mich als junger Mann zuwandte, blieb mir immer irgendwie zu abstrakt; meinen Wunsch nach Transformation, nach tiefgreifender, direkt erfahrbarer Veränderung hat sie nie wirklich stillen können.

Der Zen-Buddhismus, diese scheinbar unmoderne Tradition aus dem Osten, ist mir so wichtig geworden, weil sie hartnäckig auf Verkörperung beharrt. Im Zen reicht es nie, etwas begrifflich zu verstehen. Transformative Veränderung muss sich immer im Körper, durch den Körper und als der Körper zeigen. Seinem eigenen Verständnis nach hat Zen – als eine Schule des Buddhismus – die körperliche Praxis der Meditation über das Bemühen um begriffliches Verstehen gestellt. Das bedeutet nicht, dass das Rationale unwichtig wäre; es ist aber immer nur ein Werkzeug für das, was eigentlich wichtig ist: tiefgreifende, körperlich spürbare Veränderung. Aus diesem Grund habe ich mich in diesem Buch darum bemüht, scheinbar abstrakte Begriffe und Sichtweisen so weit wie möglich anhand konkreter Beispiele und mithilfe von Praxisanleitungen zu veranschaulichen.

Zen ist eine Antwort auf die uralten menschlichen Fragen nach Befreiung, authentischer Präsenz und Verbundenheit. Ich glaube, dass Zen in unserer Zeit, in der immer mehr Menschen unter Entfremdungsgefühlen, Ängsten und Depressionen leiden, einen Weg zu echter Lebendigkeit auftun kann. Durch seine Betonung von gewöhnlicher Erfahrung und Übung im Alltag stellt uns der Zen-Buddhismus – neben anderen körperorientierten Ansätzen – ein dringend benötigtes Korrektiv zur Verfügung, das dem gegenwärtigen gesellschaftlichen Trend zu immer mehr digitaler Kommunikation und virtuellen Realitäten und immer weniger körperlichem und sinnlichem Weltbezug entgegenwirken kann.

Dieses Buch basiert auf Erfahrungen und Einsichten, die ich über fünfundzwanzig Jahre durch meine Meditations- und Achtsamkeitspraxis gesammelt habe. Neben meiner eigenen Praxis habe ich in dieser Zeit aufmerksam meinen Lehrern und Lehrerinnen zugehört und ihr Verständnis der buddhistischen Lehre in mich einsickern lassen. Jetzt war es an der Zeit, meine eigenen Worte zu finden, und es ist dabei eine Art Handbuch entstanden. Jedes Kapitel steht mehr oder weniger für sich und behandelt einen bestimmten Aspekt der buddhistischen Lehre. Es geht mir darum, für die traditionellen Lehren ein neues, erfahrungsbasiertes und praktisch anwendbares Verständnis zu entwickeln. Gleichzeitig hoffe ich, dass diese Kapitel einen weiter gefassten und tiefer liegenden Wunsch nach Lebendigkeit berühren werden – einen Wunsch nach Verwirklichung von

Freiheit, Weisheit und Mitgefühl in unserem eigenen Leben. Die Buchform zwingt mich, die Inhalte linear aneinanderzureihen; ich sehe den Buddhismus allerdings eher als eine Art Maschenwerk, in dem jede Lehre mit allen anderen Lehren verwoben ist und in das wir neue Fäden einweben, wenn wir die Lehren in unserem eigenen Leben zur Anwendung bringen. Ich hoffe, dass Sie, die Leserinnen und Leser, das von mir gewählte Webmuster hilfreich finden; Sie können es aber selbstverständlich auch auftrennen und die Fäden auf Ihre eigene Art verknüpfen.

Ich habe beim Schreiben dieses Buches zwei Zielgruppen im Kopf gehabt: diejenigen, die sich für Selbsttransformation interessieren, aber noch nicht wissen, wie eine buddhistische Perspektive dazu beitragen könnte, und diejenigen, die den Buddhismus bereits praktizieren, dabei aber an einer kontinuierlichen Verfeinerung von Sichtweisen und Übungsansätzen interessiert sind.

Ohne meinen Zen-Lehrer, Zentatsu Richard Baker Roshi, hätte ich dieses Buch nicht schreiben können. Ich bin ihm in tiefer Dankbarkeit verbunden. Er hat mir vorgelebt, dass es möglich ist, subtile Nuancen des Erlebens begrifflich zu artikulieren, ohne dabei die Verankerung im leiblich gespürten Körper und in der sinnlich erfahrenen Welt zu verlieren. Ich erwähne Baker Roshi an vergleichsweise wenigen Stellen, dabei hätte ich seinen Namen neben die Schlüsselbegriffe der meisten Kapitel stellen können – das allerdings hätte die Lesbarkeit des Textes unnötig beeinträchtigt.

Im Zen wird die Lehre durch einen Prozess weitergegeben, den Baker Roshi als »autodidaktische Lehrlingschaft« bezeichnet hat. Man unterweist sich selbst in der Gegenwart seines

Lehrers oder seiner Lehrerin – in einem inneren Vollzug, der sich über viele Jahre oder sogar Jahrzehnte erstreckt. In diesem Prozess wird die Lehrlinie zwischen den Generationen in einer Weise weitergegeben, die sowohl Kontinuität als auch Wandel in den Inhalten und im Ausdruck der Lehre erlaubt. Neben Baker Roshi erwähne ich in diesem Buch immer wieder die Namen von Eihei Dogen, dem Gründer der Soto-Zen Lehrlinie im Japan des 13. Jahrhunderts, von Shunryu Suzuki Roshi, dem japanischen Lehrer meines Lehrers, und von verschiedenen chinesischen Meistern. Ich spreche von ihnen, als wären sie Familienmitglieder. Im Gegensatz zur westlichen Kultur, in der wir Originalität und geistiges Eigentum betonen, sehe ich mein eigenes Sprechen als nicht getrennt von dem meiner Zen-Vorfahren. Ich verstehe es vielmehr als einen Prozess, der die Lehre mit Kontinuität und Veränderung weiterträgt, hinein in diesen kulturellen Moment unserer Gegenwart.

Ich will hier auch meinem Freund und Mentor Bruce Tift sehr herzlich danken. Seine Lehre, die sich an der Schnittstelle zwischen Buddhismus und Psychotherapie bewegt, hat in den letzten Jahren mein eigenes Nachdenken darüber, was Befreiung vom Leiden wirklich heißt, tief geprägt. Der zweite Teil dieses Buches basiert in weiten Teilen auf seinen Ideen, die ich nach und nach meiner eigenen Zen-Lehre eingeschrieben habe. Ich bin ihm dankbar für sein unbeirrbares Bestehen darauf, dass es nicht darum geht, »unser Menschlich-Sein zu transzendieren«, sondern darum, immer vollständiger und freier darin anzukommen.

Ich verneige mich außerdem vor meinem Qigong-Lehrer Larry Johnson, der mir geduldig ein altes taoistisches System von dreimal 36 Übungen beigebracht hat, dessen Zweck es ist, den Körper, den Fluss der Energie und den Geist umfassend zu transformieren. Nur durch diese Praxis war es mir möglich, ein tieferes Verständnis der energetischen Dimensionen von Meditation, Achtsamkeit und Zen-Ritualen zu entwickeln. Die Saat dieser systematischen Qigong-Übung fiel auf den Boden eines viel freieren und intuitiveren Verständnisses von Verkörperung, das ich von Susan Aposhyan gelernt habe. Ihr Ansatz hat mein Verständnis von körperlicher Sensibilität und Ausdrucksfähigkeit tief beeinflusst.

Viele Menschen – mehr als ich hier erwähnen kann – haben zur Verwirklichung dieses Buches beigetragen. Alle, die im Crestone Mountain Zen Center, meinem Ausbildungskloster, mit mir praktiziert haben, und alle, die das Kloster und mich unterstützt haben, sind indirekt mit diesem Buch verbunden.

Meine Frau und Partnerin im Leben, Sophia Dixon Dillo, hat mein zeitweises Verschwinden aus unserem Familienleben mit viel Liebe ertragen und mich rückhaltlos darin unterstützt, dieses Buch in die Welt zu bringen, während sie mit unserem Sohn schwanger war und ihn zur Welt gebracht hat. Meine Schüler und Schülerinnen, die in der Entstehungszeit des Buches mit mir zusammen im Boulder Zen Center gelebt haben – Deborah Detchon, Reynold Bean, Bryant Colie, Kevin Miller und Serena Lewis – haben in meiner Abwesenheit Präsenz gezeigt und die gemeinschaftliche Zazen-Praxis fortgeführt. Darüber hinaus haben alle Praktizierenden der größeren Boulder Zen Sangha an der Formung der Ideen dieses Buches entscheidend mitgewirkt, indem sie sie in ihrem eigenen Leben ausprobiert und sich mit mir in einem fortdauernden und zutiefst nährenden Dialog über ihre daraus resultierenden Erfahrungen ausgetauscht haben. Mein besonderer Dank gilt Gary Hardin, dem Gründer des Boulder Zen Center. Er hat mir und meiner Familie in einem Akt der Freundschaft und Großherzigkeit, in Zusammenarbeit mit dem Vorstand, einen Ort zum Leben, Lernen und Lehren gegeben.

Ich hätte dieses Buch vielleicht nie geschrieben, wäre da nicht meine alte Freundin aus Universitätszeiten gewesen, Mariana Leky, deren Weg zur erfolgreichen Autorin ich mitverfolgen durfte und die mich über die Jahre immer wieder dazu angehalten hat, endlich mit meinem eigenen Schreiben voranzukommen. Als ich schließlich anfing, mit diesem Buch Ernst zu machen, hat sie die einzelnen Kapitel, sobald sie fertig wurden, eines nach dem anderen gelesen und kommentiert und mir nebenbei viel Zuspruch zukommen lassen, der mir half, Selbstzweifel und Bedenken zu überwinden. Ich reibe mir immer noch die Augen angesichts ihrer Hingabe an dieses Projekt. Was für ein Geschenk!

Mein Freund Jonathan Lee, der am Colorado College Philosophie lehrt, hat das Manuskript gelesen und viele wertvolle Kommentare und Vorschläge beigesteuert. Und schließlich hat sich Matt Zepelin, einer meiner Zen-Weggefährten und nun mein Lektor beim Shambhala-Verlag, dieses Prozesses von Schreiben, Lesen und Redigieren in einer professionellen und wunderbar unterstützenden Weise angenommen. Das Ringen mit den Beschränkungen sprachlichen Ausdrucks und redaktioneller Fristen hat so die Freude am gemeinsamen Schaffen nie wirklich beeinträchtigen können. Ich bin ihm unermesslich dankbar für seinen klugen Rat und seine sorgsame Begleitung. Für die kompetente Betreuung der deutschen Übersetzung danke ich ganz herzlich Marieke Schönian vom Ullstein Verlag und der Lektorin Vera Baschlakow.

Ich will auch meinen beiden guten Freunden Frank Hielscher und Elke Pfeifer danken, die mit der Entfaltung meines Lebens auf allen Ebenen sehr eng verbunden sind. Über viele Jahrzehnte haben mich ihre Ideen und ihre Weisheit, ihre freundschaftliche Liebe und Präsenz und ihr guter Rat inspiriert und auf unzählige Arten und Weisen gestützt und getragen.

Und schließlich danke ich meinen Eltern Gerda und Ulrich Dillo, dass sie mir und meiner Zwillingsschwester Ulrike das Leben geschenkt haben. Meine Schwester hatte, was verkörperte Intelligenz angeht, immer das größere Talent. Ihr Beispiel ist eine fortdauernde Inspiration und Motivation gewesen – es hat mir gezeigt, wie dringend notwendig es für mich war, eine regelmäßige, disziplinierte Praxis in meinem Leben zu etablieren.

Zur Verwendung der Begriffe Körper, Geist und Leib in der deutschen Übersetzung

Ich habe das Buch ursprünglich auf Englisch geschrieben. Weil es in ihm im Wesentlichen um die Erkundung und mögliche Neugestaltung der Beziehung zwischen Körper, Geist und Welt geht, kommt den englischen Begriffen *body* und *mind* eine zentrale Rolle zu. Ich habe sie mit *Körper* und *Geist* ins Deutsche übersetzt. Da beide Begriffe bei genauem Hinsehen erstaunlich komplex und etwas problematisch sind, hier kurz ein paar Anmerkungen dazu:

Der menschliche Körper ist ein seltsames Phänomen. Er ist einerseits ein Objekt unter anderen Objekten: Bäume, Vögel, Häuser, Autos, Ameisen, Ozeane, Atome, Galaxien. Man kann ihn, wie diese anderen Objekte auch, sehen, hören, tasten, riechen und schmecken. Andererseits kann man den Körper – wenn er der eigene ist – sozusagen von innen her spüren. In der deutschsprachigen Philosophie ist für den gespürten

Körper das leicht verstaubt anmutende und mitunter religiös aufgeladene Wort *Leib* wiederentdeckt worden. Der deutsche Philosoph Hermann Schmitz hat den Leib als das definiert, was man in der Gegend seines Körpers von sich spüren kann. Er verweist dabei zu Recht darauf, dass der Leib die Grenzen des sicht- und tastbaren Körpers überschreiten kann. Einerseits wird dies von der Existenz von Phantomgliedern bei Amputierten bestätigt, andererseits können sich im unverletzten Zustand des Körpers, beispielsweise beim Sonnenbaden oder in bestimmten Meditationserfahrungen, die wahrgenommenen Körpergrenzen scheinbar auflösen. Man tritt dann in einen leiblich gespürten Weiteraum ein (davon wird im Verlauf des Buches noch die Rede sein). Der Leib ist also ein vom Körper verschiedener Phänomenbereich, der aber vom Körper nicht vollständig zu trennen ist.

Das Wort *Leib* bedeutet ursprünglich *Leben*, während das Wort *Körper* vom lateinischen Wort *corpus* abgeleitet ist und eher die physische Materialität des Körpers betont. Da es in diesem Buch um Lebendigkeit geht, habe ich mich entschieden, an den Stellen, an denen das eigenleibliche Spüren des Körpers und das Spüren der Welt am eigenen Leib im Vordergrund steht, die englischen Worte *body* und *bodily* mit *Leib* und *leiblich* zu übersetzen. An anderen Stellen spreche ich weiter von *Körper* und *körperlich.* Die im Englischen als *bodyfulness* bezeichnete Übung, spürend auf den eigenen Körper hinzuachten (es handelt sich um ein Wortspiel mit dem Begriff *mindfulness*, zu Deutsch *Achtsamkeit*), übersetze ich im Deutschen entsprechend als *Leib-Achtsamkeit* oder kurz *Leiblichkeit.* Anders als es vielleicht ein Philosoph tun würde, trenne ich bewusst nicht immer scharf zwischen Körper und Leib und lasse meinen Text zwischen den beiden Begriffen changieren.

Oft spreche ich vom *leiblich gespürten Körper* (*felt body*), um die beiden Phänomenbereiche Körper und Leib nicht auseinanderzudividieren. Es geht in der Praxis darum, immer wieder neu zu entdecken, wie wir den eigenen Körper und die Welt der anderen Gegenstände durch leibliches Spüren beleben können. Das Einstreuen der eher ungewohnten Worte *Leiblichkeit* und *leiblich* kann uns stutzig machen und uns so immer wieder auf diese Möglichkeit gesteigerter Lebendigkeit hinweisen, die uns durch ein spürendes Hinachten auf den eigenen Körper jederzeit offensteht.

Auch das Wort *Geist* – meine Übersetzung für das englische *mind* – klingt etwas antiquiert. Es scheint aus einer anderen Ära zu stammen und weckt Assoziationen an die idealistische Philosophie, an Geister oder religiöse Begeisterung durch den Heiligen Geist. Das modernere Wort *Bewusstsein* könnte eine Alternative sein, greift aus meiner Sicht aber zu kurz. Mit *Bewusstsein* übersetze ich das englische Wort *consciousness*, das aber im Kontrast zu *awareness* (deutsch: *Gewahrsein*) steht. Gebraucht wird ein deutsches Wort, das wie das englische Wort *mind* den gesamten Phänomenbereich des Geistigen (Gewahrsein, Bewusstsein, Aufmerksamkeit, Wahrnehmung, begriffliches Denken) umfasst. Aufgrund meiner Entscheidung, *mind* letztlich doch mit *Geist* zu übersetzen, bleibt mir nun nichts anderes übrig als zu vertrauen, dass Sie, die Leserinnen und Leser, bereit sind, diesen zentralen Begriff – genauso wie die Begriffe *Körper* und *Leib* – von alten Assoziationen zu befreien und sich von meinem Text zu leicht abgewandelten, neuen Bedeutungen führen zu lassen.

EINLEITUNG

Wirklich lebendig sein

Wir sind am Leben. Von der Geburt bis zu unserem Tod erfahren wir unseren Körper als den Ort, an dem sich biologische Lebendigkeit vollzieht. Biologisch am Leben zu sein bedeutet allerdings nicht, dass wir uns auch lebendig *fühlen.* Seltsamerweise können wir von dem, was uns am vertrautesten ist, entfremdet sein. Unsere eigene Lebendigkeit kann uns wie ein fernes Land vorkommen, obwohl wir eigentlich schon immer dort zu Hause sind.

Einer meiner Schüler – er hat eine nette Familie, einen interessanten Beruf und wirkt auf alle sehr ausgeglichen – erzählte mir, dass er jeden Morgen noch vor dem Frühstück von einer unterschwelligen Ängstlichkeit erfasst wird. Mit ihr ziehe ein Sturm sorgenvoller Gedanken und eine Stimmung auf, die ihn dann den ganzen Tag über nicht mehr verlassen würde. Fast jeden Abend gehe er mit dem Gefühl ins Bett, es durch einen weiteren Tag geschafft zu haben – als wären Tage etwas, das es durchzustehen gelte. Er verriet mir, dass die Welt, in der er lebt, sich wie hinter Glas anfühlt. Diese Glaswand existiere aber nicht nur zwischen ihm und der Welt, sondern ziehe sich mitten durch sein eigenes Dasein. Er habe zwar Gefühle, aber sie kämen ihm wie Tiere in einem Zoo vor. Einige seien vollkommen unbekannte Kreaturen, andere wären furchteinflößend, hätte er nicht gelernt, sie in Käfige einzusperren. Er komme sich vor wie ein Besucher seines eigenen Innenlebens, in dem sich alles ziemlich schal anfühlt. Dabei ist es nicht besonders hilfreich, dass sein Arbeitstag zunehmend vor einer wirklichen Glaswand stattfindet, einem flimmernden Bildschirm, auf dem alle möglichen Kommunikationen ablaufen. Die zwischenmenschliche Welt sei zwar ganz nah – direkt hier vor seiner Nase! – und doch gleichzeitig seltsam entzogen. Das Schlimmste sei das Gefühl, dass für diesen Zustand kein Ende in Sicht sei. Manchmal frage er sich, ob Menschsein sich eben einfach so anfühle.

Spiegeln sich Momente Ihres eigenen Erlebens in dieser Schilderung wider? Ich jedenfalls habe Aspekte meines eigenen Lebens aus jüngeren Jahren wiedererkannt. Natürlich sind wir nicht alle dermaßen in Gefühlen von Bedeutungslosigkeit und Entfremdung gefangen, und die meisten Menschen fühlen sich zu bestimmten Zeiten sehr lebendig. Zum Beispiel, wenn wir bis über beide Ohren verliebt sind oder beruflich einen Erfolg verbuchen. Es können auch Momente enormer sportlicher Leistung oder intensiver kreativer oder intellektueller Betätigung sein. Oder Momente stiller, sinnlicher Freude oder spirituelle Erfahrungen, in denen wir uns mit allem tief verbunden fühlen. Leider stellt sich diese Art von Erleben oft nur in Auszeiten ein – in den wirklichen oder metaphorischen Ferien.

Ein Moment besonderer Lebendigkeit ereignete sich für mich auf einer der Expeditionen in die Wildnis des amerikanischen Westens, die ich seit vielen Jahren leite und mit Bezug auf meine zen-buddhistische Praxis »Wildes Dharma« getauft habe.

Wir hatten unser Zeltlager in einem Seiten-Canyon des Dirty Devil-Flusses in Utah aufgeschlagen. Es war windig und eisig kalt – ungewöhnliches Wetter, denn im späten April sind die Temperaturen in der Wüste von Utah normalerweise sehr angenehm. Zur täglichen Morgen-Meditation mussten wir uns alle mitgebrachten Kleidungsstücke anziehen, um den widrigen Bedingungen zu trotzen. Eines Morgens, während ich in Stille dasaß, eingetaucht in meine eigenen Atembewegungen und Körperempfindungen, konnte ich hören, wie der Wind in den höheren Regionen des Canyons Hunderte von Metern über uns herumwirbelte, langsam Fahrt aufnahm und in den Blättern der Bäume raschelte. Dann, mit einem gewaltigen Stoß, erreichte er unser Lager und traf auf unsere Körper. Ohrenbetäubendes Pfeifen ging einher mit stechender Kälte in Gesicht und Fingern. Und im nächsten Augenblick: absolute Stille. Und bald darauf rollte schon die nächste Welle heran, in einem sich scheinbar endlos wiederholenden Prozess. Obwohl ich mich der Intensität dieser kalten, sandsturmartigen Böen ausgeliefert fühlte, war es zutiefst belebend, davon Zeuge zu sein, wie der Canyon ein- und ausatmete. Ich fühlte mich zu Hause in der vibrierenden Vitalität meines eigenen Erlebens.

Die Stille und Atem-Achtsamkeit der Meditationspraxis trugen sicherlich dazu bei, meine Sinne zu schärfen und meinen Körper und Geist empfänglicher zu machen. Sie stärkten auch ein Gefühl von Resilienz, von Standfestigkeit, im Angesicht des Widrigen. Ich erlebte eine innere Stabilität, an die vielleicht sonst nur schwer heranzukommen gewesen wäre. Trotz des Impulses, der Situation entfliehen zu wollen, fühlte ich mich vollständig lebendig – gewillt, an der existenziellen Gegebenheit meines Lebens teilzunehmen, die sich auf einmal nicht mehr von dem weiten Raum um mich herum unterscheiden ließ.

Wie bereits gesagt, diese Erfahrung im Canyon ereignete sich während einer Art von Ferienzeit. Aber was wäre, wenn diese begriffliche Unterscheidung zwischen Ferien und Alltag wegfiele? Wenn wir erkennen könnten, dass diese Unterscheidung in Wirklichkeit nie existiert hat, sondern nur in unserem Denkbewusstsein – genauso wie es zwischen uns und der Welt nie eine Glaswand gegeben hat? Was wäre, wenn wir diese außergewöhnlichen Momente von Lebendigkeit nicht als Ausnahmezustände verbuchen würden, sondern als Tore zu einem Praxisweg verstünden? Einer meiner Schüler bemerkte an einem Punkt seines Praxisweges, dass er manchmal auf gewöhnliche, unbelebte Gegenstände wie Pappkartons oder schmutziges Geschirr mit der gleichen Zärtlichkeit blickte wie auf seinen kleinen Sohn.

Das Gefühl des innigen Vertrautseins mit der Welt ist also unabhängig vom Erleben hoher Intensität oder grandioser Naturschönheit. Lebendigkeit kann sich einstellen, wenn man das Gewicht eines Glases Wasser in der eigenen Hand fühlt, während man sich mit einer guten Freundin unterhält, oder wenn man auf einem Spaziergang den Frühlingswind auf der Haut spürt. Lebendigkeit kann sogar zum Hintergrundempfinden all unseres Erlebens werden – es ist möglich, uns in unserem Traurig- und Glücklichsein gleichermaßen lebendig zu fühlen.

Das Grundproblem mit der Lebendigkeit ist, dass nicht alle Empfindungen angenehm sind. Manche sind so unangenehm, dass wir zu fast allem bereit sind, um sie nicht empfinden zu müssen. Die bevorzugte Art und Weise, wie wir Menschen uns von unserer Lebendigkeit abkehren, ist Aufmerksamkeit auf unser Denken und Geschichtenerzählen zu lenken. Indem wir im Kopf verweilen, können wir uns vom Spüren unserer körperlichen Lebendigkeit abkoppeln. Und in dieser Abtrennung können wir die Sinnesempfindungen auf Distanz halten, statt sie ganz erleben zu müssen. Eine andere Form dieses Abtrennens ist, unser Herz zu verschließen. Das ist eine Schutzmaßnahme, denn unser Herz offen zu halten hieße, genau die Gefühle spüren zu müssen, die wir vermeiden wollen. Obwohl uns diese Strategien, die wir normalerweise schon in der Kindheit lernen, dabei helfen, unangenehme Gefühle – diese gefährlichen Tiere – sicher wegzusperren, distanzieren wir uns durch sie ungewollt auch von allen angenehmen Gefühlen – und auch von dem in seinen verschiedenen Texturen und Schattierungen unendlichen nuancenreichen Spektrum der »neutralen« Gefühle, die nicht in die Kategorien von angenehm und unangenehm passen. Das ist ein hoher Preis, den wir da bezahlen, denn nun steht uns die gesamte Bandbreite unseres Erlebens nicht mehr offen – und normalerweise bemerken wir das nicht einmal in seinem ganzen Ausmaß.

Wie fühlt sich diese Abgetrenntheit eigentlich in unserer unmittelbaren Erfahrung an? Wenn wir genau hinschauen, können wir feststellen, dass es sich im Grunde um eine weitere Art von unangenehmer Körperempfindung handelt, diesmal aber um eine Art von Taubheit. Wir scheinen diese Taubheit den intensiveren schmerzlichen Empfindungen vorzuziehen, gegen die uns die Abgetrenntheit schützt. Ich verstehe »wirklich lebendig sein« als eine bestimmte Art von Präsenz, eine radikale Offenheit für alle Formen des Erlebens – und das schließt sogar die Erfahrung des Abgetrenntseins mit ein.

Wirklich lebendig sein, diese Offenheit für alles, was das Leben mit sich bringt, muss kultiviert werden. Und diese Kultivierung involviert grundlegende Aspekte unseres Lebens: unser Verständnis von Freiheit, die sinnlichen und kognitiven Funktionen, mit denen wir uns die Welt erschließen, sowie unsere Fähigkeit zum Miteinander mit anderen Lebewesen. Vor allem aber müssen wir, um wirklich lebendig zu sein, das Geben und Aufrechterhalten von Aufmerksamkeit kultivieren. Mal einen Moment lang ganz präsent zu sein, reicht dafür nicht. Wir müssen lernen, was es heißt, mit der Absicht des Ganz-da-Seins Ernst zu machen. »Wirklich lebendig sein« ist eine Lebenskunst, die sich unendlich verfeinern lässt. Sie speist sich aus der Praxis von Meditation und Achtsamkeit, in die ich in diesem Buch im Detail einführen möchte. Und sie beruht letztlich auf der Fähigkeit, alle Empfindungen, die durch unseren Körper fließen, zunächst zuzulassen, dann zu akzeptieren und schließlich als Ausdruck unserer eigenen Lebendigkeit zu lieben – und das gilt auch und vor allem für die unangenehmen und unerwünschten Empfindungen. Daraus entwickelt sich die Standfestigkeit, sowohl angenehmen als auch unangenehmen Sinnesempfindungen ins Auge sehen zu können. Neben dieser inneren Stabilität gehört zur Lebenskunst echter Lebendigkeit außerdem die Fähigkeit, aus Gefühlen subtile Informationen zu gewinnen und in angemessenes Sprechen und Handeln zu übersetzen. Schließlich brauchen wir darüber hinaus auch die Fähigkeit, unser Handeln in Einklang mit unseren höchsten Absichten zu bringen und unsere Weltsicht (und Selbstsicht) so anzupassen, dass sie ein freudvolles und zufriedenes Leben ermöglicht.

Was ich Kultivierung von Lebendigkeit nenne, wird gemeinhin als das Streben nach Glück verstanden, nämlich der Wunsch, sich möglichst zu jeder Zeit gut zu fühlen. Wer will das nicht? Die Wirklichkeit sieht aber anders aus: Unangenehme, angenehme und neutrale Sinnesempfindungen tauchen auf und gehen. Dazu kommt noch, dass wir »angenehm« nur im Kontrast zu »neutral« und »unangenehm« erleben können. Wenn wir also all die guten Dinge des Lebens erfahren wollen, dann müssen wir paradoxerweise auch mehr von den schlechten willkommen heißen. Im Gegensatz zum herkömmlichen Verständnis von Glücklichsein bedeutet wirklich und ganz lebendig zu sein nicht, sich *besser* zu fühlen, sondern sich selbst besser zu *fühlen*.[1]

Glücklichsein im Sinne eines kontinuierlichen Sich-gut-Fühlens ist unmöglich. Sich zu allen Zeiten lebendig zu fühlen – auch inmitten von schmerzvollen Gefühlen – ist dagegen durchaus möglich, wenn auch nicht einfach. Diese Art von Lebendigkeit ist wahres Glück – oder wie ich es gerne nenne: bedingungslose Zufriedenheit. Bedingungslos deswegen, weil die Zufriedenheit nicht davon abhängt, ob ich mich gut fühle oder nicht. Aus diesem Grund finden wir dort auch wahre Freiheit. Ich bin freier, wenn mein Glück (meine Zufriedenheit) nicht davon abhängt, dass ich »gute« Gefühle anhäufe und »schlechte« vermeide. Mit anderen Worten: Bedingungslose Lebendigkeit zu kultivieren, ist ein transformativer Weg. Das bedeutet, sich auf eine Reise zu begeben, auf der wir ein anderer Mensch werden – wie wir im Leben stehen, fängt an, sich grundlegend zu verwandeln. Diese Reise ist das Thema dieses Buches: Was für eine Transformation wird möglich, wenn wir unseren Fokus darauf verlegen, bedingungslos lebendig zu sein?

Seit fünfundzwanzig Jahren schöpfe ich aus der Tradition des Zen-Buddhismus, um diese bedingungslose Lebendigkeit zu erkunden und zu entwickeln. Die Frage *Wie kann ich wirklich lebendig sein?* war mein Einstieg in die Zen-Praxis. Ehrlich gesagt, habe ich das damals nicht in diesen Worten formuliert. Die Frage, so wie ich sie jetzt stelle, war verpackt in ein vages

Gefühl von ständigem, aber manchmal akut heftigem Unbehagen. Ich war leicht depressiv, verstrickt in ungesunde Loyalitäten zu Familie und Kultur und lebte unter dem Gewicht eines diffusen und übertriebenen Verantwortungsgefühls. Ich konnte nicht mal klar auf dieses Gefühl hindeuten, auf diese untergründig beunruhigenden Körperempfindungen. Mein eigener Körper war mir verschlossen. Ich war in erster Linie damit beschäftigt zu denken, angetrieben von einem panikhaften Anliegen, mich selbst zu verstehen. Es gab bestimmte hervorstechende psychosomatische Körperempfindungen, beispielsweise eine eingeschnürte Kehle und ein Engegefühl in der Brust, aber darunter lag das viel weitreichendere Gefühl, dass alle Zellen meines Körpers irgendwie von größeren Dimensionen menschlichen Leidens blockiert waren.

Als ich begann, dieses Buch zu schreiben, lebte ich schon seit fast zwanzig Jahren in den USA. Ich bin hier verheiratet, habe einen Sohn und bin inzwischen amerikanischer Staatsbürger geworden. Aber ich bin 1971 in Deutschland geboren. Die deutsche Kultur der Siebziger- und Achtzigerjahre, wie ich sie erlebt habe, stand noch viel erkennbarer als heute unter der Last des Holocausts. Aufgrund der Präsenz dieses kollektiven Traumas bin ich in einer geistigen Haltung aufgewachsen, die ich als Heranwachsender »negativer Nationalismus« genannt habe. Es war mir unmöglich, mich auf positive Weise mit meinem Herkunftsland und seiner Kultur zu identifizieren – gleichzeitig schien es unmöglich, meine deutsche Identität zu ignorieren. Die unfassbare Hölle des Holocaust, die kollektive Erinnerung daran, wie die deutsche Demokratie unter Hitler zu Diktatur und Polizeistaat degenerierte, ohne dass es nennenswerten Widerstand von meinen deutschen Vorfahren gab, die Art und

Weise, wie der öffentliche Diskurs um Schuld, Scham und Verleugnung kreiste – all das wies mich ständig auf mein Deutschsein hin. Ich konnte meine eigene Lebendigkeit unter dieser Last nicht richtig spüren.

Der Zweite Weltkrieg war in meiner Familie noch in anderer Weise präsent. Meine beiden Eltern haben als kleine Kinder ihr Zuhause verloren, als sie mit ihren Eltern vor der russischen Armee fliehen mussten. Die Familie meines Vaters war durch den Verlust ihrer ostpreußischen Heimat besonders traumatisiert. Es hat lange gebraucht, bis ich verstanden hatte, dass ich mir durch einen wie auch immer gearteten transgenerationalen Prozess psychologischer Vererbung den traumatischen Verlust meines Vaters angeeignet hatte. Als Kind und später als Erwachsener habe ich mich nie irgendwo richtig zu Hause gefühlt, und bis heute fühle ich mich besonders durch das Schicksal von Flüchtlingen berührt.

1986 war das Jahr der Atomkatastrophe von Tschernobyl. Ich war fünfzehn. Für Umweltfragen war ich bereits durch die beinahe täglichen Nachrichten zum sauren Regen und dem daraus resultierenden Waldsterben in Deutschland sensibilisiert. Wegen der radioaktiven Wolke, die in jenem Jahr aus der Ukraine über ganz Europa driftete, durften wir keinen Sport im Freien machen und weder Pilze aus dem Wald noch Gemüse aus dem Garten essen. Diese Erfahrung bestätigte mein Gefühl, dass etwas mit der Welt im Argen lag. Ich sah mich in einer aus dem Lot geratenen Zivilisation leben, die in einen Atomrüstungswettlauf verstrickt und unfähig war, im ökologischen Einklang mit der Erde zu leben.

All dies – zusammen mit einer normal neurotischen Familiendynamik – drückte auf mein Gefühl von Lebendigkeit. An diesem Szenenbild menschlichen Leidens ist nichts Besonderes außer der Tatsache, dass es meines war. Es steht im Kontext einer alles in allem guten, ziemlich privilegierten Kindheit innerhalb der deutschen Mittelschicht. Ich bin mir jetzt und war mir auch damals bewusst, dass andere Menschen mit viel widrigeren Umständen zu kämpfen hatten und haben. Aber hier geht es gar nicht um einen Vergleich, sondern um den Versuch, das Webmuster des Leidens sichtbar zu machen, das in mir einen Geist der Wegsuche hat entstehen lassen.

Was ist der Hintergrund Ihres eigenen Leidens? Wie beeinflusst es Ihr Gefühl von Lebendigkeit? Haben Sie dies als Normalität akzeptiert? Oder glauben Sie, dass da ein transformativer Wandel möglich ist?

An vorangegangener Stelle hatte ich bereits erwähnt, dass sich mein Körper auf zellulärer Ebene blockiert anfühlte; gleichzeitig wussten diese Zellen aber, dass es auch anders sein könnte. Dieser Funke an Freiheit war ein Wegweiser, eine unterschwellige Ahnung von Möglichkeit und Potenzial. Durch den Mut, dem Wegweiser zu folgen, entdeckte ich zunächst einen inneren Antrieb und dann eine existenzielle Sehnsucht, meine biologische Lebendigkeit in vollständig erlebte Lebendigkeit zu verwandeln. Es muss einen Weg geben, so empfand ich es, mich trotz allem, was an der Welt verstörend war, in ihr zu Hause zu fühlen. Einen Weg, mir meinen eigenen Ausdruck zu erlauben statt zu glauben, immer an den Erwartungen anderer entlangleben zu müssen. Einen Weg, meinen eigenen Fähigkeiten entsprechend ins Handeln zu kommen, ohne zu versuchen, Verantwortung für alle Übel der Welt zu übernehmen. Ich sehnte mich danach, wirklich lieben zu können – vorbehaltlos und ohne Schutzmechanismen. Trotz der etwas niedergedrückten Energie wussten die Zellen meines Körpers bereits, dass sie frei und lebendig sein konnten. Aus dem anfänglichen Flimmern eines wegsuchenden Geistes formte sich allmählich die Einsicht, dass sich meine Weltsicht ändern musste, um diesem bereits vorhandenen zellulären Wissen gerecht zu werden. Ich brauchte neue Fragen und Antworten.

Und da trat der Buddhismus in mein Leben. Für mich war es eine Zufallsbekanntschaft. Ganz unerwartet. Ich war Mitte zwanzig und für ein Jahr zum Auslandsstudium in den USA, als mich eine Freundin eines Tages in eine Zen-Meditationshalle einlud. Meine erste Zen-Belehrung, die ich an jenem Tag erhielt, fühlte sich an, als ob endlich jemand zu dem sprach, was für mich wesentlich war. Ich war überrascht und begeistert, dass es hier im Rahmen der westlichen Kultur solch eine Weisheitslehre gab. Natürlich hatte ich vom Buddhismus gehört, aber ich wusste bis dahin nicht, dass man ihn auch hier praktizieren konnte. Im Vergleich erschienen mir plötzlich die westlichen Disziplinen, mit denen ich vertraut war – Wissenschaft, Philosophie, Literatur und Psychologie – seltsam lebensfremd. Sie hatten ihren eigenen Wert, aber in meinem Fall hatten sie bisher fast überhaupt keine echte Hilfestellung geleistet, meinen tiefen Wunsch nach Lebendigkeit zu erfüllen.

Zen-Buddhismus hat ein bestimmtes Prestige, aber passt er auch in unsere westliche Welt des 21. Jahrhunderts? Kann er unser Leben wirklich in einer transformativen Weise berühren?

Meiner Erfahrung nach funktioniert die buddhistische Lehre. Sie bricht eine Reihe von verkrusteten Ideen in der westlichen Kultur auf und führt einen neuen Begriff von Transformation ein. Und was noch wesentlicher ist: Sie bietet Praktiken an, um diese Transformation im eigenen Leben auch verwirklichen zu können.

Das funktioniert allerdings nur, wenn wir in tiefer Verbindung mit unserer eigenen Erfahrung bleiben und darauf vertrauen, dass sie unser primärer Referenzpunkt sein kann. Das ist leichter gesagt als getan. Die menschliche Tendenz ist es, wie bereits erwähnt, ins Denken und Geschichtenerzählen zu entfliehen. Den Buddhismus als eine weitere »interessante Perspektive« auf das Leben zu behandeln ist einfacher, als ihn dazu zu verwenden, ein neues Verständnis von Selbst und Welt zu erlangen.

Meiner Meinung nach besteht die korrekte Übertragung einer Tradition darin, sie fortwährend zu rekonstruieren. Wenn wir nicht den Mut haben, buddhistische Lehren und Praktiken zu de- und zu rekonstruieren, sodass sie in wirklicher Resonanz mit unserem zeitgenössischen Leben stehen, dann wird der Buddhismus entweder zu einem weiteren Glaubenssystem oder zu einem der vielen Selbsthilfe-Titel in unserem eklektischen, postmodernen Bücherregal. Wir müssen deswegen nicht die gesamte Tradition zum Fenster hinauswerfen und ganz von vorne anfangen. Im Gegenteil, wir müssen alle Kernlehren hervorholen und sie wie Kleider anprobieren, um herauszufinden, ob sie uns passen. Diese Art von Rekonstruktion ist die Reise, die dieses Buch unternimmt.

Shunryu Suzuki Roshi, mein spiritueller Großvater, verwendete die Redewendung »der tiefste innere Wunsch«. Sie verweist auf das, was wir zutiefst mit oder aus unserem Lebendigsein machen wollen. Man könnte diesen tiefsten inneren Wunsch als »Berufung« verstehen: Was ist mein Auftrag im Leben? Ich stehe dieser Interpretation skeptisch gegenüber, weil sie zu implizieren scheint, dass es einen vorherbestimmten Plan oder Zweck in jedem menschlichen Leben gibt. Ich persönlich bin an solch metaphysischer Festlegung nicht interessiert, sondern sehe das Leben eher als einen Weg, der sich ständig auf unvorhersehbare Weise weiterentfaltet. Die Interpretation des tiefsten inneren Wunsches als Berufung tendiert außerdem dazu, uns das Leben als eine Geschichte zu verkaufen, in der es um Erfolg und Scheitern geht. Das kann uns dazu verführen, unser Glück und unseren Selbstwert vom Finden und Erfüllen dieser sogenannten Berufung abhängig zu machen.

Ein subtileres Verständnis ist, in unserem tiefsten inneren Wunsch eine Sehnsucht nach wirklichem Lebendigsein zu erkennen – nach einem Zufriedensein, das außer Lebendigkeit keines anderen Grundes bedarf und nicht von diesem oder jenem Erlebnis, Erfolg oder Besitzgegenstand abhängt. Es reicht, wenn sich die Glaswand in Luft auflöst. Haben wir nicht alle solch einen tiefen Wunsch? Er mag verschüttet, verborgen, vergessen oder verdrängt sein, aber wir alle tragen ihn in uns. Ich formuliere ihn hier als Frage: »Wie kann ich wirklich lebendig sein?« Und die Antwort will ich auf vierfache Weise geben: Transformation, Befreiung, Weisheit und Mitgefühl. Diese vier Aspekte, die ich auch die »Vier Grundannahmen des Zen« nenne, liefern die Struktur für dieses Buch. Es sind die fundamentalen Haltungen und Absichten, die dem zugrunde liegen, was den Buddhismus aus meiner Sicht transformativ sein lässt. Sie sind adäquate begriffliche Annäherungen an unseren tiefsten inneren Wunsch. Mit anderen Worten: Wenn wir diese vier Aspekte in unserem Leben verwirklichen – das heißt, wenn wir sie verstehen und verkörpern – dann erfüllt sich dadurch mit hoher Wahrscheinlichkeit unser tiefer Wunsch nach Lebendigkeit.

Der tiefste innere Wunsch ist nicht auf Zen oder den Buddhismus beschränkt. Wie ich gerne sage: Der Buddhismus hat nichts Buddhistisches an sich. Die buddhistische Tradition gibt mir sozusagen nur eine Hilfestellung beim Artikulieren dieses tiefsten aller Wünsche und beim Etablieren von Praktiken, mit denen er sich erfüllen lässt. Ich verstehe den Buddhismus deshalb eher als eine Ansammlung aller Sprach- und Praxisformen, mit denen Generationen von Praktizierenden versucht haben, ihrem formlosen, im tiefsten Inneren gefühlten Anliegen gerecht zu werden. So betrachtet ist die buddhistische Tradition eine Schatzkammer angereicherter Weisheit – dabei aber ohne jeden Status von Exklusivität. Andere Lehren und Traditionen haben auch Antworten auf das innerste Anliegen gegeben. Es ist sogar so: Wenn der Buddhismus lebendig und relevant bleiben will, dann muss er sich offen halten für *alle* Lehren, die auf fruchtbare Weise zu unserem tiefsten Wunsch sprechen, egal ob sie nun alt oder neu, religiös oder säkular sind.

Ich präsentiere hier ein Verständnis von Buddhismus, das keinen Glauben an etwas Transzendentes wie Gott, ein Leben nach dem Tod oder Wiedergeburt erfordert. Die moderne Säkularisierung der Gesellschaft hat mit großer Plausibilität unbeweisbare transzendente Glaubensüberzeugungen entthront. Ich nenne eine Gesellschaft »säkular«, wenn der Glaube an etwas Transzendentes in ihr optional geworden und nicht mehr unhinterfragt oder quasi-verpflichtend ist. So gesehen sind alle westlichen Gesellschaften säkular. Es ist inzwischen beinahe unmöglich, auf naive Weise an die Existenz von Gott, Gottheiten, Geistern oder ein Leben nach dem körperlichen Tod zu glauben. Wenn doch, dann tut man es, obwohl es in der Gesellschaft andere, damit unvereinbare Überzeugungen gibt und obwohl die moderne wissenschaftliche Weltsicht all diese Glaubensinhalte in Zweifel gezogen hat. Die Lösung ist dann oft, religiöse Geschichten als Metaphern zu interpretieren, die auf Mysterien verweisen, die jenseits der prosaischen und wissenschaftlich erschlossenen Welt liegen.

Einerseits befreit uns die Säkularisierung davon, Geschichten über die Wirklichkeit mit der Wirklichkeit selbst zu verwechseln. Wir sind nicht mehr verpflichtet, mit metaphysischen Behauptungen mitzugehen oder an Wunder zu glauben, die mit unserer eigenen Erfahrung oder wissenschaftlichen Erkenntnis überkreuz liegen. Andererseits tendiert die auf Wissenschaftlichkeit beruhende Säkularisierung dazu, die Wirklichkeit auf messbare und wiederholbare Datenpunkte zu reduzieren. Was Ausnahme oder einzigartig ist, wird herausgefiltert. Darüber hinaus lässt uns die Wissenschaft in der Illusion leben, dass sie ein wahres und vollständiges Bild der Wirklichkeit erzeugen kann. Sie verdeckt dabei, dass die Wirklichkeit immer mehr ist als das, was wir von ihr wissen können. Die säkulare Welt ist entmystifiziert – aber auch entzaubert. Der Verlust an Zauber trägt dazu bei, dass unser tiefster innerer Wunsch oft unbeantwortet bleibt. Viele sogenannte religiöse Lehren, die unseren tiefsten Wunsch ansprechen, sind im Zuge der Säkularisierung der westlichen Kultur absichtlich oder unabsichtlich diskreditiert worden; dabei könnten viele dieser Lehren gut ohne einen Glauben an etwas Transzendentes auskommen.

Dazu zwei Beispiele aus der Lehre des Jesus von Nazareth: »Liebe deinen Nächsten wie dich selbst« und »Liebet eure Feinde« sind mächtige Werkzeuge für Transformation, die bei genauerer Untersuchung aber überhaupt nicht auf einen Glauben an Gott angewiesen sind.

Der Buddhismus kann meiner Erfahrung nach in unserer

heutigen Zeit sinnvoll und wirksam sein, wenn wir uns erlauben, ihn zu rekonstruieren. Wenn wir transzendente Orientierungen aufgeben, die mit der säkularen Moderne über Kreuz liegen, dann kann sich unser tiefer Wunsch nach wirklicher Lebendigkeit erfüllen, ohne dass wir dafür bestimmte Glaubenssätze unterschreiben müssten.

Im Gegensatz zu den meisten westlichen Religionen wurzeln östliche Traditionen wie der Buddhismus oder Taoismus nicht primär in einem Glauben an transzendente Wesen und Welten, auch wenn sie Teil der Tradition sein können. Stattdessen fußen sie auf Gesetzen, die als universal betrachtet werden, dabei aber vollkommen *natürlich* und diesseitig sind. Buddhistische Lehren, die sich damit befassen, wie Leiden entsteht und beendet werden kann, können überall zur Anwendung kommen – sie ähneln damit den Gesetzen der Physik. Und taoistische Lehren zum kosmischen Wechselspiel von Yin und Yang mögen esoterisch anmuten, sie beziehen sich aber wie die moderne Physik auf die natürliche und nicht auf eine übernatürliche Welt. Genauso wie Einsteins Gleichungen über Newtons physikalische Gesetze hinausgingen, so können auch wir neu formulieren, wie Leiden entsteht und beendet werden kann oder wie es möglich ist, stärker im Einklang mit den Dingen zu leben, so wie sie wirklich existieren.

Auf meiner Suche nach einer tragfähigen Transformationslehre, die meiner Skepsis gegenüber unfundierten religiösen Glaubensüberzeugungen standhalten kann, hat der Buddhismus letztlich am meisten Sinn ergeben. Und ich habe im Zen – diesem Amalgam aus Buddhismus und Taoismus – diejenige Form des Buddhismus gefunden, die am besten zu mir passt. Die Zen-Praxis hat mir bei der Kultivierung meiner Lebendigkeit und der Befreiung meines Lebens unendlich viel geholfen. Die Lehren, die ich aus meinem Praxisweg gezogen habe und die ich hier mit Ihnen teile, können jetzt hoffentlich dazu beitragen, dass Sie Ihre eigenen Antworten finden und Ihren Wunsch nach Lebendigkeit auf Ihre persönliche Weise erfüllen. Ich hoffe auch, dass sich auf der Reise durch das Buch ein paar Vorurteile auflösen werden, die viele Menschen gegenüber der Zen-Praxis haben, ohne dass dabei die Tiefendimension der Tradition verloren geht. Im Gegensatz zu den verbreiteten Zen-Klischees von meditativer Nabelschau, unverständlichen Koan-Rätseln, selbstverneinender Askese und unerschütterlicher Gelassenheit geht es im Zen letztlich um das Erlernen der Fähigkeit, uns mit ganzem Herzen auf die Herausforderungen eines menschlichen Lebens einzulassen.

Wirklich lebendig sein klingt attraktiv. Tatsächlich verlangt es uns aber sehr viel ab. Ein Streben nach Glück, verstanden als maximales Sich-gut-Fühlen, ergibt instinktiv viel mehr Sinn. Wer will schon Schmerzen haben? Aber an einem bestimmten Punkt in unserem Leben – zunächst vielleicht mit einigem Zweifel – fangen wir tatsächlich an, dem Schmerz zuzustimmen. Und zwar, weil wir den Preis nicht mehr bezahlen wollen, hinter einer Glaswand zu leben oder unsere problematischen Gefühle wegzusperren. Wenn wir versuchen, den schmerzhaften Herausforderungen in unserem Leben zu entkommen, bleiben wir paradoxerweise an sie gebunden. Unbewusst fangen wir an, unser Leben um den Schmerz herum zu organisieren – mit dem Ziel, ihn nicht erleben zu müssen. Dieses zur Gewohnheit gewordene Vermeidungsmuster kostet viel Energie, aber das ist nicht der einzige Preis, den wir dabei bezahlen. Wir opfern auch unsere Lebendigkeit und unsere Freiheit; wir erschweren uns unsere Beziehungen und verlieren das Gefühl, in der Welt wirklich zu Hause zu sein. Das

Schlimmste daran: Die Fähigkeit, sich einfach so und spontan am eigenen Lebendigsein zu erfreuen, ist dann oft schon so weit entrückt, dass sie nicht einmal mehr als Möglichkeit erscheint. Wenn wir das klar erkennen und dieser Einsicht Raum in unserem Leben geben, dann können wir beginnen, unsere Lebendigkeit zu kultivieren.

Die vier Grundannahmen: Transformation, Befreiung, Weisheit und Mitgefühl

Um Lebendigkeit zu kultivieren, braucht es keine besonderen Glaubensüberzeugungen. Glaubensüberzeugungen sind Konzepte, die mit einer Wahrheitsbehauptung aufgeladen sind. Glaubenssätze über die Wirklichkeit sind nicht nur kein guter Anfangspunkt für das Kultivieren von Lebendigkeit, sie stehen dieser Kultivierung sogar im Wege. Vom Gesichtspunkt einer ungehinderten Lebendigkeit aus ist es viel besser, an nichts zu glauben. Im Zen sagen wir: »Nicht-Wissen ist das Innig-Vertrauteste.« Nicht-Wissen ist keine Ignoranz oder Abwesenheit von Wissen. Es ist auch nicht als Strategie gemeint, mit der man vermeidet, einen Standpunkt zu beziehen, oder als Totschlagargument, um die Meinung anderer Menschen abzuwerten. Es ist vielmehr die Erkenntnis, dass das Erleben immer mehr ist als das, was wir abschließend darüber wissen können. Nicht-Wissen ist eine Form der Bescheidenheit, eine Offenheit dafür, alle Formen des Wissens ständig revidieren zu können.

Statt mit Glaubensüberzeugungen beginnen wir mit der Unmittelbarkeit unseres eigenen direkten Erlebens – noch bevor es in Worte gefasst wird. Weil wir unser Erleben aber in Richtung von mehr Lebendigkeit kultivieren wollen, können wir ihm locker gehaltene Annahmen hinzufügen, die diese

Richtung definieren. Eine Annahme ist keine Wahrheitsbehauptung, sondern ein Konzept, das wir wie ein Werkzeug in die Hand nehmen und dann auch wieder aus der Hand legen können, wenn es nicht mehr nützlich ist. Eine Annahme bezieht sich auf einen Erfahrungsbereich und schlägt eine bestimmte Art von Praxis vor, so wie das Halten eines Hammers die Möglichkeit impliziert, einen Nagel in die Wand zu schlagen. Wir machen bestimmte Annahmen, weil sie uns Hilfestellung beim Beantworten unseres tiefsten inneren Wunsches leisten. Wenn das gelingt, dann werden aus Annahmen Lehren.

Es ist natürlich schwer, auf etwas zu vertrauen, das wir selbst noch nicht erfahren haben. Lehren jeder Art – nicht nur spirituelle – weisen über unsere gegenwärtige Erfahrung hinaus auf etwas, das wir noch nicht verkörpern. Eine Lehre spricht zu uns, wenn sie die Grenze zwischen einer uns bereits vertrauten Erfahrung und einer uns noch unvertrauten Erfahrung beleuchtet, die aber bereit ist, gemacht zu werden. Wenn ich noch nie einen Hammer benutzt habe, ist es mir keinesfalls völlig klar, wie er zu benutzen ist. Mit der Zeit und einiger Übung aber kann mir das Benutzen des Hammers zur zweiten Natur werden. Deswegen ist es auf dem Weg der Kultivierung von Lebendigkeit fast unerlässlich, einen Lehrer oder eine Lehrerin zu haben, der oder die bereits verkörpert, was ich noch zu verwirklichen habe. Der Lehrer oder die Lehrerin ist eine Art provisorischer Beweis für das, was ich im eigenen Erleben noch nicht selbstständig bestätigen kann.

Mein eigener Lehrer, Zentatsu Baker Roshi, hat die vier Grundannahmen als die Grundabsichten gelehrt, die allen buddhistischen Lehren Leben einhauchen. Damit irgendeine buddhistische Praxis funktionieren kann, sagte er, müssten wir zunächst einmal lernen, darauf zu vertrauen, dass es in unserem eigenen Leben wirklich möglich ist:

1. unsere Erfahrung zu transformieren,
2. uns von unnötigem Leiden zu befreien,
3. im Einklang mit den Dingen zu leben, so wie sie wirklich sind, und
4. zum Wohle aller Wesen zu handeln.

Dazu bedarf es keiner Metaphysik und keiner Transzendenz. Ein spezieller spiritueller Raum wie zum Beispiel ein Himmelreich ist nicht vonnöten. Man braucht auch nicht an ein spezielles Wesen wie Gott zu glauben. Und man muss kein heiliges Dogma unterschreiben. Alles, was zum Weg der Kultivierung von Lebendigkeit produktiv beiträgt, ist willkommen. Die vier Grundannahmen sind ganz und gar diesseitig. Ihre Wirksamkeit beweist sich dadurch, dass sie uns tatsächlich dabei helfen können, unsere Erfahrung zu transformieren. Als Kurzformel beziehe ich mich auf diese vier Grundannahmen als:

1. Transformation
2. Freiheit
3. Weisheit
4. Mitgefühl

Buddhismus zu praktizieren bedeutet, die vier Grundannahmen als Antworten auf unseren tiefsten inneren Wunsch verstehen zu lernen. Im Zen genügt es allerdings nie, etwas nur intellektuell zu verstehen. Manchmal erscheinen bestimmte spirituelle Wahrheiten als völlig offensichtlich, vielleicht sogar als trivial. Es ist nicht schwer, die Grundidee in Jesus' zentraler

Lehre, seinen Nächsten wie sich selbst zu lieben, zu verstehen. Aber wie schwer ist es, diese Idee zu verkörpern! Und ähnlich verhält es sich, wenn wir unser Leben so transformieren wollen, dass wir anfangen, Befreiung vom Leiden, Weisheit und Mitgefühl tatsächlich zu verkörpern – also den Worten Taten folgen zu lassen. Dafür müssen wir viele der kulturellen Sichtweisen, die unser Leben unterbewusst steuern, infrage stellen. Und wir müssen bereit sein, neue Sichtweisen auszuprobieren, und überprüfen, ob diese neuen Sichtweisen einen Unterschied machen.

Ich will nun nacheinander einen ersten Blick auf Freiheit, Weisheit und Mitgefühl werfen, und abschließend fragen, was Transformation bedeutet. Der frühe Buddhismus – und damit meine ich die über Asien verteilten Schulen, die nicht zum sogenannten Mahayana-Buddhismus[2] gehören – gründet auf der Annahme, dass es möglich ist, allem unnötigen Leiden ein Ende zu setzen. Was für eine spektakuläre Vision! Gibt es überhaupt irgendetwas, das wichtiger wäre? Aber ist das wirklich möglich? Im zweiten Teil dieses Buches werden wir uns Praktiken anschauen, mit denen sich die Befreiung vom Leiden tatsächlich realisieren lässt – von Moment zu Moment.

Spätere Formen des Buddhismus erweiterten diesen engen Fokus auf das Beenden unnötigen Leidens und betonen, dass Befreiung ohne die Verwirklichung von Weisheit und Mitgefühl nicht möglich sei. Wir können nicht wahrhaft frei sein, so die Einsicht, wenn wir in Verblendung und Ignoranz leben – also nicht verstehen, wie die Dinge wirklich existieren und wie wir wechselseitig mit anderen Wesen verbunden sind.

Das klassische buddhistische Beispiel für Verblendung ist, ein Seil fälschlicherweise für eine gefährliche Schlange zu halten. Wenn ich meine Wahrnehmung nicht infrage stelle, dann lebe ich in völlig unnötiger Furcht vor einem Seil. Unsere

Wahrnehmung von Dingen ist zutiefst in die Geschichten verwickelt, die wir uns über diese Dinge erzählen. Die meisten Menschen betrachten Steuersätze und Fußballmannschaften – mal ganz abgesehen von gewichtigeren Dingen wie Kapitalismus, Menschenrechten und dem Charakter meines Ehepartners oder meiner Ehepartnerin – nicht als Geschichten, sondern als Realitäten. Es geht allerdings nicht nur darum, dass eine bestimmte Geschichte vielleicht falsch ist. In *irgendeiner* Geschichte oder begrifflichen Darstellung eine abschließende Wahrheit zu suchen, ist die grundlegendste Verblendung. Dann obendrein ein Narrativ oder einen Begriff in den Status einer Glaubensüberzeugung zu heben, ist Verblendung inmitten von Verblendung. Weisheit ist im Gegensatz dazu die Fähigkeit, von Moment zu Moment im Einklang mit den Dingen zu leben, so wie sie sind – das heißt frei von den Rahmungen oder Fixierungen, die den Dingen von Begriffen und Geschichten auferlegt werden. Im dritten Teil dieses Buches werden wir uns einer Reihe von Lehren und Übungen zuwenden, die uns dabei helfen können, uns aus unserer verblendeten Beziehung zur Wirklichkeit zu befreien.

Weisheit ist eine kultivierte Geisteshaltung, die in der Lage ist, situativ angemessenes Handeln hervorzubringen. Ob eine Handlung als angemessen gelten kann, hängt am Ende davon ab, ob sie zur Befreiung vom Leiden beiträgt – bei einem selbst und bei anderen. Weisheit hat deshalb immer eine ethische Dimension. Ohne Mitgefühl gibt es keine wirkliche Weisheit. Wir können nicht im Einklang mit den Dingen sein, so wie sie wirklich sind, wenn wir nicht gleichzeitig ein tiefes Verständnis dafür haben, wie innig wir mit allem in wechselseitiger Abhängigkeit immer schon verbunden sind. Und wir können nicht auf befriedigende Weise in unserer eigenen Freiheit ruhen, wenn wir uns nicht auch für die Linderung des Leidens anderer einsetzen. Die Welt entspringt in jedem Moment dieser Innigkeit zwischen dem Selbst und dem anderen – unabhängig davon, ob wir uns dessen nun bewusst sind oder nicht. Der vierte Teil des Buches erklärt im Detail, wie wir mithilfe eines sensibilisierten Körpers so mit dieser Innigkeit in Resonanz treten können, dass sie sich in mitfühlendes Handeln übersetzt.

Die transformative Verwandlung, in der unser tiefster innerer Wunsch zur Erfüllung kommt, hat also drei miteinander zusammenhängende Aspekte: Befreiung vom Leiden (oder kurz: Freiheit), Weisheit und mitfühlendes Handeln. Aber was bedeutet Transformation genau? In der Praxis zeigt sich Transformation als befreites, weises und mitfühlendes Handeln. Warum kommt ihr dann in der Liste der vier Grundannahmen ein eigener Platz zu? Das ergibt dann Sinn, wenn man den transformativen Prozess als eine Lebenskunst mit eigenen Prinzipien begreift. Um die notwendige Kunstfertigkeit zu erlangen, braucht man eine bestimmte Art von Vertrauen und Feinfühligkeit. Im Buddhismus wird Transformation als der Prozess verstanden, durch den sich ein fühlendes Wesen, also ein Wesen mit sinnlichen Fähigkeiten, in einen Buddha (wörtlich übersetzt: ein erwachtes Wesen) verwandelt. *Fühlendes Wesen* und *Buddha* sind Namen für das, was ich zuvor als *biologische Lebendigkeit* und *vollständig verwirklichte Lebendigkeit* bezeichnet habe.

Der Referenzpunkt in der buddhistischen Tradition für die vier Grundannahmen ist die Lehre von den vier Bodhisattva-Gelöbnissen. Ein Bodhisattva ist jemand, der den Entschluss gefasst hat, ein Buddha zu werden. Das heißt, ein Bodhisattva befindet sich in einem Transformationsprozess – er oder sie ist also jemand, der in Tuchfühlung mit dem eigenen tiefsten inneren Wunsch ist und als Antwort darauf in sich einen Geist der Wegsuche etabliert hat. Für diese Transformation braucht es verschiedene Elemente. Das wichtigste dieser Elemente ist das, was man »Gelöbnis« oder weniger religiös vielleicht »Versprechen« nennen kann – eine sehr verbindliche Form von *Absicht.* Etwas zu versprechen bedeutet, der Absicht eine innere Verpflichtung beizustellen. Und eine Absicht wird zu einem Gelöbnis, wenn die Absicht so nachdrücklich ist, dass ich bereit bin, mein ganzes Leben in den Dienst dieser Absicht zu stellen. Entsprechend wird gesagt, dass ein Bodhisattva – ein ernsthafter Wegsuchender oder eine ernsthafte Wegsuchende – die folgenden vier Gelöbnisse ablegen muss. Sie korrespondieren mit den vier Grundannahmen, werden aber gewöhnlich in einer Reihenfolge präsentiert, die wechselseitige Verbundenheit und mitfühlendes Handeln betont.

1. *Die fühlenden Wesen sind zahllos, ich gelobe, sie zu erwecken.* Das ist mitfühlendes Handeln. Fühlende Wesen zu erwecken bedeutet, ihnen dabei zu helfen, Buddhas zu werden – also ihren tiefsten inneren Wunsch zu erfüllen. Das wird als die mitfühlendste Form des Handelns angesehen.
2. *Die Begierden sind unerschöpflich, ich gelobe, sie loszulassen.* Das ist Befreiung vom Leiden. Das Wort *Begierden* bezieht sich hier auf alle Formen des Anhaftens, Widerstrebens und Sich-Selbst-Belügens. Die Kapitel zum Thema Befreiung im zweiten Teil des Buches werden deutlich machen, was das buddhistische Verständnis von Leiden genau ist, und wie es sich durch das »Loslassen von Begierden« beenden lässt.
3. *Die Dharma-Tore sind unermesslich, ich gelobe, sie zu durchschreiten.*

Das ist Weisheit. Das Bild vom Dharma-Tor müssen wir uns später noch genauer anschauen. Vorläufig können wir ein Dharma als eine situativ verankerte momenthafte Erfahrung verstehen, die mehr oder weniger von Aufmerksamkeit durchdrungen ist. Wenn ein Dharma ausreichend von Aufmerksamkeit durchdrungen ist, dann kann es als Punkt dienen, an dem sich hier und jetzt in dieser bestimmten Situation Weisheit verwirklicht.

4. *Buddhas Weg ist unübertrefflich, ich gelobe, ihn zu verwirklichen.* Das ist Transformation. Wir brauchen die Formulierung »Buddhas Weg« nicht als speziell buddhistische Lehre zu verstehen, sondern können sie auf unseren tiefsten inneren Wunsch beziehen. Und dann ist dieser Weg nicht deswegen »unübertrefflich«, weil er wesensmäßig besser ist als andere etablierte Wege, sondern weil er unserem eigenen inneren Drang nach Verwirklichung von Freiheit, Weisheit und Mitgefühl in jedem Moment unseres Lebens auf einzigartige Weise neu entspringen kann.

Bei den Formulierungen der Gelöbnisse fällt auf, dass es innerhalb der Grenzen des menschlichen Lebens praktisch unmöglich ist, *zahllosen* Wesen zum Erwachen zu verhelfen, *unerschöpfliche* Begierden loszulassen, *unermessliche* Dharma-Tore zu durchschreiten und einen *unübertrefflichen* Weg zu verwirklichen. Warum sollte ein Wegsuchender sich solch utopischen Absichten verschreiben? Der Punkt ist, dass Bodhisattvas sich nicht über das Erreichen von Zielen definieren, sondern durch die Hingabe an Absichten – unabhängig davon, ob die beabsichtigten Ergebnisse letztlich erzielt werden oder nicht. Das innere Versprechen, die Ziele erreichen zu wollen, muss ernsthaft sein und von Herzen kommen, aber die tatsächlichen Ergebnisse sind weniger wichtig als die Absicht selbst. Diese Verlagerung der Betonung – von den Zielen zur Hingabe an einen Weg – ist charakteristisch für den Lebensansatz eines Bodhisattvas. Darin liegt ein Paradoxon, mit dem wir uns anfreunden müssen. Transformation, Freiheit, Weisheit und Mitgefühl – diese sehr erhabenen und gleichzeitig dringend notwendigen Bestrebungen in der menschlichen Existenz – werden möglich, weil das aufrichtige Verfolgen von unmöglichen Zielen eine Lebendigkeit und Lebensfülle hervorbringt, die unmöglich ist, wenn sich das Interesse nur auf mögliche und erreichbare Ziele beschränkt.

Eine Freundin von mir ist Direktorin einer Organisation, deren Ziel es ist, fünf tropische, von Parasiten und Bakterien verursachte Krankheiten auszurotten, von denen 1,7 Milliarden der ärmsten Menschen der Welt betroffen sind. Die Vision ihrer Organisation ist es, Menschen in tropischen Ländern Afrikas und Asiens durch verfügbare Medikamente ein gesundes, florierendes Leben zu ermöglichen. Wird ihr Engagement tropischen Krankheiten ein für alle Mal ein Ende bereiten? Sicherlich nicht vollständig, aber mit ganzer Kraft in diese Richtung zu gehen, macht ihre Arbeit zu einer Inspiration – und führt dazu, dass sie sich in ihr und durch sie ganz lebendig fühlt.

Ich selbst bin sehr über die Erderwärmung besorgt, die Teil einer viel weiter reichenden ökologischen Krise ist, die sich neben dem Klimawandel in Form von Überbevölkerung, Artensterben und globaler Verschmutzung zeigt. 2020 habe ich mithilfe von Experten und vielen Spendern den Bau einer 50-Kilowatt-Solaranlage fertiggestellt, die den Kohlendioxid-Fußabdruck des Zen-Klosters, in dem ich damals lebte, um 75 Prozent reduzierte. Das ist freilich nur ein kleiner Beitrag zu einem globalen Problem mit riesigen Dimensionen und enormem Zeitdruck. Generell können wir versuchen, uns einem überwältigenden Problem dadurch zu entziehen, dass wir es ignorieren oder uns hilflos und deprimiert fühlen. Oder wir können ihm direkt ins Auge sehen, eine aufrichtige, wenn auch beinahe unmöglich scheinende Vision entwickeln – in diesem Fall für das Umkehren des Erderwärmungsprozesses – und dann proaktiv das tun, was in unserer persönlichen Einflusssphäre möglich ist. Mein Lehrer, Baker Roshi, hat diese Bodhisattva-Lebenshaltung in einem Leitspruch zusammengefasst: »Die Richtung ersetzt den Endpunkt.« Diese Sichtweise ist zu einer der wichtigsten Lehren in meinem Leben geworden und hilft mir dabei, mich im Angesicht von persönlichem und kollektivem Leiden trotzdem ganz lebendig zu fühlen.

»Wirklich lebendig sein« ist der sprachliche Ausdruck, mit dem ich dem tiefsten inneren Wunsch eine Stimme zu verleihen suche. Es ist ein Motto, das auf die offene Frage verweist, wie wir den Wunsch nach einem reicheren, tieferen, zufriedenen Leben erfüllen können – einem Leben, das sich an unseren höchsten Absichten entlang entfaltet. Wenn es gelingt, glücklich mit der eigenen Familie zu leben oder auch allein, einem erfüllenden Beruf nachzugehen und in sinnstiftender Weise zum Wohlergehen der Menschheit beizutragen, dann ist das für jeden Menschen in unserer Zeit eine bedeutende und wertvolle Errungenschaft. Und dennoch finde ich in mir ein Verlangen, das darüber hinausgeht. Und da Sie dieses Buch in die Hand genommen haben, gehe ich davon aus, dass dieses Verlangen in Ihnen in der einen oder anderen Form auch lebendig ist.

Wie sich der tiefste innere Wunsch sprachlich Ausdruck verleiht, mag von Mensch zu Mensch verschieden sein, aber der Wunsch selbst scheint ein universeller zu sein – er verweist auf eine Erlebensdimension, die gemeinhin als »spirituell« bezeichnet wird. Wir können diese Dimension ignorieren und einfach, so gut es uns möglich ist, den gesellschaftlichen Erwartungen folgen. Wir können daran verzweifeln, dass sich unser tiefster innerer Wunsch in unserem Alltag scheinbar nie erfüllen lässt, und bis an unser Lebensende mit einem Gefühl von Unerfülltheit kämpfen. Oder wir können einen wegsuchenden Geist kultivieren, das heißt einen transformativen Übungsweg einschlagen, um Freiheit, Weisheit und Mitgefühl in unserem Leben zu verwirklichen. Wie sich diese Transformation umsetzen lässt – als Antwort auf unseren tiefen Wunsch nach Lebendigkeit –, davon handelt dieses Buch.

TEIL 1

TRANSFORMATION

I

Elemente der Transformation

Unser Wunsch nach Lebendigkeit setzt einen Prozess in Gang, der sich am besten als eine Art Reifung verstehen lässt. Verschiedene physische Prozesse des Reifens können als Metaphern für die spirituelle Kultivierung dienen, die uns hier interessiert. Zum Beispiel das Wachstum eines sprießenden Samens, der sich zu einem voll ausgewachsenen Baum entwickelt, oder ein Ei, das von einem Muttervogel ausgebrütet wird. Wir können auch Kochen und Backen als Vergleiche heranziehen – auch sie beruhen auf dem anfänglichen Mischen der richtigen Zutaten und dem anschließenden Hinzufügen von Hitze, Zeit und Aufmerksamkeit.

In all diesen Prozessen kommt es auf die richtige Balance zwischen Geschehen-Lassen und Geschehen-Machen an. Bestimmte Elemente des Prozesses sind hochempfindlich: Je weniger man sich einmischt und je mehr man sie sein lässt, desto besser. Die Eierschale aufzubrechen, um nachzukontrollieren, ob das Küken schon Fortschritte in seiner Entwicklung macht, wäre tödlich. Und es ist auch nicht förderlich, den ausgesäten Samen auszugraben, um nachzusehen, ob er schon aufgegangen ist. Man muss diese Vorgänge sich selbst überlassen – man muss sie geschehen lassen.

Ohne aktiv die richtigen Zutaten und Elemente zusammenzuführen und die Mischung nährend zu begleiten, funktioniert der Prozess allerdings auch nicht. Die Henne muss lange genug auf dem Ei sitzen und ihm Körperwärme zuführen, sie muss das Ei vor Nesträubern schützen und dem Küken eventuell beim Schlüpfen assistieren, indem sie von außen nachhilft, während das Küken von innen gegen die Schale pickt. Pflanzen brauchen für ihr Wachstum genügend Nährstoffe aus der Erde, Regenwasser vom Himmel, Kohlendioxid aus der Luft und Licht von der Sonne. Der Prozess ist fragil: In einer Dürreperiode kann der Same vertrocknen, wenn er auf einem Felsen landet, kann er keine Wurzeln schlagen, wenn er an einem schattigen Ort aufgeht, entwickelt er sich vielleicht langsamer. Wenn Gärtner Pflanzen kultivieren, geht es ihnen darum, eine Ernte einzufahren; deshalb versuchen sie die Elemente, die sie den Pflanzen zuführen – Wasser, Zusammensetzung der Erde, Luft und Sonnenschein – sorgfältig zu kontrollieren. Zumindest werden sie achtsam darüber wachen, dass die Natur diese Komponenten in der richtigen Menge zur Verfügung stellt. Sie achten auch auf viele andere Faktoren wie Temperatur, die richtigen Mischkultur-Partner und Schutz gegen Schädlinge.

Wie können wir jetzt – vor dem Hintergrund dieser Vergleiche – das Kultivieren unserer eigenen Lebendigkeit verstehen?

Um das Reifen von Lebendigkeit und die Tätigkeit des Kultivierens zu verstehen, will ich mit einer Liste von vier Elementen beginnen, die für die Transformation unserer Erfahrung so unabdinglich sind wie Erde, Wasser, Luft und Sonne für den Prozess des Pflanzenwachstums. Diese vier Elemente sind:

1. Aufmerksamkeit
2. Empfindung
3. Absicht
4. Denken

Diese Liste stammt nicht aus einer traditionellen Quelle wie etwa einer Abteilung des Abhidharma[3] oder einer bestimmten buddhistischen Abhandlung. Sie ist vielmehr ein Kondensat meiner Praxis, meiner eigenen Erfahrung mit dem Prozess der Transformation, den ich – wie ich mit der Zeit herausfand – ohne Klärung dieser vier Grundunterscheidungen weder richtig verstehen noch auf mich selbst anwenden konnte.

Eine solche Liste zu formulieren, setzt aber nichtsdestoweniger eine jahrtausendealte Methode der traditionellen buddhistischen Pädagogik fort. Buddhistische Lehren werden oft als diese vier oder jene acht oder zwölf Aspekte präsentiert. Manche Menschen können solchen Listen nicht viel abgewinnen, ich hingegen habe sie immer als wertvoll empfunden. Ihr didaktischer Nutzen bestand für mich darin, dass sie sozusagen Hilfe zur Selbsthilfe leisten. Ohne den Geist mit langen Erklärungen zuzukleistern, funktioniert jedes Stichwort dieser sparsamen Listen wie ein gut überlegter Fingerzeig, der darauf abzielt, das eigene Erleben zugänglicher zu machen. Jede Liste ist eine aufs Wesentliche reduzierte Landkarte, die aber einen genügend großen Anteil der Landschaft unvermessen lässt, sodass ich des Abenteuers meines eigenen Entdeckungsprozesses nicht beraubt werde. Ist dieser Prozess erfolgreich, dann darf ich die Liste auch weiterentwickeln, also vielleicht die Terminologie oder die Anordnung abändern. Das ist eine Art, wie der Buddhismus durch einen fortwährenden Prozess von Rekonstruktion lebendig bleibt.

Weil Ihnen die Liste der vier Elemente wahrscheinlich neu ist, werde ich einige Zeit mit jedem ihrer Punkte verbringen. Es geht mir darum, anhand von sehr alltäglichen Beispielen erfahrungsgesättigte Definitionen zu erarbeiten. Ich lade Sie ein, die Definitionen immer wieder an Beispielen aus Ihrem eigenen Leben auszuprobieren. Dadurch verankern Sie die vier Begriffe, die an verschiedenen Stellen des Buchs wieder auftauchen werden, in Ihrer eigenen Erfahrung. Hoffentlich verschafft Ihnen das einen differenzierteren Zugang zu den elementaren Bausteinen der Alltagserfahrung und ihrer möglichen Transformation.

Aufmerksamkeit

Das wichtigste Element der Transformation ist Aufmerksamkeit. Wo die Aufmerksamkeit hingeht, da geht Ihr Leben hin. Wenn wir über die Entwicklung unseres Lebens nachdenken, dann fallen uns in der Regel die großen Ereignisse ein: der erste Schultag, die Scheidung unserer Eltern, der Tod der Großmutter, die Immatrikulation an der Universität, der erste Job, die Hochzeit, ein drastischer Kurswechsel im Berufsleben und so weiter. Diese Ereignisse mögen durchaus wichtig sein, aber um produktiv am Prozess der Transformation teilnehmen zu können, sollte man das eigene Leben am besten als eine Aneinanderreihung von *Mikro*momenten verstehen.

Nehmen Sie zum Beispiel das Lesen, mit dem Sie jetzt in diesem Moment beschäftigt sind. Während Ihre Augen auf der Buchseite entlanggleiten, können Sie sich dafür entscheiden, den Leseprozess entweder als eine Abfolge von Sätzen, als eine Abfolge von Worten oder als eine Abfolge von Silben zu betrachten. Wie fein Sie Ihre Aufmerksamkeit einstellen, ist eine

Frage der Fähigkeit, aber auch der pragmatischen Angemessenheit an die Situation. Bestimmte Situationen erfordern eine größere Auflösung als andere. Ein Gedicht zu lesen ist etwas anderes, als aus einem Bericht schnell die wesentlichen Informationen herauszufiltern. Natürlich kann man auch das Gedicht überfliegen. Dann ist die objektive Zeiteinheit, die es braucht, um einen Satz des Gedichts zu lesen, vielleicht die Gleiche wie beim Lesen eines Prosasatzes. Allerdings geht dabei auch viel von der poetischen Tiefenstruktur verloren, die von Reimen, Rhythmen und Assonanzen lebt und erheblich zur Bedeutung auf der Ebene der Worte und Sätze beiträgt. Wenn Sie dem Gedicht stattdessen erlauben, Sie auf die Silbenebene zu entführen, wird Ihre Aufmerksamkeit bei kleineren Unterschieden verweilen – und dadurch verlangsamt sich die Zeit. Wir tendieren dazu, einen Moment als eine physikalische Zeiteinheit zu verstehen, beispielsweise drei oder sechs Sekunden. Wie wäre es, die Idee auszuprobieren, dass ein Moment nicht eine Zeit-, sondern eine Aufmerksamkeitseinheit ist? Jedes Mal, wenn die Aufmerksamkeit einen neuen Unterschied bemerkt, wird dadurch gefühlt ein neuer Moment ins Leben gerufen.

Hier ein anderes Beispiel: Sie fahren Auto auf einer Landstraße und essen gleichzeitig einen Schokoriegel. In dieser Situation wandert die Aufmerksamkeit durch alle sechs Sinnesfelder: Sehen, Hören, Riechen, Schmecken, Fühlen und Denken. (Der Buddhismus betrachtet den Geist neben den fünf körperlichen Sinnen als sechstes Sinnesfeld.) Ihre Aufmerksamkeitsaktivität ist komplex und vielschichtig, auch wenn sie, oberflächlich betrachtet, recht simpel zu sein scheint: In einem Moment sind Ihre Augen auf die Straße gerichtet und scannen den Raum, der sich vor dem Auto auftut. Im nächsten Moment schauen Sie hinunter zu Ihrer rechten Hand, die den

Schokoriegel zum Mund führt. Sie spüren, wie Ihre linke Hand das Steuerrad festhält, um auf Kurs zu bleiben. In Ihrer rechten Hand taucht in einem Moment das Gefühl der glatten Oberfläche der Plastikverpackung auf, die den Riegel, den Sie essen, am unteren Ende umhüllt. Dann der Geruch von Nüssen und Schokolade, als der Riegel in die Nähe Ihres Gesichts kommt. Schnell ein Blick auf die Straße. Dann fühlen Sie die Kaumasse des Schokoriegels erst zwischen den Lippen und dann in der Mundhöhle. Sie hören ein Hupen. Sie schauen auf, nach vorne, nach links und in den Rückspiegel. Sie sehen die Silhouette des Fahrers im Auto hinter Ihnen und wie er gestikuliert. In Ihrem Bewusstsein formt sich ein Gedanke: *Was will der denn?* Sie schauen hinunter auf den Tacho. Ein weiterer Gedanke taucht auf: *Oh, zu langsam!* Als Nächstes spüren Sie, wie Ihr Fuß aufs Gaspedal drückt – und Ihr gesamter Körper erlebt daraufhin, wie sich das Auto beschleunigt.

Die Situation im Auto demonstriert, dass Aufmerksamkeit manchmal unwillkürlich auf etwas gezogen wird, zum Beispiel wenn Sie vom Hupen aufgeschreckt werden, und manchmal absichtlich auf etwas gerichtet wird, beispielsweise wenn Sie entscheiden, den Schokoriegel auszupacken und zu essen. Das mag sich so anhören, als würde die Aufmerksamkeit immer von außen angezogen und von innen gerichtet werden. Aber unsere Gefühle können natürlich auch mit einer Intensität auftreten, die Aufmerksamkeit auf sich zieht. In unserem Beispiel war es vielleicht ein stechendes Hungergefühl, das plötzlich Ihre Aufmerksamkeit verlangte.

Egal, ob die Aufmerksamkeit nun willkürlich auf etwas gerichtet oder unwillkürlich auf etwas gezogen wird: Ihr gesamtes bewusstes Leben ist ein Tanz von Aufmerksamkeit. Das Beispiel zeigt, dass Erfahrung aus einer Abfolge von Momenten im Medium der Aufmerksamkeit besteht. Es führt aber gleichzeitig auch ein bisschen in die Irre, denn es suggeriert einen Autofahrer, der bereits ein fein ausgebildetes Gewahrsein für Veränderung von Moment zu Moment besitzt – innerhalb und zwischen den einzelnen Sinnesfeldern. Für die meisten von uns ist das nicht unser gewöhnlicher Geisteszustand, sondern das Ergebnis einer Transformation. Normalerweise findet ein Großteil des Tanzes von Sinnesempfindungen und Aufmerksamkeit außerhalb unseres Blickfeldes statt (ich sollte wohl eher »außerhalb unseres Aufmerksamkeitsfeldes« sagen, denn »Blick« ist in dieser Redewendung nur eine Metapher für Aufmerksamkeit und ein Anzeichen dafür, wie sehr das Sehen unsere Sinneswahrnehmung dominiert).

In der Regel läuft unser Erleben in gewohnten Bahnen und relativ unbemerkt ab. Deshalb ist es kein Problem, während des Autofahrens einen Schokoriegel zu essen, Musik zu hören oder zu telefonieren. Die notwendige Aufmerksamkeit, die Straße im Blick zu behalten und die eigenen Körperbewegungen so zu koordinieren, dass das Auto in der Spur bleibt, ist weitgehend automatisiert. Und wir können uns in der Regel darauf verlassen, dass die Aufmerksamkeit einen Gang hochschaltet, wenn sie von einem Hupgeräusch oder einem Hindernis auf der Straße aufgeschreckt wird. Es ist diese Automatisierung durch Gewohnheiten, die unser multidimensionales Leben erst möglich macht. Andererseits kann sich das Leben wegen dieser Gewohnheitsmuster auch recht stumpf anfühlen.

Jeder Aufmerksamkeitsmoment ist ein Moment von Lebendigkeit. Da unsere Gewohnheiten aber so effektiv sind, dass wir nicht in jedem Moment mit unserer Aufmerksamkeit präsent sein müssen (jedenfalls nicht vollständig), kann unser Leben an Lebendigkeit verlieren. Achtsam zu essen ist inzwischen eine gängige Empfehlung, denn nur allzu leicht schlingen wir einen Bissen nach dem anderen hinunter und verpassen dabei den Reichtum an Farben, Konsistenzen, Gerüchen und Geschmacksnuancen in unserem Essen. Die sinnliche Welt ist voll von scheinbar unbedeutenden, aber köstlichen Details: ein gleißender Sonnenstrahl, der plötzlich seinen Weg durch mein Zimmerfenster findet, die himmlische Kühle, die meinen Körper umfängt, wenn ich an einem heißen Sommertag unter den Schatten eines Baumes trete, der durchdringende Duft des unsichtbaren Fliederbusches, der irgendwo hinter der nächsten Straßenecke in voller Blüte stehen muss. Mehr Details in unserem Leben zu bemerken – auf eine aufmerksamere, dem Augenblick gewidmete und subtilere Weise – ist eine nie versiegende Quelle von Zufriedenheit. Lebendigkeit kultivieren heißt, aus diesem Bemerken eine bewusste lebenslange Praxis zu machen.

Wir brauchen ein gewisses Interesse dafür, wie Aufmerksamkeit von Moment zu Moment funktioniert, wenn wir verstehen wollen, warum unser Leben dorthin geht, wo unsere Aufmerksamkeit hingeht. Wenn wir allerdings an der Transformation unseres Lebens aktiv teilnehmen wollen, wird dieses Interesse unverzichtbar. Die Aufmerksamkeit scannt ständig die sechs Sinnesfelder und hebt aus dem Erfahrungsstrom Momente heraus, die zusammengesetzt etwas ergeben, was mein Lehrer ein »scheinbar saumloses Ganzes« nannte. Wir sprechen von diesem Ganzen normalerweise als »der Welt«, und wir leben in ihr, als handelte es sich um eine objektive Realität. Sobald wir aber erkennen, dass dieses scheinbar objektiv Gegebene eigentlich etwas von momenthafter Aufmerksamkeitsaktivität Zusammengesetztes ist, können wir beginnen, unsere Erfahrung bewusst zu artikulieren und zu verfeinern.

Empfindung

Aufmerksamkeit ist eng mit Empfindung verwoben. Ich verwende das Wort *Empfindung* in drei einander überlappenden Bedeutungen: (1) sinnlich wahrgenommene Bewusstseinsinhalte, (2) alle Arten von Körperempfindungen und (3) propriozeptive Empfindungen (die gleich noch genauer erklärt werden). Im weitesten Sinne verweist Empfindung auf alle erlebten Bewusstseinsinhalte, die durch die Aktivität eines der sechs Sinne zur Erscheinung kommt: Sehen (Augen), Hören (Ohren), Riechen (Nase), Schmecken (Zunge), Fühlen (Körper) und Denken (Geist). Der Geist wird im Buddhismus, wie bereits erwähnt, als Sinnesorgan verstanden. Innere Bilder, Erinnerungen und sprachlich geformte Ideen können als Empfindungen gelten, weil sie genauso im Bewusstsein erscheinen wie Töne und Gerüche. Wenn wir anschließend über solche »ersten Inhalte« des Bewusstseins nachdenken, wird der Geist dadurch selbst-reflexiv. Wir bewegen uns dann im Bereich des kognitiven Denkbewusstseins, das wir noch eigens besprechen werden.

In einem engeren Sinn bezieht sich Empfindung auf alle Inhalte, die durch das Medium des Körpers auftauchen. Da ist zum Beispiel das Gefühl an meiner Fingerspitze, wenn ich auf der Tastatur tippe, die Empfindung, die der Wind auf meiner Haut hinterlässt, der Schmerz in meinem Knöchel, nachdem ich ihn verstaucht habe, und der diffuse Druck in meinem Solarplexus, wenn ich nervös und ängstlich bin.

Körperempfindungen kommen aus zwei Quellen. Die Tastatur oder den Wind zu fühlen, gehört zum Tastsinn. Für die Empfindung in meinem Knöchel (das Ergebnis einer Verletzung) oder in meinem Solarplexus (eine Komponente meiner

Emotion) ist aber nicht die Haut das Medium. Diese Empfindungen sind das Produkt von Propriozeption (wörtlich: Eigenwahrnehmung), dem Prozess, durch den der Körper sich selbst wahrnimmt.[4] Ich nenne diese Art von Empfindungen auch »leiblich gespürt« (siehe dazu die Unterscheidung von Leib und Körper in der Vorbemerkung, Seite 19 bis 21).

Eigenwahrnehmung ist die am scheinbar engsten gefasste Bedeutung des Begriffs »Empfindung«, wenn wir uns ihren Bereich als das Innere des Körpers vorstellen – im Gegensatz zu den Sinnesorganen, inklusive der Haut, die für die sogenannte Außenwelt zuständig sind. Es kann aber auch aufschlussreich sein, Eigenwahrnehmung als den am weitesten gefassten Empfindungsbegriff zu verstehen, denn letztlich kann der Körper eigentlich nur sich selbst wahrnehmen. Bei sogenannten externen Sinneseindrücken nimmt der Körper ja eigentlich auch nur seine eigene Aktivität wahr, nämlich die Aktivität seiner Sinnesorgane. Dieses ausgedehnte Verständnis von Propriozeption stellt die scheinbar offensichtliche Unterscheidung zwischen Innen und Außen infrage. Eigenwahrnehmung beziehungsweise leibliches Spüren ist ein wesentlicher Faktor im Erleben von Gefühlen und Emotionen – ein Bereich, den wir uns in späteren Kapiteln noch genauer ansehen werden, insbesondere im Kontext von Leiden und Mitgefühl.

Die leibliche Spürenswirklichkeit entzieht sich sehr leicht der bewussten Aufmerksamkeit. Eigenwahrnehmung ist stark automatisiert und weitgehend nicht bewusst, es sei denn, der Körper hat ein Schmerzproblem wie einen verstauchten Knöchel. Natürlich können propriozeptive Wahrnehmungen zuweilen selbst den Platz des verletzten Knöchels einnehmen und das Problem sein, das Aufmerksamkeit auf sich zieht, zum Beispiel in einem Moment großer Angst. Normalerweise bedarf es aber eines beträchtlichen Aufwands, um leiblich gespürte Empfindungen kontinuierlich ins Aufmerksamkeitsbewusstsein zu heben. Eigenwahrnehmung ist nur dann eine verlässliche Quelle für bewusste Information, wenn der Körper lernt, *mit sich selbst in Berührung zu sein.* Die Praxis, den Körper spürend mit sich selbst in Berührung zu bringen, ist einer der wichtigsten Aspekte dessen, was ich Transformation nenne.

Wenn wir eine strikte Trennung zwischen Körper und Geist vornehmen, dann ist nicht ganz klar, welchen der sechs Sinnesfelder die propriozeptiven Empfindungen zugeordnet werden können. Sie gehören nicht zum Tastsinn, wie wir bereits besprochen haben – das heißt, sie gehören nicht zum auf die Haut reduzierten Sinnesorgan Körper. Man kann sie aber auch nicht einfach als geistige Phänomene klassifizieren. In der leiblich spürenden Eigenwahrnehmung verschwimmt die Grenze zwischen Körper und Geist. Wenn wir eine Praxis daraus machen, mit der Aufmerksamkeit bei propriozeptiven Empfindungen zu verweilen und sie so ins Bewusstsein zu heben, dann tragen wir aktiv dazu bei, Körper und Geist zu integrieren. Ohne eine solche Integration stößt das, was im Buddhismus unter Kultivierung von Freiheit, Weisheit und Mitgefühl verstanden wird, schnell an seine Grenzen.

Aus buddhistischer Sicht sind Körper und Geist nicht getrennt. Sie können zwar als getrennt wahrgenommen werden, aber sie sind innig miteinander verbunden. Sie als »miteinander verbunden« zu bezeichnen, ist eigentlich schon eine falsche Wortwahl. Wenn es uns um Transformation und Kultivierung von Lebendigkeit geht, ist es besser, Körper und Geist als zwei Aspekte einer ungetrennten Aktivität zu verstehen. Ich werde deshalb immer mal wieder – auch wenn das zunächst vielleicht seltsam klingt – vom »Körper-Geist« statt von »Körper und Geist« sprechen. Die Integration von Körper und Geist ist eine transformative Praxis. Sie besteht darin, die ursprüngliche Ungetrenntheit von Körper und Geist zu erkennen und in verschiedenen Facetten unseres gelebten Lebens zum Ausdruck kommen zu lassen.

Wenn wir die fünf körperlichen Sinnesfelder im Kontext dieser Ungetrenntheit betrachten, lassen sich die visuellen Inhalte des Gesichtsfeldes als ein Seh-Bewusstseinsfeld verstehen statt – wie normalerweise üblich – als physikalische Datenmasse, die das Bewusstsein erst in einem zweiten Schritt bearbeitet. Entsprechend können wir das Feld der Geräusche als Hör-Bewusstseinsfeld verstehen – und so weiter für alle Sinnesfelder. Mit anderen Worten: Wir können alle Sinnesempfindungen als immer schon zum Geist gehörig betrachten. Der Geist (verstanden als Körper-Geist) wird so zu einem sehr weit gefassten Begriff und ist dann quasi synonym mit empfindungsfähiger Lebendigkeit.

Jedes Mal, wenn sich Aufmerksamkeit zu Empfindung gesellt, wird ein bewusst erlebter Moment geboren. In jedem Moment produzieren zwar alle sechs Sinne Empfindungen, aber wie wir an unserem Schokoriegel-Beispiel gesehen haben, werden nicht alle diese Empfindungen auf die Bewusstseinsebene gehoben. Nur diejenigen, die mit Aufmerksamkeit versehen werden, werden vollständig bewusst erfahren.

Die Aufmerksamkeit kann fokussiert sein – also eine Empfindung nach der anderen bemerken – oder gespalten, also zu einem bestimmten Zeitpunkt mehrere Empfindungen gleichzeitig in den »Blick« nehmen. Es ist zwar ziemlich schwierig, aber nicht unmöglich, in einem einzigen Moment mehr als eine Empfindung bewusst zu erleben. Versuchen Sie zum Beispiel, Ihre Aufmerksamkeit ganz auf die Bedeutung der Worte zu richten, die Sie hier auf dieser Buchseite lesen, während Sie gleichzeitig Ihre Aufmerksamkeit bei Ihrer Atembewegung verweilen lassen. Jetzt nehmen Sie noch ein drittes Sinnesfeld hinzu, indem Sie auf die visuell-ästhetische Qualität des Schriftsatzes achten, also nicht nur auf die Bedeutung der Worte, sondern wie sie grafisch in Ihrem Seh-Bewusstsein erscheinen. Ich nehme an, dass Sie jetzt beobachten können, wie die Aufmerksamkeit anfängt zu springen. Sie nehmen abwechselnd Mikromomente von Wortbedeutungen, Atembewegung und visuellen Eindrücken wahr. Der Geist fabriziert aus all dem irgendwie eine Synthese, aber die Achtsamkeit auf den Atem und das Interesse an der grafischen Erscheinung können sich auch wie Ablenkungen anfühlen. Nämlich dann, wenn sie mit Ihrer ursprünglichen Konzentration aufs Textverstehen in Konkurrenz treten.

Man kann die Beziehung der ersten beiden Elemente der Erfahrung – Aufmerksamkeit und Empfindung – vielleicht wie folgt in einem Bild zusammenzufassen: Es gibt eine Art Buffet an Empfindungen, und die Aufmerksamkeit trifft dort eine Auswahl. Erfahrungsmomente werden selektiv hervorgebracht. Das verleiht der Aussage, dass unser Leben dorthin geht, wo die Aufmerksamkeit hingeht, zusätzliches Gewicht. Der Weg, den das Aufmerksamkeitsbewusstsein von Moment zu Moment einschlägt – also das, was in unserem Leben geschieht und bewusst erlebt wird –, hängt einerseits von den Empfindungen ab, die auf dem Buffet verfügbar sind. Andererseits – und das ist für unsere Zwecke hier entscheidend – hängt dieser Weg vor allem davon ab, was die Aufmerksamkeit selektiert, und zwar entweder gewohnheitsmäßig oder mit Absicht.[5]

Absicht

Wir können »Absicht« als die Fähigkeit des Geistes definieren, Aufmerksamkeit zu dirigieren. *Ab-sehen* bedeutet so etwas wie *eine Wegstrecke in den Blick nehmen.* Wenn wir eine Ab-sicht fassen, können wir das so verstehen, dass wir aktiv daran teilnehmen, welchen Weg die Aufmerksamkeit einschlagen soll. Nehmen Sie ein einfaches Beispiel: Sie müssen in zwanzig Minuten eine E-Mail fertigschreiben und abschicken. Der Wunsch, auf die Bedeutung der Worte, die Sie tippen, konzentriert zu bleiben, können wir als das Wirken einer Absicht verstehen. Sie besteht darin, die Aufmerksamkeit auf den mentalen Sinneskanal gerichtet zu halten und nicht von verschiedenen Geräuschen in Ihrem Umfeld ablenken zu lassen – zum Beispiel von Verkehrslärm oder Vogelgezwitscher draußen oder vom Brummen des Kühlschranks in Ihrer Wohnung. Theoretisch könnte die Aufmerksamkeit diese Geräusch-Empfindungen ja auch aufgreifen. Die Aufmerksamkeit hat aber die bemerkenswerte Fähigkeit, kontinuierliche Geräusche wie das Summen des Kühlschranks »herauszufiltern« oder Klänge wie Vogelgezwitscher in angenehme Hintergrundmusik zu verwandeln.

Das Wort »Hintergrund« deutet an, dass sich der Vogelgesang an der Schwelle des Aufmerksamkeitsbewusstseins befindet, während das »herausgefilterte« Summen es möglicherweise nicht einmal bis zu dieser Schwelle geschafft hat und deshalb gar nicht ins Bewusstsein tritt.

Die Absicht wählt also ein Objekt für die Aufmerksamkeit aus und gibt ihr eine Richtung. Stellen wir uns dazu vor, Ihre Aufmerksamkeit wird gerade jetzt durch eine laute Stimme draußen vor Ihrem Fenster in Anspruch genommen; und weil das, was zunächst nur lautes Rufen war, inzwischen in aggressives Schreien übergegangen ist, denken Sie: *Oh, die Nachbarn streiten sich wieder!* Die Absicht, an der E-Mail dranzubleiben, kann trotzdem so stark sein, dass sie in der Lage ist, Ihre Aufmerksamkeit zurück zu Ihren Gedanken und Ihrem Tippen zu bringen. Sie schaffen es, dem fast körperlichen Sog zu trotzen, der Sie aus Ihrem Stuhl aufstehen und zum Fenster gehen lassen will. Ihre Absicht, die E-Mail fertigzuschreiben, liegt sozusagen im Wettstreit mit einer anderen Absicht, nämlich der, wissen zu wollen, was da draußen schon wieder los ist. Zu jedem beliebigen Zeitpunkt kann es also mehrere verschiedene Absichten geben, die der Aufmerksamkeit unterschiedliche mögliche Objekte vorschlagen. Wenn wir beeinflussen wollen, wohin unser Leben geht, müssen wir klären, welchen Absichten wir gestatten, unsere Aufmerksamkeit zu lenken.

Absichten haben außerdem eine Zeitdimension. Während die Aufmerksamkeit Empfindungen hier und jetzt bewusst macht, kann die Absicht der Aufmerksamkeit einen Weg vorzeichnen, der sich in die Zukunft erstreckt. Die Absicht, auf das Lesen konzentriert zu bleiben, ist ein Bestandteil des gegenwärtigen Augenblicks, aber sie strukturiert eine Abfolge von zukünftigen Momenten. Absichten können natürlich komplexer sein als in den angeführten Beispielen; sie organisieren vielschichtige Handlungsketten in wichtigen Bereichen unseres Lebens. Das gilt für unsere Partnerschaft und unsere Arbeit genauso wie für das, was wir uns unter Selbstverwirklichung oder spiritueller Erfüllung vorstellen.

Ich werde oft gefragt, wie man eine Absicht fasst. Wir kennen ja alle das Problem des Neujahrsvorsatzes. Man nimmt sich vor, diesmal ganz bestimmt etwas zu ändern, aber dann verflüchtigt sich das neue Verhalten oft viel zu schnell – manchmal setzt der Frust, es wieder nicht geschafft zu haben, schon am nächsten

Tag ein. Eine wirkliche Absicht hat zwar eine gedankliche Komponente, ist aber mehr als ein Gedanke. Eine wirkliche Absicht wurzelt tiefer im Körper – in einer Spürenswirklichkeit.[6] Wir können manchmal an diese Spürenswirklichkeit herankommen, wenn wir uns fragen: »Was will ich eigentlich wirklich?« Versuchen Sie nicht, diese Frage mit Ihrem Denkbewusstsein zu beantworten. Gehen Sie nicht davon aus, dass Sie bereits wissen, was Sie *wirklich* wollen. Lassen Sie die Antwort kommen. Wenn nichts kommt, dann bedeutet das vielleicht nur, dass Sie (noch) nicht sagen können, was Sie wirklich wollen. Meiner Erfahrung nach können wir nur die Absichten tatsächlich fassen, die wir bereits haben. Dieses Fassen, das in einem gedanklichen Formulieren besteht, erhöht aber nur dann die Wirksamkeit der Absicht, wenn die Formulierung unserer Spürenswirklichkeit entspringt. Eine solche Formulierung, die unsere Spürenswirklichkeit trifft und auf den Punkt bringt, kann uns manchmal auch in etwas begegnen, das wir lesen oder hören. Wie auch immer wir die Formulierung finden – eine Absicht zu fassen bedeutet, vollständiger zu erkennen, dass und wie wir sie bereits haben.

Denken

Denken besteht darin, dem Aufmerksamkeitsbewusstsein Konzepte hinzuzufügen. In unserem Beispiel hören Sie das Geschrei vor dem Fenster und denken: »Die Nachbarn streiten schon wieder.« Um diesen Gedanken zu formen, nimmt der Geist eine Abfolge von Aufmerksamkeitsmomenten und fasst sie unter dem Konzept »Nachbarn streiten wieder« zusammen. In ähnlicher Weise begreifen Sie mithilfe eines Konzeptes die Konstellation von propriozeptiven Empfindungen, die ich vorhin eine Spürenswirklichkeit genannt habe, und nehmen sie als eine bestimmte Absicht zur Kenntnis. Das Denken selektiert – basierend auf vergangenen Erfahrungen –, welches Konzept am besten zum gegenwärtigen Aufmerksamkeitsmoment passt, und nimmt ihn dann innerhalb des begrifflichen Rahmens dieses Konzeptes gedanklich wahr.

Außerdem hat der Geist durch dieses Benennen dann die Möglichkeit, über begriffene Aufmerksamkeitsmomente auch dann nachzudenken und zu sprechen, wenn sie nicht mehr gegenwärtig sind. Wenn Ihre Neugier Sie zum Beispiel doch dazu gebracht hat, vom Schreibtisch aufzustehen, zum Fenster zu gehen und mitzuverfolgen, was da draußen los ist, dann können Sie später am Telefon Ihrer Familie erzählen, »wie die Nachbarn immer wieder miteinander streiten«, selbst wenn das Wortgefecht schon lange zu Ende ist. Durch den Gedanken wird das Aufmerksamkeitsbewusstsein also begreifbar und sagbar. Im Falle von Absichten kann es zum Beispiel so sein, dass Sie sich selbst noch eine ganze Weile lang einreden, dass Sie eine bestimmte Absicht verfolgen, obwohl Ihre Spürenswirklichkeit sich bereits auf etwas anderes ausgerichtet hat. Was Sie sich einreden, entspricht dann nicht mehr ganz der Wahrheit.

Nicht alle bewussten Aufmerksamkeitsmomente lassen sich auch begreifen. Ich erinnere mich sehr klar an eine Situation in meiner Kindheit, in der ein bestimmtes Geräusch meine Aufmerksamkeit auf sich zog, ich aber nicht sagen konnte, *um was es sich handelte* – es war für mich erstaunlich beunruhigend, das Geräusch nicht einordnen zu können. In meinem angestrengten Versuch, herauszufinden, *was es war*, wurde mir bewusst, dass es jeden Abend in der Dämmerung passierte. Als meine Mutter eines Abends, als das Geräusch zu hören war, zu mir ins Zimmer kam, fragte ich sie: »Was ist das für ein Geräusch?« Ich war sehr erleichtert, dass sie eine Antwort hatte. Es waren die Nachbarn, die ihre Rollläden einen nach dem anderen herunterließen: *Rrrrrrt! Rrrrrrt!* Das Beispiel mutet vielleicht trivial an, es hat mir aber ein für alle Mal deutlich gemacht, dass Aufmerksamkeits- und Denkbewusstsein nicht ein und dasselbe sind.

Die Aufmerksamkeit aus dem Denken befreien

Etwas seine Aufmerksamkeit zu schenken, ist für viele Menschen gleichbedeutend damit, über dieses Etwas nachzudenken. Das stimmt aber nicht: Aufmerksamkeit kann auch auf nicht-denkende, nicht-begriffliche Weise funktionieren. In der lebendigen Bewegung der Aufmerksamkeit gibt es viele Momente, die nicht-begrifflich sind und deshalb namenlos bleiben. Wenn wir den Unterschied zwischen Aufmerksamkeits- und Denkbewusstsein nicht bemerken, dann leben wir möglichweise in der Illusion, dass nur benannte und benennbare Dinge wirklich existieren. Durch dieses folgenschwere Missverständnis beschränken wir unsere Welt auf das, was denk- und sagbar ist. Es geht uns dann eine Tiefendimension des bewussten Erlebens verloren, die für den Prozess der Transformation essenziell ist.

Der folgende Zen-Vers spricht genau darüber:

Ich sah nur fallende Blütenblätter
Weggeweht vom Wind;
Wie hätte ich wissen können, dass des Gartens
Grüne Schatten so viele sind?[7]

Die vergängliche Schönheit der Blütenblätter und die damit verbundenen Emotionen verstellen den Blick auf die unzähligen und vielfältigen Nuancen der »grünen Schatten«. Es gibt im Garten so viele Schattierungen von Grün, dass das Denkbewusstsein nicht fähig ist, sie alle zu benennen. Das Aufmerksamkeitsbewusstsein ist aber durchaus in der Lage, diese Unterschiede nicht-begrifflich zu bemerken. Das Gleiche gilt für die vielen Schatten und Schattierungen von Gefühlen, die im Garten des Geistes kommen und gehen. Wenn wir jedoch das Denkbewusstsein für die einzige oder wichtigste Modalität des Geistes halten, dann bleibt unserem Erleben der Reichtum der »unzähligen und vielfältigen grünen Schatten« nahezu vollständig verschlossen.

Ich erinnere mich an eine lebensbedrohliche Situation auf einer Landstraße in den Bergen Colorados. Ich saß am Steuer und meine Frau auf dem Beifahrersitz. Wir fuhren durch ein weit ausladendes Tal. Schon seit einer ganzen Weile hatte ich einen Lastwagen im Blick, der sich uns langsam näherte. Aber dann tauchte hinter dem Laster urplötzlich ein Auto auf und setzte zum Überholen an. Es raste mit riesiger Geschwindigkeit direkt auf uns zu, ein Frontalzusammenstoß schien unvermeidlich. Ich zog meinen Wagen nach rechts – nur so weit, dass das auf uns zuschießende Auto geradeso zwischen dem Laster und meinem linken Außenspiegel hindurchpasste und ich gleichzeitig den steilen Abhang auf meiner rechten Seite vermeiden konnte. Auf wundersame Weise ging alles gut. Innerhalb von Sekunden war der Spuk vorbei, und unser Auto lag wieder normal auf der Straße. Es ist offensichtlich, dass das »Berechnen« eines solchen Manövers, in das unzählig viele Nuancen einfließen, außerhalb des Denkbewusstseins stattfindet.

Dieser Bewusstseinsmodus kann auch im Gespräch mit einem anderen Menschen in Aktion sein. Auch hier können wir uns in nicht-denkender Weise der »unzähligen und vielfältigen grünen Schatten« bewusst werden, die auf der Gefühlsebene changieren. Manchmal übersetzt sich diese Spürenswirklichkeit in genau den richtigen Ausdruck. Ich erinnere mich an eine Situation mit einem guten Freund, der mir von seinem Kummer um den bevorstehenden Tod seiner schwerkranken Mutter erzählte. Ohne darüber nachgedacht zu haben, hörte ich mich sagen: »Und was wäre so schlimm daran, wenn deine Mutter jetzt sterben würde?« Ich hatte mit meiner Spontaneität eine soziale Norm verletzt und mich dadurch auf zwischenmenschliches Glatteis begeben. In der Regel wünscht man ja einem kranken Menschen alles Gute für die Genesung, vor allem wenn es sich um die Mutter eines guten Freundes handelt. Wie sich aber später herausstellte, hatte ich aber genau die richtigen Worte gefunden. Mein Freund bestätigte, dass meine Frage ihm ganz unerwartet dabei geholfen hatte, den möglichen Tod seiner Mutter zu akzeptieren. Die richtige Kombination aus Ton und Wortwahl hatte letztlich eine befreiende Wirkung für meinen Freund – ein Ergebnis, zu dem ich mich nicht hätte »hindenken« können.

Am Anfang der Zen-Praxis geht es vor allem darum, sich um diese Differenzierung der Aufmerksamkeit vom Denken zu bemühen – oder um es mit unseren neuen Begriffen zu sagen: Es geht um die Befreiung des Aufmerksamkeitsbewusstseins aus dem Denkbewusstsein. Etwas bewusst bemerken zu können, ohne dafür das Bemerkte gedanklich rahmen zu müssen, ist eine der Fähigkeiten, die für das Kultivieren von Lebendigkeit wesentlich ist. Diese Fähigkeit reift mit der Zeit und kann viele Früchte tragen. Eine dieser Früchte ist ein größerer sinnlicher Genuss. Wenn wir lernen, uns des Denkens zu enthalten (also zu vermeiden, dass Aufmerksamkeitsbewusstsein zu Denkbewusstsein wird), dann erscheint die Welt in größerer Plastizität und Lebhaftigkeit. Das ist wahrscheinlich auch der Grund, warum Menschen sich zu Risikosportarten oder Sex, Musik und Tanz hingezogen fühlen – solche uns leiblich ganz einnehmenden Erfahrungen können uns aus dem Denken hinauskatapultieren. Wenn das Denken in diesen Situationen dagegen nicht aufhört, verringert das den Genussfaktor erheblich. Sex ist ja eine eher betrübliche Angelegenheit, wenn man dabei den Fehler in seiner eben abgegebenen Steuererklärung nicht aus dem Kopf kriegt – und Bungee-Springen ist sicherlich weniger aufregend, wenn man gleichzeitig mit seiner Karriereplanung beschäftigt ist.

Wir können auf der Grundlage des bisher Gesagten zwei Bewegungen unterscheiden. Die eine geht vom Aufmerksamkeits- zum Denkbewusstsein. So wie in der Erfahrung aus meiner Kindheit, als ich unbedingt wissen wollte, was dieses seltsame, namenlose Geräusch war. Im Allgemeinen ist das der Prozess, in dem sich Kinder befinden – sie wachsen in die kulturell strukturierte Welt der Erwachsenen hinein, indem sie durch wiederholtes Benennen dieses von jenem zu unterscheiden lernen. Aus dem Benennen und Unterscheiden entwickelt sich mit der Zeit die Fähigkeit, mithilfe von Geschichten die Welt zu deuten und logisch zu denken. Die andere Bewegung geht vom Denk- zum Aufmerksamkeitsbewusstsein. Sobald wir als Erwachsene vollständig in die Kultur eingebettet sind, können wir in uns das Bedürfnis entdecken, »sich aus der Gefangenschaft in den Netzen und Körben« des Denkbewusstseins zu befreien. So drückte es Dogen, der Gründer der japanischen Soto-Zen-Schule, im 13. Jahrhundert aus: »Sobald das deine Erfahrung ist«, so versprach er, »schwimmst du wie ein Drache im Wasser oder lebst gelassen wie ein Tiger in den Bergen.«[8]

Während Aufmerksamkeit auch nicht-begrifflich funktionieren kann, beruht Absicht auf einer begrifflichen Unterscheidung. Damit eine Absicht der Aufmerksamkeit Richtung und Ziel geben kann, muss sie ein Konzept anwenden. Im Zen wird nicht-begriffliche Aufmerksamkeit für die Kultivierung von Lebendigkeit als besonders wichtig angesehen; Konzepte und begriffliches Denken spielen aber dennoch eine Rolle – und zwar in Form von Absichten.

Nachdem wir, wie ich hoffe, *erfahrungsbasierte* Definitionen für Aufmerksamkeit, Empfindung, Absicht und Denken etabliert haben, können wir uns jetzt der Meditations- und Achtsamkeitspraxis zuwenden. Meditation und Achtsamkeit sind geistig-körperliche Übungsformen, mit deren Hilfe diese vier Elemente zum Zweck der Transformation artikuliert, neu kombiniert und »ausgebrütet« werden können. Wir werden dabei sehen, dass das Auflösen der Strukturen unseres kulturell geformten Körper-Geistes nicht bei der Bewegung vom Denk- zum Aufmerksamkeitsbewusstsein haltmacht. Meditation und Achtsamkeit transformieren den Körper auch auf der Ebene der Empfindungen. Und im Bereich des Geistes befreien sie die Aufmerksamkeit noch viel tiefgreifender – sie erlauben es uns, immer tiefere konzeptuelle Fixierungen zu lösen und etwas hervorzubringen, das ich »Gewahrsein« nennen werde.

2

Die körperliche Haltung der Sitzmeditation

Wenn ich mit Anfängern über Meditation spreche, betone ich immer, wie wichtig es ist, vorab zu entscheiden, wie lange man meditieren möchte, und dann genauso lange sitzen zu bleiben, wie man es sich vorgenommen hat. Mit anderen Worten: Ich warne davor, die Meditationspraxis davon abhängig zu machen, wie gut oder schlecht man sich gerade fühlt, oder davon, wie erfolgreich man mit seiner Meditation zu sein glaubt. Ob Sie sich in den von Ihnen für die Meditation reservierten zwanzig, dreißig oder vierzig Minuten beschissen, selig oder gelangweilt fühlen, ist unerheblich. In der Meditation geht es darum anzuerkennen, was der Fall ist – in diesem Sinne ist jede Meditation eine gute Meditation. Das Ziel ist nicht, sich kurzfristig besser zu fühlen, sondern einen Raum zu öffnen, in dem Sie Ihrem Erleben erlauben, genauso zu sein wie es ist – einen Raum, in dem das Erleben die Freiheit bekommt, sich selbst zu regulieren. Wenn diese Selbst-Regulation mit der Zeit dazu führt, dass Sie sich entspannter, ruhiger und zentrierter fühlen, dann ist das natürlich ein willkommener Nebeneffekt.

Als ich zum ersten Mal in einem Zendo, einer Zen-Meditationshalle, meditierte, gab mir jemand die simple Anleitung, mich mit überkreuzten Beinen hinzusetzen, die Wirbelsäule aufrecht zu halten, meine Aufmerksamkeit auf meinen Atem zu richten und dabei von eins bis zehn zu zählen. Während ich dasaß und versuchte, diese Instruktionen umzusetzen, hatte ich das Gefühl, kläglich zu versagen. Meine Haltung fühlte sich krumm an, nach zehn Minuten hatte ich bereits heftige Schmerzen in Rücken und Beinen, und mein Geist war ein heilloses Durcheinander von rasenden Gedanken – extrem umtriebig und viel unruhiger, als ich es in meinem normalen Alltagsleben je bemerkt hatte. Gleichzeitig war es, als wäre ich endlich zu Hause angekommen. Wie krumm, unbequem und komisch ich mich auch fühlte, genau das war eben die Qualität meiner Erfahrung in diesem Moment – und ich war bereit, damit zurechtzukommen. In der Rückschau sehe ich klarer, warum ich mich dadurch auf einmal mehr in der Welt zu Hause fühlte: In der Meditation hatte ich mir endlich die Erlaubnis gegeben, mich ohne jede Rechtfertigung gegenwärtig und lebendig zu fühlen.

Meditation lässt sich als eine Übung verstehen, in der eine körperliche Haltung mit einer geistigen Haltung zusammengeführt wird. Im Zen ist Meditation die primäre Methode, um Körper und Geist zu integrieren, und darüber hinaus – in weiteren transformativen Schritten – Selbst (Körper-Geist) und Welt (Materie) sowie Subjekt (Innenwelt) und Objekt (Außenwelt). Diese transformativen Integrationsschritte dienen letztlich alle der Verwirklichung von Freiheit, Weisheit und mitfühlendem Handeln. In diesem Kapitel werden wir uns die Facetten der körperlichen Haltung eine nach der anderen anschauen – buchstäblich von Kopf bis Fuß. Dabei werde ich meine Kenntnis eines taoistischen Qigong-Systems nutzen und versuchen, die Darstellung mit erfahrungsbasierten Details anzureichern, die aus meiner Sicht in vielen gängigen Meditationsanleitungen fehlen. Da Zen als das Ergebnis eines fruchtbaren Aufeinandertreffens der buddhistischen und taoistischen Traditionen in China angesehen werden kann, ist das hoffentlich angemessen und auch bereichernd.

In unserer modernen Lebensauffassung unterschätzen wir oft die Bedeutung des Körpers, auch wenn wir uns im Allgemeinen psychosomatischer Zusammenhänge durchaus bewusst sind. Es ist ja nicht nur so, dass der Geist den Körper beeinflusst, sondern die Körperhaltung wirkt sich auch auf den Geist aus. Sie können das testen, indem Sie sich vornehmen, Ihrem Gesicht zehn Minuten lang ein Lächeln »aufzusetzen«. Achten Sie während und nach dem Experiment auf Ihren Geisteszustand. Zen und andere ostasiatische yogische Kulturen und transformative Systeme sind sich dieser wechselseitigen Beziehung von Körper und Geist immer bewusst gewesen. Statt die Verbindung zu erklären, geben diese Systeme einfache Anweisungen und vertrauen darauf, dass sich die entsprechenden Effekte nach einer Zeit konsequenten Übens von selbst einstellen werden. Im Westen brauchen wir aber, glaube ich, einen Ansatz mit mehr Erklärungen. Wir zweifeln sonst leicht, ob wir diesen Lehren überhaupt vertrauen können, und fangen dann vielleicht gar nicht erst an zu üben oder bleiben nicht lange genug dran. Die Früchte transformativer Körper-Geist-Veränderungen können sehr subtil sein. Um in ihren vollen Genuss zu kommen, müssen wir ihnen Zeit zum allmählichen Reifen geben.

Zen-Meditation wird als *Zazen* bezeichnet, was wörtlich so viel wie »sitzende Versunkenheit« bedeutet. Es ist eine auf den ersten Blick einfache Praxis, von der die Tradition aber behauptet, dass sie das gesamte Spektrum der Transformation eines fühlenden Wesens (oder biologischer Lebendigkeit) in einen Buddha (oder vollständig verwirklichte Lebendigkeit) ermöglicht. Wie Zen-Meister Nanyue sagte: »Wenn du Zen-Sitzen übst, dann übst du Buddha-Sitzen.«[9] Die dahinterliegende Idee ist, dass das Sitzen selbst eine vollständige Methode darstellt, um Transformation zu verwirklichen. Der Ausdruck »sitzende Versunkenheit« verweist einerseits auf das Sitzen als Körperhaltung, andererseits kommt mit dem Wort »Versunkenheit« eine geistige Haltung zum Ausdruck. Versunkenheit bedeutet einfach gesagt, dass die Aufmerksamkeit in sich selbst »versinkt«. Statt sich auf Empfindung oder Denken zu richten, richtet sich die Aufmerksamkeit auf die Aufmerksamkeit selbst. Auf diese Weise laden wir sie dazu ein, sich in einen weiteren, weniger fokussierten Geist zu verwandeln, den wir »Gewahrsein« nennen können.

Ein einfaches Beispiel aus der alltäglichen Wahrnehmung kann den Unterschied zwischen Gewahrsein und Aufmerksamkeits- beziehungsweise Denkbewusstsein verdeutlichen und zeigen, wie diese verschiedenen Modalitäten des Geistes miteinander in Beziehung stehen. Fokussieren Sie irgendein klar abgegrenztes Objekt in Ihrem Gesichtsfeld – zum Beispiel eine Türklinke. Die Türklinke anzusehen bedeutet, dass ein Bewusstsein dieses Gegenstandes mit seiner bestimmten Form und Farbe und Lage im Raum unmittelbar gegenwärtig ist – und zwar als diese bestimmte Türklinke. Möglicherweise taucht dabei das Wort *Türklinke* in Ihrem Bewusstsein auf oder befindet sich direkt unter der Oberfläche – sozusagen in Bereitschaft für den Fall, dass Sie über den Gegenstand Ihres Bewusstseins nachdenken oder sprechen wollen. Hier haben wir es mit dem zu tun, was ich Denkbewusstsein genannt habe. Das Denkbewusstsein kennt und erkennt die Welt über ein kulturell etabliertes System von Kategorien und Namen. Wenn wir allerdings die Namensetikette von den Gegenständen der Welt abziehen und sie in eine weniger bestimmte Offenheit entlassen, dann wechseln wir ins Aufmerksamkeitsbewusstsein hinüber – einen Geisteszustand, der am Kategorisieren von Objekten nicht unmittelbar interessiert ist. Die Türklinke könnte genauso gut als »Türgriff« durchgehen. Statt sich zum Beispiel um solche Begriffsfragen zu kümmern, ist das Aufmerksamkeitsbewusstsein in erster Linie mit der momenthaften, unwiederholbaren Einzigartigkeit der sinnlichen Erscheinung befasst.

Das Aufmerksamkeitsbewusstsein erhält allerdings einen Fokus aufrecht. Der Gegenstand, der den Namen »Türklinke« oder »Türgriff« trägt, ist fest im aufmerksamen Fokus des Gesichtsfeldes – wir etablieren diesen Fokus, indem wir den Gegenstand als Figur von seinem Hintergrund abheben. Im Gegensatz dazu ist alles, was die Türklinke umgibt, mehr oder weniger abgeblendet und verschwommen – es behält dabei aber das Potenzial, zum Gegenstand eines zukünftigen fokussierten Aufmerksamkeitsmoments zu werden. Wenn wir jetzt einen Schritt weiter gehen und auch noch die Türklinke selbst aus unserem Aufmerksamkeitsfokus entlassen, dann erlauben wir uns, in das weite Feld reinen Aufmerksamkeitspotenzials einzutreten.

Die Aufmerksamkeit kann jetzt auch das visuelle Feld verlassen und sich einem anderen Sinnesfeld zuwenden. Wenn wir mit diesem Hin- und Herwechseln zwischen den Sinnesfeldern experimentieren, können wir uns des Mediums bewusst werden, in dem jeglicher sinnlicher Bewusstseinsinhalt zur Erscheinung kommt. Dieses Medium ist der Geist, den ich »Gewahrsein« nenne. Gewahrsein selbst hat weder Form noch

Farbe. Es hat eine feldartige Qualität, die sich durch eine stille, unbewegte Präsenz auszeichnet – und es ist in stetiger Bereitschaft, sich zu fokussieren, wenn die Aufmerksamkeit entweder unwillkürlich auf etwas gezogen oder absichtlich auf etwas gerichtet wird. Wir werden dieses Gewahrsein später noch ausführlicher diskutieren, zunächst wollen wir uns auf den körperlichen Aspekt dieser Transformation konzentrieren.

Was ich unter Transformation verstehe, ist immer ein verkörperter Prozess, eine Form des Reifens. Man kann sich da nicht hindenken – verkörperte Transformation bedarf der gewissenhaften Wiederholung von bestimmten Vollzügen über einen langen Zeitraum. Nichts, was wirklich transformativ ist, kommt schnell. In der Zen-Tradition wird dieser Zeitrahmen mit zehn bis dreißig Jahren veranschlagt. Ein Zen-Lehrer hat das einmal so ausgedrückt: »Setz dich zehn Jahre aufs Kissen, sitz dann noch weitere zehn Jahre und setz dich danach noch mal für zehn Jahre hin.« Auch wenn das wenig ermutigend klingt, sollten wir uns davon nicht beirren lassen. Zehn Minuten lang in der richtigen Haltung zu meditieren, hat wahrscheinlich einen positiven Effekt auf unser Leben. Am besten lässt man einfach die Erwartung fallen, sich an einen Endzustand vollständiger Transformation katapultieren zu können. Es ist sowieso viel hilfreicher, sich Transformation als einen Weg ohne Ende vorzustellen. Das korrespondiert mit der alten taoistischen Weisheit: »Der Weg ist das Ziel.« Oder mit dem Ausdruck, den ich bereits in der Einleitung verwendet habe: »Die Richtung ersetzt den Endpunkt.« Statt ständig darauf zu schauen, ob wir schon am gewünschten Ziel angekommen sind, tun wir besser daran, uns voll und ganz der eingeschlagenen Richtung zu verschreiben.

Füße, Hara, Wirbelsäule

In der buddhistischen Tradition wird allgemein eine Sitzhaltung mit gekreuzten Beinen empfohlen, entweder im vollen oder halben Lotussitz. Es ist aber auch möglich, mit einem Kissen zwischen den Beinen kniend auf den Unterschenkeln zu sitzen, eine Meditationsbank oder einen Stuhl zu verwenden. In jeder dieser Sitzhaltungen besteht die wesentliche Aufgabe der unteren Körperhälfte darin, eine stabile Basis für die aufrechte Haltung der Wirbelsäule zu bilden. Zwischen den verschiedenen Sitzhaltungen gibt es aber auch feine Unterschiede, die mit fortschreitender Übung von Interesse sein können.

Das Qigong-System, mit dem ich vertraut bin, vermeidet zum Beispiel jegliche Form von Sitzen mit überkreuzten Beinen; für alle sitzenden Übungen wird dort ein Stuhl verwendet. Der Grund dafür? Das Zusammenspiel von aufrecht gehaltener, nicht angelehnter Wirbelsäule und flach auf dem Boden aufliegenden Füßen ermöglicht eine wichtige energetische Kommunikation zwischen dem Körper und der Erde. Die Füße stellen dafür die entscheidende Verbindung her. An unseren Fußsohlen gibt es nämlich einen Punkt, der unter Taoisten als »Sprudelnde Quelle« bekannt ist. Der Name zeigt an, dass der Körper lebensspendende Energie aus der Erde unter ihm beziehen kann. Die Füße kreuzend übereinanderzuschlagen wird als eine Haltung betrachtet, die diesen Energiefluss behindert.

Im Gegensatz dazu wird in der buddhistischen Tradition der Vorteil der überkreuzten Beinstellung darin gesehen, dass die linke und die rechte Seite des Körpers miteinander verschränkt werden. Außerdem wird so eine Anreicherung von Energie im Bereich des Unterbauches gefördert, speziell in einem der energetischen Zentren des Körpers, das in der japanischen Kultur als »Hara« bezeichnet wird. Das Hara lässt sich nicht objektiv lokalisieren und es hat auch keine bestimmte Größe; es ist nämlich keine feste Entität, sondern das dynamische Zentrum einer sich ständig neu entfaltenden energetischen Aktivität. Sein Ort, seine Größe und seine gefühlte Präsenz entwickeln sich durch fortgesetztes Üben. Man kann sich das Hara zunächst zwei bis drei Fingerbreit unterhalb des Nabels und ein wenig nach innen in Richtung der Zentralachse des Körpers versetzt vorstellen.

Der Begriff »Energie« hat einen etwas dubiosen Beigeschmack: Er wurde zu sehr von der New-Age-Kultur in Anspruch genommen und dort zum Teil fälschlich verwendet. Anstatt eine mysteriöse Substanz zu postulieren, meine ich mit Energie einfach den spürbaren Fluss von Empfindungen. Stellt man sich Energie hingegen in erster Linie als ein physikalisch messbares Phänomen vor, dann lässt sich die Rede von einem Energiefluss zwischen der Erde und der an den Fußsohlen angesiedelten »sprudelnden Quelle« leicht als unwissenschaftlicher Hokuspokus abtun. Unsere direkte Erfahrung mit dem Körper ist aber, dass es leiblich gespürte Empfindungen gibt, die in ständiger Veränderung und Bewegung begriffen sind. Wissenschaftlich lassen sich diese Fließbewegungen teilweise nur schwer erklären und bleiben deswegen weitgehend subjektiv. Das heißt aber nicht, dass der Fluss leiblicher Empfindungen irgendetwas Mysteriöses an sich hätte. Wir haben es schlicht mit etwas zu tun, das zunächst nur in der Selbstbeobachtung in Erscheinung tritt und dann erst nach und nach intersubjektiv mit der Erfahrung anderer abgeglichen werden kann. In diesem Prozess kann von einem erfahrenen Lehrer oder einer erfahrenen Lehrerin viel wertvolles Wissen übermittelt werden. Die einzige Voraussetzung dafür ist eine regelmäßige Praxis, durch die sich der Körper ausreichend energetisch sensibilisieren und entwickeln kann. Bestimmte Phänomene treten dann allmählich ins Aufmerksamkeitsbewusstsein und können Schritt für Schritt benannt werden.

Ausgehend von diesem Grundverständnis können wir jetzt verschiedene allgemeine Begriffe bilden: Ein *Energie-Zentrum* wäre demnach ein Bereich im Körper, in dem sich Energie ansammeln und deutlicher gespürt werden kann und von dem aus sie sich im Körper-Geist verteilt. Ein *Energie-Kanal* ist eine somatische Leitbahn, an der entlang Energieflüsse regelmäßig beobachtet werden können. (Die aus der Akkupunktur bekannten sogenannten Meridiane fallen in diese Kategorie.) Eine *energetische Blockade* bezeichnet eine Stelle im Körper, an der der Energiefluss behindert ist. Und eine *energetische Pforte* ist ein Körperteil, wo Energie aus der Umgebung empfangen oder an sie weitergegeben wird.

Beim Wandern in den Bergen kann zum Beispiel Energie scheinbar von der Erde durch unsere Füße aufsteigen und von dort aus den ganzen Körper energetisieren. »Energetisieren« bedeutet hier einfach, dass sich unser Körper durch den Fluss von subtilen leiblichen Empfindungen ausgeglichener anfühlt und sich auch in schwierigem Gelände mit Leichtigkeit und Geschick bewegt. Das Gehen ist dann weniger mühselig, und wir fühlen uns rundum wacher. Dafür muss man natürlich nicht unbedingt in den Bergen sein. Die Zen-Lehrerin Charlotte Joko Beck berichtet von einem Schüler, der als Herzchirurg in Los Angeles arbeitete und oft »mit seinen Nerven völlig am Ende war«. Er entdeckte für sich eine ähnliche Fußsohlen-Praxis, die während seiner Arbeit als Chirurg zum Einsatz kam: »Er richtete«, so Joko Beck, »seine Aufmerksamkeit einfach aufs

Gehen ohne jeden Gedanken an die bevorstehende oder gerade abgeschlossene Operation. Einfach nur Füße, Füße, Füße. Zu seinem Erstaunen stellte er fest, dass er sich durch diese Übung am Ende seines Arbeitstages weniger müde fühlte. Sein Körper und sein ganzes Dasein erhielten kleine Energieschübe, die sich auch positiv auf seine Arbeit auswirkten.«[10]

Probieren Sie es aus! – etwa wenn Sie spazieren gehen oder im Supermarkt an der Kasse warten oder an einem Rednerpult stehen und eine Präsentation machen. Es kann eine Weile dauern, die Fähigkeit zu entwickeln, Aufmerksamkeit in die Füße zu schicken und dort zu halten. Die Kanäle so zu kultivieren, dass Energie von und zu den Füßen als Energie-Pforten fließen kann, braucht vielleicht noch mehr Zeit. Aber mit jedem Versuch – und schlicht durch Ihre Absicht – kann sich Ihr energetisches Gespür Schritt für Schritt entwickeln und verfeinern.

Das Hara kann ebenfalls als Pforte fungieren: Es kann die Atmosphäre und den Facettenreichtum einer Situation aufnehmen und erfassen – spürend, ohne Gedankenaktivität. Diese im Hara verankerte Spürenswirklichkeit repräsentiert die Komplexität der Situation vollständiger, als eine gedankliche Artikulation es je könnte. Es kann zum Beispiel sehr nützlich sein, sich während eines schwierigen Gesprächs im Hara zu verorten. Man verheddert sich dann nicht so leicht in den beschränkten Perspektiven und begrifflichen Gegensätzen, die in solch einer Diskussion ganz unvermeidlich auftreten. Die Spürenswirklichkeit der Gesamtsituation, zu der man über das Hara Zugang hat, haftet nicht an bestimmten begrifflichen Formulierungen des Denkbewusstseins an – und doch ist sie die Quelle, aus der sich alle begrifflichen Artikulationen der Situation speisen.

Was die Wirbelsäule betrifft, ist es wichtig, eine aufrechte

Haltung zu finden. »Aufrecht« bedeutet aber nicht, diese Haltung mithilfe der Muskulatur zu erzwingen. Hilfreicher ist es, die Wirbelsäule in einen Prozess des Aufrichtens *einzuladen.* Sie können diese Art von Einladung wie folgt visualisieren: Stellen Sie sich Ihre gebündelte Aufmerksamkeit wie einen Ball in der Gegend Ihres Steißbeins vor. Lassen Sie diesen Ball dann langsam in einer Abfolge von Aufmerksamkeitsmomenten von einem Wirbel zum nächsten aufsteigen. Wenn der Ball stoppt, weil er auf eine kleinere oder größere energetische Blockade trifft, gestatten Sie sich einfach die dadurch entstehende Pause und vermeiden Sie es, die aufsteigende Bewegung des Aufmerksamkeitsballs zu sehr zu forcieren. Geben Sie der Blockade Zeit und Raum, sich von selbst zu lösen. Dieses Lösen kann Sekunden, Minuten oder Jahre dauern. Das Denken sollte sich nicht anmaßen, darüber zu urteilen. Beobachten Sie stattdessen mit Geduld und Freundlichkeit, was geschieht. Der visualisierte Ball ist natürlich nur ein Hilfsmittel, das Sie jederzeit beiseitelassen können.

Ein anderes Hilfsmittel, die Wirbelsäule in den Prozess der Aufrichtung einzuladen, ist, die Aufmerksamkeit gleichzeitig auf den Beckenboden und die Scheitelspitze zu richten. Im Beckenboden gibt es einen Punkt, der in der taoistischen Tradition als »Pforte von Leben und Tod« bekannt ist, und die Spitze des Scheitels heißt »Hundertfache Zusammenkunft«, weil an dieser Stelle unzählige energetische Kanäle miteinander in Verbindung treten. Die Aufmerksamkeit simultan auf diese beiden Punkte zu richten, erzeugt eine Art Spannung, die die Wirbelsäule anregt, ihren eigenen Weg in die Aufrichtung zu finden. Wenn das geschieht, werden Sie spüren, wie sich der Nacken strecken und das Kinn leicht nach unten senken will. Viele Meditationsanleitungen sprechen davon, sich vorzustellen, wie der Scheitel von einem unsichtbaren Faden nach oben gezogen wird, und empfehlen, die Kinnspitze leicht in Richtung Brustbein einzuziehen. Anatomisch gesprochen stimmt diese Anleitung zwar, man muss in der eigenen Praxis aber darauf achten, diese Bewegungen nicht erzwingen zu wollen, sondern stattdessen die richtige Balance zwischen Geschehen-Lassen und Geschehen-Machen zu finden – so als würde man einen natürlichen Auftrieb spüren.

Ein positiver Nebeneffekt dieser dehnenden Aufrichtung der Wirbelsäule ist, dass sich dadurch verschiedene energetische Kanäle öffnen können. Aus neurologischer Perspektive kann man sich das vielleicht so vorstellen, dass die Nervenbahnen, die sich aus dem Rückenmark verzweigen und zwischen den einzelnen Wirbeln hervortreten, mehr Raum bekommen. Das kann ein hilfreiches Bild sein. Für den Prozess der Transformation ist es jedoch wichtiger, die Wahrnehmung der eigenen Empfindungen konkret zu schulen und ihren Fluss mit immer feinerer räumlicher und zeitlicher Auflösung zu beobachten.

Zunge, Hände und Augen

Bei der Sitzmeditation wird die Zungenspitze an den oberen Gaumen angelegt. In dieser Stellung verbindet sie zwei Energiekanäle, die in taoistischen Systemen »Lenkergefäß« und »Konzeptionsgefäß« genannt werden. Das *Lenkergefäß* erstreckt sich vom Perineum, der Körperregion zwischen After und äußeren Genitalien, durch die Wirbelsäule zum Kopf, von wo aus es über den Scheitel bis zur Nase und zum oberen Gaumen führt. Das *Konzeptionsgefäß* entspringt auch im Perineum und führt auf der Vorderseite des Körpers durch die Kehle hindurch zum Zungengrund. Die Zunge kann nun dazu verwendet werden, diese beiden Kanäle zu verbinden, um einen Energie-Kreislauf in Gang zu setzen, der die Wirbelsäule hinauf- und auf der Vorderseite des Körpers hinunterfließt. Taoisten nennen diesen Kreislauf den »Mikrokosmischen Umlauf« oder die »Kleine Erde«.

In Biografien über den großen chinesischen Zen-Meister Mazu aus dem 7. Jahrhundert wird oft seine ungewöhnliche körperliche Erscheinung erwähnt, die von westlichen Lesern oft als ausschmückende Kuriosität überlesen wird. Mazu soll einen Gang wie ein Stier und einen Blick wie ein Tiger gehabt haben. Seine Zunge reichte bis zur Nasenspitze, und an den Fußsohlen hatten seine Adern zwei Kreise gebildet. Rein physisch gesehen konnte er seine Nasenspitze vielleicht nicht mit der Zunge berühren, aber energetisch gesehen wahrscheinlich schon. Mit anderen Worten: Mazu war ein Meister des *Kleinen Kreislaufs*. Und der Bericht von den beiden Kreisen an seinen Fußsohlen hat es wohl nicht deswegen durch die Jahrhunderte bis zu uns geschafft, weil Mazu seltsame Male an den Füßen hatte. Die Kreise sind vielmehr ein Symbol für eine hochgradige Verwirklichung der *Sprudelnden Quelle*, der energetischen Pforte an den Fußsohlen, von der bereits die Rede war. Der stierartige Gang und tigerhafte Blick sind ebenfalls Bilder für einen befreiten Energiekörper. Dogen beschrieb die energetischen Qualitäten eines verwirklichten Menschen so: »Körper und Geist sind aufrecht und direkt, die Stimme ist kraftvoll.«[11]

Der *Kleine Kreislauf* hat eine enorm vitalisierende und balancierende Wirkung, die für den Transformationsprozess als essenziell angesehen wird. Die Zunge an den oberen Gaumen anzulegen, lädt diese energetische Zirkulation ein, auch dann, wenn der Praktizierende nichts über dieses subtile Potenzial weiß. Sobald man allerdings die Idee versteht, kann man diesem Potenzial bewusst Aufmerksamkeit schenken und beobachten, wie es sich mit der Zeit entfaltet. Wie immer sollte man dabei sorgsam auf eine Balance zwischen Geschehen-Machen und Geschehen-Lassen achten – und als Anfänger sollte man die Betonung immer auf das Geschehen-Lassen legen.

Wenn man in der Wirbelsäule einen aufsteigenden Energiefluss forciert, anstatt ihn vorsichtig einzuladen, kann das zu problematischen Nebeneffekten führen. Als Ausgleich sollte man deswegen immer auch auf die nach unten gerichtete, erdende Gegenbewegung im *Konzeptionsgefäß* achten. Beim Sitzen einfach mit dem Boden in Verbindung zu bleiben, lädt die Energie bereits in eine Abwärtsbewegung ein. Im Allgemeinen ist es leichter, eine Aufwärtsbewegung zu stimulieren, als die Energie sinken zu lassen. Damit aufsteigende Energie aber wirklich förderlich sein kann, müssen die Kanäle für herabsinkende Energie genauso gut geöffnet sein. Irgendwann beginnen sich diese Energieflüsse spontan und im Einklang mit verschiedenen Lebenssituationen zu ereignen.

Die Hände ruhen im Schoß und formen das sogenannte »kosmische Mudra«. Die linke Handfläche liegt, Innenseite nach oben, auf der rechten, und die Daumen berühren sich ganz leicht, sodass sie zusammen mit den Handflächen ein Oval formen. Das Wort *Mudra* entstammt der indischen Yoga-Tradition und bezeichnet eine energetische Geste. Das *kosmische Mudra* betont das Hara und versammelt dort die Energie. Mithilfe dieser Geste wird das Hara als eine Art im eigenen Innenraum gespürte Kugel und als energetisches Gravitationszentrum kultiviert. Die gerundete Form der an der Seite des Körpers gehaltenen Arme formt ein weiteres Oval. Auf diese Weise wird der ganze Körper zum Mudra – zu einer Geste, die den gesamten »Kosmos« in eine energetische Kommunikation einlädt. Ich verstehe das Wort Kosmos hier nicht physikalisch, sondern als die »Aufmerksamkeitssphäre des Körper-Geistes«. Die Sphäre unserer Aufmerksamkeit erstreckt sich über die Körpergrenze hinaus. Sie schließt alles ein, was wir erleben. (Diese Aufmerksamkeitssphäre und die damit verbundene transformierte Erfahrung des Raums werden wir in späteren Kapiteln noch im Detail besprechen.)

Meditationsanleitungen in der Zen-Tradition empfehlen, die Augen halb geöffnet und halb geschlossen zu halten. Geschlossene Augen begünstigen die Wahrnehmung eines inneren Gewahrseins-Raums. Viele Menschen schließen deswegen gerne die Augen, wenn sie sich auf einen Gedanken oder ein Gefühl konzentrieren wollen. Offene Augen aktivieren im Gegensatz dazu ein nach außen gerichtetes, fokussiertes Aufmerksamkeits- oder Denkbewusstsein. In bestimmten Yoga-Übungen wird zu einer »Zurücknahme der Sinne« angeleitet, zu einem Verschluss der Sinnespforten. Damit wird ganz stark Innerlichkeit betont. Zen bevorzugt demgegenüber einen mittleren Weg: eine Mischung aus feldartigem, nicht-anhaftendem Gewahrsein und fokussiertem, an der Welt interessiertem Bewusstsein. Dieser Mittelweg fördert ein Verweben von Innerlichkeit und Außenwelt. Die halb geöffnete, halb geschlossene Haltung der Augen bewirkt also eine Gleichzeitigkeit von Gewahrsein und Bewusstsein. Wir müssen allerdings zuerst lernen, diese beiden Modalitäten des Geistes in unserer Erfahrung zu differenzieren. Und das geschieht im Zen dadurch, dass man die körperliche Sitzhaltung mit verschiedenen geistigen Haltungen zusammenbringt. Diese geistigen Haltungen sind das Thema des nächsten Kapitels.

Die yogische Dimension der Sitzmeditation

Das Wort »yoga« kommt aus dem Sanskrit und bedeutet seinem Wortstamm nach »verbinden« oder »vereinigen«. Es ist mit dem deutschen Wort »Joch« verwandt. Körper und Geist zu vereinigen, bedeutet aber nicht, dass sie eins sind. Es geht vielmehr darum, das, was ursprünglich ungetrennt ist, aber als getrennt wahrgenommen werden kann, kontinuierlich miteinander zu verweben. Im Zen sagen wir: »Nicht eins und nicht zwei.« Konkret bedeutet das: Wir verweben Körper und Geist, indem wir die Absicht fassen, Aufmerksamkeit zur Empfindung zu bringen – einen Moment nach dem anderen.

In der Yogaszene heißt es oft, die verschiedenen körperlichen Yogaübungen, auch als *Asanas* bekannt, seien nichts weiter als Vorbereitungen für die ultimative Yogahaltung des stillen Sitzens. Mit anderen Worten: Die sitzende Buddha-Haltung impliziert und integriert alle anderen Asanas. In der Yoga-Asana-Praxis gibt es eine Spannung zwischen der angestrebten idealen und der tatsächlichen gewohnheitsmäßigen Haltung. Diese Spannung hat das Potenzial, energetische Kanäle zu öffnen und energetische Blockaden zu lösen. Sie »zwingt« die Aufmerksamkeit sozusagen, von bestimmten Empfindungen Notiz zu nehmen, und bringt auf diese Weise das Fließen und damit Transformation in Gang.

Das aufrechte stille Sitzen arbeitet auch mit solch einer transformativen Spannung zwischen idealer und tatsächlicher Haltung – zwischen Absicht und Gewohnheit. Wer ernsthaft an der Sitzmeditation interessiert ist, sollte sich überlegen, eine begleitende Körper-Geist-Praxis hinzuzunehmen, die Bewegung miteinschließt. Ich selbst praktiziere, wie bereits erwähnt, mit einem Qigong-System von 108 Übungen. Es ist darauf angelegt, Körper, Energiefluss und Geist systematisch zu kultivieren. Die korrekte Zazen-Haltung ist energetisch immer wirksam – unabhängig davon, ob man das als Übender bewusst wahrnimmt oder nicht. Eine regelmäßige ergänzende Praxis von Qigong, Tai-Chi oder Ähnlichem kann aber dazu beitragen, unsere energetischen Zentren und Kanäle aktiv zu differenzieren und zu entwickeln. Und das unterstützt und beschleunigt den transformativen Reifeprozess unserer Sitzpraxis.

3

Die geistigen Haltungen der Transformation

Im vorherigen Kapitel habe ich unsere Erkundung der Meditation mit einer detaillierten Beschreibung der körperlichen Haltung begonnen. Sie wird in Anleitungen normalerweise zuerst behandelt, weil der körperliche Aspekt in der Zazen-Meditation besonders wichtig ist. Trotzdem ist Zen im Wesentlichen eine Praxis von geistigen Haltungen. Zen – wie alle ost- und südasiatischen yogischen Übungsformen – geht von der Grundannahme aus, dass alle leiblich gespürten körperlichen Phänomene eine geistige Komponente und alle geistigen Phänomene eine leiblich gespürte körperliche Komponente haben.[12] Beide Aspekte können dazu benutzt werden, den jeweilig anderen Aspekt zu beeinflussen; der körperliche Aspekt wird allerdings als der zugänglichere angesehen und dient deshalb normalerweise als Ausgangspunkt. Wenn man regelmäßig aufrecht sitzt und die energetischen Veränderungen dieses Aufrechtseins anfangen, ins tägliche Leben hineinzuwirken, unterstützt das neue, freiere geistige Haltungen. Die können dann wiederum leiblich gespürt und verkörpert werden.

Geistige Haltungen sind grundlegende Konzepte, die einen Rahmen für unsere Gefühle, Wahrnehmungen, Emotionen, Gedanken und Handlungen bilden. Es gibt geistige Haltungen, die wir aufgrund kultureller, familiärer und biografischer Prägungen als Gewohnheiten mit uns herumtragen – sie sind häufig unbewusst und können sich in verschiedenen psychologischen Mustern und Schwierigkeiten äußern. Daneben gibt es aber auch solche Haltungen, die eine Transformation in Richtung Freiheit, Weisheit und Mitgefühl bewirken können. Wir können uns dafür entscheiden, diese transformierenden Haltungen einzuüben – und zwar dadurch, dass wir sie durch Wiederholung für uns präsent halten und sie zu Instrumenten der Selbstbeobachtung des Geistes machen. Die wiederholte Konfrontation von zur Gewohnheit gewordenen geistigen Haltungen mit ihrem jeweiligen Antidot, einem kognitiven Gegenmittel, erzeugt ein transformatives Potenzial, das mit der Spannung zwischen der tatsächlichen und der idealen körperlichen Haltung in der Sitzmeditation vergleichbar ist.

Ein Beispiel für eine kulturell verankerte geistige Haltung ist der Glaube, dass der Raum etwas Trennendes ist. In unserer Wahrnehmung beziehen zwei Dinge ihre unabhängige Identität unter anderem durch den Raum, der zwischen ihnen liegt. Als ich mit der alternativen Sichtweise bekannt gemacht wurde, dass »der Raum verbindet«, fing ich an, die Welt durch diese geistige Brille zu sehen. Dabei taten sich verschiedene Möglichkeiten auf, diese neue Sicht zu einer neuen geistigen Haltung zu machen. Ich stellte zum Beispiel fest, dass ich mich im Gespräch mit einer mir noch unbekannten Person auch emotional von ihr getrennt fühlte, wenn ich von der Sichtweise ausging, dass der Raum etwas Trennendes ist. Um dem entgegenzuwirken, fing ich an mir vorzustellen, mit allem und jedem in einer »verbindenden Blase« zu leben. Ich machte eine Übung daraus, in mir und um mich herum einen Raum zu spüren, der sich ausdehnen und dadurch andere Menschen, aber auch unbelebte Gegenstände einschließen kann. Manchmal war diese Verbindung schwierig, zum Beispiel in der Gegenwart eines hochemotionalen oder aggressiven Menschen. Dann bestand meine Übung darin, die Blase immer wieder neu herzustellen und bewusst aufrechtzuerhalten. Diese Praxis bestätigte nicht nur, dass der Raum tatsächlich verbinden kann, ich fing darüber hinaus an, mich weniger einsam und emotional tiefer verbunden zu fühlen.

Die Idee, dass »der Raum verbindet«, ist nicht *wahrer* als die Idee, dass »der Raum trennt«. Wenn allerdings eine neue Sichtweise der Verbundenheit anfängt, die festgefahrene Haltung des Getrenntseins zu lockern, tun sich dadurch neue Möglichkeiten auf. Unsere Fähigkeit, uns getrennt und unabhängig zu fühlen, bleibt davon unangetastet. Für Menschen, die psychologisch dazu tendieren, mit anderen zu verschmelzen, kann die Entdeckung, dass der Raum auch trennen kann, einen ähnlich befreienden Effekt haben, wie es die für mich ursprünglich neue Sichtweise hatte, dass der Raum verbindet.

Schauen wir uns ein weiteres Beispiel an. Wir alle kennen gewohnheitsmäßige Neinsager, vielleicht sind Sie selbst einer. Ich jedenfalls bin durchaus mit der Tendenz vertraut, manchmal eher zu wissen, was ich nicht will, als klar sagen zu können, was ich eigentlich will. Während meiner Universitätszeit erzählte mir ein Freund von einem Pädagogik-Professor, der ein Seminar mit dem Titel »Neinsagen in Abgrenzung zum negativen Sprechen« anbot. Die Grundidee war: »Jedes Nein ist ein Ja zu etwas anderem.« Ich brauchte eine Weile, um diese Umdeutung wirklich zu verstehen. Aber schließlich wurde mir klar: Jedes Nein war nur die andere Seite einer bereits bestehenden oder ersehnten Verbindung mit etwas anderem – also das Ergebnis einer bewussten oder unbewussten positiven Entscheidung. In jedem Neinsager, ob sie oder er es weiß oder nicht, lebt also ein Jasager. Man kann den eigenen inneren Jasager dadurch stärken, dass man sich immer wieder die im Nein implizite positive Wahl bewusst macht und lernt, sie auf geeignete Weise zu kommunizieren.

Und hier noch ein weiteres Beispiel: Suzuki Roshis Buch *Zen-Geist, Anfänger-Geist* beginnt mit dem Satz: »Im Anfänger-Geist gibt es viele Möglichkeiten, im Geist des Experten nur wenige.«[13] Jedes Mal wenn wir bemerken, dass sich der eigene Geist in einer Meinung oder Sichtweise festgefahren hat, können wir uns das Antidot »Anfänger-Geist« verabreichen und schauen, was passiert. Wir können zum Beispiel damit experimentieren, eine Formulierung wie »frischer Blick, offener Blick« in jede Situation einzuschleusen, um dadurch eine neue Haltung entstehen zu lassen. Das hat nichts mit positivem Denken zu tun. Es ist auch keine Arbeit mit sogenannten Affirmationen, sondern eher ein forschendes Untersuchen. Wir konfrontieren unsere bestehende verschlossene Haltung mit einem Antidot und schauen dann – als wären wir neutrale Beobachtende –, was der Geist mit dieser Herausforderung macht. Es ist dabei wichtig, auf die ästhetische Passung zu achten. Es lohnt sich, so lange herumzuexperimentieren, bis man einen Ausdruck gefunden hat, der die neue Haltung für einen selbst stimmig auf den Punkt bringt. Und während man mit ihr übt, kann man die Formulierung immer weiter und genauer dem eigenen Gefühl anpassen.

Mangelnde Offenheit zeigt sich natürlich in allen möglichen Formen, die auf individuellen und kulturellen Prägungen beruhen. Oft sind sie weitgehend unbewusst. Wenn Männer Frauen nicht ganz ernst nehmen, dann ist mit großer Wahrscheinlichkeit eine geistige Haltung im Spiel, die wir heute

Sexismus nennen – und dasselbe kann natürlich auch zwischen zwei Frauen passieren, die diese Haltung verinnerlicht haben. Es gibt unzählige Variationen solcher sozialen Muster: sich in der Gegenwart einer *Person of Color* unsicher oder überlegen zu fühlen, ungewöhnlichen Gender-Stilen mit skeptischer Voreingenommenheit zu begegnen oder sich von Obdachlosigkeit abgestoßen zu fühlen. Wir kommen den mentalen Strukturen, die diesen Gefühlen zugrunde liegen, oft nur schwer auf die Spur. Das liegt daran, dass sie kulturell verankert und kollektiv reproduziert werden. Wir können jedoch jedes Mal, wenn solch ein Gefühl aufkommt, darin eine potenziell unnötig begrenzende geistige Haltung erkennen und ihr mit dem Ausdruck »frischer Blick, offener Blick« entgegentreten. Wir machen damit eine Art geistigen Neustart und initiieren eine Selbstbefragung: Ist das eine Sichtweise, die ich wirklich einnehmen will? Was wäre die Alternative?

Koans – traditionelle Zen-Dialoge zwischen Meistern und Schülern – sind eine Schatztruhe für geistige Haltungen, die als Antidote verwendet werden können. In einer dieser Koan-Geschichten kommt es zu einer Konfrontation zwischen Yunyan und Daowu, zwei Zen-Adepten, die leibliche Brüder waren und außerdem als Dharma-Brüder im gleichen Kloster zusammen praktizierten. Die Geschichte stellt eine Begegnung dar, in der die beiden ihre geistigen Haltungen wechselseitig auf den Prüfstand stellen. Yunyan war gerade dabei, den Boden zu fegen, als Daowu vorbeikommt und sagt: »Zu geschäftig!« Yunyan erwidert: »Älterer Bruder, es gibt hier einen, der nicht geschäftig ist – den solltest du eigentlich kennen.«[14]

In dieser Geschichte sind die leiblich erfahrbaren Geisteszustände von »nicht geschäftig« und »geschäftig« Codeworte für die grundlegenderen geistigen Haltungen »Stille« und »Aktivität« – die eine ist ein Antidot für die andere und umgekehrt. Mit dieser Koan-Geschichte zu üben bedeutet, Stille und Aktivität in ihren verschiedensten Formen und Konstellationen auszuloten: in der eigenen körperlich-geistigen Erfahrung, im Verhalten eines anderen Menschen, selbst beim Wetter. In einem nächsten Schritt können wir dann erkunden, wie sich Stille und Aktivität in unserer Spürenswirklichkeit integrieren lassen – wie können die beiden zu Geschwistern werden? Ist es möglich, Stille inmitten von Aktivität als eine kontinuierliche Präsenz zu erleben? (Ja, eine solche Transformation ist möglich.) Und kann die Stille zu einer Art Basislager werden, von dem aus wir in die Welt der Aktivität ausziehen und zu der wir wieder zurückkehren? (Wenn das gelingt, dann fühlt sich die Stille wie ein Potenzial an – ein Potenzial für alle möglichen Bewegungen, Schwingungen und Töne.)

Ich habe den Wortwechsel zwischen Yunyan und Daowu als Koan bezeichnet. Ein Koan ist eine dialogisch angelegte Lehrgeschichte, die typischerweise mindestens einen »Wendesatz« enthält. Wendesätze bringen geistige Haltungen zum Ausdruck und können durch Wiederholung im Geist präsent gehalten werden. »Der, der nicht geschäftig ist« oder kurz »nicht geschäftig« ist ein solcher Wendesatz. Er kann unser Verständnis von Stille und Aktivität transformieren und eine Wende, eine Umkehrung, in unserem Selbstbild auslösen. Gelingt es uns, unsere Aktivität im Kontext von verkörperter Stille zu erleben, dann mag sie von außen immer noch als »geschäftig« erscheinen (genau das hat Daowu hinterfragt), aber sie *fühlt* sich nicht mehr geschäftig an.

Man kann Koan-Praxis als das Implementieren von geistigen Haltungen in der Meditation und im täglichen Leben verstehen. Koans stehen nicht im Mittelpunkt dieses Buches, aber ich werde hier und da einzelne Koan-Sätze als Beispiele verwenden. In der Einleitung habe ich bereits einen solchen transformativen Wendesatz erwähnt: »Nicht-Wissen ist das Innig-Vertrauteste.« Dasselbe Gegensatzpaar von geistigen Haltungen – Wissen und Nicht-Wissen – steckt auch in dem Ausdruck »Anfänger-Geist«. Beide Sätze halten uns dazu an zu erforschen, inwiefern das Nicht-Wissen – ein nicht-begriffliches Gewahrsein – eine andere und vielleicht sogar tiefere Art von Wissen darstellt als das begriffliche Bewusstsein. Wir werden auf diese Frage in Teil 3 dieses Buches zurückkommen, in dem es um Weisheit geht.

Die Praxis mit dieser Art von Wendesätzen ist normalerweise etwas für Fortgeschrittene. Es ist die Fortsetzung und Verfeinerung einer Praxis mit vier grundlegenden geistigen Haltungen, die das Herz der Zazen-Meditation sind: (1) Bewege dich nicht, (2) kratze dich nicht, (3) lade deine Gedanken nicht zum Tee ein, und (4) korrigiere deinen Geisteszustand nicht. Idealerweise verbindet man diese vier Haltungen in jeder Meditationsperiode mit der leiblich-energetischen Präsenz der körperlichen Sitzhaltung. Man übt diese geistigen Haltungen in Form von Absichten. Sie sind deshalb als vier Imperative formuliert, die ich jetzt vorstellen und erklären möchte.

Bewege dich nicht! (Stille)

Wir erleben unseren Körper als Aktivität. Zu dieser Aktivität gehören unter anderem die grobmotorischen Bewegungen der Gliedmaßen beim Gehen, das Gestikulieren und Sprechen sowie das reflexhafte Schließen der Augenlider. Wir bemerken diese körperlichen Aktivitäten, indem wir Aufmerksamkeit auf unsere Empfindungen richten – wie in Kapitel 1 im Rahmen der Elemente der Transformation besprochen (siehe Seite 54 bis 70). Bewegung wird über die fünf körperlichen Sinne und den Geist registriert. Und zusätzlich wird jede Körperbewegung von einem Strom von propriozeptiven Empfindungen begleitet, durch die der Körper seine eigenen Veränderungen mitverfolgt. Zu solcher Eigenwahrnehmung gehören auch die Empfindungen, die von der Atembewegung in der Weitung und Engung des Oberkörpers und diffuser überall auf der zellulären Ebene zu spüren sind. Darüber hinaus können wir auch den Herzschlag und die Aktivität des Kreislaufsystems wahrnehmen, die Blut durch den gesamten Körper pumpen. Es gibt noch andere subtilere Pulsationen und Fließbewegungen, die uns normalerweise gar nicht zu Bewusstsein kommen – zum Beispiel das rhythmische Strömen der Lymphe oder des Liquors im Gehirn und Rückenmarkskanal. Noch leiser und kaum wahrnehmbar sind die Fließbewegungen entlang der energetischen Kanäle, die wir im vorhergehenden Kapitel angesprochen haben.

Schließlich gibt es da, auch wenn wir uns nicht bewegen, eine Art allumfassendes Summen, das wir von Kopf bis Fuß spüren können. Manchmal nenne ich dieses Summen die Grundschwingung der Lebendigkeit. Oder ich sage, es fühlt sich an, als wäre der Körper mit einer Flüssigkeit angefüllt, aus der ständig Champagnerperlen hervorsprudeln. Sind diese winzigen Perlen unsere Wahrnehmung eines Nervensystems, das sich in ständiger Bereitschaft hält? Ich weiß es nicht, aber dieses Gefühl ist unleugbar vorhanden – in jedem Moment unseres Lebens: eine nie versiegende Quelle der Erfüllung.

Der Geist ist auch Aktivität. Sie äußert sich in Gedanken, Eindrücken, Emotionen und anderem. Wie man die eigene Empfänglichkeit und Aufmerksamkeitsfähigkeit für die Aktivität von Körper und Geist schulen kann, wird Gegenstand der beiden nächsten Kapitel zur Achtsamkeit sein. Im Moment genügt es, den Körper-Geist als ein Geflecht von Aktivitäten zu verstehen, als ein Zusammenwirken der grundlegenden Elemente, die wir bereits besprochen haben: Aufmerksamkeit, Empfindung, Absicht und Denken.

In diese Komplexität von grobmotorischen und feinsten Körper-Geist-Aktivitäten führt die Zazen-Meditation jetzt die geistige Haltung »Bewege dich nicht!« ein. Wir machen uns diese Haltung in Form einer Absicht zu eigen. Wir beginnen mit dem Körper und vollziehen das Nicht-Bewegen dadurch, dass wir ihn in die Stille einladen. Jedes Mal, wenn ein Impuls auftritt, sich zu bewegen, geben wir ihm nicht nach, sondern bleiben unbewegt sitzen. Natürlich gehen viele der unterschwelligen, unwillkürlichen Bewegungen und Regungen wie der Atem, der Herzschlag und das zelluläre Pulsieren weiter. Wenn aber die grobmotorischen Bewegungen zur Ruhe kommen, dann vertiefen die unterschwelligen, subtileren Aktivitäten paradoxerweise die Erfahrung der Stille. Genauso wie es ein Geräusch der Stille gibt, gibt es auch ein *Gefühl* der stillen Unbewegtheit. Diese Herangehensweise hat einen zirkulären und beinahe magischen Effekt: Je tiefer der Körper in der Stille ankommt, desto stärker zieht er auch den Geist in die Stille hinein, und je stiller der Geist wird, desto tiefere Schichten der Stille kann der Körper jetzt betreten.

Was bedeutet es aber nun, von der Stille des Geistes zu sprechen? Wenn wir uns hinsetzen und die Absicht fassen, uns nicht zu bewegen, bemerken wir zuallererst, wie aktiv und rastlos der Geist ist. Er produziert alle möglichen Gedanken. Ich nenne diesen Geisteszustand »diskursiv«. Das lateinische Wort *discurrere* bedeutet ursprünglich »in verschiedene Richtungen hin- und herlaufen«, was unseren normalen Geisteszustand ziemlich gut beschreibt. Die buddhistische Tradition spricht vom »Affengeist« und vergleicht den ungeschulten Prozess mentaler Vorgänge mit einem Affen, der wild herum und von Baum zu Baum springt und dabei in seiner Bewegung keinerlei Ordnung oder Ziel zu erkennen gibt. Wir werden uns diesen Aspekt geistiger Aktivität noch genauer anschauen, wenn wir uns dem dritten Imperativ zuwenden: Lade deine Gedanken nicht zum Tee ein!

Unter der Oberfläche gedanklicher Aktivität gibt es noch eine andere Bewegung, nämlich die der Aufmerksamkeit. Die Aufmerksamkeit springt auch. Sie springt sowohl innerhalb eines einzelnen Sinnesfeldes als auch zwischen den verschiedenen Sinnesfeldern hin und her. Sie springt in der Meditation von einer leiblichen Empfindung zur nächsten, von diesem Jucken zu jenem, von diesem Schmerz zu jenem Wohlgefühl, vom Geräusch da draußen zu dieser Geruchsempfindung hier und weiter zu dem, was wir direkt vor Augen haben. Und natürlich kehrt sie ganz schnell wieder zum Denken zurück.

Wenn wir den Körper-Geist in die Stille einladen, laden wir auch die Aufmerksamkeit ein, still zu werden. Dieser Prozess bewirkt, dass wir der Aufmerksamkeit selbst Aufmerksamkeit schenken. Mit anderen Worten: Wir beginnen den Prozess und die Struktur des Bemerkens zu bemerken. Wir fangen an, die Fähigkeit zu entwickeln, der Aufmerksamkeit bei ihrer Tätigkeit zuzuschauen. Die Aufmerksamkeit auf die Aktivität der Aufmerksamkeit selbst zu richten, bringt das hervor, was ich Gewahrsein genannt habe. Im Gegensatz zur Aufmerksamkeit, die sich wie der Lichtkegel einer Taschenlampe hin und her bewegt, fühlt sich das Gewahrsein wie eine stille, weite, feldartige Präsenz des Geistes an. Dieses Feld des Geistes ist sich der verschiedenen Aktivitäten von Empfindung und Aufmerksamkeit gewahr, bewegt sich aber selbst nicht. Mithilfe der einfachen Absicht, den Körper nicht zu bewegen, können wir also lernen, Stille von Aktivität zu unterscheiden und Aufmerksamkeit in Gewahrsein zu transformieren.

Kratze dich nicht! (Nicht-Reaktivität)

Die nächste grundlegende geistige Haltung ist, sich nicht zu kratzen. Es ist einerseits ganz wörtlich gemeint: Kratze dich nicht, wenn du während der Meditation ein Jucken verspürst. Als Metapher bedeutet es, sich jeglicher Reaktion zu enthalten, wenn man es mit irgendeiner Art von Unwohlsein zu tun hat. Wann immer eine unangenehme Empfindung auftritt, sind wir im Zazen nicht nur dazu angehalten, uns nicht zu bewegen, sondern auch jeden Versuch zu unterlassen, uns der unangenehmen Empfindung zu entledigen. Sich nicht zu kratzen ist eine Fortsetzung und Verfeinerung der Absicht, sich nicht zu bewegen. Während das Nicht-Bewegen Stille von Aktivität unterscheidet und ein Feld des Geistes erzeugt, das in sich selbst als Gewahrsein ruht, unterscheidet das Nicht-Kratzen die Empfindung von der Reaktion und erlaubt uns dadurch, einen nicht-reaktiven Geist zu entwickeln. Wie wir im Fortgang dieses Buches sehen werden, ist diese Nicht-Reaktivität der Dreh- und Angelpunkt der buddhistischen Lehre von der Befreiung vom Leiden. Als Wendeworte für diese geistige Haltung kann man einfache Ausdrücke wie »Raum geben« und »Sich öffnen« verwenden. Was immer unser gegenwärtiges Erleben ist, wir können uns für sein Sosein öffnen und ihm in uns Raum geben. Wir können sogar mit dem Raum verschmelzen, den wir unserem Erleben geben. In späteren Kapiteln werden wir noch genauer untersuchen, wie dieser vergrößerte innere Raum reaktive Gewohnheitsmuster in freies, verantwortliches Handeln transformieren kann.

Lade deine Gedanken nicht zum Tee ein! (Nicht-Denken)

In dieser geistigen Haltung stellen wir uns den Geist als Haus und uns selbst als Gastgeber vor. In diesem Haus gehen Gedanken wie Gäste ein und aus. Die Anweisung besteht darin, diesen Gästen keinen Tee zu servieren. Wenn Sie mit Meditation ein bisschen vertraut sind, wissen Sie, dass Gedanken nicht erst höflich anklopfen, sondern einfach zur Tür hineinkommen und mehr oder weniger gleich schon im Haus stehen. In dieser Übung ist es aber nicht die Aufgabe des Gastgebers, die Tür zu verbarrikadieren. Wir bieten den Gästen einfach nur keinen Tee an. Mit anderen Worten: Der Gastgeber lässt sich auf keine tiefere Beziehung mit den ungebetenen Gästen ein. Die Grundidee ist: Wenn sich diese Gäste nicht eingeladen fühlen, auf der Couch des Geistes Platz zu nehmen, haben sie auch keinen Grund, besonders lange zu bleiben. Sie liefern ihre Botschaft ab und machen sich dann wieder davon.

Viele Leute glauben, dass es in der Zazen-Meditation darum geht, das Denken zu stoppen und dann in einem von Gedanken befreiten Geist zu verweilen. Das ist falsch. Es ist sogar essenziell wichtig, sich *nicht* aktiv darum zu bemühen, das Denken anzuhalten – genauso wie wir dem Jucken ja auch nicht mit Kratzen begegnen wollen. Wenn man versucht, das eigene Denken zu stoppen, dann bestätigt das nur, dass man sich von ihm irgendwie belästigt fühlt. Wenn man dem Denken stattdessen nicht mit weiterführenden Gedanken begegnet (wenn man ihnen also keinen Tee serviert), dann hört das Denken von allein auf. Das ist eine Erkenntnis mit weitreichenden Folgen. Sie besteht aus einer Einsicht in die Unterscheidung von Gastgeber-Geist und Gast-Geist. Während die Gast-Gedanken kommen und gehen, bewegt sich der Gastgeber-Geist nicht von der Stelle. Der Gastgeber-Geist ist das Gewahrsein, und das Gewahrsein fühlt sich zu keiner Zeit von irgendetwas gestört. Zen verwendet für diese Geisteshaltung auch das Bild von den Wolken, die am Himmel ziehen. Der Himmel (also das Gewahrsein oder das Feld des Geistes) fühlt sich von den Wolken (also den Gedanken und Empfindungen oder Inhalten des Geistes) nicht belästigt. So wie der Himmel den Hintergrund für die Wolken bildet, so ist der Gastgeber-Geist ein Hintergrund für die verschiedenen Inhalte des Geistes.

Sobald wir diese Unterscheidung in der eigenen Erfahrung wirklich klar vor uns haben, stehen wir vor einer grundsätzlichen Entscheidung. Wollen wir uns in erster Linie mit den vordergründigen Inhalten des Geistes identifizieren oder mit dem Feld des Geistes im Hintergrund? Um wirkliche Lebendigkeit zu kultivieren, müssen wir uns für Letzteres entscheiden. Sich mit dem Himmel statt mit den Wolken zu identifizieren, bedeutet nicht, dass die Wolken verschwinden. Es bedeutet vielmehr: Der Himmel fühlt sich von den Wolken nicht gestört. Und auf den Geist übertragen: Vor dem unbewegten Hintergrund des Gewahrseins dürfen Inhalte aller Art kommen und gehen.

Korrigiere deinen Geisteszustand nicht! (Nicht-Einmischung)

Die Form von Zazen, die Dogen lehrte, heißt auf Japanisch *Shikantaza.* Die übliche deutsche Übersetzung davon ist »einfach nur sitzen«. Eine kreative und in gewisser Weise zugänglichere Übersetzung ist »unkorrigierter Geist«. Zugänglicher insofern, weil man dieses Nicht-Korrigieren tatsächlich üben kann. Die geistige Haltung, um die es hier geht, ist Nicht-Einmischung und radikales Zulassen. Ich habe folgende positive Formulierung für diese Haltung gefunden: »Erlaube deinem Erleben genauso zu sein, wie es jetzt gerade ist.« Das Erleben verändert sich von Moment zu Moment, und von Moment zu Moment kann man dabei die Absicht des erlaubenden Zulassens ins Erleben einschleusen. Und zwar folgendermaßen: Sobald man in sich den Impuls bemerkt, eine bestimmte Erfahrung loswerden oder aufbessern zu wollen, ersetzt man diesen Impuls durch die Absicht, den Impuls loszulassen und … gar nichts zu tun.

Das Nicht-Korrigieren verbindet die Früchte der ersten drei Haltungen – Stille, Nicht-Reaktivität und Nicht-Denken – in eine umfassende Geisteshaltung radikaler, sich nicht einmischender Gelassenheit. Was immer auch für Wolkeninhalte am Himmelsfeld des Geistes aufziehen, das Gewahrsein bleibt still, es reagiert nicht und es fühlt sich von irgendwelchen gedanklichen Interpretationen, die der Geist zu diesen Inhalten produziert, in keiner Weise belästigt.

Ein positives Wort für Nicht-Einmischung ist Akzeptanz. Wenn von Akzeptanz die Rede ist, taucht in der Regel folgende Frage auf: »Soll das heißen, dass man alles, was im Leben geschieht, passiv über sich ergehen lassen muss?« Dieser Einwand ist verständlich, denn das Wort *Akzeptanz* hat zwei verschiedene Bedeutungen: *anerkennen*, was ist, und dem *zuzustimmen*, was ist. Ich verwende Akzeptanz hier in der Bedeutung von anerkennen. Wie immer mein Erleben ist – angenehm, unangenehm oder neutral –, das Gewahrsein erkennt dieses Erleben an und lässt es so sein, wie es ist. Es ist eine Haltung anfänglich-ursprünglicher Offenheit: Dieses Erleben hier jetzt – so wie es ist – ist die Wahrheit meiner Erfahrung. Mein Geist macht genau jetzt diese bestimmte Erfahrung – was spricht also dagegen, sie zunächst einmal zuzulassen und anzuerkennen? Ob ich meine Erfahrung im Anschluss zustimmend gutheiße oder sie ablehne, ist ein zweiter, nachgeordneter Schritt. In einem ungeschulten Geist sind das Anerkennen und Zustimmen (beziehungsweise Ablehnen) normalerweise reaktiv miteinander verstrickt. Durch Übung lernen wir, sie zu trennen. Und daraus entsteht ein höherer Grad an Freiheit, den man als Unterschied zwischen impulsivem Reagieren und bewusst gewähltem Antworten interpretieren kann.

Die Haltung des unkorrigierten Geistes wurzelt in radikaler, zulassender Akzeptanz. Durch sie lernen wir, unserem eigenen, sich von Moment zu Moment entfaltenden Erfahrungsprozess immer tiefer zu vertrauen. Vertrauen bedeutet dabei nicht, dass wir uns immer oder auch nur meistenteils gut fühlen. Es bedeutet vielmehr, dass wir darauf vertrauen können, dass unser Geist – von Moment zu Moment – mit der Erfahrung zurechtkommen kann, die uns das Leben zuspielt. Suzuki Roshi definierte das höchste Ziel der Zen-Praxis wunderbar unkompliziert: »Wenn ihr ganz ihr selbst werdet, ohne euch mit irgendwem zu vergleichen, einfach nur ›Ich bin ich‹, ›Ich bin hier‹ und, wenn eine Schwierigkeit auftaucht, ›Ich komme gut zurecht‹ – das ist Buddha.«[15] Letztendlich mündet der unkorrigierte Geist in etwas, was im Zen »unerschütterlicher Geist« genannt wird. Unerschütterlichkeit beschreibt allerdings nicht einen Geist, der nie in Unruhe gerät – wir versuchen nicht, unser Menschlich-Sein zu transzendieren! –, sondern einen Geist, der sich von seiner eigenen Beunruhigung nicht beunruhigt fühlt.

Zazen wurzelt in diesen vier grundlegenden geistigen Haltungen. Sie machen den Unterschied zwischen Gewahrsein und Aufmerksamkeit erfahrbar und helfen uns, einen Hintergrund-Geist zu bemerken. Und dieser Hintergrund-Geist kann sich dann in Nicht-Reaktivität und ein tiefes, nicht auf Denken beruhendes unerschütterliches Vertrauen in die eigene, sich von Moment zu Moment entfaltende Erfahrung weiterentwickeln. Obwohl diese Geisteshaltungen in der meditativen Sitzhaltung eingeübt werden, geht es auch darum, sie in unserem täglichen Leben fruchtbar zu machen. Das Stichwort dafür ist Achtsamkeit. Der Begriff bezeichnet eine Reihe von Übungen, die eine Brücke zwischen stillem Sitzen und Alltagsleben schlagen können. Und genau diesem Achtsamkeits-Training wenden wir uns als Nächstes zu.

4

Achtsamkeit und Leiblichkeit

Im Bereich psychischer Gesundheit und bei der Bewältigung von Stress ist Achtsamkeit zu einer allgegenwärtigen und populären Methode geworden. Im Internet findet sich dazu eine Vielzahl hilfreicher Übungen. Oder man kann sich eine App herunterladen und sich durch verschiedene Meditationen leiten lassen.[16] Im Katalog der gängigen Achtsamkeitsübungen gibt es achtsames Atmen, achtsames Gehen, achtsames Essen und achtsames Zuhören. Es gibt Achtsamkeit auf den Körper – den sogenannten Körper-Scan, in dem man die Taschenlampe der Aufmerksamkeit nacheinander auf jedes einzelne Körperteil richtet. Und es gibt Achtsamkeit auf den Geist – in ihr schenkt man den eigenen Gedanken und Emotionen Aufmerksamkeit und lässt sie wie Blätter auf der Oberfläche eines Bachlaufes vorbeischwimmen, während man selber am Ufer sitzt und ihnen einfach nur dabei zusieht.

Die nachhaltige Wirkung von Achtsamkeit ist inzwischen durch viele wissenschaftliche Studien belegt. Achtsamkeits-Training hat nachgewiesenermaßen vielfältige positive Auswirkungen: Stress, Angst und emotionale Reaktivität nehmen ab, das Erinnerungsvermögen, die Konzentrationsfähigkeit und die kognitive Flexibilität sowie die Fähigkeit, mit Schmerz umzugehen, verbessern sich. Zufriedenheit in Beziehungen, emotionale Intelligenz, Empathie, Resilienz, körperliches Wohlbefinden und Kreativität nehmen zu. Die buddhistische Tradition kennt diese heilsamen Effekte seit 2500 Jahren – auch ohne Hilfe von Doppelblindstudien. Diese modernen Untersuchungen zur Achtsamkeit sind aber wichtig, weil sie unserer westlichen wissenschaftsbasierten Gesellschaft den Wert von Achtsamkeitsübungen beweisen. Man braucht sich jetzt nicht mehr nur auf die Aussagen von zweifelhaften Gurus verlassen.

Andererseits darf man nicht damit rechnen, dass sich diese positiven Veränderungen über Nacht einstellen. Achtsamkeit braucht Übung, und Verkörperung braucht Zeit. Trotzdem können kurze, tägliche Perioden von Achtsamkeits-Training schnell erste bemerkbare Wirkungen zeigen. Es ist überhaupt nichts daran auszusetzen, sich mit Stressreduktion und verbesserter Konzentration zufriedenzugeben. Das Achtsamkeits-Training muss hier aber nicht haltmachen. Statt nur kleinere Selbstoptimierungen hier und da anzustreben, bietet es die Chance, das eigene Leben tiefgreifend zu verändern. Dazu müssen wir allerdings unseren Geist, unseren Körper und unser Selbst einer genauen Untersuchung unterziehen. In diesem und im nächsten Kapitel werde ich dazu einen ersten Überblick geben.

Fangen wir mit einer Definition an: Achtsamkeit ist das absichtsvolle Richten von Aufmerksamkeit auf Empfindung ohne Gedankentätigkeit. Der Atem wird oft als Ausgangspunkt für die Achtsamkeitsübung empfohlen, und Atem-Achtsamkeit wird in der Regel wie folgt angeleitet: Richte die Aufmerksamkeit auf das Einatmen und Ausatmen, und sobald sich die Aufmerksamkeit in Gedankentätigkeit verheddert, bringe sie sanft, aber bestimmt zum Atem zurück. Dieses »Richten von

Aufmerksamkeit« findet nicht von alleine statt, sondern bedarf einer Absicht. Was wir »Einatmen« und »Ausatmen« nennen, ist eigentlich eine Reihe von Eigenwahrnehmungen, die wir im Brustkorb und – in subtilerer Weise – auf den ganzen Körper verteilt spüren: wie es sich anfühlt, wenn der Atem einströmt; wie es sich anfühlt, wenn der Atem ausströmt; wie es sich anfühlt, wenn der Atem einströmt … Keiner dieser Atemzüge fühlt sich gleich an, jeder einzelne ist einzigartig. Es ist relativ einfach, diese Achtsamkeit für ein oder zwei oder fünf Atemzüge aufrechtzuerhalten, aber es beständig zu tun ist erstaunlich schwierig. Der Grund: Das Denken zieht andauernd Aufmerksamkeit auf sich und lenkt uns deshalb von der Intention ab, mit der Aufmerksamkeit bei den Atem-Empfindungen zu bleiben.

Wenn Sie noch nie Achtsamkeit geübt haben, probieren Sie es aus. Setzen Sie sich an einem ruhigen Ort entweder in der in Kapitel 2 beschriebenen Meditationshaltung hin oder machen Sie es sich in einem Sessel bequem. Fassen Sie die Absicht, Aufmerksamkeit zu den Empfindungen des Atems zu bringen, ohne über diese Empfindungen oder irgendetwas anderes nachzudenken. Wenn Sie nicht schon bereits einige Erfahrung mit Meditation haben, werden Sie höchstwahrscheinlich feststellen, wie betriebsam es in Ihrem Geist zugeht und wie leicht Sie durch diese andauernde Gedankentätigkeit von Ihrer Achtsamkeits-Intention abgelenkt werden. Warum verhält sich das so? Warum ist etwas, das für kurze Zeit so leicht erscheint, über längere Zeit so schwer aufrechtzuerhalten? Die Antwort darauf lautet, dass mit jedem Gedanken ein Denker oder eine Denkerin geboren wird, ein Ich, das dieses Denken vollzieht. Um dieses Denker- oder Denkerin-Ich als eine Kontinuität zu erfahren, muss der Geist einen nächsten Gedanken hervorbringen.

Jede Unterbrechung des Gedankenstroms unterbricht nicht nur den Gedankenfluss, sondern auch den Denker oder die Denkerin »dahinter« – und das kann ziemlich desorientierend oder sogar angsteinflößend sein.

Diese Einsicht in die Doppelstruktur von Gedanken und Denker oder Denkerin erklärt, warum der Geist in seiner Gedankenproduktion so inkohärent sein kann, warum es diesen diskursiven »in verschiedene Richtungen hin- und herlaufenden« Geist gibt und nicht den geordneten Gedankenprozess, den die meisten von uns stattdessen vorfinden wollen. Möglicherweise hängt das damit zusammen, dass unsere Idealvorstellung eines geordneten Geistes von einer Erziehung herrührt, die sich auf das geschriebene Wort stützt und »große Denker« verehrt. Ich selbst habe eine solche text-basierte Erziehung erfahren, und bevor ich anfing, Zen zu praktizieren, bin ich unbewusst davon ausgegangen, dass mein Denkprozess dem großer Philosophen und Romanciers ähneln sollte – stattdessen war da tatsächlich nur ein heilloses Durcheinander. Das war eine der ersten großen Zen-Lektionen, die ich gelernt habe: Entgegen meiner unbewussten Annahme war es für meinen Geist de facto wichtiger, *dass* er dachte, und nicht, *was* er dachte.

Wie kann das sein? Noch einmal: Wenn jeder Gedanke den Eindruck eines dahinterstehenden Denkers oder einer Denkerin – eines denkenden Ichs – mithervorbringt und mir dadurch von Moment zu Moment versichert, dass ich existiere und wer ich bin, dann muss der Geist einen Gedanken nach dem anderen generieren, um die Kontinuität eines solchen Selbst-Bewusstseins aufrechtzuerhalten. Da die Achtsamkeitsübung Aufmerksamkeit aus dem Denkprozess befreit – egal ob ich das wirklich verstehe oder nicht –, greift sie die Kontinuität des Selbst an und beginnt dadurch, etwas Neues hervorzubringen. Der Buddhismus nennt das daraus resultierende veränderte Selbstgefühl ein Nicht-Selbst. Dieser Begriff hat in der westlichen Kultur immer wieder zu beträchtlicher Verwirrung geführt.

Wer bin ich?

Um die Frage nach dem Selbst im Kontext der Achtsamkeitsübung weiter zu erkunden, will ich die älteste aller spirituellen Fragen stellen: Wer bin ich?

Für die meisten von uns setzt diese Frage unser Denkbewusstsein in Gang – ein Bewusstsein, das auch bildliches Denken und Gefühle miteinschließt. Dieses denkende-imaginierende-fühlende Bewusstsein spült vielleicht Erinnerungen an die Oberfläche, besonders wichtige Momente, die aus dem Strom unserer Lebenserfahrung seit unserer Geburt hervorstechen. Oder es bringt Zukunftspläne zum Vorschein, Ideen darüber, wo es für uns hingehen soll und was wir mit unserem Leben machen wollen. Vielleicht steht dahinter das Gefühl einer Lebensreise, einer projektartigen Vision, die uns von hier nach da befördern soll. Vielleicht tauchen übergreifende Selbstkonzepte auf, Rollenverständnisse wie Vater- oder Muttersein oder unsere berufliche Identität. Oder Glaubensüberzeugungen darüber, was wir für wahr halten oder was für uns Wahrheit im Allgemeinen bedeutet, und wie solche Wahrheit unsere Lebensreise steuert und unserer Identität Gestalt gibt. Vielleicht zeigen sich auch Konflikte, Kämpfe mit uns selbst oder der Welt, zum Beispiel ein Gefühl von Überlegenheit oder Privilegiertheit oder umgekehrt ein Gefühl von Ausgrenzung oder ein Gefühl, es nicht verdient zu haben, erfolgreich oder glücklich sein. Vielleicht gibt es auch Auseinandersetzungen mit Familienmitgliedern, Lehrern und Lehrerinnen, Vorgesetzten und Mitarbeitern oder mit Institutionen, zum Beispiel der Polizei, der Bürokratie oder dem politischen System im Allgemeinen.

Nichts an dieser denkenden-imaginierenden-fühlenden Bewusstseinstätigkeit ist ein für alle Mal festgelegt. Mit Bezug auf die vier Elemente Aufmerksamkeit, Empfindung, Absicht und Denken, die wir in Kapitel 1 (Seite 54 bis 70) besprochen haben, können wir sagen: Eine bestimmte Mischung dieser Elemente bringt einen Bewusstseinsmodus hervor, den ich an einer vorangegangenen Stelle »Denkbewusstsein« genannt habe. Das Denkbewusstsein sammelt fortlaufend Erinnerungen, gegenwärtiges Erleben und Zukunftsvorstellungen und verwebt diese zu einer Erzählung über uns. Es bringt uns als Selbst hervor. Das Denkbewusstsein ist nicht aufs Geschichtenerzählen beschränkt, aber dieses narrative Weben ist eine seiner auffälligsten Funktionen. Die Geschichte muss dabei nicht immer vollständig erzählt sein. Es ist eher so, dass Fragmente von mehr oder weniger artikulierten Gedanken, Gefühlen und Bildern ins Bewusstsein aufsteigen, bemerkt werden und dann mit anderen Gedanken, Gefühlen und Bildern verflochten werden. Das ist nicht unbedingt ein geordneter Prozess. Unsere Geschichte ist nicht immer kunstvoll erzählt, oft kommt sie vielmehr ziemlich inkohärent daher. Trotzdem sind wir, wenn jemand fragt: »Wer bist du?«, in der Regel sofort in der Lage, unsere Geschichte zu erzählen. Diese ständige Bereitschaft zeigt an, dass unsere Selbst-Erzählung eine latente und zugleich machtvolle Präsenz in uns hat, auch wenn sie nicht vollständig artikuliert ist.

Diese Geschichte hat verschiedene Komponenten – Erinnerungen, Pläne, Absichten, Projekte, Konzepte, Identitäten, Glaubensüberzeugungen und Beziehungen –, und sie ist dabei offen und variabel. Verschiedene Geschichten können parallel existieren. Manche Geschichten haben sich in unserem Leben ereignet, andere sind verborgene, ungelebte Geschichten, die nichtsdestoweniger einen enormen Einfluss auf das haben, was wir tun und sagen. Und dann gibt es noch diejenigen Geschichten, die andere über uns erzählen und die Bestandteil unserer eigenen Geschichte geworden sind. Unsere Geschichte muss unter der Oberfläche nicht unbedingt immer Sinn ergeben. Narrative eignen sich hervorragend, um »kognitive Dissonanzen« zu überbrücken – ein psychologischer Fachbegriff für die widersprüchlichen Sichtweisen und Gefühle, die wir Menschen zu beinahe allem und jedem haben.

Wir können eine Geschichte erzählen, die unseren beruflichen Erfolg uns selbst zuschreibt, oder eine, welche die Rolle unserer Eltern, Lehrerinnen und Lehrer oder gesellschaftlichen Rahmenbedingungen betont. Und das Gleiche gilt für Situationen des Scheiterns. Wir können eine Geschichte erzählen, in der wir uns selbst die Verantwortung dafür geben, eine, in der wir anderen die Schuld zuweisen, eine, die Selbstverantwortung und Schuldzuweisungen an andere sorgsam ausbalanciert, oder eine, in der die Schuldfrage ganz ausgespart wird.

Von Ben Furman gibt es ein Buch mit dem Titel »Es ist nie zu spät, eine glückliche Kindheit zu haben«. Der Satz spielt mit der Möglichkeit, die eigene Kindheit (oder jedweden Aspekt des eigenen Lebens) neu zu erzählen. Manchmal kann das, was wie eine Erfolgsgeschichte aussieht, später als Fehler erscheinen oder umgekehrt. Mein Großvater arbeitete als Geophysiker und war daran beteiligt, neue Ölreserven in verschiedenen Teilen der Welt zu entdecken. Das kann man als Beitrag zum menschlichen Wohlstand oder als Beitrag zur Zerstörung der Ökosphäre betrachten. Es kann eine Quelle von

Stolz oder Scham sein. Welche Geschichten wir als wahr bezeichnen, hängt vom historischen Kontext, kulturellen Trends und psychologischen Mustern ab. Wird das Selbst-Narrativ je ein »wahres Selbst« erfassen?

Kurz gesagt: Erzählen ist *ein* Modus, in dem wir uns unseres Lebens bewusst sind. Es ist das Leben als Lebens-Geschichte. Das narrative Bewusstsein ist ein Medium, in dem wir etwas konstruieren, das wir »narratives Selbst« nennen können.

Ich will als Nächstes eine Alternative zu diesem narrativen Selbst erkunden. Was passiert, wenn wir die Frage »Wer bin ich?« nicht vom narrativen Denkbewusstsein, sondern vom Atem beantworten lassen? Das klingt zunächst vielleicht seltsam, denn wir erhalten so ja keine Antwort im konventionellen Sinne. Lassen Sie mich versuchen, Schritt für Schritt aufzuzeigen, was ich damit meine. Nehmen Sie eine Reihe von bewusst gespürten Atemzügen und lassen Sie sich von Ihrem Atem »sagen«, wer Sie sind. Natürlich spricht der Atem nicht mit einer verbal artikulierten Stimme. Wie spricht er also?

Um dieser Frage nachzugehen, lassen Sie uns zunächst einen Schritt zurücktreten und fragen: Was ist eigentlich Atmen? Der Atem ist kein Ding; Atmen ist Aktivität. Die Atemaktivität wird durch Empfindungen im leiblich gespürten Körper erlebt, am deutlichsten durch Empfindungen des sich Weitens, Vollwerdens, sich Verengens und Leerwerdens im Brustkorb und Bauchbereich. Wenn Sie Ihre Aufmerksamkeit mit dieser Atemaktivität verbinden, können Sie die daraus entstehende Atem-Aufmerksamkeit in der Weitungsphase auf eine Reise in körperliche Bereiche jenseits des Brustkorbs und des Bauches schicken. Sie können die Atem-Aufmerksamkeit zum Beispiel in Ihr linkes Bein und Ihren linken Fuß senden – bis in die fünf Zehen hinein. Was passiert, wenn Sie das linke Bein, den Fuß und die Zehen mit Atem-Aufmerksamkeit bereisen und anfüllen? Wie fühlt sich jetzt das linke Bein im Unterschied zum rechten an? Wenn Sie nicht viel Erfahrung mit dieser Art von Atem-Aufmerksamkeit haben, dann spüren Sie vielleicht keinen großen Unterschied oder messen ihm wenig Bedeutung zu. Ich gehe aber davon aus, dass Sie mit einiger Übung erkennen und zugestehen werden, dass sich das linke Bein anders anfühlt – irgendwie energetisiert, angefüllt mit Lebendigkeit.

Wenn Sie wollen, können Sie jetzt in Ihr rechtes Bein reisen, also die Atem-Aufmerksamkeit in den Raum strömen lassen, den Sie in der Gegend Ihres rechten Beines spüren. Danach können Sie dasselbe mit Ihrem linken und rechten Arm tun, bis in die Hände und Fingerspitzen hinein. Danach in den Nacken, den Kopf, ins Gesicht und auch hinunter in den Bauchraum und bis in den Beckenboden. Und zum Abschluss können Sie zum Oberkörper zurückkehren, zu Ihrem atmenden Brustkorb und Bauch und die Atem-Aufmerksamkeit in alle sechs Richtungen gleichzeitig ausströmen lassen: zu den beiden Füßen, den beiden Händen, zum Beckenboden und zum Gesicht. Auf diese Weise erwecken Sie Ihren gesamten Körper zum Leben. Wie fühlt sich das an? Wenn Ihre Erfahrung meiner ähnelt, dann spüren Sie das, was ich »energetisiert« und »mit Lebendigkeit angefüllt« genannt habe, vielleicht als eine Art Summen, ein inneres Schimmern. Vielleicht fühlt es sich auch an, als wäre eine Flüssigkeit im Inneren des Körpers, in der Champagnerperlen quellen. Mit diesen Metaphern versuche ich die Erfahrungsqualität dessen zu beschreiben, was ich mit Lebendigkeit meine. Finden Sie ruhig Ihre eigenen Bilder. Die Worte sind nur ein Wegweiser zum nicht-begrifflichen, unmittelbaren Spüren von Lebendigkeit.

Wenn wir diese Erfahrung von Lebendigkeit weiter erkunden, kultivieren und verfeinern, schaffen wir die Grundlage für ganz neue Antworten auf die großen Fragen des Lebens, insbesondere auf die Frage, wer wir sind.

Der Aufmerksamkeits-Körper

Die Idee, mit dem Atem zu antworten, hat sich inzwischen in etwas Weitreichenderes verwandelt: in Atem-Aufmerksamkeit und eine andere Weise, in der Welt zu sein. Mit dem Atem zu antworten, zeigt eine Modalität des Geistes auf, die körperlich verortet ist und leiblich gespürt wird – und die sich vom denkenden und narrativen Bewusstsein unterscheidet. Ich habe diese Modalität bereits als Aufmerksamkeitsbewusstsein beziehungsweise Gewahrsein eingeführt, je nachdem, ob die Aufmerksamkeit fokussiert oder feldartig ausgedehnt ist. Wir können mit dieser Modalität des Geistes über die Übung des achtsamen Atems vertraut werden, aber das ist nicht der einzige Weg. Atem-Aufmerksamkeit kann so kultiviert werden, dass sie sich in eine übergreifende Empfindungs- und Leib-Aufmerksamkeit verwandelt. Es kann sein, dass sich irgendwann in der Wahrnehmung ein Schalter umlegt: Statt Aufmerksamkeit *auf den Körper* zu richten, fangen wir an, *mit dem Körper* aufmerksam zu sein, und – noch weiter gefasst – statt Aufmerksamkeit *auf die Welt* zu richten, können wir *mit der Welt* aufmerksam sein.

Dogen formulierte es so: »Die gesamte Welt in den zehn Richtungen ist nichts anderes als der wahre menschliche Körper.«[17] Sie können diese neue Welt-Sicht in einem ersten Schritt in der Meditation einüben. Öffnen Sie die Augen und nehmen Sie die Räumlichkeit des Zimmers zur Kenntnis, in dem Sie sich befinden – registrieren Sie, wie weit die vier Wände von Ihrem Körper entfernt sind. Schauen Sie geradeaus, schließen Sie dann Ihre Augen und dehnen Sie Ihre Aufmerksamkeit nach vorne bis zu der Gegend aus, wo sich die Wand befindet. Das kann sich anfühlen, als wollten Sie die Wand in der Dunkelheit Ihres inneren Raumes sehen oder als streckten Sie eine unsichtbare Hand nach der Wand aus. Strecken Sie Ihre Aufmerksamkeit anschließend in die drei verbleibenden Himmelsrichtungen, in die Räume zwischen den Himmelsrichtungen und abschließend in den Raum über und unter Ihnen, also zur Decke und zum Fußboden. Verbinden Sie dann diese zehn Richtungen so, dass der Raum Ihrer Aufmerksamkeit zu einer Sphäre verschmilzt. Wenn das gelingt, haben Sie die Erfahrung, dass sich diese Sphäre über die Haut, also die Grenze Ihres Körpers, hinaus bis zu den Zimmerwänden erstreckt. Warum sollte die Aufmerksamkeitssphäre jetzt an den Wänden, der Decke und dem Boden haltmachen? Endet diese sphärische Ausdehnung eigentlich überhaupt irgendwo?

Wenn Sie in diese ausgedehnte Aufmerksamkeit als ihr eigenes Dasein hineinspüren, können Sie bemerken, wie die gesamte Sphäre von einer Grundschwingung der Lebendigkeit durchdrungen ist. Diese Schwingung mag sich anfangs in der Gegend Ihres physischen Körpers dichter anfühlen, aber man kann sie auch im Raum bis zu den Wänden und darüber hinaus spüren – auch wenn ihre Intensität und Dichte proportional mit der Entfernung vom Körper abzunehmen scheint. Öffnen Sie Ihre Augen und versuchen Sie, diese leiblich gespürte Grundschwingung der Lebendigkeit mit Ihrem Gesichtsfeld zu verbinden. Nehmen Sie sie in der Leuchtkraft der Farben wahr und mit den klaren Kontrasten jeder einzelnen visuellen Form. Lassen Sie sie dann in jedes der Sinnesfelder einfließen.

Gießen Sie die »Flüssigkeit« Ihrer leiblich gespürten Empfindsamkeit bewusst in Ihre Sinneswahrnehmungen hinein und beobachten Sie, wie sich Ihre Empfindungen dadurch intensivieren, wie sie gleichsam erblühen. Auf diese Weise entdecken und artikulieren Sie ein formloses »Etwas«, das die sonst relativ getrennten, eigenständigen Sinnesfelder miteinander verbindet. Allen sechs Sinnen ist diese Lebendigkeit gemeinsam.

Diese Art, mit dem Atem, dem Körper und der Welt aufmerksam zu sein, ist eine tiefgreifende, transformative Veränderung. Mit der Welt wahrzunehmen ist etwas anderes als mithilfe meines Denkbewusstseins eine Geschichte *über die Welt* zu erzählen. Die Welt tritt in ihren unzähligen Einzelheiten hervor und zeigt dem Aufmerksamkeitskörper, welcher nächste Schritt möglich und sinnvoll ist. In Kapitel 1 (Seite 71) hatte ich bereits das Beispiel eines vermiedenen Frontalzusammenstoßes mit einem entgegenkommenden Fahrzeug gegeben. Ähnlich ist es, wenn wir zu Fuß auf Glatteis geraten und dabei sind auszurutschen. Unser Denkbewusstsein trifft in diesen Situationen keine überlegte Entscheidung, was als Nächstes zu tun ist, sondern es ist unser Gewahrsein, das die Komplexität der Situation aufnimmt und instinktiv »weiß«, wie es unseren Körper vor einem Unfall bewahren kann.

Es sind aber nicht nur »Notfall«-Momente wie diese, in denen wir unser Denkbewusstsein umgehen und uns dem Gewahrsein anvertrauen können. Ein Beispiel: Früher habe ich Zuhören als eine Mischung aus den Worten der anderen Person und meiner eigenen inneren Stimme erlebt, die diese Worte kommentierte und interpretierte. Jetzt, wo mein Geist fähig ist, still zu sein, erlebe ich Zuhören eher als einen Fluss von Empfindungen in meinem Körper. Wenn ich diesen Empfindungen Aufmerksamkeit schenke, erweisen sie sich als die

Quelle der Gedanken, die als Antwort auf das Gehörte in mir aufsteigen. Ich fühle mich weniger verkopft. Ich habe keine Ahnung, was ich im nächsten Moment denken oder sagen werde, aber ich kann darauf vertrauen, dass es aus einem Gefühl der Verbundenheit aufsteigen wird.

Bei alltäglichen Entscheidungen verhält es sich ähnlich. Statt das Für und Wider abzuwägen, erlebe ich den Prozess des Entscheidens mehr als eine Art von Reifen auf der Ebene der Empfindungen. Am Ende kommt dabei eine Entscheidung heraus, zu der ich mich nicht hätte *hindenken* können. Bestimmte Aspekte der Situation sind in Form von Erinnerungen und Zukunftsbildern präsent. Nicht alles ist relevant – bestimmte Gedanken bleiben hängen, andere sind einfach nur überflüssig, aber ich bleibe angesichts der Unordnung meines eigenen Geistes gelassen. Ich widerstehe der Versuchung, diesen Prozess in einen Zeitrahmen zu pferchen. Selbst wenn ich es mit einer von außen auferlegten Frist zu tun habe, ist es ganz wichtig, dass ich das nicht in den Vordergrund stelle. Die Situation enthält diese Frist bereits – ich kann also darauf vertrauen, dass das Gewahrsein sie einbeziehen wird. Dieser ganze Prozess ist aber keineswegs passiv, und es ist auch nicht so, dass das begriffliche Denken in ihm gar keine Rolle spielen würde. Man kann Konzepte vorsichtig in diese auf leiblichem Spüren basierende Entscheidungsfindung einfließen lassen; sie funktionieren dabei allerdings eher wie Hände, die einen Teig kneten. Der Teig wird durch das Kneten allmählich seidig und glatt, und das ist das Zeichen dafür, dass genug geknetet worden ist – das Denkbewusstsein kann nicht im Voraus wissen, wie und wie lange der Teig bearbeitet werden muss.

Wenn sich der Geist in diesem Modus befindet – wenn wir, wie ich sage, »mit der Welt aufmerksam« sind –, dann vergessen wir das ständig denkende Ich, das krampfhaft sein Leben verstehen will. Was sich stattdessen durchsetzt ist – Lebendigkeit. Was für eine Erleichterung!

Es findet eine Art Schwerpunktverlagerung statt: ein absichtsvolles, nicht-begriffliches Bewusstsein, das Aufmerksamkeit zur Empfindung bringt (die normale Definition von Achtsamkeit), macht Platz für einen Aufmerksamkeitskörper, der auf nicht-begriffliche Weise Information aufnimmt. Die Information stammt aus direkt wahrgenommenen Unterschieden in der Empfindung. Im Gegensatz dazu reduziert das Denkbewusstsein den Nuancenreichtum komplexer Situationen. In all dem wird eine Tiefendimension der Achtsamkeitspraxis sichtbar, die über die Absicht von Stressbewältigung und gesteigertem Wohlbefinden hinausgeht. Es gibt eine Reihe von buddhistischen Lehrern, die sagen, dass diese Tiefendimension verloren geht, wenn Achtsamkeit säkularisiert wird. In der buddhistischen Szene befürworten deshalb manche, dieser Säkularisierungstendenz dadurch entgegenzuwirken, dass man die Achtsamkeitsübung wieder bewusst an ethische Prinzipien koppelt. Dieser Ansatz übersieht allerdings, dass Ethik kein Zusatz ist, sondern in der leiblichen Dimension unseres Geistes wurzelt. Je tiefgreifender der Geist von der Achtsamkeitsübung transformiert wird, desto ethischer empfinden wir. Um diese Tiefendimension aufzuspüren, wäre es vielleicht besser, von Leib-Achtsamkeit oder kurz Leiblichkeit zu sprechen. Achtsamkeit als eine Kultivierung von Leiblichkeit zu verstehen, beruht auf der Sichtweise, dass der Geist nicht vom Körper getrennt werden kann.

Was mit einfacher Aufmerksamkeit auf den Atem beginnt und zu vielen Verbesserungen im allgemeinen Wohlbefinden führt, kann mit konsequenter Übung in eine umfassende Transformation des Selbstverständnisses münden. Wir können durch die Achtsamkeitsübung lernen, »mit der Welt aufmerksam« zu sein – wir durchtränken nicht nur den Körper mit Lebendigkeit, sondern die gesamte Welt kann sich in ein Feld von Lebendigkeit verwandeln. In jedem Moment, in dem ich der biologischen Lebendigkeit mit Atem-Aufmerksamkeit begegne, verstärke und verfeinere ich sie. Es macht einen Unterschied, ob man eine Zimmerpflanze einfach nur gießt oder ob man sie mit einem »grünen Daumen« pflegt. Es ist nicht ganz klar, was dieser berühmte grüne Daumen eigentlich ist, aber bestimmte Menschen haben ihn und andere nicht. Vielleicht besteht sein Wirken darin, einer Pflanze neben den notwendigen Nährstoffen auch etwas Immaterielles zukommen zu lassen – ein Gemisch aus Aufmerksamkeit, Liebe und Fürsorge. Für die Zimmerpflanze macht der grüne Daumen jedenfalls den Unterschied zwischen Überleben und Gedeihen aus. Die Achtsamkeitspraxis kann in unserem Leben eine vergleichbare Wirkung entfalten.

Jeder Moment achtsamen Bemerkens führt in unvorhersehbarer Weise zu weiteren Momenten achtsamen Bemerkens. Das ist wie eine echte Abenteuerreise. Obwohl wir in einem Zeitalter leben, in der die ganze Welt scheinbar bereits entdeckt, vermessen und digital navigierbar ist, können wir jeden Moment in unserem Leben als etwas Neues und kreativ Herausforderndes erleben. Im nächsten Kapitel will ich einen methodischeren Blick auf den transformativen Prozess achtsamer und leiblich gespürter Atem-Aufmerksamkeit richten, um zu zeigen, wie wir durch Übung diese kreative Frische von Moment zu Moment in unserem Leben erzeugen können.

5

Die vier Tore der Achtsamkeit

Achtsamkeitspraxis wird oft auf der Basis des *Sattipatthana Suttas* gelehrt, das gewöhnlich als »Sutra von den vier Grundlagen der Achtsamkeit« übersetzt wird. Diese vier »Grundlagen« sind eine Reihe von Objekten für die achtsame Aufmerksamkeit: der Körper (einschließlich des Atems), die Gefühle, der Geist und die Dharmas (also die momenthaften Erfahrungseinheiten, von denen bereits auf Seite 45 f. die Rede war). Die Reihenfolge der Liste impliziert, dass man mit dem Körper beginnen sollte, um dann zu den Gefühlen, dem Geist und schließlich den Dharmas fortzuschreiten. Natürlich ereignen sich all diese Aspekte des Erlebens gleichzeitig, aber der Tradition nach gilt der Körper – und innerhalb dieses Bereichs der Atem – als der beste Ausgangspunkt.

Was ich in diesem Kapitel die »vier Tore der Achtsamkeit« nenne, sind nicht Objekte, sondern Methoden der Achtsamkeit, die ich in meiner eigenen Praxis entdeckt und entwickelt habe. Sie beruhen auf mündlichen Anleitungen, die ich von meinem Lehrer Baker Roshi zur Atempraxis erhalten habe, und lose auch auf einem Meditations-Leitfaden von Meister Zhiyi, einem chinesischen buddhistischen Lehrer aus dem sechsten Jahrhundert, der den Titel »Die sechs Dharma-Tore zum Erhabenen« trägt.

Die vier Tore sind Formen der Achtsamkeitspraxis; sie führen uns in die transformative Dynamik der Achtsamkeit hinein und leiten eine fortschreitende Kultivierung an. Real existierende Tore sind Räume des Übergangs, die verschiedene Sphären miteinander in Kontakt bringen. Durch ein Tor hindurchzuschreiten bedeutet, aus einer räumlichen Anordnung in eine andere überzutreten. Im Kontext geistiger Kultivierung erlaubt ein Tor den Übergang zwischen zwei verschiedenen Modalitäten des Geistes. Für die meisten Schülerinnen und Schüler ist es am fruchtbarsten, die vier Tore zunächst anhand der Atempraxis zu studieren, aber ich habe entdeckt, dass dieselben Prinzipien auch für die anderen Objekte der Achtsamkeit gelten, also für die Empfindungen, die Gefühle, den Geist und die Dharmas. Ich bezeichne die vier Tore als Benennen, Folgen, Ruhen und Untersuchen.

Benennen

Als ich zum ersten Mal eine Anleitung zur Zazen-Meditation erhielt, wurde vor allem die körperliche Haltung betont: Kreuze deine Beine und halte die Wirbelsäule aufrecht! Niemand erzählte mir von den geistigen Haltungen, die wir in Kapitel 3 besprochen haben. Und das war auch nicht notwendig, weil die gesamte Kultur der Meditationshalle die Imperative, sich nicht zu bewegen und sich nicht zu kratzen, nonverbal vermittelte. Ich bekam auch nicht die Anleitung, meine Gedanken nicht zum Tee einzuladen, sondern wurde angehalten, meinen Atem zu zählen.

Den Atem zu zählen bedeutet, Aufmerksamkeit auf die Atemempfindungen zu lenken und bei jedem Ausatmen im Stillen von eins bis zehn zu zählen. Sobald man bei zehn angelangt ist, fängt man wieder von vorne an. Jedes Mal, wenn man bemerkt, dass die Aufmerksamkeit zum Denken zurückgeschnappt ist und die Gedanken wieder zu wandern begonnen haben, kehrt man zur Eins zurück. Das ist ein sehr mechanischer, aber wirksamer Ansatz, um die Aufmerksamkeit bei den Atemempfindungen zu halten und so zu stabilisieren – und es ist ein starkes Antidot zu der gewohnheitsmäßigen Verwicklung der Aufmerksamkeit mit der Denktätigkeit. Die Übung entfaltet ihre Wirksamkeit durch Wiederholung. Es ist dabei äußerst wichtig, ohne jegliche innere Debatte zur Eins zurückzukehren. Wenn Sie zum Beispiel bis drei gezählt haben und dann bemerken, dass das Denken wieder begonnen hat, kehren Sie einfach zur Eins zurück. Schimpfen Sie nicht mit sich, dass Sie die Übung nicht richtig machen, und beklagen Sie sich nicht, wie dumm und langweilig sie ist. Fangen Sie einfach wieder bei eins an zu zählen – freundlich, aber bestimmt.

Im Verlauf meiner eigenen Praxis habe ich entdeckt, das Zählen eigentlich eine Form des Benennens ist. Das Zählen des Atems verwendet die Bewusstseinsfunktion des Benennens, um Aufmerksamkeit so stabil wie möglich bei den Atemempfindungen zu halten. Denken ist eine Gewohnheit des Geistes, und Benennen ist die grundlegende Form des Denkens. Indem man diese Protofunktion des Denkens anwendet, bewahrt man das Denken davor, in Diskursivität abzugleiten – das heißt: man verhindert, dass das Denken zu immer mehr Denken führt.

Atmen ist eine rhythmische Bewegung. Es ist durchaus möglich, die Methode des Zählens auf andere körperliche Pulse wie den Herzschlag oder das Blinzeln der Augen anzuwenden. Es lohnt sich, das mal auszuprobieren, denn es demonstriert in der eigenen Erfahrung, dass die Praxis, die Aufmerksamkeit aus dem Denken zu befreien, nicht auf das Medium des Atems begrenzt ist. Im Prinzip eignet sich jede Art von Empfindung für diese Übung. Wir könnten auch die Tropfgeräusche eines undichten Wasserhahns zählen. Der Atem ist aber ein besonders fruchtbares und deshalb bevorzugtes Objekt für Achtsamkeit. Die energetischen Effekte achtsamen Atmens durchdringen den gesamten Körper. Die Aufmerksamkeit mit dem Atem zu verbinden ist, als wäre der Körper ein Webstuhl und der Atem ein mit Aufmerksamkeit umwickeltes Webschiffchen, das man Atemzug für Atemzug in die Kette einschießt.

Indem man den Atem zählt, kann man im unmittelbaren Erleben feststellen, dass der Atem kein generalisierbares Objekt, sondern eine Aktivität ist. Er ereignet sich in Form von einzigartigen Einatem- und Ausatemzügen, von denen jeder einzelne unterschiedlich ist und bestimmte Qualitäten hat. (Es ist wahrscheinlich besser vom »Atmen« anstatt vom »Atem« zu sprechen, um das aktive, bewegte Wesen des Atems zu betonen, aber in manchen Fällen lässt das die Struktur der deutschen Sprache nur bedingt zu.) Man kann das Einatmen, das Ausatmen oder beides zählen. Verschiedene Lehrer und Lehrerinnen geben dazu verschiedene Anleitungen. Ich habe mich dafür entschieden, die mit der inneren Stimme gesprochene Zahl dem Ausatmen anzuheften. Denn meiner Erfahrung nach lässt das dem Atemrhythmus mehr Raum und verringert die Kontrolle, die ihm die mentale Zählstruktur auferlegt. Das bewusste Platzieren der Zahl auf die Ausatembewegung betont deren lösende Qualität. Mit jedem gezählten Ausatmen lasse ich los – und lasse mich immer tiefer auf meine Körperhaltung und die unzähligen Nuancen der Atemempfindungen ein.

Wenn die Gedanken allzu stürmisch sind, wenn also die Aufmerksamkeit sich partout nicht vom diskursiven Denken lösen will, dann kann es hilfreich sein, sowohl das Einatmen als auch das Ausatmen zu zählen. Man erhöht dadurch sozusagen die Schlagzahl des Benennens und wirkt dem diskursiven Denken dadurch entschiedener entgegen. All dies ist eine Kunstfertigkeit, in der jeder seinen eigenen Stil finden muss.

Bestimmte Achtsamkeitsübungen fokussieren nicht auf das Atmen, sondern beziehen sich auf eine größere Bandbreite von Erfahrungen. Die Instruktion besteht hier im Wesentlichen darin, die Funktion des Benennens zu benutzen, um Gedanken, Gesehenes und Gehörtes als solches zu markieren. Dasselbe ist natürlich auch in den anderen weniger dominanten Sinnesfeldern möglich. Wenn man einen Gedanken hat, sagt man innerlich »Gedanke«, und wenn man etwas hört, sagt man »Geräusch«. Diese Methode wird oft Labeln oder Etikettieren genannt. Wie das Zählen benutzt sie die Funktion des Benennens, um den Geist in einem nicht-diskursiven Zustand zu stabilisieren. Es ist faszinierend zu beobachten, wie das Etikettieren von Gedanken als »Gedanken« die Anhaftung daran, *was* ich denke, lockert und die Aufmerksamkeit auf die Tatsache richtet, *dass* ich denke. Den Prozess des Denkens selbst in den Blick zu bekommen, befördert die Einsicht, die wir bereits besprochen haben: Das diskursive Denken dient dazu, die Illusion eines Denkers oder einer Denkerin aufrechtzuerhalten und ein narratives Selbst zu erzeugen.

Das Benennen funktioniert wie eine Drehscheibe im Geist. Es weist entweder in die Richtung von Diskursivität, also eines Denkens, das zu mehr Denken führt, oder in die entgegengesetzte Richtung, nämlich eines Bemerkens ohne Denken. Probieren Sie es aus: Machen Sie einen Spaziergang. Benennen Sie die Dinge, die Sie beim Gehen sehen, hören oder riechen. Heften Sie jedem Sinneseindruck ein Namensschild an. Vielleicht bemerken Sie dabei, wie viel aktiver Sie dadurch wahrnehmen. Sie bemerken mehr Details – und zwar, weil Ihr Geist weniger diskursiv ist.

Sie werden wahrscheinlich auch bemerken, dass sich nicht alle Sinneseindrücke leicht benennen lassen. Es ist einfach, einen Baum »Baum« und eine Straßenbahn »Straßenbahn« zu nennen, aber welchen Namen geben Sie dem Geruch des Fliederbusches hinter der nächsten Ecke, wenn Sie zuvor noch nie die Gerüche eines Flieders und einer in voller Blüte stehenden Linde unterschieden haben? Neben den Namen, die wir nie gelernt haben – zum Beispiel die Namen vieler Vogelarten – gibt es unzählige unbenannte Aspekte in unserem Leben. Um sie zu benennen, müssen wir Metaphern bemühen. Ich kann zum Beispiel sagen, das Gefühl einer Schuld liege wie eine »schwere Last auf meinen Schultern«. Dabei handelt es sich um eine bekannte, fast schon klischeehafte Metapher. Wie ist das aber mit dem leichten Knistern, das ich in der Magengrube spüre, diesem Gefühl von Ungewissheit darüber, wie sich meine Lebenssituation entfalten wird, die alle möglichen Aspekte miteinschließt: meine Frau, meine Arbeit, meine Wohnsituation, meine erweiterte Familie, meine Freunde und Bekannten, meinen Körper, meine Weltanschauungen. Ist es das Knistern einer aufgeregten Vorfreude oder das Knistern eines gefährlichen Feuers, das droht, alles niederzubrennen?

Auf Ihrem Spaziergang können Sie feststellen, dass die Welt immer reichhaltiger ist als das, was benannt werden kann, und dass diese Art des achtsamen Spazierengehens nicht nur in der Außenwelt mit ihren mannigfaltigen konkreten Gegenständen, sondern auch in Ihren inneren Landschaften stattfinden kann.

Folgen

Das Benennen kann irgendwann wegfallen. Nicht dass Sie aktiv darauf hinwirken müssten, sondern es ist eher so, dass Sie Zeuge davon werden, wenn es passiert. Sie entdecken einfach, dass Sie sich ohne das ständige Benennen wohler fühlen, als Sie das für möglich gehalten hätten. In der Übung des achtsamen Atmens fühlt sich dieses Wegfallen an, als ließe man sich im Atem nieder und verschmelze mit der Bewegung des Ein- und Ausatmens. Suzuki Roshi sagte: »Wenn ihr versucht, die Atmung mit eurem Bewusstsein zu kontrollieren, dann wird euer Geist nicht wach genug und weich genug sein, der subtilen Aktivität des Ein- und Ausatmens zu folgen. Wenn euer Geist weich genug ist, dem subtilen, filigranen Atmen zu folgen, dann vergesst ihr euch in eurem Atmen … Wenn ihr dieses Geheimnis in eurem Alltagsleben gelüftet habt, werden sich euch viele Dinge eröffnen, die ihr zuvor nicht bemerkt habt.«[18]

Das Folgen ist die Funktion eines Geistes, der wach und weich genug ist. Wach bedeutet, dass die Aufmerksamkeit hinreichend aus dem Denken befreit ist. Und weich bedeutet, dass sich die Gewohnheiten des Sich-Einmischens und Korrigierens deutlich zurückgebildet haben. Mit anderen Worten: Sie sind jetzt mit Ihrer Erfahrung, so wie sie ist, im Einklang – auch wenn das beizeiten allerlei verstörende und unbefriedigende Empfindungen miteinschließt.

Die Praxis des Benennens erlöste den Geist von der Gewohnheit, durch Denken der Gegenwart zu entkommen. Jetzt sind Sie geistesgegenwärtig genug, um den Atem in seiner subtilen Bewegtheit aufmerksam zu begleiten: seinen Rhythmus, seine Tiefe und seine Dauer. Indem wir die unterschwellige Aktivität des Atems bewusst erleben, wird der gesamte leiblich gespürte

Körper Teil unserer Aufmerksamkeitssphäre. Physiologisch betrachtet, erreicht der Atem jede Zelle des Körpers, und nun tut er es auch in unserem bewussten Erleben. Natürlich gibt es auch schmerzvolle und blockierte Körperzonen. Aber jetzt können Sie mit mehr Gelassenheit beobachten, wie der Atem in diese Zonen hinein- oder um sie herumfließt, ohne sofort das Denken als unterbewusste Vermeidungsstrategie einzusetzen. Es gibt so viel zu bemerken – so viele Dinge, die Sie zuvor nicht bemerkt haben. Es gibt jetzt auch keinen Grund mehr, den Aufmerksamkeitsfokus »künstlich« auf das Atmen zu beschränken.

Wenn Sie auf Ihrem Spaziergang Bäume wahrnehmen, ohne sie »Bäume« zu nennen, was nehmen Sie dann eigentlich wahr? Schattierungen von Grün, Halbschatten und Lichtflecken, Perspektiven, die beim Gehen wechseln, Stimmen im Hintergrund, Gerüche, die vom Boden aufsteigen, Ihre Füße und deren Verbindung zur Erde, vielleicht einen Gedanken, der Wurzeln im leiblichen Spüren hat – so wie die Bäume Wurzeln in der Erde. Ja, Gedanken tauchen durchaus im Geist auf, aber Sie fühlen sich jetzt nicht mehr gezwungen, sie diskursiv weiterzuführen und auszuweiten. Sie kommen zur Haustür herein, bekommen aber keinen Tee serviert. Die Gedanken werden bemerkt, aber ohne weiteres Nachdenken – genauso wie Sie die vielen anderen Empfindungen bemerken. Die Praxis des Folgens hat sich inzwischen bereits ausgeweitet und geht jetzt über ein aufmerksames Begleiten des Atem- oder Herzrhythmus hinaus. Sie folgt den weiter gefassten Rhythmen des Wahrnehmens und Denkens, durch die sich der Geist die Welt anverwandelt.

Wenn der Geist im Benennen verfangen ist, tendieren wir dazu, die Welt als eine Konstellation benennbarer, (halb-)beständiger Dinge wahrzunehmen. Die Welt erscheint dann als die Summe all dieser verschiedenen Dinge und ihrer Beziehungen untereinander. Die Praxis des Folgens löst die Dinglichkeit der Phänomene auf und verwandelt sie in momenthafte Erscheinungen. Dies und dies und dies … die Welt verliert ihre Festigkeit, und wir erleben sie als immer substanzloser. Es wird klar, dass immer mehr vor sich geht, als wir bemerken. Jeder Moment des Bemerkens ist von Geheimnis umgeben, von einem Ozean an unbemerkten Aspekten und Vorgängen. Der bemerkende Geist schwimmt in einem Gewässer von unzähligen Möglichkeiten. Aber in jedem Moment, in dem sich die Aufmerksamkeit auf etwas richtet, gibt sie unserer Lebendigkeit eine bestimmte Form – einen Ausgangspunkt, von dem aus sie sich weiter entfaltet.

Stellen Sie sich vor, wie Sie ein Gericht essen, das auf der Speisekarte »Caponata« genannt wird. Wenn Sie nicht italienischer Herkunft sind, haben Sie möglicherweise keine Ahnung, was das genau ist. Dieses Nicht-Wissen ist ein Geisteszustand, der für die »Verflüssigung« der Welt äußerst förderlich ist. Bei näherer Betrachtung des Gerichts erkennen Sie, dass es aus gewürfelten Auberginen, halbierten Kirschtomaten, grünen Oliven und Kapern besteht. Als Sie Ihren ersten Bissen nehmen, schmecken Sie die Ihnen bekannten Geschmacksnoten und Konsistenzen heraus. Die schwammartigen Auberginenstücke mit ihrer vergleichsweise harten Außenhaut, die säuerlichen Kapern, der kräftige und intensive Geschmack der Oliven. Um zu bemerken, dass die Tomaten geschmacklich kaum etwas zum Gesamteindruck beisteuern, bedarf es einer etwas höheren Feineinstellung Ihrer Aufmerksamkeit. Sie stellen fest, dass es sich hier nicht um sonnengereifte und biologisch angebaute Tomaten, sondern um fade schmeckende Gewächshaustomaten handelt, die zu jeder Jahreszeit erhältlich sind.

Aber während Sie weiter genau hinschmecken, fragen Sie sich: Wo kommt der Geschmack her, der dem ganzen Gericht zugrunde liegt? Welche Essigsorte wurde verwendet? Und was ist die Geschmacksnote, die über allem thront? Zitronenschale?

Jedes sogenannte Objekt – egal ob es im Bereich des Schmeckens, Riechens, Hörens, Sehens, Fühlens oder Denkens auftritt – besteht aus Erfahrungsmomenten. Der buddhistische Begriff dafür, dem wir kurz am Anfang dieses Kapitels begegnet sind, ist *Dharmas.* Dem Buddhismus zufolge ist jedes Objekt ein sechsfacher sinnlicher Gegenstand, der sich bei genauerer Betrachtung als eine Aneinanderreihung von Dharmas erweist – von Erfahrungsmomenten, die in den sechs Sinnesfeldern entstehen und sich zu dem *scheinbar saumlosen Ganzen* verbinden, das ich bereits erwähnt habe. Dieses Ganze ist aber auch nur ein Dharma, nur einer der Teile, wenn man so will. In unserer tatsächlichen Erfahrung erscheint die jeweilige Konkretheit dieses Geschmacks, dieses Geruchs, dieser Farbe, und die Synthese dieser Eindrücke zu einem Ganzen ist auch nur eine weitere Einzelerscheinung.[19]

Das Leben als momenthaft und substanzlos zu erleben, kann zutiefst beunruhigend sein. Frühere Gewissheiten über und Erwartungen an die Welt lassen sich nicht mehr aufrechterhalten. Das schließt Ihr eigenes Ich ein. Auch Sie lösen sich in namenlose sensorische Erfahrungsmomente und unvollendete Gedanken auf. Sie fangen an zu erkennen, dass Sie an der Formung Ihrer Erfahrung entscheidenden Anteil haben. In jedem Moment ko-kreiert die Bewegung der Aufmerksamkeit zusammen mit den von der Welt gelieferten Sinneseindrücken unsere jeweilige Erfahrung in diesem bestimmten Augenblick.

Im Verlauf der Übung des Folgens können Sie allmählich einen Aspekt Ihres Geistes bemerken, der inmitten der sich von

Moment zu Moment wandelnden Erfahrungen stabil bleibt. Diese Stabilität ist wie ein Raum, in dem die verschiedenen Dharmas kommen und gehen. Hier greift wieder das Bild vom Himmel und den Wolken. Wenn Sie anfangen, sich mehr als der Himmel und weniger als die Wolken zu verstehen, dann haben Sie das Tor des Ruhens durchschritten.

Ruhen

Ruhen basiert auf einem Umkehren von Vorder- und Hintergrund. Die Einzelheiten des Atems und der anderen Empfindungen, die wir eine nach der anderen bemerken, treten in den Hintergrund, und der bemerkende Geist tritt in den Vordergrund. Wenn wir den bemerkenden Geist bemerken (also Aufmerksamkeit zur Aufmerksamkeit bringen), wird der bemerkende Geist zu einer Art Magnet. Er zieht die Aufmerksamkeit in einen sehr stillen Raum, der keine Grenze und keinen Referenzpunkt hat. Der Begriff dafür ist *Samadhi*, was oft mit »Konzentration« übersetzt wird. Es ist aber nicht die Konzentration beispielsweise eines Uhrmachers, der hochfokussiert auf ein Detail des Gegenstandes vor ihm blickt. Es ist vielmehr ein weit ausladendes Feld von Gewahrsein, eine entspannt aufmerksame Bereitschaft, sich dem zuzuwenden, was als Nächstes kommt. Suzuki Roshi hat das mit einem Frosch verglichen, der entspannt, aber wachsam am Ufer sitzt – bereit, urplötzlich seine Zunge auszufahren, wenn eine Fliege nahe genug kommt, um sie zu fangen. Der Geist des Frosches ist ein Geist der Bereitschaft.

Der ruhende Geist ist frei von spirituellem Ehrgeiz. Er versucht nicht zu klären, was denn nun seine wahre Natur ist. Im Gewahrsein und seiner Bereitschaft zu ruhen, erweist sich als die innig-vertrauteste Weise, in der ich existiere – und diese Existenz ist vollkommen unproblematisch. Das Gewahrsein hat für jedes Dharma, jede Erscheinung Platz. Dieses kommt, jenes kommt, eine Fliege, ein Geräusch, ein Gedanke ... Meine Erfahrung ist, dass man sich in diesem machtvollen Samadhi-Zustand auch irgendwie verlieren kann. Er ist sehr still, sehr ruhig, aber es besteht die Gefahr, dass der Geist dabei die Wachheit verliert, die der Frosch braucht, um Fliegen fangen zu können. Um der Gefahr solcher Trägheit entgegenzuwirken, müssen wir durch das Tor des Untersuchens treten.

Untersuchen

In der westlichen Kultur ist Untersuchen eng mit konzeptuellem Denken verbunden. Etwas zu untersuchen bedeutet, darüber nachzudenken; es bedeutet, die richtigen Fragen zu stellen und sie dann durch überzeugende begrifflich gefasste Antworten zu lösen. Im Buddhismus bedeutet Untersuchen etwas anderes. Die Grundidee ist, dass der begrifflich denkende Geist nicht die notwendige Offenheit hat, um etwas vollständig zu untersuchen, weil er immer schon ein bestimmtes konzeptuelles Rahmenwerk mit sich bringt. Und Konzepte schließen immer bestimmte Aspekte der nicht fassbaren Komplexität einer zur Untersuchung stehenden Situation oder eines Objektes aus. Stattdessen braucht es einen feldartig ergossenen Geist. Es braucht das »Im-Gewahrsein-Ruhen«, das wir im vorhergehenden Abschnitt besprochen haben. Diese andere Art des Untersuchens verwendet zwar auch Fragen, aber sie werden ohne den Anspruch gestellt, abschließende Antworten zu erhalten. Dieses Untersuchen setzt außerdem Wendesätze (siehe Seite 102) ein, mit deren Hilfe einseitige und festgefahrene

Sichtweisen ausgehebelt werden können. Sowohl Fragen als auch Wendeworte sind Werkzeuge, die die letztendliche Bodenlosigkeit und Unabgeschlossenheit des Erlebens zum Vorschein bringen – die aber auf dem Weg nichtsdestotrotz wertvolle Einsichten zutage fördern.

Alle wesentlichen Lehren des Buddhismus lassen sich mithilfe des Atems untersuchen. Nehmen Sie zum Beispiel die Lehre der Unbeständigkeit. Lässt sich im Atem irgendetwas Beständiges entdecken? Richten Sie diese Frage an die von Ihnen bemerkten Atemempfindungen. Wo finden Sie Wandel und Veränderung und wo Stabilität? Wie stehen Wandel und Stabilität in Beziehung? Nehmen Sie als Nächstes Unvorhersehbarkeit. Ist es möglich, die spezifische Erlebensqualität des nächsten Atemzuges vorauszusagen? Versuchen Sie nicht, diese Frage konzeptuell zu beantworten. Halten Sie die Frage stattdessen inmitten Ihrer unmittelbaren Erfahrung gegenwärtig. Wie steht es mit wechselseitiger Abhängigkeit? Gibt es im Atemgeschehen irgendetwas, das unabhängig ist? Suzuki Roshi sagte zum Beispiel: »Wenn ihr denkt ›Ich atme‹, ist dieses ›Ich‹ ein Zusatz. Es gibt niemanden, der ›ich‹ sagen könnte. Was wir ›Ich‹ nennen, ist nur eine Schwingtür, die sich bewegt, wenn wir einatmen und ausatmen.«[20] Sie können »nur eine Schwingtür« als Wendesatz benutzen, um jegliche Form des Gebens und Nehmens in Ihrem Leben zu untersuchen. Dabei wird sich Ihr Selbstverständnis verändern. Und das ist Untersuchen.

Das Untersuchen bedient sich des feldartigen Gewahrseins, das durch die Praxis des Ruhens erzeugt wird. Das Zählen des Atems – beziehungsweise die erweiterte Übungsform des Benennens – besteht darin, das Denkbewusstsein so einzusetzen, dass es das Denkbewusstsein daran hindert, in Nachdenken und Diskursivität abzugleiten. Die Praxis des Folgens transformiert daraufhin das Denkbewusstsein in Aufmerksamkeitsbewusstsein. Das bedeutet, die einzigartige Beschaffenheit der Dharmas, die von Moment zu Moment auftauchen, wird von einem nicht-denkenden, auf Einzelheiten fokussierten Geist zur Kenntnis genommen. Wenn der Geist schließlich das Tor des Ruhens durchschreitet, gibt er seinen Aufmerksamkeitsfokus auf und verwandelt sich in Gewahrsein: in das stille Feld des Geistes. Das Untersuchen nimmt dann diese stille, wache Präsenz in den Dienst. Ist das Gewahrseinsfeld erst einmal von seinen Inhalten unterschieden, kann es die Dharmas, deren Erscheinen natürlich nie ganz aufgehört hat, anschließend aktiv einladen, befragen und »wenden«. Mit anderen Worten, das Gewahrsein lädt das Aufmerksamkeits- und Denkbewusstsein wieder ein.

Das Denkbewusstsein ist jetzt kein begrifflicher Überzug mehr, der so tut, als wäre die Welt eine bereits existierende Landkarte. Es hat jetzt stattdessen den Charakter eines endlosen Spielens mit der Welt der Phänomene angenommen – ein Spielen, aus dem auch begrifflich gefasste Einsichten hervortreten können. Im Denkbewusstsein drückt sich jetzt Lebendigkeit aus. Sie steckt dabei weder in voreingenommenen Ansichten noch in der Trägheit fest, die auftreten kann, wenn sich der Geist von Wahrnehmung und Denken loslöst. Über die Entdeckung des Aufmerksamkeitsbewusstseins und des in sich ruhenden Gewahrseins hat sich das Denkbewusstsein in ein Bewusstsein transformiert, das sich durch Freiheit, Weisheit und mitfühlendes Handeln auszeichnet.

Bevor wir uns der Untersuchung von Befreiung, Weisheit und Mitgefühl zuwenden – den Themen der nächsten drei Teile dieses Buches – will ich Sie zu einer Exkursion einladen. Ich werde Antworten auf eine Reihe von Fragen skizzieren: Inwiefern bereichert der Buddhismus die westliche Kultur? Was genau macht ihn zu einem wichtigen neuen Bestandteil dieser Kultur? Hat sein grundsätzlicher Ansatz (nicht die einzelnen Ausprägungen und Schulen) das Potenzial, unser Leben in fruchtbarer Weise zu verändern? Ich könnte es auch so sagen: Das nächste Kapitel erklärt, warum ich mich als Buddhist verstehe, auch wenn ich mich eigentlich am liebsten von jeglicher Ideologie befreien würde. Am Ende ist es vielleicht sogar der Versuch zu zeigen, wie sich der Buddhismus von sich selbst befreien kann.

EXKURS

Transformative Phänomenologie

Phänomenologie ist kein geläufiger Begriff, der uns aus der Umgangssprache vertraut ist. Er beschreibt eine Art des Philosophierens. Um beim Philosophieren auf dem Boden der Erfahrung zu bleiben, verstehe ich Phänomenologie als ein Tun. Ausgehend von einer Idee des deutschen Phänomenologen Hermann Schmitz definiere ich Phänomenologie als die Praxis, sich in seiner Umgebung zu verorten. Das Wort *Umgebung* verweist auf das, was ich um mich herum in meiner Erfahrung vorfinden kann. Wir könnten *Umgebung* durch das Wort *Welt* ersetzen, aber das ist bereits eine Abstraktion. Phänomenologie beginnt mit direkter Erfahrung und nicht mit begrifflichem Verständnis.

Edmund Husserl entwickelte eine Methode für die Praxis des phänomenologischen Untersuchens und prägte den Slogan: »Zurück zu den Sachen selbst!« Das bedeutet: Zurück dazu, wie die Dinge in der Erfahrung tatsächlich erscheinen. Aus buddhistischer Perspektive gehen wir allerdings nicht in erster Linie mit »Dingen« um, sondern mit »Dharmas« – also mit Erfahrungsmomenten. Vielleicht heißt das, dass wir die eben genannte Definition von Phänomenologie modifizieren müssen. Statt mit einer Um-gebung haben wir es eher mit einer Um-fließung zu tun – mit einem fortgesetzten Tanz von Aufmerksamkeit und Empfindung.

Der interkulturelle Philosoph Rolf Elberfeld hat zu Bedenken gegeben, dass die Unterschiede zwischen philosophischen Traditionen, zum Beispiel zwischen der europäischen und der buddhistischen, in verschiedenen existenziellen Grundstimmungen wurzeln. Diese Idee stammt von dem Phänomenologen Martin Heidegger, der davon ausging, dass die Bedeutung bestimmter Grundbegriffe nicht durch andere Begriffe, sondern durch Grundstimmungen konstituiert wird. Platon und Aristoteles haben zum Beispiel erklärt, dass die Grundstimmung des Philosophen das Staunen sei. Im Unterschied dazu erwachsen die Fragen und die Praxis des Buddhismus einer ganz anderen Grundstimmung, nämlich dem *Dukkha*, was im Deutschen gewöhnlich als »Leiden« übersetzt wird.

Die etymologische Wurzel des Wortes *Dukkha* ist die Erfahrung eines unsauber laufenden Achsenlagers. *Dukkha* bezeichnet nicht nur schwere Formen des Leidens, sondern auch weniger gravierende wie Unzufriedenheit, Unwohlsein oder Stress. Alles Erforschen im Buddhismus nimmt hier seinen Anfang – nicht vom Begriff her, sondern ausgehend von der Grundstimmung. Das bedeutet natürlich nicht, dass Leiden die einzige, alles bestimmende menschliche Stimmung ist. Platon und Aristoteles haben ja auch nicht behauptet, dass alle Menschen sich fortwährend in einem Zustand des Staunens, der Überraschung oder der Verwunderung befinden. Staunen und Leiden sind die existenziellen Grundstimmungen, die von diesen beiden Traditionen jeweils als die Motivation für weiteres Fragen und Forschen betrachtet werden.

Nehmen wir uns einen Moment Zeit, um zu verstehen, was passiert, wenn wir ins Staunen geraten. Staunen tritt auf, wenn ich – allmählich oder abrupt – Gewissheit darüber verliere, was vor sich geht. Ich werde neugierig. Meine Aufmerksamkeit wird in ihrer routinemäßigen Einbettung ins alltägliche Handeln unterbrochen. Ich frage mich: »Was ist das?« oder »Warum ist das so?« Diese Haltung des Infragestellens erzeugt eine Distanz zwischen mir und der Situation, der Handlung, der Sache oder der Erfahrung, mit der ich gerade zu tun habe. Durch diese befragende Haltung, die Unterbrechung und die Distanzierung schlüpfe ich in die Rolle eines Beobachters. Ich bin *hier*, und ich möchte mehr darüber verstehen, was *dort drüben* los ist. Ist es zu weit hergeholt zu vermuten, dass die gesamte Geschichte der europäischen Metaphysik und Wissenschaft mit ihren endlosen Was- und Warum-Fragen über die Welt und ihre Geheimnisse in dieser staunenden Distanzierung wurzelt? Ist dieser Riss zwischen *mir hier* und dem *Gegen-stand dort* der Ursprung des Subjekt-Objekt-Dualismus, der der europäischen Tradition zugrunde liegt?

Die buddhistische Tradition hat im Gegensatz dazu eine viel größere Einheit zwischen ihrem Wissens-Interesse und ihrer praktischen Grundorientierung, dem Lindern von unnötigem Leiden, bewahrt. Theorie und Praxis haben sich nie in derselben Weise wie im Westen entzweit. Eine weit verbreitete Metapher unterstützt diesen Ansatz: Die buddhistischen Lehren werden als Medizin und der Buddha als Arzt verstanden. Diese Sichtweise taucht in einer berühmten Parabel in einem der frühen Sutras auf.[21] Nachdem ein Schüler metaphysische Fragen zur Ewigkeit und Unendlichkeit der Welt und zur Unsterblichkeit vollständig erleuchteter Menschen gestellt hatte, weigerte sich der Buddha, darauf zu antworten. Und er gab dafür folgende Begründung: Wenn ein Arzt gerufen wird, um einen vergifteten Pfeil zu entfernen, dann wäre es töricht, wenn er erst zu verstehen versuchte, wer den Pfeil abgeschossen hat, aus welcher Richtung er geflogen kam, wer ihn hergestellt hat und aus was für einem Material er gemacht ist usw. Mit anderen Worten: Die Suche nach Antworten auf metaphysische Fragen trägt nichts zur Befreiung vom Leiden bei. Obwohl andere Sutras den Buddha und seine Schüler in Dialogen zeigen, in denen es um Dinge geht, die man wohl als metaphysisch bezeichnen muss, haben diese und andere Geschichten in der buddhistischen Tradition einen anti-metaphysischen und antispekulativen Einfluss ausgeübt. Und die Zen-Tradition steht mit diesem Aspekt des buddhistischen Kanons in besonders großer Resonanz.

Der Buddhismus hat außerdem die strenge Unterscheidung zwischen Subjekt und Objekt, Selbst und Welt sowie Geist und Körper vermieden, die sich in der westlichen philosophischen Tradition durchgesetzt hat. Wie wir bereits gesehen haben, werden diese beiden Pole des Erlebens im Buddhismus als grundsätzlich untrennbar angesehen, auch wenn sie als getrennt erfahren werden können. Die buddhistische Tradition betrachtet die Tendenz, das Selbst vom Anderen beziehungsweise den Geist vom Körper zu trennen, sogar als eine Hauptursache des Leidens. Um das Leiden zu lindern, muss diese allgegenwärtige Tendenz zur Trennung unter ständige Beobachtung gestellt, untersucht und im Zaum gehalten werden.

Der Legende nach wuchs Siddhartha Gautama – später Buddha genannt – als Prinz in einem luxuriösen Palast auf, in dem er von allen Leiden der Welt abgeschottet war. Die unverhoffte Begegnung mit einem alten, einem kranken und einem toten Menschen führte bei ihm zu einer schockierenden Desillusionierung: Ihm wurde plötzlich die Verletzlichkeit und Sterblichkeit der menschlichen Existenz bewusst, und er fasste daraufhin den Entschluss, etwas gegen das damit verbundene Leiden zu tun. Seine Suche nach der Ursache des Leidens führte ihn zu der Einsicht, dass Leiden nicht unausweichlich ist; daraufhin entwickelte er einen Übungsweg, durch den Befreiung vom Leiden möglich wird.

Nicht jeder, der am Buddhismus interessiert ist, ist in einem buchstäblichen oder metaphorischen Palast aufgewachsen. Was sind die spezifischen historischen, kulturellen, familiären und psychologischen Bedingungen, die in uns genügend Leiden, Stress oder Niedergeschlagenheit verursacht haben, um unsere Wegsuche zu beginnen? In welcher Grundstimmung wurzelt mein Wunsch nach Lebendigkeit? In welcher Grundstimmung wurzelt *Ihr* Wunsch nach Lebendigkeit? Ich glaube, wir müssen die Frage auf diese sehr persönliche Weise stellen. Denn nur so können wir die Fragestellungen, die wir Buddhismus nennen, in unserem eigenen Leben fruchtbar machen – und in ihrem neuen Kontext, der westlichen Kultur des 21. Jahrhunderts, die im Begriff ist, sich über den gesamten Planeten auszubreiten.

Meiner Ansicht nach handelt es sich beim wachsenden Interesse am Buddhismus im Westen nicht um eine neue Religiosität oder um den Wunsch, an transzendente Wirklichkeiten zu glauben. Ich sehe dieses Interesse vielmehr als Anzeichen eines ehrlichen Bedürfnisses vieler Menschen, in einer immer säkulareren und rationaleren Gesellschaft Antworten auf ihren tiefen Wunsch nach Lebendigkeit zu finden.

Die Idee, den Buddhismus als eine transformative Phänomenologie zu verstehen, kam mir, als ich anfing, mein Verständnis der westlichen Phänomenologie im Licht meiner damals noch sehr neuen Zen-Praxis zu betrachten, und feststellte, dass meine philosophischen Bemühungen mein Interesse an transformativer Veränderung des Lebens nie befriedigt hatten. Sie hatten mir weder die grundsätzliche Orientierung noch die Werkzeuge zur Verfügung gestellt, die es braucht, um die eigene Erfahrung vom Leiden zu befreien und diese Freiheit dann dafür zu nutzen, Weisheit zu entwickeln und in mitfühlendes Handeln zu übersetzen. Von Anfang an war es dieses Interesse an transformativer Veränderung gewesen – und nicht nur an begrifflichem Verstehen –, dass mich dazu inspiriert hatte, meine menschliche Erfahrung infrage zu stellen und nach Antworten zu suchen. Aber erst im Buddhismus begegnete ich einer lebendigen Tradition, die die beiden folgenden Aspekte vereinte: erstens einen Erkenntnisweg, der fragt, wie menschliche Erfahrung tatsächlich funktioniert, und zweitens einen Praxisweg, auf dem die so gewonnenen Erkenntnisse für transformative Veränderung genutzt werden.

Die Methode der westlichen Phänomenologie geht in erster Linie beschreibend vor. Mithilfe der Alltagssprache verdichtet sie detaillierte Beschreibungen in Grundbegriffe, um dadurch eine Terminologie für sich wiederholende Grundzüge der Erfahrung zu erstellen. Anschließend werden diese Grundbegriffe kombiniert, um weiter gefasste Erfahrungsbereiche wie Wahrnehmung, Erkenntnis, Körper, Geist, Zeit, Raum und Sprache zu rekonstruieren. Diese komplexeren Beschreibungen können dann anhand von Alltagserfahrungen »getestet« werden, indem man prüft, ob die Grundbegriffe in diesen Bereichen Gültigkeit und Erklärungskraft haben.

Die buddhistische Herangehensweise, menschliche Erfahrung zu beobachten und zu untersuchen, ist dem sehr ähnlich. Die Lehre von den fünf Skandhas, die wir uns in Kapitel 17 »Bewusstsein und Selbst« dieses Buches genauer anschauen werden, rekonstruiert den menschlichen Körper-Geist zum Beispiel als die wechselseitige Beziehung von fünf Faktoren: Form, Gefühl, Wahrnehmung, Konditionierung und Bewusstsein. Jeder dieser fünf Faktoren menschlicher Erfahrung wird durch detaillierte Beschreibungen definiert. Es geht im Buddhismus aber nie lediglich darum, zu gemeinsam anerkannten Wahrheiten zu gelangen. Solche deskriptiven Wahrheiten stehen immer im Dienst des Transformierens von Erfahrung in Richtung von weniger Leiden, mehr Weisheit und angemessenem ethischen Handeln. Mit anderen Worten: Die buddhistische Phänomenologie bringt nicht Wissen um des Wissens willen hervor, sondern stellt Wissen in den Dienst von Transformation. Am Ende führt diese Transformation sogar dazu, die Beschreibungen aufzugeben. Das ist der Grund, warum Zen traditionell als »besondere Übertragung außerhalb der Lehrschriften« bezeichnet wird.[22] Und Buddha selbst drückte es so aus: Nachdem man ans andere Ufer gelangt ist (also nachdem sich Transformation vollzogen hat), kann man das Floß (also die Lehren und die phänomenologischen Beschreibungen) hinter sich lassen. Das Floß kann natürlich für diejenigen weiter nützlich sein, die noch im Prozess des Überquerens begriffen sind.

Die Idee von Transformation ist in der westlichen Wissenschaft und der zeitgenössischen Philosophie seltsam abwesend. In unserer Welt des 21. Jahrhunderts stellen wir uns Transformation in erster Linie als technologische Innovation vor. Wir gehen davon aus, dass Körper und Geist durch Chemie verändert werden, nicht durch Meditation. Das Potenzial zu nicht-technologischer Transformation unseres eigenen Körper-Geistes ist weitgehend ignoriert worden; bestimmte gegenkulturelle Kreise haben es allerdings immer in der einen oder anderen Form am Leben gehalten. Dieses Potenzial zu erkennen und wiederzuentdecken, ist ein Ansatzpunkt, um einerseits unsere westliche Kultur zu hinterfragen und anderseits zu verstehen, warum der Buddhismus für eine wachsende Zahl von westlichen Menschen interessant geworden ist. In den 1960er- und 1970er-Jahren gab es einen großen Schub in diese Richtung, und 50 bis 60 Jahre später ist der Buddhismus in westlichen Kulturen eine ernst zu nehmende Größe und sogar ein bisschen in Mode gekommen. Neuere medizinische Forschungen zur Wirksamkeit von Achtsamkeits-Training haben dazu beigetragen, die Kluft zwischen Wissenschaft und nicht-technologischer Körper-Geist-Transformation zu schließen, aber buddhistisches Training als ein umfassender Weg ist nach wie vor eine Randerscheinung.

Mit der Idee, den Buddhismus als eine transformative Phänomenologie zu betrachten, möchte ich ihn anschlussfähiger machen. Ich möchte ihn als eine in der Erfahrung basierende Weisheitslehre artikulieren und rekonstruieren, sodass er für westlich und modern geprägte Menschen wirklich lebendig werden kann – und nicht etwas bleibt, was irgendwie seltsam und exotisch anmutet und wofür man sich in bestimmten Kreisen schämen muss. Ich glaube, dass der Buddhismus das Potenzial hat, unser existenzielles Bedürfnis nach Transformation und kultureller Evolution zum Ausdruck zu bringen. Um dieses Versprechen einzulösen, müssen wir zum einen anerkennen, dass der Buddhismus in unterschiedlichen Kulturen und Zeiten unterschiedliche Formen angenommen hat. Zum anderen sollten wir uns die Erlaubnis geben, mit dem nötigen Respekt diejenigen Aspekte der Tradition loszulassen, die uns kulturell fremd oder historisch veraltet sind. Dann ist der Weg frei, den Buddhismus als eine transformative Lebenskunst zu verstehen.

Meine Betonung auf Zen als einer transformativen Phänomenologie und Lebenskunst ist auch der Grund dafür, dass ich in diesem Buch nicht allzu viele Zitate aus der Zen-Tradition verwende. Andererseits wäre es unsinnig, richtungsweisende Ideen aus der Tradition zu ignorieren, die diesen Ansatz einer phänomenologisch-transformativen Lebenskunst unterstützen. Viele zeitgenössische Zen-Praktizierende finden zum Beispiel die Lehre Dogens erstaunlich aktuell. Dogen charakterisierte den Buddhismus in fünf markanten Sätzen, die in der Zen-Tradition ein wichtiger Bezugspunkt sind:

> *Den Buddha-Weg ergründen heißt das Selbst ergründen.*
>
> *Das Selbst ergründen heißt das Selbst vergessen.*
>
> *Das Selbst vergessen heißt, von den zehntausend Dharmas ungetrennt zu sein.*
>
> *Von den zehntausend Dharmas ungetrennt zu sein, heißt, unser eigener Körper und Geist und der Körper und Geist der Welt um uns herum fallen ab.*
>
> *Das Erwachen hinterlässt keine Spur, und diese Spurlosigkeit entfaltet sich endlos weiter.*[23]

Der erste Satz verweist auf eine phänomenologische Untersuchung der menschlichen Erfahrung, die Dogen in dem Aufruf verdichtet, sich selbst zu ergründen. Die nächsten vier Sätze leiten anschließend eine Transformation dieses Selbst an: (1) das Selbst vergessen, (2) von den zehntausend Dingen ungetrennt sein, (3) den Körper und Geist von Selbst und Welt fallen lassen (also den Subjekt-Objekt-Dualismus aufgeben), und (4) den absichtsvollen Transformations-Prozess selbst loslassen, was in einer Verwirklichung von Moment zu Moment resultiert, die keine sichtbaren Spuren hinterlässt.

Es hat natürlich auch in der westlichen philosophischen Tradition Schulen gegeben, die die Praxis von Transformation gelehrt haben – zum Beispiel die Stoiker, Zyniker und Epikureer. Das griechische Wort *philosophia* bedeutet ja nicht umsonst »Liebe zur Weisheit«. In der Moderne produzieren die meisten säkularen Formen des forschenden Fragens – Wissenschaft, Philosophie und Geisteswissenschaften – zwar eine wachsende Masse von Wissen, verfolgen dabei aber in der Regel keine explizite Transformations-Absicht. Ganz allgemein gesagt mangelt es unserer zeitgenössischen westlichen Kultur an transformativen Lehren, die Freiheit, Weisheit und mitfühlendes Handeln anleiten. Es überrascht deshalb auch nicht, dass Institutionen und Lehrlinien fehlen, in denen man Mentoren für den eigenen Transformations-Prozess finden könnte.

Aus meiner Sicht ist dieser Mangel einer der wichtigsten Gründe dafür, dass traditionelle Religionen nach wie vor eine wichtige Rolle in unserer Kultur spielen, obwohl ihre Erzählungen, mit unserer wissenschaftlichen Sichtweise weitgehend unvereinbar sind. Der Buddhismus stellt dabei keine Ausnahme dar. Reinkarnation, Nirvana und die Allwissenheit Buddhas sind Vorstellungen, die – nimmt man sie wörtlich – eher zu religiösen Glaubensüberzeugungen und sogar Aberglauben führen als zu konsequenten phänomenologischen Untersuchungen. Der Buddhismus nimmt unter den Weltreligionen allerdings eine Art Sonderstellung ein, weil er weitgehend friedlich und in verschiedener Hinsicht sogar produktiv mit der modernen Wissenschaft und Philosophie koexistiert. Er trägt aber – und darauf kommt es hier an – eine transformative Perspektive bei. Der zeitgenössische buddhistische Lehrer Stephen Batchelor hat in diesem Sinne ein Reformationsprojekt ins Leben gerufen, das er »säkularen Buddhismus« nennt; es hinterfragt, ob der Glaube an transzendente Realitäten in der buddhistischen Tradition für das zentrale transformative Anliegen überhaupt wesentlich ist.[24]

In der westlichen Kultur gibt es eine einzige säkulare Disziplin, in der es ähnlich wie im Buddhismus um das Lindern von unnötigem Leiden geht und die offene Forschungsfragen stellt – und das ist die Psychotherapie. Es überrascht deshalb nicht, dass der Buddhismus im Westen oft – mehr oder weniger ergiebig – vor dem Hintergrund der Psychotherapie verstanden und interpretiert wird. Wie sich Buddhismus und Psychotherapie ähneln beziehungsweise unterscheiden, ist eine faszinierende Fragestellung, der ich im nächsten Exkurs »Buddhismus und Psychotherapie« im Anschluss an Teil 2 dieses Buches nachgehen werde.

Die westliche Psychotherapie und den Buddhismus als zwei unterschiedliche, aber aufeinander bezogene transformative Phänomenologien zu verstehen, ist ein Beispiel dafür, wie wir in einer offenen, evolutionären Weise an den Buddhismus herangehen können. In diesem Sinne kann jede Disziplin, die menschliche Erfahrung mit intellektueller Präzision und transformativer Absicht untersucht, zur Entwicklung des Buddhismus beitragen – und umgekehrt. Das erklärt das große Interesse, das westliche Psychotherapeuten am Buddhismus haben, und das Bedürfnis, das viele Buddhisten empfinden, psychotherapeutische Verfahren in ihre Praxis einzubeziehen. Es erklärt auch, warum Vertreter der beiden Ansätze sich oft schwertun, die Unterschiede genau zu benennen. Statt zu versuchen, sie zu integrieren, stellt der Psychotherapeut und Buddhist Bruce Tift fest: »Obwohl beide sehr hilfreich und wichtig sind, ist es wahrscheinlich unmöglich, sie miteinander in Einklang zu bringen.« Er sieht dabei aber »die grundsätzliche Unvereinbarkeit der beiden Sichtweisen« als »für die konkrete Arbeit sehr fruchtbar und interessant« an.[25] Vielleicht wäre es hilfreich, diese Haltung auf alle Disziplinen auszuweiten, die das Potenzial haben, an der Transformations-Absicht mitzuwirken. Die einzige Voraussetzung ist phänomenologische Strenge: Wir müssen immer zur Erfahrung zurückkehren und neu dort beginnen – und uns dabei so wenig wie möglich auf vorgefasste Annahmen und Glaubensüberzeugungen stützen.

TEIL 2

BEFREIUNG

6

Was ist Befreiung vom Leiden?

Im Buddhismus bedeutet Befreiung, Freiheit von Leiden zu erlangen. Der zeitgenössische Meditationslehrer Shinzen Young definiert Leiden mithilfe einer simplen, aber folgenreichen mathematischen Gleichung.

Leiden = Schmerz × Widerstand

Gemäß dieser Gleichung ist Leiden das Produkt von zwei Faktoren. Wenn man das Leiden reduzieren oder beenden will, kann man sich also entweder auf den einen oder den anderen Faktor konzentrieren. Unser Alltagsverständnis von Leiden favorisiert normalerweise folgenden Lösungsweg:

Wenn der Schmerz gleich null ist, ist das Leiden gleich null. Deshalb versuchen alle Tiere, der Mensch eingeschlossen, Schmerzen möglichst zu vermeiden. Die Gleichung geht aber auch auf, wenn der Widerstand gleich null ist. Das mag auf den ersten Blick etwas überraschen, denn auch wenn der Schmerz sehr heftig ist, entsteht kein Leiden, solange es keinen Widerstand gegen ihn gibt. Wichtig ist außerdem, sich Folgendes klarzumachen: Selbst wenn der Schmerz nur minimal, der Widerstand gegen ihn aber sehr groß ist, resultiert daraus enorm viel Leid.

Das erklärt, warum Empfindungen mit relativ niedriger Intensität subjektiv als unerträglich oder sogar als lebensbedrohlich empfunden werden können. Nehmen wir als Beispiel Nervosität, die uns befällt, wenn uns ein öffentlicher Vortrag oder ein Bewerbungsgespräch bevorsteht. Die Empfindungen, die dieser Nervosität zugrunde liegen, mögen nichts weiter als ein Kribbeln in der Magengegend oder ein pochendes Herz in einer leicht eingeschnürten Brust sein. Obwohl diese Empfindungen aus der Sicht eines Außenstehenden keinerlei Gefahr für Leib und Leben bedeuten, können sie sich für den Betroffenen anfühlen, als stünde sein Überleben auf dem Spiel. Und wenn unser Bewusstsein bestimmte Empfindungen erst einmal auf einer Skala verortet hat, als ginge es um Leben oder Tod, kann das zu einer zusätzlichen Intensivierung der Empfindungen führen. Bestimmte Formen von Panikattacken können zum Beispiel subjektiv mit einem Herzinfarkt verwechselt werden.

Wir sehen also: Schmerz und Leiden sind nicht dasselbe – auch wenn es uns oft so vorkommt und wir die beiden Begriffe synonym verwenden. Schmerz und Leiden sind schwer zu unterscheiden, wenn der Schmerz und der Widerstand gegen ihn im subjektiven Erleben miteinander verstrickt sind. Es ist aber durchaus möglich, sie sowohl in der Erfahrung als auch begrifflich zu differenzieren. Schmerzen sind unangenehme Empfindungen, während Widerstand eine Absicht ist – nämlich die Absicht, den Schmerz loszuwerden, ihn zu vermeiden, zu verringern oder zu betäuben.

Es gibt einen Satz, der unter Buddhisten zirkuliert: »Schmerz ist unvermeidbar, Leiden eine Wahl.« Einfach aufgrund der Tatsache, dass wir körperliche Wesen sind, werden wir zu bestimmten Zeiten Schmerzen in unterschiedlicher Intensität erleben. Prinzipiell ist es kein Problem, Schmerzen aus dem Weg zu gehen oder sie zu dämpfen, wenn das möglich ist. Wir müssen nur wissen, dass es Situationen gibt, in denen Schmerz unvermeidlich ist. Und weil das so ist, müssen wir einen anderen Umgang mit ihm finden – es sei denn, wir wollen das Risiko eingehen, von Schmerzmitteln oder unseren psychologischen Vermeidungs- und Verteidigungsstrategien abhängig zu werden. Die wesentliche buddhistische Einsicht ist: Gleichgültig, wie stark Widerstand uns zur Gewohnheit geworden ist, er lässt sich in Akzeptanz verwandeln. Sobald wir die Fähigkeit haben, uns unserem Schmerz zuzuwenden, statt uns von ihm abzuwenden, ist das Leiden bereits kleiner geworden – ja es kann sogar ganz aufhören, und sei es auch zunächst nur für einen kurzen Moment, in dem sich vollständige Akzeptanz einstellt. Um kontinuierlich frei von Leiden zu sein, bedarf es einer Praxis, die von Moment zu Moment Widerstand in Akzeptanz transformiert. Das läuft unserem Instinkt vollkommen zuwider – wer will schon freiwillig Schmerz empfinden? – und ist deshalb so schwer umzusetzen. Die folgenden Kapitel widmen sich verschiedenen Aspekten dieser Transformation.

Ein körperliches Wesen empfindet nicht nur Schmerz, sondern auch Momente der Lust. Während wir Schmerz in der Regel abwehren, genießen wir das, was sich gut anfühlt, und wollen mehr davon. Ich nenne die Absicht, mehr Lust und Wohlgefühl erleben zu wollen, Anhaftung. Daraus ergibt sich die folgende Gleichung:

Leiden = Wohlgefühl × Anhaftung

Auf den ersten Blick mag es nicht plausibel erscheinen, wie Wohlgefühl zu Leiden führen kann. Lust, Vergnügen und Wohlgefühl sind grundsätzlich erstrebenswerte Empfindungen, auch wenn viele religiöse Lehren sie als Laster verteufelt haben. Das eigentliche Problem ist unsere Beziehung zu ihnen. Angenehme Empfindungen sind genauso wie schmerzvolle dem endlosen Wandel unterworfen. Wie alle Phänomene tauchen sie auf, bleiben eine Weile lang, klingen ab und verschwinden. Das Problem mit dem Wohlgefühl besteht darin, dass wir in der Regel an ihm festhalten wollen. Wenn es abwesend ist, greifen wir nach ihm, und wenn wir nicht bekommen, was wir wollen und wonach wir greifen, dann leiden wir.

Nach etwas zu greifen, das sich gut anfühlt, um unangenehme Empfindungen zu vermeiden, ist die Wurzel aller Suchtphänomene. Meiner Ansicht nach können wir nach allem Möglichen süchtig werden – nicht nur nach Alkohol, Drogen, Sex, Zucker oder Videospielen. Wir können süchtig nach guter Stimmung oder gutem Wetter sein, nach der Aufmerksamkeit unseres Partners oder unserer Partnerin oder nach Shopping – und zwar in dem Sinn, dass wir leiden, wenn uns die bevorzugten Dinge, Geisteszustände oder Aktivitäten nicht verfügbar sind.

Ich benutze den im Buddhismus etablierten Begriff *Anhaftung*, und alternativ dazu spreche ich manchmal vom »Greifen«. Ich finde *Greifen* treffender, wenn es darum geht, die körperliche Handlung beziehungsweise die gestische Qualität des Phänomens zu beleuchten. Und *Anhaftung* passt besser, wenn es um Situationen geht, in denen das Greifen zur Gewohnheit geworden ist. Anhaftung fühlt sich wie Klebstoff an. Wiederholtes Greifen verklebt uns mit Substanzen, Gegenständen, Personen, Ideen, Meinungen, Geisteszuständen, Tätigkeiten und Erzählungen. Der stärkste Klebstoff ist Identität. Mit etwas identifiziert zu sein, bedeutet, es dem eigenen Selbstbild einverleibt zu haben; und dann haftet auf einmal unser Selbstwert und Wohlbefinden oder sogar unsere Existenz an diesem Ding, dieser Tätigkeit oder jener Geschichte. Sobald unsere Identität auf dem Spiel steht, ist kaum noch erkennbar, dass Leiden in der Tat »eine Wahl« ist. Obwohl Anhaftung sich wie Klebstoff anfühlt, haben wir es eigentlich eher mit einer Hand zu tun, die vergessen hat, dass sie ihren festen Griff auch lösen und sich öffnen könnte.

Egal, ob der Ausgangspunkt Schmerz oder Wohlgefühl ist, Leiden entsteht immer dann, wenn wir unser tatsächliches Erleben hier jetzt anders haben wollen als es ist. Widerstand und Anhaftung sind dabei zwei Seiten derselben Medaille: Widerstand lässt sich als eine Form des Greifens nach einer besseren Alternative verstehen, und Anhaftung an eine bestimmte Erfahrung ist Widerstand gegen ihre unvermeidliche Vergänglichkeit. Die verschiedenen Spielarten von Widerstand und Anhaftung in der menschlichen Kultur und Psychologie sind endlos. Es ist zwar untypisch, aber manchmal suchen Menschen auch den Schmerz und verweigern sich dem eigenen Wohlbefinden.

Um den gesamten Leidensmechanismus zu beschreiben, der Wohlgefühl sowie Schmerz, Widerstand und Anhaftung umfasst, formuliere ich die Gleichung folgendermaßen:

Leiden = Gefühlte Intensität × Reaktivität

Der Ausdruck »gefühlte Intensität« bezieht sich unter anderem auf das, was in der modernen Psychologie Valenz und Erregung (oder Aktivierung) genannt wird. Valenz bezeichnet die Wertigkeit der Erfahrung – angenehm oder unangenehm –, und Aktivierung beschreibt ein Spektrum zwischen ruhig und erregt. Wir können zum Beispiel ein unangenehmes Gefühl mit hoher Erregung »aufgebracht« nennen, während derselbe unangenehme Zustand in ruhiger Form vielleicht »niedergeschlagen« oder »depressiv« heißen würde. Auf der anderen Seite der Gefühlsskala verstehen wir ein angenehmes Gefühl mit hohem Erregungszustand vielleicht als »freudig erregt« und ein Wohlgefühl mit niedriger Aktivierung als »heiter«. Wir können die weniger intensive heitere Stimmung innerlich ablehnen und uns nach mehr freudig erregter Begeisterung sehnen, oder wir können ein ruhiges Gemüt der begeisterten Aufregung vorziehen. Selbst eine melancholische Gestimmtheit kann uns lieber sein als aufgeregte Begeisterung, oder wir können uns in Rage reden und dabei indirekt die Möglichkeit ausschlagen, Ruhe zu bewahren.

Wir sollten uns im Klaren sein, dass die Worte *aufgebracht*, *freudig erregt*, *melancholisch* und *heiter* bereits Interpretationen von gefühlter Intensität sind. Ein anderes Wort für gefühlte Intensität, die persönlich und sozial interpretiert wird, ist Emotion. (Wir werden emotionales Leiden und emotionale Freiheit in Kapitel 10 besprechen.) Emotionen beinhalten – neben anderen Faktoren – Emotionsbegriffe. Damit meine ich die kognitiven Repräsentationen von Empfindungen. Der Begriff *gefühlte Intensität* bezieht sich im Unterschied dazu in erster Linie auf die Empfindungsebene der Erfahrung. Wenn wir über diese Empfindungen sprechen wollen, müssen wir natürlich Begriffe und Worte verwenden. Um aber so weit wie möglich auf der Empfindungsebene zu bleiben, hilft es, die begrifflichen Interpretationen durch Beschreibungen von leiblich gespürten Intensitäten zu ersetzen. Statt zum Beispiel von

»Ärger« zu sprechen, können wir bewusst die zugrunde liegenden Empfindungen fühlen und beobachten: Unwohlsein im Bauch, Herzrasen, Druck im Kopf, eine Unruhe in den Händen und Armen, die zum Handeln drängt und so weiter.

Ein Spektrum von Empfindungen kann der Interpretation »Ärger« zugrunde liegen. Der Begriff *gefühlte Intensität* bezieht sich auf genau diese leiblich gespürten Empfindungen. Leiblich gespürte Intensität kann natürlich mit mental erlebter Intensität einhergehen: Das Herzrasen beispielsweise kann von rasenden Gedanken begleitet sein. Im Buddhismus können wir unwillkürliche Gedanken allerdings auch zu den »Empfindungen« zählen, weil der Geist, wie wir bereits besprochen haben, als einer der sechs Sinne verstanden wird.

Wenn ich das Wort *Leiden* höre, kommen mir als Erstes Krieg, Hunger und Krankheit in den Sinn. In der Moderne haben wir diese jahrtausendealten Probleme zu einem nicht unbedeutenden Ausmaß in den Griff bekommen. Natürlich bestehen sie weiter und erzeugen Leiden, wie uns kürzlich die COVID-19-Pandemie gezeigt hat: Was aber früher als Bestrafung Gottes oder als unbeeinflussbare Naturkatastrophen angesehen wurde, verstehen wir heute als Herausforderung, die die Menschheit nicht nur meistern sollte, sondern auch weitgehend meistern kann. Es ist uns in kollektiver Anstrengung nämlich tatsächlich gelungen, die Häufigkeit von Krieg, Hunger und Krankheiten in beeindruckender Weise zu reduzieren.[26] Und zwar zu einem Ausmaß, dass für jemanden wie mich, der in der Nachkriegszeit im Westen (in Europa und den USA) gelebt hat, diese uralten Probleme Zeit meines Lebens überhaupt nicht im Vordergrund meiner Erfahrung gestanden haben. (Der Krieg in der Ukraine hat diese vermeintliche Sicherheit nachhaltig erschüttert, und die Klimakrise wird uns aller Voraussicht nach mit noch mehr Instabilität konfrontieren, wenn es uns nicht gelingt, bis 2050 Emissionsneutralität zu erreichen, oder wenn bestimmte Kipppunkte erreicht werden, die zu irreversiblen Veränderungen des Klimasystems führen.)

Buddhas tiefe Einsicht war: Der Wandel selbst liegt außerhalb unserer Kontrolle – wir können Impfstoffe entwickeln, nicht jedoch die Mutation von Viren stoppen –, aber unser eigenes Begehren (unsere Reaktivität) können wir durchaus kontrollieren. Wir haben zu jeder Zeit die Möglichkeit, an der Zähmung unserer Reaktivität zu arbeiten.

So wie ich Leiden definiere, schließt es Erfahrungen mit ein, die viel subtiler und subjektiver sind als Gewalt, Hunger und Krankheit. Leiden kann auftreten, wenn ein Freund uns nicht zum Geburtstag gratuliert, wenn unser Kind nicht aufhören will zu weinen oder wenn jemand den Job bekommt, von dem wir selbst geträumt haben. Jedes dieser vergleichsweise unbedeutenden Ereignisse kann unangenehme Empfindungen in uns auslösen, und wenn der Widerstand, den wir diesen Empfindungen entgegenbringen, groß ist, resultiert daraus ein erhebliches Maß an Leiden. *Dukkha*, das Sanskrit-Wort, das der Buddha verwendete, verweist auf jegliche Art von Unzufriedenheit, Stress oder fehlender Gelassenheit. Leiden besteht in der grundlegenden existenziellen Tatsache, dass wir nicht immer haben können, was wir wollen – so haben es der Buddha und die Rolling Stones definiert: *You can't always get what you want.*

Kein wissenschaftlicher oder technologischer Fortschritt wird an dieser Situation jemals etwas ändern können. Selbst wenn in der Zukunft techno-optimistische Träume wahr werden und wir Altern und Tod als medizinische Probleme lösen, wird es weiterhin Wandel geben. Wir können uns eine Zukunft vorstellen, in der durch den sogenannten Fortschritt unsere ganzen gegenwärtigen Wünsche erfüllt werden. Doch was würde mich davon abhalten, neue Wünsche zu entwickeln oder das kurz zuvor Erreichte als selbstverständlich zu betrachten? Der Historiker Yuval Harari hat das brillant auf den Punkt gebracht; er bezeichnete als eines der wenigen »ehernen Gesetze der Geschichte [...], dass ein Luxus schnell zur Notwendigkeit wird und neue Zwänge schafft«.[27]

Ein schlagendes Beispiel dafür ist in unserer heutigen Zeit der Internetzugang. Viele Menschen, die es gewohnt sind, ständig mit ihren Geräten zu arbeiten oder zu spielen, erleben eine Art Panik, wenn das Internet für fünf Minuten mal nicht funktioniert. Wenn es einen ganzen Tag oder nur eine Stunde nicht funktioniert, dann kann es sich anfühlen, als ginge es ums Überleben. Wie wir gesehen haben, ist *Dukkha* keine objektive Größe. Das Leiden wird nicht von der Nichtverfügbarkeit des Internets verursacht, sondern von der Anhaftung an seine Verfügbarkeit. Was einmal ein Luxus war, ist zu einer scheinbaren Notwendigkeit geworden.

All diese Überlegungen bedeuten nicht, dass es zwischen Krieg und Wortgefechten, zwischen Hunger und fehlendem Internetzugang, zwischen Krankheit und Nervosität keinen Unterschied gibt. Es ist aber wichtig zu erkennen, dass die zugrunde liegende Struktur dieselbe ist: Leiden entsteht aus der Kombination von gefühlter Intensität und Reaktivität (also Widerstand oder Anhaftung). Körperlich geschlagen zu werden, mag schmerzvoller sein, als mit beleidigenden Worten emotional verletzt zu werden, beide Erfahrungen gründen jedoch in unangenehmen Empfindungen. Jedes Mal, wenn ich nicht erleben will, was ich tatsächlich empfinde, entsteht Leiden – egal ob es sich um eine körperliche oder emotionale Verletzung oder die bloße Angst vor zukünftiger Bedrohung handelt. Das Gleiche gilt für Hungergefühle und Krankheitssymptome – sie können von bloßen Appetitgelüsten bis zu echtem Verhungern oder von minimalen Beschwerden bis zu unerträglichen Schmerzen reichen. Sobald es Widerstand gibt, resultiert daraus ein bestimmtes Maß an Leiden.

Ich habe lange überlegt, ob ich das Wort *Leiden* durch *Dukkha* ersetzen soll. Ich finde es problematisch, dass die alltagssprachliche Bedeutung von *Leiden* weniger gravierende Formen gefühlter Intensität und Reaktivität tendenziell ausschließt. Meine Grundabsicht besteht aber darin, den Buddhismus in der deutschen Sprache lebendig zu machen. Ich will »textuellen Fundamentalismus« so weit wie möglich vermeiden – also den Eindruck, dass uns die Originalworte näher an die ursprüngliche Bedeutung heranführen. Mein Versuch, den Buddhismus phänomenologisch zu rekonstruieren, das heißt seine begriffliche Darstellung neu in der konkreten Erfahrung zu verankern, tritt dieser Art von Fundamentalismus bewusst entgegen.

Ich habe auch überlegt, ob man *Leiden* durch das Wort *Stress* ersetzen könnte, so wie es der zeitgenössische amerikanische Buddhist Geoffrey DeGraff tut, der unter seinem Ordinationsnamen Thānissaro Bhikkhu bekannt ist.[28] Aber dann verlieren wir die Verbindung zu grausameren und gewalttätigeren Formen des Leidens wie Krieg, Hungersnot, Krankheit, Folter oder Vergewaltigung. Bei Folter und Vergewaltigung wäre es irreführrend, von Stress zu sprechen. Letztlich habe ich entschieden, weiter das Wort *Leiden* zu gebrauchen und darauf zu vertrauen, dass es als eine Art »Fachausdruck« verstanden werden kann, der sich mit der bereits besprochenen Formel definieren lässt: *Leiden = Gefühlte Intensität × Reaktivität.*

Die Etymologie des Wortes *Dukkha* wurzelt, wie bereits erwähnt, in der Erfahrung eines unsauber laufenden Achsenlagers. In diesem Bild müssen wir extreme Formen des Leidens und der Traumatisierung vielleicht als Ereignisse betrachten, durch deren Wucht sich das Lager völlig verkantet und festfrisst.

Der Gegenbegriff zum *Dukkha* ist *Sukkha*, was üblicherweise mit »Freude« oder »Glück« übersetzt wird. *Sukkha* – ein Leben, das wie ein gut geöltes Achsenlager weitgehend reibungslos verläuft – beruht aber nicht in erster Linie auf Wohlgefühl, genauso wenig wie sich *Dukkha* mit Schmerz gleichsetzen lässt. *Sukkha* kann man langfristig nur dadurch erlangen, dass man Nicht-Reaktivität kultiviert. Ein passendes deutsches Wort für das Phänomen der Nicht-Reaktivität ist Gelassenheit. Die Frage ist also: Wie können wir mehr von dieser nicht-reaktiven Gelassenheit verwirklichen und damit das Versprechen des Buddhismus, die Befreiung vom Leiden, in unserem eigenen Leben einlösen?

7

Der vierfache Vollzug

Die erste Lehre des historischen Buddha ist als *Die vier edlen Wahrheiten* bekannt. In rekonstruierter Form geben sie uns eine präzise Antwort auf die Frage, wie man üben kann, sich vom Leiden zu befreien. Die vier Wahrheiten werden oft in der folgenden Form präsentiert:

1. Es gibt Leiden.
2. Es gibt eine Ursache des Leidens: das Begehren.
3. Es gibt ein Ende des Leidens.
4. Es gibt einen Weg, das Leiden zu beenden: den achtfachen Pfad.

Stephen Batchelor, ein zeitgenössischer buddhistischer Lehrer, hat vorgeschlagen, vom Wort *Wahrheit* Abstand zu nehmen und es durch das Wort *Aufgabe* zu ersetzen.[29] Batchelor ist darum bemüht, den Buddhismus von transzendentalen Glaubensüberzeugungen und nicht-pragmatischen metaphysischen Behauptungen zu befreien. Ich stimme mit ihm überein, dass ein zeitgemäßer Buddhismus keinen »theoretisierenden Standpunkt« zur Frage des Leidens einnehmen sollte, wie das die Rede von Wahrheiten nahelegt. Stattdessen sollten wir uns auf einen Pragmatismus »situativ eingebetteten Handelns« wiederbesinnen. Wie er sehe ich diesen Pragmatismus als das hervorstechende Merkmal buddhistischer Praxis. Das Beschreiben von Beobachtungen muss dafür durch das Verschreiben von Übungen ergänzt werden.[30] Ich glaube allerdings nicht, dass das Wort *Aufgabe* dafür die beste Wahl ist. *Aufgabe* klingt wie eine Arbeit, die einem von außen auferlegt wird. Man hört da leicht »Schulaufgabe« und »Pflicht« heraus. Ich schlage stattdessen das Wort *Vollzug* vor. Es klingt vielleicht ungewohnt, passt aber meiner Meinung nach besser. *Vollzug* meint das bewusste Vollziehen eines, wie Batchelor sagt, »situativ eingebetteten Handelns«.

Wenn ich im Folgenden die vier edlen Wahrheiten als einen vierfachen Vollzug präsentiere, werde ich diesen Ansatz nicht durch Originalzitate aus der Lehre Buddhas rechtfertigen. Buddhas Lehre liegt uns sowieso nicht in seinen Originalworten vor. Stattdessen haben wir es mit einer mündlichen und schriftlichen Tradition von Praktiken zu tun, die nur deswegen heute noch lebendig sind, weil sie von Generationen von Menschen, denen es um die Linderung von Leiden ging, *vollzogen* und angewendet worden sind. Es geht dabei nicht darum, willkürlich von der traditionellen buddhistischen Lehre abzuweichen, sondern ich will die buddhistische Botschaft im Kontext unseres 21. Jahrhunderts phänomenologisch testen und mir erlauben, dort wo es notwendig und angemessen ist, Veränderungen vorzunehmen.

Stephen Batchelor hat die wesentlichen Praktiken, die sich in den sogenannten vier edlen Wahrheiten verbergen, folgendermaßen formuliert:

1. Das Leiden begreifen
2. Das Auftreten von Reaktivität loslassen
3. Das Abklingen von Reaktivität betrachten
4. Den achtfachen Pfad kultivieren[31]

Ich möchte diese Perspektive ergänzen, indem ich an bestimmten Stellen andere Begriffe verwende, die meiner Ansicht und Erfahrung nach das Verständnis greifbarer machen. Hier also meine Formulierung des vierfachen Vollzugs:

1. Mit dem Leiden innig vertraut werden
2. Aufkommende Reaktivität loslassen
3. Momente von Nicht-Reaktivität auskosten
4. Einen Praxisweg kultivieren

Mit dem Leiden innig vertraut werden

Wie wir im vorangegangenen Kapitel gesehen haben, umfasst der Begriff des Leidens ein weites Spektrum von Intensitäten und Reaktivitäten. Aus der Perspektive der Zen-Praxis reicht es nicht aus, das Leiden zu verstehen oder, wie Batchelor sagt, zu »begreifen« – wir müssen mit dem Leiden innig vertraut werden.

Das heißt: Wir müssen mit dem Leiden eine enge Beziehung eingehen, indem wir uns ihm nähern und ihm freundlich begegnen. In einer spirituellen Praxis kann diese Beziehung so innig und freundlich werden, dass die Unterscheidung zwischen Geist und Körper und zwischen Subjekt und Objekt anfängt, sich aufzulösen. So kann potenziell nicht nur der Riss zwischen mir und der Welt, sondern auch der Riss, der mitten durch mich selbst hindurchläuft, heilen. Aber wie können wir uns langsam an dieses sehr groß anmutende Versprechen herantasten, sodass dabei der alles entscheidende Erfahrungsbezug nicht verloren geht?

Beginnen wir mit der Meditationserfahrung. Meditation lässt sich als eine Methode verstehen, wie wir mit dem Leiden innig vertraut werden können – oder, um genau zu sein, mit den beiden Faktoren des Leidens: Intensität und Reaktivität.

Wie wir in Kapitel 3 gesehen haben, ist in der Zen-Meditation die Absicht wesentlich, *sich nicht zu bewegen* und *sich nicht zu kratzen.* Der Körper ist aber darauf angelegt, sich zu bewegen; deswegen führt ein absichtliches Nicht-Bewegen ganz unvermeidlich zu schmerzhaften Empfindungen. Der Rücken, der Nacken, die Knie, die Fußgelenke – nahezu alle Körperteile können in der Meditationshaltung zur Quelle unangenehmer Empfindungen werden. Dazu kommen in der Regel bestimmte tiefsitzende Empfindungen im Brust- und Bauchraum, die oft als eine Art emotionales Leiden wahrgenommen werden. Sich für den Schmerz zu öffnen und ihn sogar aktiv einzuladen, läuft unseren Instinkten zuwider, und als dauerhafte Lebensform wäre das nicht sinnvoll. Aber *als Übung* ist die Meditation eine effektive Methode, um unsere Absicht umzusetzen, mit dem Leiden innig-vertraut zu werden.

Wenn Ihnen das Meditieren noch neu ist, nehmen Sie sich 40 Minuten Zeit und konzentrieren Sie sich ganz auf die Absicht, sich nicht zu bewegen und sich nicht zu kratzen. 40 Minuten sind für Anfänger vielleicht etwas lang, aber lassen Sie sich zumindest dieses eine Mal darauf ein. Es erlaubt Ihnen zu beobachten, wie unangenehme und schmerzhafte Empfindungen auftauchen, präsent bleiben, stärker werden, sich verändern, sich ausbreiten, sich verwandeln und sich manchmal (aber nicht unbedingt oft) ganz auflösen. Beobachten Sie gleichzeitig Ihren gewohnten, scheinbar angeborenen und möglichweise überraschend starken Impuls, diese schmerzhaften Empfindungen vermeiden oder loswerden zu wollen.

Ich möchte das an einem konkreten Beispiel veranschaulichen. Angenommen, Sie haben Verspannungen im Schulterbereich, einer Körperzone, in der viele Menschen chronische Muskelverhärtungen haben. (Wenn Sie in einer anderen Körperregion regelmäßig Schmerzen empfinden, können Sie alternativ mit dieser Stelle experimentieren.)

Wenn sich der Schmerz in der Schulter aufgrund des stillen Sitzens intensiviert, verspüren wir normalerweise den Impuls, sie zu bewegen, zum Beispiel die Schulter vor- und zurückzurollen, um die Schmerzen abzuschütteln und Entspannung zu finden. Aber der Versuchsaufbau des stillen Sitzens unterbindet bewusst jede Möglichkeit, der Situation körperlich zu entfliehen; die reaktive Dynamik verlagert sich deshalb nach innen. Der Konflikt entfaltet sich jetzt zwischen dem schmerzgeplagten Schulterbereich und einem Selbst, das sich von dieser Region absetzt. Da Empfindungen sich im Körper ereignen, haben sie eine räumliche Dimension. Schmerzen haben oft ein Zentrum mit hoher Intensität, von wo aus sie in eine periphere Region ausstrahlen. Die Reaktivität erzeugt einen Riss in mir: Ich identifiziere mich mit den Regionen meines Körpers, die frei von Schmerzen sind, und versuche so, von dem schmerzhaften Schulterbereich wegzukommen oder ihn sogar zu bekämpfen – als wäre er etwas, das nicht zu mir gehört.

Das ist natürlich letztlich nicht möglich; die Schulter ist ja ein Bestandteil von mir. Ich kann ihr also nicht wirklich entfliehen. Und trotzdem unternimmt die Dynamik der Reaktivität genau diesen Versuch. Daraus entsteht etwas, das ich die »Selbst-Position« nenne. Der Kopf ist einer der sichersten Orte, an dem sich mein Ich-Gefühl ansiedeln kann. Denn rein physiologisch gesehen kann sich das Gehirn selbst nicht spüren. Innerhalb des leiblich gespürten Körpers ist die Gehirnregion also eine neutrale Insel. Das Selbst, das aus dem reaktiven Riss hervorgeht, nimmt diese gerne in Beschlag und schaut dann von seinem »Hauptquartier« auf schmerzende oder potenziell schmerzhafte Körperstellen wie die Schulter hinab. Im Hauptquartier formen sich Gedanken, beispielsweise Theorien darüber, warum die Schulter wehtut, oder Strategien, wie sich das Problem beseitigen ließe. Man kann das als eine bestimmte innere Konstellation der in Teil 1 behandelten vier Elemente (siehe Seiten 54 bis 70) verstehen: Mittels unseres *Denkens* formen wir *Absichten*, die die *Aufmerksamkeit* von der *Empfindung* weglenken sollen.

Die Schmerz-Widerstand-Dynamik bewirkt einen reaktiven Riss, in dem ich mich von mir selbst abspalte. Der Riss erzeugt eine Identifikation mit dem Denken und eine komplementäre Verdinglichung des Körpers. Mit anderen Worten: Ich spalte mich von den unangenehmen Empfindungen in der Schulter ab und ergreife mich als ein »Selbst«, das sich als Gegenüber des Körpers positioniert. Und durch den Gedankenprozess erkenne ich mich als einen »Denker« oder eine »Denkerin«. Von dieser denkenden Selbst-Position aus behandele ich jeglichen Schmerz zunächst als »nicht zu mir gehörig« und versuche dann, ihm zu entkommen, weil er »mich« bedroht. Angenehme Empfindungen kann ich mir entsprechend entweder als »meine« aneignen oder sie ebenfalls abwehren, wenn es sich zum Beispiel um Lustgefühle handelt, die mir zu intensiv sind oder zu gefährlich erscheinen.

Diese Spaltung hat sich in unserer Sprache niedergeschlagen. Wir sagen: »Ich *habe* einen Körper.« Wenn ich stattdessen sage: »Ich *bin* ein Körper«, ist das weniger verdinglichend und der Riss wird dadurch bereits ein bisschen gekittet. Oder ich kann noch einen Schritt weitergehen und sagen: »Der Körper körpert.« Das vermeidet die Selbst-Position, klingt aber etwas schräg. Vielleicht trifft es das besser: »Einfach nur dieser Fluss von Empfindungen.« Wichtiger als die Sprache ist jedoch die darunterliegende Veränderung der Haltung. Es geht um eine Schwerpunktverlagerung vom Denk- zum Aufmerksamkeitsbewusstsein – und letztlich zum Gewahrsein. Diese innere Verschiebung wirkt wie ein Gegengift zu unserem weitgehend unbewussten Gewohnheitsmuster, von einer scheinbar festgefügten und unveränderlichen Selbst-Position aus zu agieren. Wie gesehen, reproduziert sich diese Selbst-Position durch eine Art Kreislauf: Wir entwickeln Widerstand gegen wiederkehrende intensive Empfindungen, und unser Widerstand wird genau dadurch chronisch, dass wir ihn in unseren Gedanken repräsentieren und verfestigen.

Mit dem Leiden innig-vertraut zu sein bedeutet, diese Dynamik in der eigenen Erfahrung zu studieren: ihre Komponenten zu beobachten, sich des Widerstands und seines Ausmaßes bewusst zu sein und dann zu bemerken, wie stark oder schwach die Selbst-Position ist, mit der man sich den eigenen unangenehmen Empfindungen entgegenstellt. Für solch eine Art von Selbststudium müssen wir eine *enge und freundschaftliche* Beziehung mit uns selbst pflegen.

Mit »eng« meine ich, immer nah an sich dran zu sein. Das steht im Gegensatz zu dem existenziellen Riss, der uns von uns selbst abspaltet. Am Ende bleibt uns allerdings sowieso nichts anderes übrig als einzusehen, dass wir dem, was wir sind und wie wir funktionieren, nicht entkommen können. Nah bei sich zu sein heißt, sich nicht weiter selbst zu belügen. Ich erkenne, dass auch ich dem Leiden unterworfen bin – mehrmals am Tag, vielleicht sogar die ganze Zeit. Unangenehme Empfindungen tauchen auf, und beinahe automatisch regt sich bei mir Widerstand dagegen. Wenn ich damit innig vertraut bin, sehe ich klar und deutlich, dass ich von dieser menschlichsten aller Konditionierungen nicht ausgenommen bin.

Eine »freundschaftliche Beziehung zu sich selbst« zu pflegen bedeutet, die menschliche (und daher auch meine!) Grundsituation tief und warmherzig zu akzeptieren. Ohne diese Akzeptanz ist es nicht wirklich möglich zu erforschen, was wir sind, wie unser Körper-Geist funktioniert und wie wir uns vom Leiden befreien können. Wir müssen die gewohnte Weg-vom-Schmerz-Dynamik umkehren und uns bewusst unserem Schmerz zuwenden. Diese Zuwendung ist freundlich, denn im Unterschied zu unserem üblichen und tief verankerten Widerstand akzeptiert sie die Tatsächlichkeit unserer Erfahrung; sie heißt sie aktiv willkommen. Wenn etwas genau jetzt in diesem Moment der Fall ist, warum sollte ich mich dagegen wehren? Wieso ihm nicht freundlich begegnen oder ihm sogar warmherzige Aufmerksamkeit schenken?

Aufkommende Reaktivität loslassen

Loslassen ist in spirituellen Kreisen zu einem Klischee verkommen. Loslassen wird als Loskommen und Loswerden missverstanden. Das ist zwar verständlich, denn in unserem gewohnten Streben nach Glück versuchen wir, uns ständig gut zu fühlen und Schmerzen so weit wie möglich loszuwerden oder von vornherein zu vermeiden. Wir kommen der tieferen Bedeutung des Loslassens aber erst auf die Spur, wenn wir unser Loswerden-Wollen umkehren und uns fragen, was es heißt, den

Schmerz ganz *kommen* zu lassen. Loslassen ist das Gegenteil von Festhalten und von Sich-Entgegenstemmen. Schauen wir uns diese beiden Situationen eine nach der anderen an.

Stellen Sie sich vor, Sie stemmen sich mit beiden Händen einem Gegner entgegen, um ihn von sich fernzuhalten. Wenn Sie jetzt loslassen, dann kommt Ihnen Ihr Widersacher mit voller Kraft entgegen. Unseren Widerstand aufzugeben bedeutet also, dem Schmerz – unserem Hauptwidersacher im Leben – die Erlaubnis zu geben, voll in unser Aufmerksamkeitsbewusstsein zu treten.

Und im Fall eines anhaftenden Festhaltens bedeutet Loslassen, die Hand zu öffnen und das Objekt des Begehrens aus unserer zugreifenden Umklammerung zu entlassen. Stellen Sie sich dazu Ihre geöffnete Hand vor, die Handfläche nach oben gerichtet. In dieser Haltung können Sie jetzt ganz frei alle Gegenstände empfangen, die Ihnen auf die Handfläche gelegt werden. Die Gegenstände können kommen und, wenn Sie sie nicht ergreifen und festhalten, auch wieder gehen – jeder von ihnen in seiner eigenen Zeit, ohne jegliche Einmischung.

Mein Vater war Tierarzt, und ich bin deshalb mit Tieren aufgewachsen. Vor allem hatten wir während meiner Kindheit eine Reihe von Katzen im Haus. Eine der wichtigsten Lebenslektionen, die mir mein Vater mit auf den Weg gegeben hat, war, den Katzen nicht nachzujagen, sondern sie nach ihrem eigenen Gutdünken kommen und gehen zu lassen. Wenn wir all unsere Erfahrungen so behandeln (oder sogar lieben!) würden, wie mir beigebracht wurde, mit meinen Katzen umzugehen, dann würde sich das Versprechen des Buddhismus einlösen und wir wären von allem Leiden befreit. Es geht um eine Haltung sich nicht einmischender Gelassenheit, in der die Wirklichkeit kommen und gehen darf. Schauen wir uns, um diesen

Punkt noch klarer zu fassen, noch einmal das Beispiel mit der schmerzhaften Schulter an.

Wenn ich eine Haltung des Widerstands einnehme, ist die schmerzhafte Schulter »da drüben« oder »da unten«, während ich in meiner Selbst-Position verharre und von ihr aus versuche, den Schmerz zu ignorieren, zu vermeiden oder zu bekämpfen. Wenn sich das ändern soll, müssen wir innerlich weicher werden. Der tibetische Lehrer Tsoknyi Rinpoche hat dafür eine »Handschlag«-Praxis[32] vorgeschlagen. Wir gehen auf die unangenehmen Empfindungen in unserem Körper zu – in diesem Fall die schmerzgeplagte Schulter – und bieten ihnen eine Beziehung an. Unsere Schmerzen können uns wie lebensbedrohliche Monster erscheinen, bei näherer Betrachtung jedoch entpuppen sie sich meist als eine Konstellation von zwar unangenehmen, aber relativ harmlosen Empfindungen. Wie wäre es, mit dem »Handschlag« unserer Aufmerksamkeit zunächst einen Nichtangriffspakt anzubieten und anschließend vielleicht unsere Freundschaft oder sogar unsere liebevolle Zuneigung? Das Verrückte ist ja, dass die zu Monstern aufgeblähten Schmerzen nie etwas anderes als unser eigener empfindsamer Körper waren. Uns liebevoll unserer Empfindsamkeit und Verletzlichkeit zuzuwenden, gehört zur wahren Selbstliebe dazu. Wir sagen dann ganz Ja zu uns, so wie wir wirklich sind, und nicht nur zu unseren attraktiven und angenehmen Anteilen.

Ich nenne diese Praxis auch »Raumgeben«. Nachdem wir die anfängliche Angstschwelle überschritten haben und uns die unangenehmen Empfindungen nicht mehr wie Monster erscheinen, können wir den Riss in uns dadurch heilen, dass wir allem, was wir fühlen und spüren, vorbehaltlos Raum geben. Die Aufmerksamkeit muss sich dafür ausdehnen und zu einem weiten Feld werden, in dem der Schmerz jetzt nur *ein* Empfindungsbereich unter anderen ist. Mit anderen Worten: Wir geben die Aufmerksamkeit frei und erlauben ihr, sich in ein Gewahrseinsfeld zu erweitern. Das kann man mit leiblich gespürten Empfindungen wie der schmerzhaften Schulter üben, aber auch mit Erfahrungen in der sogenannten Außenwelt.

Stellen wir uns vor, wir begegnen einem Menschen, mit dem wir einen ungelösten Konflikt haben. Sobald wir diesen Menschen sehen, steigen in unserem Körper höchstwahrscheinlich unangenehme Empfindungen auf – im Bauch, im Brustbereich oder vielleicht in der Kehle. Was auch immer das für Empfindungen sind und wo auch immer sie im Körper erscheinen, wir geben ihnen jetzt Raum. Durch dieses Raumgeben in unserem Inneren geben wir automatisch auch der Person im Außen Raum, die wir unterbewusst für unsere negativen Empfindungen verantwortlich machen. Das funktioniert auch umgekehrt: Wenn wir unseren Aufmerksamkeitsfokus weiten und den Menschen vor uns als Erscheinung in einem größeren Gewahrseins-Raum betrachten, weitet sich gleichzeitig dazu auch in unserem Inneren der Raum für die Empfindungen, die die Begegnung im Außen begleiten. »Raum in uns« bedeutet hier: nicht-reaktive Toleranz.[33]

Oder schauen wir uns ein anderes Beispiel an. Ich habe zwanzig Jahre lang in einem Zen-Kloster auf 2500 Metern Höhe in den Bergen Colorados praktiziert. Im Winter wird es dort richtig kalt – bis zu minus 30 Grad. Jeden Morgen zwischen der ersten und zweiten Meditationsperiode gab es eine Gehmeditation. Dazu umrundeten wir die Meditationshalle dreimal auf einer hölzernen Veranda. Im Winter blies mir dabei oft ein eiskalter Wind ins Gesicht und drang durch das dicke Gewebe meiner dreilagigen Winterroben. Es war kalt!

Aber was ist Kälte eigentlich in der Erfahrung? Empfindungen. Anstatt in die unkontrollierten Kontraktionen meines fröstelnden Zitterns einzuwilligen, übte ich jedes Mal, wenn es kalt war, meinen Körper behutsam, aber bestimmt von innen her für die Kälte zu öffnen.

Wir können unsere Präsenz für einen Menschen oder das Wetter öffnen; die innere leibliche Geste erlaubenden Raumgebens bleibt dabei dieselbe. Der Raum, den wir schmerzvollen Empfindungen geben, hat selbst keine Schmerzen. Das gegen die Kälte rebellierende Selbst verschwindet, wenn wir uns erlauben, Intensität »vollständig« zu erleben. Der chinesische Zen-Meister Dongshan hat das auf dramatischere Weise so ausgedrückt: »Wenn es kalt ist, bringt dich die Kälte um; wenn es heiß ist, stirbst du an der Hitze.«[34]

Diese Art von Raum können wir auch unseren Gedanken geben. Was mein Vater mir zu unseren Katzen erklärt hat, darüber spricht Suzuki Roshi mit Bezug auf andere Tiere, Menschen und Gedanken:

> *Wenn ihr euer Schaf oder eure Kuh unter Kontrolle halten wollt, gebt ihnen eine große, weite Wiese. Genauso ist es mit Menschen: Lasst sie zuerst tun, was sie wollen, und gebt auf sie acht. Das ist die beste Methode. Sie nicht zu beachten ist nicht gut; das wäre die schlechteste Methode. Das Zweitschlechteste ist der Versuch, sie unter Kontrolle zu bringen. Das Beste ist, auf sie acht zu geben, einfach nur auf sie zu achten, ohne sie kontrollieren zu wollen. So könnt ihr auch bei euch selbst verfahren. Wenn ihr in eurem Zazen vollkommene Ruhe gewinnen wollt, dürft ihr euch von den verschiedenen Bildern, die euch im Kopf herumschwirren, nicht aus der Ruhe bringen lassen. Lasst sie kommen und lasst sie wieder gehen. Dann werden sie unter*

> *Kontrolle sein. Aber diese Methode ist nicht so einfach. Es klingt einfach, bedarf aber einer besonderen Anstrengung. Wie man das fertigbringt, ist das Geheimnis der Praxis.*[35]

Genau das ist die Grundfertigkeit, die es für Befreiung braucht. Der buddhistische Fachausdruck dafür ist »Gleichmut«. Ich spreche aber lieber von Gelassenheit und Raumgeben, weil diese Worte die innere Geste und den leiblichen Vollzug betonen, die dem nicht-reaktiven Geist zugrunde liegen.

Suzuki Roshi merkt zwar einschränkend an, dass dieser nicht-reaktive, gelassene, raumgebende Geist »nicht so einfach« zu erreichen ist, aber Anfänger können ihn oft spontan erfahren – wenn auch anfangs vielleicht nur für einen kurzen Moment. Urplötzlich, wenn es am dringendsten gebraucht wird, zum Beispiel in einer Notsituation, kann sich der Geist in eine entspannte Präsenz weiten. Die Herausforderung ist allerdings jetzt, diesem weiten Geist in unserem Leben so viel Kontinuität wie möglich zu geben; das ist Teil der »besonderen Anstrengung«, von der Suzuki Roshi spricht. Auch wenn ein einzelner nicht-reaktiver Moment in sich zwar vollständig ist (es fehlt in diesem Moment nichts) und er uns die Gewissheit vermitteln kann, dass Freiheit vom Leiden tatsächlich möglich ist (selbst für uns), kommt es jetzt darauf an, das Vertrauen aufzubauen, dass dieser freie, gelassene Geist tatsächlich stabil sein kann. Wir müssen dahin kommen, dass wir uns auf ihn in ganz verschiedenen und, wenn möglich, allen Situationen verlassen können.

Momente von Nicht-Reaktivität auskosten

Das explizite Ziel der buddhistischen Übung ist Nirvana. Das ist der im Sanskrit verwendete Begriff. Ich verstehe Nirvana als die Möglichkeit, die eigene Lebendigkeit frei von Reaktivitäts-Mustern zu erleben. Meine Definition ist ganz und gar pragmatisch. Sie hat nichts Transzendentes oder Metaphysisches an sich. Traditionelle buddhistische Themen wie Buddhas Allwissenheit oder sein endgültiger Ausstieg aus dem Kreislauf der Wiedergeburten spielen in ihr keine Rolle. Solche metaphysischen Überlegungen haben im Zen im Vergleich zu anderen buddhistischen Schulen ohnehin nie im Vordergrund gestanden.[36]

Die entscheidende Frage ist meiner Meinung nach nicht, was zwischen zwei Lebensspannen geschieht oder was im Geist eines Menschen vor sich geht, den wir uns als vollkommen vorstellen. Die Frage ist vielmehr: Wie wird Reaktivität »wiedergeboren« – das heißt: in diesem Geist hier jetzt von diesem in den nächsten Moment weitergetragen? Oder anders ausgedrückt: Ist es möglich, unsere reaktiven Gewohnheitsmuster auf produktive Weise zu unterbrechen?

Wenn wir das Glück haben, die nirvanahafte Abwesenheit von Reaktivität in einem einzelnen Moment zu erleben, ist Reaktivität dann ein für alle Mal ausgelöscht oder wird sie in anderen Momenten wieder auftauchen – und wenn ja, unter welchen Bedingungen? Die orthodoxe buddhistische Sichtweise ist, dass der historische Buddha im Moment seiner Erleuchtungserfahrung Reaktivität an der Wurzel abgeschnitten und damit für immer ausgerottet hatte. Mit anderen Worten: Der orthodoxe Nirvana-Begriff beschreibt ein endgültiges Transzendieren menschlicher Bedingtheit. Aus meiner Sicht klingt das nach religiöser Fantasie und Übertreibung. Es ist nicht nur unrealistisch, sondern eine Einladung zum Scheitern. Schlimmer noch: Buddhistische Lehrer werden dadurch zur Hybris angehalten. Sie müssen die implizite Erwartung erfüllen, so perfekt wie Buddha zu sein – und das führt zu allen möglichen ungesunden Beziehungsdynamiken in buddhistischen Praxisgemeinschaften und Institutionen.

Das bedeutet nicht, dass es keine Unterschiede darin gibt, wie tief und nachhaltig die Erkenntnis und Verwirklichung von Nicht-Reaktivität ist. Und Erleuchtungserfahrungen spielen dabei eine wesentliche Rolle. Meiner Meinung nach ist es aber aus praktischer Sicht am nützlichsten, Befreiung vom Leiden in Form von Nirvana-Momenten zu verstehen. Momenthafte Nirvana-Erfahrungen sind allen Menschen möglich und zugänglich. Der wesentliche Unterschied zwischen einem Buddha, also einem befreiten Menschen, und einem normalen Menschen ist nicht die Erfahrung oder fehlende Erfahrung einer alles umwälzenden Erleuchtung, sondern vielmehr die Fähigkeit, Nicht-Reaktivität nicht nur ein einziges Mal, sondern von Moment zu Moment in einer kontinuierlichen Weise im eigenen Leben zu manifestieren. Genau diese Kontinuität zu entwickeln ist das, was sich ein Bodhisattva – ein Mensch, der sich auf den Weg begeben hat, ein Buddha zu werden – zur Aufgabe macht. Die Bodhisattva-Praxis kann *unsere* Praxis sein. Sie beruht auf folgender einfacher Logik: Wenn etwas in einem einzelnen Moment möglich ist, dann kann es in jedem Moment möglich sein. Nur weil es möglich ist, bedeutet das nicht, dass es auch immer eintreten wird. Es wird Momente geben, in denen es uns nicht gelingt, gelassen zu sein. Unser Bodhisattva-Versprechen besteht dann darin, diese Momente des »Scheiterns« so zu nutzen, dass wir durch sie unsere Absicht erneuern und vertiefen.

So können wir einen Punkt verstehen, den Dogen immer wieder betont: Praxis und Erleuchtung sind nicht getrennt. Praxis ist nicht ein Mittel, um Erleuchtung zu erfahren, und mit der Erleuchtung kommt die Praxis nicht zu einem Ende. Wir bringen Erleuchtung vielmehr durch kontinuierliche Praxis zum Ausdruck. Erleuchtung wird dann gleichbedeutend mit dem ununterbrochenen Umsetzen unserer tiefen, aufrichtigen Praxisabsicht.

Gewissenhafte Praxis besteht darin, Nirvana-Momente zu erkennen und auszukosten. Ich verwende das Wort *auskosten*, weil es sich praktisch umsetzen lässt. Auskosten heißt ursprünglich, unsere Aufmerksamkeit bewusst auf die Geschmacksnuancen unseres Essens zu richten, statt es achtlos herunterzuschlingen. Entsprechend müssen wir befreiende Nirvana-Momente »auskosten«. Nur so können wir die subtile Befriedigung verstehen, die darin liegt, unsere Reaktivität nicht auszuagieren. Wir lernen sonst vielleicht nie, wieso wir nicht einfach unserer emotionalen Impulsivität folgen sollten. Auskosten schließt, das sei hier betont, das achtsame Erleben von unerwarteten und unangenehmen Nuancen unserer Erfahrung ein. Auskosten ist nicht einfach die Suche nach Glückseligkeit, obwohl Glücks- und Genussmomente durchaus zu den Geschmacksnuancen des Erlebens dazugehören. Auskosten ist das offene, unvoreingenommene Untersuchen aller Aspekte des menschlichen Erlebens – was immer das für eine bestimmte Person in einem bestimmten Moment sein mag.

Einer meiner Schüler beschrieb einmal einen solchen befreienden, nirvanahaften Moment. Er arbeitete in der Küche und war unter Stress, weil es Zeit fürs Frühstück war und die versammelte Gemeinschaft schon im Speisesaal wartete. Von dort machte jemand, der beim Tischdecken half, einen genervten Kommentar: »Immer bist du spät dran, sei doch einfach mal pünktlich!« In meinem Schüler stieg als Reaktion eine aggressive Ärger-Energie auf. Er wollte verbal zurückschlagen, fand sich stattdessen aber spontan in einer Art Beobachter-Position wieder. Von ihr aus sah er zu, wie sein Ärger aufstieg und sich wieder legte. In dieser Haltung verpuffte die Motivation, seinem Ärger Luft zu machen. Er entschuldigte sich für die Verspätung und reichte seinem genervten Freund die nächste Schale mit der Bitte, sie auf den Tisch zu stellen. Das vollständig bewusste Erleben eines solchen Moments von Nicht-Reaktivität hinterließ einen tiefen, desorientierenden Eindruck bei ihm. Sein emotionales Gewohnheitsmuster war unerwartet unterbrochen worden, und in diesem Moment war er nicht sein altes, gewohntes Selbst. Nachdem die Situation bereits eine ganze Weile zurücklag, konnte er nochmals den Impuls spüren, sich zu beschweren und zu verteidigen. Mit anderen Worten: Die Reaktivität regte sich noch einmal. Gleichzeitig genoss er aber auch die neue Freiheit, seine aggressive Energie loszulassen, einfach weiterzumachen und in einer guten Beziehung mit seinem Freund zu bleiben. Die Befriedigung, verbal zurückzuschlagen, hatte er dafür zwar opfern müssen, aber stattdessen konnte er sich nun daran erfreuen, dass sein Handeln seinen höchsten Werten und Zielen entsprochen hatte.

Manchmal geht das alles nicht so reibungslos und spontan vonstatten. Wenn man in einer Situation bereits reaktiv geworden ist, was kann man dann tun? Anstatt sich selbst Vorwürfe zu machen, kann man sich der bereits aufgetretenen Reaktivität freundlich zuwenden, ihr Raum geben und anschließend das auskosten, was ich »Nicht-Reaktivität zweiten Grades« nenne – die Fähigkeit und Freiheit, die eigene Reaktivität zu akzeptieren. Letztlich kommt dabei dieselbe Nicht-Reaktivität wie bei Nicht-Reaktivität ersten Grades heraus. Denn jeder Moment, in dem wir aufhören, reaktiv zu sein, ist ein Moment der Befreiung.

Einen Praxisweg kultivieren

Die buddhistische Tradition spricht von einem achtfachen Weg, der die Befreiung vom Leiden hervorbringen und kultivieren soll. Die acht »Fächer« dieses Praxisweges sind: rechte Sichtweise, rechte Absicht, rechte Rede, rechtes Handeln, rechter Lebenserwerb, rechte Bemühung, rechte Achtsamkeit und rechte Konzentration. Es gibt unzählige Kommentare, die die Bedeutung dieser acht Begriffe im Einzelnen analysieren, die dazugehörigen Praktiken beschreiben und die Reihenfolge und den inneren Zusammenhang der acht Aspekte beleuchten. Ich will hier in erster Linie die grundsätzliche Notwendigkeit betonen, das eigene Leben als Weg zu begreifen, und nicht so sehr die spezifische Gestalt dieses bestimmten achtfachen Weges. Solange es ein Weg ist, auf dem wir mit dem Leiden innig vertraut werden, die aufkommende Reaktivität loslassen und Momente der Nicht-Reaktivität auskosten, kann unser Übungsweg meiner Meinung nach viele verschiedene Formen annehmen. Das bedeutet nicht, dass die traditionellen acht Fächer falsch oder veraltet wären. Ihre altehrwürdige Weisheit sollte uns nur nicht davon abhalten, den Weg der Befreiung neu zu untersuchen. Solange sich ein Praxisweg von Moment zu Moment der Verwirklichung von Nicht-Reaktivität verschreibt, ist er ein buddhistischer Weg der Befreiung.

Der traditionelle achtfache Weg beginnt mit *Sichtweisen.* Zum Beispiel betont der Buddhismus die Sicht, dass sich alles im Wandel befindet und nichts beständig ist. Heißt das, dass

Veränderlichkeit wahrer ist als Beständigkeit? Für die Stichhaltigkeit dieser Ansicht kann man natürlich Argumente finden. In meinen mündlichen Vorträgen habe ich das Dutzende Male behauptet: »Alles, ohne Ausnahme, verändert sich.« Aber stimmt das auch für physikalische Konstanten? Ist zum Beispiel die Lichtgeschwindigkeit der Veränderung unterworfen? Man könnte darüber endlos debattieren. Es gibt tatsächlich Physiker, die die Möglichkeit erwägen, dass selbst die scheinbar unveränderlichen physikalischen Gesetze des Kosmos einer Evolution unterliegen. Wichtiger als die Argumente für oder gegen die sogenannte Wahrheit, dass sich alles verändert, ist die Erfahrungstatsache, dass die Sichtweise der Veränderlichkeit für die momenthafte Verwirklichung von Nicht-Reaktivität in unserem gelebten Leben förderlicher ist als die Sichtweise der Beständigkeit. Das ist der eigentliche Grund, warum Veränderlichkeit als »rechte« Sichtweise bezeichnet wird. Mit anderen Worten: Es ist weiser davon auszugehen, dass sich alles im Wandel befindet, weil sich diese Sicht der Dinge stärker mit unserer gelebten Erfahrung deckt. Außerdem untergräbt sie jede Form von Anhaftung. Wenn wir dagegen bewusst oder unbewusst auf der Idee von Beständigkeit beharren, stellen wir uns gegen die Art und Weise, wie die (meisten) Dinge für uns zur Erscheinung kommen. Der Glaube an Beständigkeit ist deshalb letztlich eine Form von Widerstand. Andere zentrale buddhistische Sichtweisen wie wechselseitige Abhängigkeit, Nicht-Selbst und Leerheit haben eine ähnliche pragmatische Stoßrichtung. (In Teil 3 dieses Buches, in dem es um Weisheit geht, werden wir jede dieser drei Sichtweisen noch ausführlicher besprechen.)

Absicht ist der zweite Aspekt des achtfachen Weges. Wie bereits gesehen, bedeutet eine Absicht zu haben, unserer Aufmerksamkeit Richtung zu geben. Um als *buddhistische* Absichten gelten zu können, müssen Absichten der Verwirklichung von Nicht-Reaktivität dienen. Es liegt dann an uns, unsere Rede, unser Handeln und unseren Lebenserwerb (die nächsten Aspekte des achtfachen Weges) von solchen »rechten« Absichten informieren und ausrichten lassen. Und schließlich sind rechte Bemühung, rechte Achtsamkeit und rechte Konzentration die Mittel, mit denen sich Nicht-Reaktivität kultivieren lässt.

Wenn wir den achtfachen Weg als Praxis in unserem Leben ausprobieren, müssen wir entscheiden, ob diese altehrwürdige Liste von acht Perspektiven auf unser Leben für uns von Nutzen ist oder nicht. Sie hat Generationen von Praktizierenden auf ihrem Weg unterstützt – das spricht für sie. Wir dürfen uns nur nicht in kleinteiligen philosophischen Interpretationen dieser acht Hinsichten verlieren; das wäre eine Falle.

Wie immer geht es in erster Linie um das Vollziehen – um Praxis, wie Buddhisten gerne sagen. Innige Vertrautheit mit dem Leiden, Loslassen von aufkommender Reaktivität und Auskosten von nicht-reaktiven Momenten muss geübt werden – als ein Weg, von Moment zu Moment. Ansonsten bleibt die Befreiung vom Leiden in unserem eigenen Leben und im Leben anderer eine bloße Idee. Aus moderner Perspektive ist Reaktivität ein evolutionäres Erbe der Gattung Mensch. Aber die Evolution muss ja nicht zu Ende sein – insbesondere nicht unsere eigene, persönliche Evolution. Schauen wir uns deshalb als Nächstes an, wie uns die Meditationsübung konkret dabei helfen kann, nicht-reaktive Gelassenheit zu entwickeln. Der entscheidende Faktor dabei ist, was ich das »Feld des Geistes« nenne.

8

Innige Vertrautheit mit dem Feld des Geistes

Der Sinn und Zweck der Meditationsübung ist, in die grundlegende Struktur des Geistes einzudringen. Ansatzweise haben wir diese Struktur bereits anhand einer Reihe von Begriffspaaren und Metaphern kennengelernt: als Gewahrsein und Bewusstsein, Gastgeber und Gast sowie Himmel und Wolken. Für das folgende Kapitel will ich dieser Reihe ein weiteres Bild hinzufügen und von den zwei Seiten der Struktur als dem »Feld des Geistes« und seinen »Inhalten« sprechen. Meditation setzt einen Prozess in Gang, durch den wir mit dieser Struktur vertrauter werden. In diesem Prozess erkennen wir auf immer tieferen Ebenen, dass wir eine grundsätzliche Wahl haben – eine Wahl zwischen einem Leben, das im Morast der Reaktivität feststeckt, und einem befreiten Leben, das sich aus einer Haltung nicht-reaktiver Gelassenheit speist. Vertrauen, dass Gelassenheit tatsächlich unsere eigene neue Haltung in der Welt werden kann, erwächst aus einem scheinbar kleinen, aber folgenreichen Perspektivwechsel. Wir müssen anfangen, den Geist nicht nur als eine Ansammlung von Bewusstseinsinhalten zu verstehen, sondern auch als ein Feld.

Dogen sagte zu seinen Schülern: »Ich wünsche nichts weiter, als dass ihr alle innig mit dem Feld des Geistes vertraut sein möget.«[37] Die Feld-Metapher kann uns für eine Reihe von Aspekten des Geistes und seiner Struktur sensibilisieren. Räumliche Ausgedehntheit ist einer dieser Aspekte. Gelassenheit ist wie der Raum, denn wie der Raum lässt sie alles so sein, wie es ist. Alles was existiert, existiert im Raum. Der Raum urteilt nicht und mischt sich nicht ein, Gut und Schlecht haben gleichermaßen in ihm Platz. Die Praxis des Raumgebens, von der bereits die Rede war, basiert auf dieser Vorstellung.

Das Bild des Feldes evoziert auch die Fruchtbarkeit der Erde. Das Feld ist kein Container, der seine Inhalte bloß beherbergt; die Inhalte werden vom Feld hervorgebracht. Der Geist verschafft sich durch seine Bewusstseinsinhalte Ausdruck, so wie ein Weizenfeld sich in Form von Halmen und Ähren manifestiert. Wie Bauern können wir das Gedeihen bestimmter Bewusstseinsinhalte unterstützen, während wir andere ausjäten.

In unserer heutigen Zeit transportiert die Metapher außerdem noch einen physikalischen Aspekt: das Verständnis des Feldes als Kraftfeld. Ein Gravitations-, magnetisches oder elektromagnetisches Feld ist ein räumliches Gebiet, in dem eine Kraft entlang bestimmter Vektorlinien wirkt. Das Feld des Geistes übt auch eine gewisse Kraft über die Bewusstseinsinhalte aus: Es kann sie zum Beispiel einladen, blockieren, halten oder loslassen.

Wie bereits besprochen, ist jede momenthafte Empfindung innerhalb der sechs Sinnesfelder ein Bewusstseins*inhalt.* Machen wir uns das noch einmal klar: Sehen Sie sich dafür in Ihrem Gesichtsfeld um und lassen Sie Ihren Blick auf ein Objekt fallen, auf das Sie dann bewusst Ihren Aufmerksamkeitsfokus richten. Vielleicht ist das ein gerahmtes Bild an Ihrer Wand. Bemerken Sie, wie Ihre Augen den Umriss des Rahmens abtasten, um das Bild von der Wand abzuheben und so visuell zu erfassen. Die Wand wird dabei zum unfokussierten Hintergrund, während das Bild – von Ihrer visuellen Aufmerksamkeit als ein einheitliches Objekt zusammengehalten – jetzt der Aufmerksamkeitsfokus ist. Das den Rahmen umgebende Feld steht nicht im Fokus; das heißt aber nicht, dass es nicht existiert. Es ist ein Feld von Möglichkeiten – von möglichen anderen Inhalten, zum Beispiel einer Fliege, die neben dem Bild gelandet ist, oder einem Schatten, den der Rahmen auf die Wand wirft.

Wir können das zu einer Praxis in jedem unserer Sinnesfelder machen. Bemerken Sie Geräusche im Kontrast zur umgebenden Stille, verschiedene Geschmacksnoten im Kontrast zum neutralen Geschmack der Mundhöhle und Gedanken im Kontrast zum leeren, nicht-denkenden Geist. In jeder dieser sinnlichen Domänen kann die Aufmerksamkeit zwischen Inhalt und Feld hin und her wechseln – so wie man in einem Gemälde den negativen Raum in den Blick nehmen kann, der den Hauptgegenstand des Bildes umgibt. Das braucht einige Übung, denn die meisten Menschen sind sich des Feldes überhaupt nicht bewusst – es ist sozusagen in seiner Offensichtlichkeit verborgen. Die Aufmerksamkeit ist stark darauf konditioniert, den Fokus auf Objekte und ihre Bewegung zu legen, da diese wesentlich interessanter und bedeutsamer als das umgebende und dahinterliegende Feld scheinen.

Ein Gefühl für das Feld des Geistes entwickeln

Sobald wir die physische und akustische Stille beziehungsweise die Dunkelheit, Neutralität und Leerheit des Feldes als Präsenz entdeckt haben – als Hintergrund und Tiefendimension der Empfindung – können wir dem Feld im eigenen Erleben ein größeres Gewicht geben. Die Übung besteht jetzt darin, das Feld als eine immer gegenwärtige Präsenz zu *spüren*, aus der Bewusstseinsinhalte aufsteigen und in die hinein sie wieder verschwinden. Der nächste Schritt ist dann, dieses immer gegenwärtige Feld als das eigene Gewahrsein wahrzunehmen – als das Feld des eigenen *Geistes.* Das Denkbewusstsein ist gewohnt, alles, was in den Fokus der Aufmerksamkeit kommt, zu benennen und in ein Geflecht von Assoziationen einzubetten. Im Gegensatz dazu bemerkt das Gewahrseinsfeld die Inhalte nur, ohne weiter über sie nachdenken zu müssen. Wir haben es jetzt mit einem Geist zu tun, in dem sich spontan eine berühmte Meditationsanleitung Dogens verwirklicht: »Denke das Nicht-Denken.«[38]

Warum sollen wir Wahrnehmungsfelder wie die Stille, die ein Geräusch umgibt, oder den Raumhintergrund, von dem sich ein visuelles Objekt abhebt, als »Geist« auffassen? Wenn Sie Ihren Kopf nicht heben und zu den Sternen hinschauen, dann erscheinen die Sterne nicht. Wir können zwar vernünftigerweise davon ausgehen, dass es die Sterne auch dann gibt, wenn Sie nicht hinschauen, aber wir können nicht sagen, dass die Sterne *erscheinen.* Mit anderen Worten: Der Geist ist eine notwendige Bedingung für jegliches Erscheinen. Wenn Sie einen anderen Menschen erblicken, dann erscheint er in Ihrem Geist. Und Sie können aufgrund dieser Einsicht schlussfolgern, dass auch Sie im Geist Ihres Gegenübers erscheinen. Das Gewahrsein, wechselseitig füreinander im Feld des Geistes zu erscheinen, erzeugt eine gefühlte Innigkeit, die grundlegender ist als die vergleichsweise oberflächlichen Definitionen, die wir Beziehungskonfigurationen mit anderen Menschen geben – zum Beispiel Fremder, Kollegin, Freund oder Liebhaberin.

Wie bereits erwähnt, ist die Grundannahme im Zen wie in allen yogischen Praktiken, dass alle geistigen Phänomene eine leiblich spürbare körperliche Komponente haben und umgekehrt. Was ist also diese spürbare Komponente, die gefühlte Qualität des Gewahrseinsfeldes? In Kapitel 3 habe ich im Kontext der Meditationsanleitung, sich nicht zu bewegen, von der »Grundschwingung der Lebendigkeit« gesprochen, die den Körper von Kopf bis Fuß durchzieht. Die subtilste Ausprägung dieser Grundschwingung können wir als die Spürensqualität des Gewahrseinsfeldes verstehen. Sie wird sehr leicht von der Aktivität des Denk- und Aufmerksamkeits-Bewusstseins überdeckt – und auch von allen möglichen leiblich gespürten Störungen, wie zum Beispiel Nervosität oder Taubheit. Deshalb brauchen wir normalerweise eine Meditationspraxis, um das Feld des Geistes überhaupt spürend wahrnehmen zu können. Wir müssen uns mithilfe von Stille, Nicht-Reaktivität und Nicht-Denken – den geistigen Haltungen, die wir in der Meditation einüben, wenn wir uns nicht bewegen, nicht kratzen und unsere Gedanken nicht zum Tee einladen – entsprechend sensibilisieren. Wenn wir uns dann in einem nächsten Schritt bewusst werden, dass dieses Feld immer gegenwärtig ist, steht es uns in jeder Gedankenpause zur Verfügung – im Geräusch der Stille, in der Dunkelheit, wenn wir die Augen schließen, und in der stillen Präsenz unseres Körpers.

Um das Feld des Geistes kontinuierlich präsent zu halten, müssen wir üben, einen Teil unserer Aufmerksamkeit fortwährend auf die Grundschwingung der Lebendigkeit gerichtet zu halten. Das ist einfacher gesagt als getan. Die Aufmerksamkeit wird immer wieder ganz vom Denk- und Aufmerksamkeitsbewusstsein absorbiert werden. Jedes Mal, wenn wir bemerken, dass wir uns wieder einmal in bestimmten Bewusstseinsinhalten verloren haben, können wir das als Anstoß nehmen, die Aufmerksamkeit zum Feld zurückzuverlagern. Diese

Übung, die Präsenz des Gewahrseinsfeldes immer wieder neu zu etablieren, erscheint anfangs unglaublich schwer, wird aber mit der Zeit leichter. Dennoch nimmt dieser Prozess für die meisten Menschen viele Jahre in Anspruch. Bestimmte Durchbruchserfahrungen können den Prozess beschleunigen, aber die beste Haltung ist, einfach mit Geduld und Vertrauen weiterzuüben.

Regelmäßige Meditation hilft uns, mit der schwingenden Präsenz des Feldes tief vertraut zu werden. Wenn sie uns dann im Gewühl des Alltags verloren geht, können wir sie durch relativ einfache Tricks schnell wieder neu etablieren: Wir können mit der Aufmerksamkeit kurz zum Atem gehen oder zu den Füßen und ihre Verbindung zur Erde spüren, oder wir können unseren Fokus von einem Objekt auf den umgebenden negativen Raum verlagern; oder wir spüren bewusst in die stillen Mikro-Momente zwischen unseren einzelnen Herzschlägen hinein.

Am besten funktioniert die Sichtweise, dass das Feld des Geistes immer schon ein Kontinuum ist – ein immer-gegenwärtiges Jetzt. Unsere Übung besteht dann darin, uns dieses immer schon gegenwärtigen Kontinuums hier jetzt kontinuierlich gewahr zu sein. Dabei ist es hilfreich, den Geist als etwas aufzufassen, das über die eigenen Körpergrenzen hinausgeht. Unter »Geist« stellen sich die meisten Menschen etwas Privates im eigenen Kopf vor. Wenn auch Sie so eine Vorstellung haben, können Sie damit experimentieren, jede Empfindung – Gesehenes, Geräusche, Gerüche und so weiter – mit dem Wort »Innen« oder »Innenwelt« zu begleiten. Sie *erinnern* sich damit daran, dass sich jede Empfindung im *Innenraum* des Geistes ereignet – und Sie »vergeistigen« damit die sogenannte Außenwelt. Das heißt nicht, dass der Geist alle physischen Objekte halluziniert. Bestimmte idealistische Philosophen haben solch eine extreme Sichtweise eingenommen. Wir können stattdessen ganz pragmatisch und praxisorientiert bleiben. Unsere Absicht ist schlicht, die unbestreitbare Rolle des Geistes in der Wahrnehmung zu klären. Und dabei stellen wir dann fest: Ich selbst schwimme zusammen mit allen Erscheinungen im Medium des Geistes.

Aus dieser Perspektive ist das Wort *Geist* gleichbedeutend mit Wahrnehmungsraum. Der Geist steckt nicht in mir drin (im Körper oder im Kopf), sondern ich (der Kopf zusammen mit dem ganzen Körper) und die gesamte wahrgenommene Welt finden im und als Geist statt. Mithilfe dieses Perspektivwechsels können wir besser verstehen, was Dogen mit dem Ausdruck »innig-vertraut mit dem eigenen Feld des Geistes« meint. Innen und Außen verlieren auf diese Weise ihre scheinbar klare Unterscheidung. Dogen sagt zum Beispiel: »Der Körper ist immer ganz im Geist und der Geist immer ganz im Körper. Deswegen sagen wir, dass Körper und Geist eine Einheit sind. Diese Ganzheit ist die sich in alle Himmelsrichtungen erstreckende Welt; sie ist der ganze Körper und der ganze Geist – und ein von Freude erfüllter Zustand besonderer Art.«[39] Wenn der Geist den Körper durchdringt und die gesamte wahrgenommene Welt einschließt, erkennen wir, dass unser Körper-Geist und die Welt ein ungetrenntes Aktivitätsfeld sind. Im Erleben sind der Körper-Geist und der Raum jetzt nicht mehr wirklich unterschieden. Das Ich verliert seine Selbstzentriertheit. Je nachdem wie man darauf schaut, verschwindet das Selbst oder wird unendlich groß.

Durch das Feld des Geistes eröffnet sich uns eine grundsätzliche Wahlmöglichkeit: Wollen wir uns mit den Bewusstseinsinhalten identifizieren, aus denen wir ständig eine Vergangenheit, Gegenwart und Zukunft umfassende Selbsterzählung stricken? Oder wollen wir uns als das Feld des Geistes verstehen, in dem diese Bewusstseinsinhalte erscheinen und verschwinden? Diese Wahl steht uns in jedem Moment offen. Auch wenn wir unser Selbstverständnis ins Feld verlagern, erscheinen dort natürlich weiter Inhalte. Tatsächlich können sie gar nicht vom Feld getrennt werden. Aber die Art und Weise, wie wir uns zu ihnen in Beziehung setzen, hat sich jetzt verwandelt. Und ein Ausweis dieser transformierten Beziehung ist wachsende Gelassenheit.

Ob wir uns dessen bewusst sind oder nicht, das Feld des Geistes agiert immer als Gastgeber aller unserer Erfahrungen. Reaktivität ist bloß ein Zusatz, mit dem wir unsere Vorlieben und Abneigungen ins Spiel bringen. Die Dinge geschehen allerdings unabhängig davon, ob wir sie mögen oder nicht – und wundersamerweise lässt der Raum des Gewahrseins sie so sein, wie sie sind. Mit anderen Worten: Das Feld des Geistes hat eine ge-lassene Qualität. Dogen sagt es so: »Ungetrennt zu sein ist, als würde man einem Menschen begegnen und nicht darauf achten, wie er aussieht. Und es ist als würde man sich beim Betrachten von Blumen keine zusätzlichen Farben und im Angesicht des Mondes keine extra Portion Leuchtkraft wünschen.«[40]

Je mehr wir das Feld des Geistes erkennen und seine Präsenz verkörpern, desto mehr fühlt es sich in der Meditation und auch im täglichen Leben so an, als würden wir in der Grundschwingung der Lebendigkeit gleichsam baden. Das ist eine zutiefst nährende, erfüllende Erfahrung. Wir fühlen uns präsent und von Lebendigkeit erfüllt und durchdrungen. Mit dieser Grundschwingung geht eine subtile Freude einher – die

Freude, am Leben zu sein, einfach weil wir am Leben sind. Was immer wir erleben, kann von dieser freudvollen Lebendigkeit begleiten werden – egal, ob wir unsere Erfahrung als gut oder schlecht bewerten. Jedes Mal, wenn wir in Kontakt mit dieser freudvollen Lebendigkeit kommen, kultivieren wir gleichzeitig nicht-reaktive Gelassenheit.

9

Leiblichkeit, Freundlichkeit, Präsenz

Für die Kultivierung des Lebens als Praxisweg ist nichts entscheidender als eine sich stetig vertiefende Vertrautheit mit dem immer gegenwärtigen Feld des Geistes. Je mehr wir die subtilen Nuancen von Gewahrsein und Gelassenheit erforschen, desto mehr verkörpern wir die Qualitäten und Potenziale des Feldes. Im folgenden Kapitel werde ich drei Übungen vorstellen, die diese Kultivierung unterstützen können: Leiblichkeit, Freundlichkeit und Präsenz.

Leiblichkeit

In Kapitel 3 haben wir bereits über die Bedeutung des leiblichen Spürens für die Achtsamkeitspraxis gesprochen und dafür den Begriff *Leib-Achtsamkeit* oder kurz *Leiblichkeit* eingeführt. Ich will das Thema jetzt nochmals in Hinsicht auf die Frage beleuchten, wie Leiblichkeit zu einem Tor für die innige Vertrautheit mit dem Feld des Geistes werden kann – und damit für die Befreiung vom Leiden. Ein erster Schritt in diese Richtung ist zu untersuchen, wie Leiblichkeit und Denken miteinander in Beziehung stehen. Wir können den Geist nicht dadurch beruhigen, dass wir den Fluss von Gedanken und anderen Bewusstseinsinhalten zu stoppen versuchen. Das wäre ein falsches

Verständnis von Suzuki Roshis Meditationsanleitung, »die Gedanken nicht zum Tee einzuladen«. Es geht vielmehr darum, einen stillen Geist *inmitten* unserer Gedanken zu entdecken. Und das geht nur, wenn sich die Aufmerksamkeit, statt an den Gedanken zu kleben, zu einem Feld erweitert, dass allen leiblich spürbaren Empfindungen Platz bietet. Die Gedanken verlangsamen sich dann von selbst oder hören sogar ganz auf.

Wenn die Gedankentätigkeit auf diese Weise abnimmt, kann der Geist beginnen, den Körper spürend zu durchdringen.[41] Propriozeptiv zeigt sich das anhand einer Vielzahl von kribbelnden und prickelnden, manchmal spannungsgeladenen leiblichen Intensitäten, Regungen und Fließbewegungen, die wiederum von der Grundschwingung unserer eigenen Lebendigkeit und der ihr innewohnenden Lebensfreude durchzogen sind. Wenn wir erkennen, dass diese Grundschwingung der immer gegenwärtige Hintergrund zu all unseren Empfindungen ist, haben wir das Feld des Geistes in seiner Spürensqualität entdeckt. In der konkreten Praxis brauchen wir oft eine Reihe von einzelnen Schritten, damit sich diese Öffnung in das leiblich gespürte Feld des Geistes vollziehen kann.

Als Erstes müssen wir die dickichtartige, kopflastige Qualität des diskursiven Denkbewusstseins bemerken. Dann können wir einen Schritt zurücktreten und uns fragen: »Wie fühle ich mich eigentlich gerade?« Das Wort *fühlen* richtet die Aufmerksamkeit auf die Ebene der Empfindungen. Die Antwort ist dann vielleicht »ärgerlich« oder »hungrig«. Aber das sind immer noch Interpretationen, nicht die darunterliegenden Empfindungen selbst. Der nächste Schritt kann dann darin bestehen, dass wir fragen: »Wie spüre ich diesen Ärger/Hunger im Körper?« Jetzt können wir beobachten, wie unsere Aufmerksamkeit zu bestimmten Körperregionen wandert: das schlagende Herz, die zusammengeballten Fäuste, die zum Kopf aufsteigende Hitze, das Loch in der Magengrube, das Schwindelgefühl im Kopf und so weiter.

Um das leibliche Spüren zu vertiefen, können wir nach weiteren Details fragen: »Wie genau spüre ich das im Körper? Wie genau verändern sich diese Empfindungen von Augenblick zu Augenblick?« Mit dieser Art zu fragen können wir uns die Vielschichtigkeit und den unendlichen Nuancenreichtum unserer Empfindungen bewusst machen. Namenlose und oft unbenennbare leiblich-energetische Spürensqualitäten kommen so in den Blick. Mit der Zeit und einiger Übung kann man lernen, diese Qualitäten in der Aufmerksamkeit präsent zu halten, ohne über sie nachzudenken.

Manchmal scheint der direkte Sprung ins leibliche Spüren schier unmöglich, vor allem wenn unsere Abneigung gegen etwas sehr tief sitzt. Auch wenn wir uns vielleicht sehnlichst wünschen, »die Hand des Denkens zu öffnen« – um ein hilfreiches Bild des japanischen Zen-Lehrers Uchiyama Roshi zu verwenden[42] –, fühlt sich diese »Hand« manchmal völlig steif und unbeweglich an. Wenn sich meine Schüler über Schmerzen in der Meditation beklagen, empfehle ich ihnen aus diesem Grund oft einen Zwischenschritt. Ich schlage ihnen vor, sich den Schmerzen bewusst zuzuwenden und sich ihnen mit einem Satz wie »Oh, das ist ja interessant!« zu nähern. Bei allen schwierigen Erfahrungen können wir auf diese Weise tief verankertes Abwehrverhalten durch »Interesse« oder »Neugier« ersetzen. Wir überlisten sozusagen unseren eigenen Geist und bringen ihn dazu, seine Selbst-Position aufzugeben. Sobald das gelungen ist, brauchen wir die Neugier nicht mehr als »Gegengift« und können unseren unangenehmen Empfindungen mit einer vorbehaltlosen Offenheit begegnen. Im offenen Raum unseres

Geistes ist das, was wir als Schmerz wahrgenommen haben, jetzt kein »Schmerz« mehr, und auch das Wort »interessant« stimmt jetzt nicht mehr. Stattdessen sind die Empfindungen einfach nur, wie sie eben sind – ganz ohne jede Interpretation.

Die Selbst-Position, auf die wir uns gewohnheitsmäßig zurückziehen, hat eine Schutzfunktion; sie schirmt uns gegen Verletzlichkeit ab. Leiblich spürende Offenheit und Verletzlichkeit sind zwei Seiten derselben Medaille. Wenn ich zum Beispiel den Tränen nahe bin, wird mein Gefühl möglicherweise von der Sorge begleitet, lächerlich gemacht zu werden oder das Gesicht zu verlieren. Und wenn mir etwas Angst macht, befürchte ich vielleicht, dass mir andere das als Schwäche auslegen. Um uns gegen solche vermeintlichen Gefahren abzuschirmen, verschließen wir uns in einem leibvergessenen Bewusstseinszustand, in dem uns intensive Gedankentätigkeit davon abhält, uns selbst zu spüren. Der erscheint uns besser als ein offener und leiblich präsenter Geist, auch wenn wir uns und anderen dadurch langfristig jede Menge zusätzliches Leid verursachen.

Um aus diesem Teufelskreis auszusteigen, ist es hilfreich, die Praxis leiblich spürender Offenheit mit der Praxis von Freundlichkeit zu kombinieren. Freundlichkeit ist das Gegengift zu der selbst-aggressiven Tendenz, gegen unsere Empfindungen anzukämpfen und uns damit der Wahrheit unseres eigenen Erlebens zu widersetzen.

Freundlichkeit

Freundlichkeit als Praxis bedeutet: dem Erleben, so wie es sich zeigt, Raum zu geben und diesem Raum noch eine Portion Wärme hinzuzufügen. Erst ein kleines bisschen Wärme – und dann sehr, sehr viel Wärme! Es ist völlig in Ordnung, wenn sich unsere Praxis in dieser Hinsicht langsam entwickelt. Dieses geduldige Tempo ist nämlich, wie wir sehen werden, selbst ein Ausdruck von Freundlichkeit. Es hilft, Freundlichkeit als ein Spektrum zu verstehen: schrittweise üben wir, unsere Erfahrung zu *tolerieren*, zu *akzeptieren* und *willkommen zu heißen*, um am Ende hoffentlich sagen zu können, dass wir sie sogar *lieben* gelernt haben.[43] Es geht in dieser fortschreitenden Praxis darum, unser Erleben auf der Empfindungsebene immer weiter und tiefer anzunehmen, so wie es tatsächlich ist.

Unseren unangenehmen und schmerzvollen Empfindungen Raum zu geben, läuft unseren Instinkten zuwider; das haben wir bereits besprochen. Deswegen können wir unsere problematischen Erfahrungen anfangs vielleicht lediglich tolerieren – und vielleicht nur mit erheblichem Widerwillen. Toleranz für unsere unangenehmen Empfindungen aufzubringen – also in uns den Willen und die Fähigkeit zu entdecken, sie zu ertragen –, ist aber eine wesentliche erste Transformation. Statt unsere Empfindungen zu bekämpfen, vor ihnen wegrennen zu wollen oder uns ihnen ohnmächtig ausgeliefert zu fühlen, wenden wir uns ihnen jetzt innerlich zu. Es ist die Umkehr der instinktiven biologischen Stressreaktionen: Kampf, Flucht und Erstarren.

Mit dem nächsten Schritt – auch er ist nicht instinktiv – verwandeln wir Toleranz in Akzeptanz. Mit Akzeptieren meine ich annehmen und anerkennen, was der Fall ist. Im Tolerieren schwang noch eine leicht ablehnende Haltung mit. Jetzt erkennen wir, dass diese Abwehr unnötig ist. Stattdessen erlauben wir den Empfindungen, genau so zu sein, wie sie sind – aus einer aufrichtig annehmenden Haltung heraus. Das ist anfangs natürlich schwierig, denn bestimmte Empfindungen haben wir unser ganzes Leben lang nicht spüren wollen. Wir werden also wahrscheinlich immer mal wieder einen Rückfall erleiden und Widerstand gegen sie aufbauen. Dann müssen wir wieder von vorne mit dem Tolerieren beginnen und uns erneut zum Akzeptieren vortasten. Uns dabei zu beobachten, wie wir uns wieder und wieder in unserer eigenen Reaktivität verfangen, bedarf selbst einer freundlichen Haltung. An einem gewissen Punkt stellt sich aber eine große Erleichterung ein – nämlich dann, wenn wir uns die Erlaubnis geben, den unterschwelligen Kampf des bloßen Tolerierens aufzugeben und ihn gegen vollständiges Akzeptieren einzutauschen. Wir spüren dann, wie viel Energie uns dieser Kampf ständig gekostet hat.

An dieser Stelle können wir unserem Prozess jetzt die oben erwähnte Wärme hinzufügen. Wie würde es sich anfühlen, unsere erst abgelehnten und inzwischen tolerierten und akzeptierten Empfindungen warmherzig zu begrüßen? Wie würde es sich anfühlen, unsere selbst-aggressive Haltung aufzugeben und uns stattdessen in einem Gewahrseinsfeld zu verankern, das alles unterschiedslos willkommen heißt? Suzuki Roshi sagte über die Atempraxis: »Es ist sinnlos, dem Atem einfach nur zu folgen. … Wenn ihr mit eurem Atem sehr freundlich umgeht, dann werdet ihr – einen Atemzug nach dem anderen – in eurem Zazen ein erfrischendes, warmes Gefühl haben. … Und wenn ihr dieses warme Gefühl in eurer Praxis habt, ist das ein gutes Beispiel für die große Barmherzigkeit Buddhas.«[44] Das Wort *Buddha* bezieht sich hier nicht auf etwas, das außerhalb von uns existiert. Nirvana oder Befreiung ist eine Qualität unseres eigenen Geistes – nicht kalt und abgehoben, sondern warmherzig und anteilnehmend.

Etwas willkommen zu heißen bedeutet, Ja sagen zu dem, was ist. Was sich im Medium unseres Gewahrseins gerade jetzt als Empfindung manifestiert, ist die Tatsächlichkeit unserer Erfahrung. Sie ist unausweichlich. Wenn wir aufhören, ihr entkommen zu wollen, können wir anfangen, sowohl dem Angenehmen als auch dem Schwierigen in unserer Erfahrung aufrichtig zuzustimmen. In der Zukunft werden wir vielleicht in der Lage sein, bestimmte leiderzeugende Gewohnheiten in unserem Leben zu ändern, aber in diesem Augenblick – genau jetzt! – ist unsere Erfahrung so, wie sie ist. Es ist zu spät, die bereits aufgetauchten Empfindungen verhindern zu wollen. Warum sie also nicht willkommen heißen? Die Tatsächlichkeit unserer Erfahrung bejahend anzuerkennen bedeutet nicht, dass unsere Empfindungen uns auf der Handlungsebene zu einem bestimmten Verhalten verpflichten. Der spirituelle Lehrer A.H. Almaas zeigt das an einem einfachen Beispiel auf. Stellen wir uns vor, wir beißen in einen Pfirsich, ohne zu ahnen, dass er innen faul ist; den üblen Geschmack in unserem Mund können wir jetzt nicht mehr verhindern. Dieser Situation Raum zu geben und ihr »zuzustimmen« heißt aber nicht, dass wir nun auch verpflichtet sind, den ganzen Pfirsich bis zum letzten Bissen aufzuessen.[45]

Es ist eine Form von Energieverschwendung, die Tatsächlichkeit unserer Erfahrung zu bekämpfen, vor ihr weglaufen zu wollen oder sie zu verleugnen. Sobald wir das erkennen, können wir Frieden mit unserer Existenz, so wie sie ist, schließen. Dieser Frieden erwächst aus dem Loslassen von Reaktivität; er ist wie eine Knospe, aus der sich vielleicht irgendwann, wie eine Blüte, eine Form von Liebe erhebt. *Liebe* ist ein enorm aufgeladener Begriff und oft von romantischen und spirituellen Idealisierungen überfrachtet. Das ist verständlich, denn wahrhaft verwirklichte Liebe ist tatsächlich eine Art von transzendenter Erfahrung. Aber wenn wir üben wollen, unsere Erfahrungen zu lieben – und Übung ist das, was ich hier in diesem Buch betone –, dann ist es wichtig, nicht zu schnell zu viel zu wollen. Das Liebenlernen muss sich in seiner eigenen Zeit entfalten dürfen. Wenn die Liebe erblüht, ist das wie ein Geschenk des Himmels, mit dem sich unsere Praxis der Freundlichkeit selbst krönt.

Wir können nicht erwarten, dass wir urplötzlich in der Lage sind, unsere angstbesetzten und schmerzvollen leiblichen Intensitäten bedingungslos zu lieben. Stattdessen beginnen wir mit einfachem Bemerken, wir geben unseren problematischen Empfindungen Raum, wir lernen sie zu tolerieren, zu akzeptieren und willkommen zu heißen – und sagen immer öfter ja, wo vorher ein rigides oder subtiles Nein stand. Schließlich können wir in diesem Prozess herausfinden, dass es tatsächlich möglich ist, unsere Empfindungen in ihrer ganzen Bandbreite zu lieben. Unser Gefühl von »Willkommen« kann sich allmählich in ein nicht nur zustimmendes, sondern liebendes Ja verwandeln. Für wirkliche Selbstliebe braucht es diese Art von Integration unserer sogenannten negativen Gefühle auf der Ebene der Empfindungen; wir lieben sonst nur ein geschöntes Bild unserer selbst.

Ohne diese warmherzige und liebevolle Freundlichkeit kann die Praxis von Nicht-Reaktivität ziemlich steril bleiben. Auch wenn wir uns durch unsere Übung immer tiefer im Feld des Geistes verankern, können wir seltsam distanziert bleiben – und zwar dann, wenn wir beim bloßen Tolerieren unserer erlebten Intensität stehen bleiben und sich unsere Toleranz nicht in wirkliche Akzeptanz und Zustimmung verwandelt. Wenn wir unsere Erfahrung lediglich aufmerksam registrieren, uns ihr aber nicht warmherzig zuwenden, bleibt die Selbst-Position, mit der wir uns von uns selbst trennen, unterschwellig bestehen. Viele buddhistische Anleitungen zur Achtsamkeit betonen das bloße nicht-denkende Registrieren von Sinnesempfindungen und Gedanken – manchmal unterstützt durch die Übung des »Etikettierens«, also des bewussten Benennens einzelner Erfahrungsmomente. Aber erst durch die Haltung der Freundlichkeit entfaltet dieses nicht-denkende, nicht-reaktive Bemerken sein ganzes transformatives Potenzial. Erst durch Freundlichkeit eröffnet sich eine tiefere Dimension von warmherziger Offenheit – vor allem gegenüber denjenigen Empfindungen, die wir lieber nicht spüren wollen. Auch und gerade die problematischen Gefühle – das können wir durch die Praxis der Freundlichkeit erkennen – gehören zu unserer Lebendigkeit ganz dazu.

Präsenz

Während meiner Universitätszeit hatte ich eine Freundin, die Leiterin einer Tanztheatergruppe war. Es war Frühling, und wir waren zu einem Spaziergang verabredet. Wir schlenderten einen Feldweg entlang und sprachen über ihr neues Stück. Ich war völlig in unser Gespräch und meine Gedanken vertieft, als ich auf einmal bemerkte, dass meine Freundin nicht mehr an meiner Seite war. Ich hielt an und sah mich nach ihr um. Sie war vor dem in voller Blüte stehenden Apfelbaum stehen geblieben, an dem ich selbst gerade vorbeigelaufen war, ohne ihn überhaupt zu bemerken. Da stand sie – und ich sah zu, wie sie den Duft der Apfelblüte genussvoll in sich einsog. In diesem Moment wurde mir bewusst, dass ich mein ganzes Leben lang an den meisten Dingen irgendwie vorbeigelebt hatte und nie wirklich ganz lebendig gewesen war.

Ich gab mir deshalb in diesem Augenblick das Versprechen,

von jetzt an mehr in der Gegenwart zu leben. Erst später, als ich begann, mich intensiv mit der buddhistischen Praxis zu beschäftigen, wurde mir klar, wie wenig ich damals von dem Potenzial verstand, dass in der Gegenwart für die Kultivierung und Verfeinerung unserer Erfahrung liegt. Erst mithilfe des Buddhismus fing ich zum Beispiel an, einen Unterschied zwischen »Gegenwart« und »Präsenz« zu machen.

Aus der Perspektive der gemessenen Zeit ist die Gegenwart ein winziger Jetzt-Punkt auf einer linearen Zeitachse. Er ist völlig ungreifbar und hat keinen richtigen Sitz im konkreten Erleben. Sobald ein Jetzt erscheint, wird es bereits vom nächsten Moment ersetzt und in die Vergangenheit abgedrängt. Wenn wir aber achtsam werden – also den gegenwärtigen Moment mit Aufmerksamkeit durchdringen –, verändert sich die erlebte Gegenwart. Empfindungen – wie der Duft der Apfelblüte auf meinem Spaziergang – bekommen durch Achtsamkeit ein ganz anderes Gewicht. Wenn wir uns jetzt noch tiefer auf die Gegenwart einlassen, können wir erkennen, dass der Geist selbst immer-gegenwärtig und immer-hier ist. Dadurch verwandelt sich der abstrakt erscheinende Jetzt-Punkt in etwas, das wir Präsenz nennen können. Präsenz ist eine räumlich erstreckte, feldartige Gegenwart, in der wir mit unserer Lebendigkeit tatsächlich anwesend sein können.

Manchmal definiere ich Präsenz als »Jetzt-Gewahrsein«. Wir können uns kontinuierlich der Tatsache gewahr sein, dass Erfahrung immer *jetzt* stattfindet. Das Wort *Präsenz* impliziert eine Haltung und hat eine atmosphärische Qualität. Es bezeichnet das Gegenteil von Geistesabwesenheit. Wir können spüren, wenn jemand uns in unserem Sosein mit seiner ganzen Präsenz Aufmerksamkeit schenkt. Präsenz erscheint, wenn die Aufmerksamkeit auf gegenwärtige Empfindungen zu einem

Kontinuum wird. Dogen drückt das in der für ihn typischen zugespitzten Art wie folgt aus: »Das Wort Jetzt existiert nicht, bevor die Praxis nicht zu einem Kontinuum geworden ist.«[46]

In einem Moment, in dem wir in Gedanken verloren sind, wenn wir einfach unsere Füße auf dem Boden spüren oder zu unseren Atemempfindungen zurückkehren, steht unserer Aufmerksamkeit der gesamte sinnliche Reichtum der Gegenwart plötzlich wieder zur Verfügung. Die Gegenwart ist nie weit weg, sondern wir sind immer nur durch einen einzigen Gedanken von ihr getrennt.

Gedanken erweisen sich oft als Hindernis für Präsenz. Man muss sich dazu klarmachen, dass jeder Gedanke immer zwei Aspekte hat. Einerseits ist ein Gedanke ein Ereignis, und andererseits hat er eine Bedeutung. Das gedankliche Ereignis ist nichts weiter als eine Empfindung. Ein verbaler Gedanke hat zum Beispiel eine akustische Qualität in Form einer inneren Stimme und ein bildlicher Gedanke eine visuelle, die vor unserem inneren Auge erscheint. Während der Gedanke als Ereignis wie jede andere Empfindung auch in der Gegenwart stattfindet, kann sich seine Bedeutung auf die Vergangenheit oder die Zukunft beziehen. Um Präsenz zu praktizieren, müssen wir unsere Aufmerksamkeit so kultivieren, dass sie nicht vollständig von der Bedeutsamkeit unserer Erinnerungen, Erwartungen und Gedankengebäude absorbiert wird.

Sich in Gedanken zu verlieren, kann eine tagträumerische oder intellektualisierende Qualität haben. Wir stecken dann im Denkbewusstsein fest und haben kaum noch Bezug zum Aufmerksamkeitsbewusstsein. Von einem Menschen in solch einem Zustand würden wir vielleicht sagen, dass er »keinen Boden unter den Füßen hat« oder »völlig verkopft« ist. Wie wir gesehen haben, kommen wir aus dem Kopf nur dadurch heraus, dass wir »die Hand des Denkens öffnen« und mit der Aufmerksamkeit zum leiblichen Spüren zurückkehren.

Nehmen wir an, wir haben uns entschieden, Leiblichkeit durch achtsames Atmen zu kultivieren. Die wesentliche Herausforderung besteht dann darin, während unserer alltäglichen Aktivitäten mit einem Teil unserer Aufmerksamkeit bei unseren Atemempfindungen zu verweilen. Die Atemempfindungen sind ja immer da und stehen unserem achtsamen Bemerken jederzeit zur Verfügung. Der Atem hat darüber hinaus eine energetisierende und belebende Kraft. Atem-Achtsamkeit eignet sich deshalb besonders gut für kontinuierliche Praxis. Es gibt aber auch Umstände, in denen es schwierig ist, mit der Aufmerksamkeit beim Atem zu bleiben. Sprechen ist solch eine Situation. In meiner eigenen Praxis habe ich dazu folgende Beobachtung gemacht: Immer wenn ich mein Denkbewusstsein absichtsvoll für kognitive Prozesse in Anspruch nehme – also beim Denken, Lesen, Sprechen und Schreiben – fällt es mir leichter, mit der Aufmerksamkeit in den Füßen zu verweilen (wenn ich stehe) oder in der Wirbelsäule (wenn ich sitze) als zu versuchen, ständig den Atemempfindungen zu folgen. Wir dürfen hier kreativ sein: Alle sinnlich erlebten oder leiblich gespürten Empfindungen – Geräusche, visuelle Eindrücke, Gerüche und Geschmacksempfindungen eingeschlossen – können dazu dienen, die Aufmerksamkeit zur Gegenwart zurückzuführen.

Es ist nicht leicht, mit der Aufmerksamkeit ständig in der Gegenwart zu verweilen. Wir müssen dafür eine spezielle Motivation in uns entdecken. Die Quelle dieser Motivation ist die Erfahrung, dass wir uns lebendiger, freudvoller und wirklicher fühlen, wenn wir in der Gegenwart leben. Es ist ein Gefühl, in unserem Leben tatsächlich anwesend zu sein. Und unser Interesse an solch einem gesteigerten Daseinsgefühl kann dann beginnen, eine Eigendynamik zu entwickeln, und wir wollen es schlicht nicht mehr missen. Teil dieser Dynamik ist eine Veränderung, von der bereits die Rede war: Die Aufmerksamkeit richtet sich nicht mehr nur auf Objekte, sondern auch auf sich selbst. Damit durchschreiten wir spontan das dritte Tor der Achtsamkeit: Die fokussierte Aufmerksamkeit weitet sich in ein Gewahrseinsfeld. Wir können diese Weitung der Aufmerksamkeit zunächst nicht einfach herstellen, aber wir können sie anstoßen. Und zwar dadurch, dass wir immer wieder zur Ebene der Empfindungen zurückkehren und dann bewusst »auskosten«, wie viel lebendiger wir uns dort fühlen. Und wie nebenbei stellen wir dabei fest, dass diesem gegenwärtigen Moment hier jetzt (und damit uns) nichts, absolut nichts fehlt.

In dem Moment, in dem sich die Aufmerksamkeit erweitert, sind wir nicht mehr nur gegenwärtig, sondern erleben uns selbst als *Präsenz.* Das heißt: Jeder Moment – ob angenehm, unangenehm oder neutral – ist jetzt ein Ausdruck unserer eigenen Lebendigkeit. Und damit geht eine weitere Einsicht einher: *Ich bin die Zeit!* Oder: *Was ich bin, entfaltet sich als Zeit.* Normalerweise sprechen wir davon, dass wir für etwas Zeit oder keine Zeit haben, aber das ist eigentlich gar nicht möglich. Was immer in unserem Leben geschieht, ist Ausdruck der Zeit, die wir *sind*, nicht der Zeit, die wir *haben.*

Die Erfahrung eines Ichs, das sich in der Zeit bewegt und dabei das Gefühl hat, Zeit beziehungsweise keine Zeit zu haben, entsteht aus dem Versuch, die Jetzt-Präsenz, die wir immer schon sind, zu besitzen und zu manipulieren. Sobald wir eine Selbst-Position beziehen – uns also von uns selbst abspalten, indem wir uns unseren eigenen Empfindungen gegenüberstellen – fällt Präsenz in sich zusammen, und wir verstricken uns erneut in Widerstand und Anhaftung, in unser altbekanntes atemloses Ringen mit der Wirklichkeit. Das zeigt sich in verschiedener Weise. Entweder versuchen wir, die Gegenwart in eine bessere Zukunft zu verwandeln, oder wir wenden uns von der Gegenwart ab, indem wir uns an die Vergangenheit klammern. Wir können uns auch in der Frage verlieren, was der gegenwärtige Moment für unseren Selbstwert und unser Selbstbild bedeutet. In all diesen Spielarten kommt uns der Lauf der Zeit deshalb so unerbittlich vor, weil wir uns verweigern, ganz in der Gegenwart gegenwärtig zu sein – so wie sie ist.

Je mehr Präsenz wir spüren und je mehr wir selbst diese Präsenz sind, desto weniger tauchen Gedanken auf, die bloß um uns selbst kreisen. Mehr und mehr können sich jetzt die Einsicht und das Gefühl einstellen, dass unsere gegenwärtigen, momenthaften Empfindungen eigentlich kein Problem sind. Natürlich fühlen wir uns beizeiten nicht wohl oder haben Schmerzen, aber das gehört eben zum Leben dazu – das ist jetzt ein rein praktisches Problem und kein existenzielles mehr.

Durch das Einüben von Leiblichkeit, Freundlichkeit und Präsenz erhöhen wir die Chance, unsere immer schon bestehende innige Vertrautheit mit dem Feld des Geistes zunächst zu erkennen und dann immer weiter zu vertiefen. Auf dieser Grundlage können wir uns jetzt der Frage zuwenden, wie uns diese Praktiken auch im Bereich von Emotionen behilflich sein können – denn Emotionen sind ja für die meisten Menschen ganz eng mit der Erfahrung von Leiden verbunden.

10

Emotionale Freiheit

Beim Lesen buddhistischer Schriften bekommt man oft den Eindruck, dass Emotionen im Buddhismus in erster Linie als ein Hindernis auf dem Weg zur Erleuchtung verstanden worden sind. Die Sutras des Pali-Kanons[47] halten dazu an, negative Geisteszustände, zu denen auch viele Emotionen gehören, vollständig auszulöschen. Und in der Zen-Tradition werden Praktizierende dazu ermutigt, die eigene Emotionalität hinter sich zu lassen. Aber selbst wenn es sich um negative und problematische Gefühle handelt, passt die Idee, unsere Emotionen loszuwerden, nicht so recht in eine moderne Weltsicht. Die Neurowissenschaften haben nämlich aufgezeigt, dass Emotionen ein integraler Bestandteil des Nervensystems und unserer Intelligenz sind.[48] Aus diesem Grund und auch wegen des Einflusses der westlichen Psychotherapie ist eine vehemente Ablehnung von Emotionen im zeitgenössischen Buddhismus kaum mehr zu finden. Das Ausleben von Emotionen ist in vielen buddhistischen Zirkeln aber nach wie vor suspekt oder sogar, wie zum Beispiel im Fall von Ärger, tabu – wodurch sich dann leiderzeugende Vermeidungsstrategien fortsetzen oder sogar neu entstehen. Es ist offensichtlich, wie zentral die Rolle von Emotionen für das menschliche Leiden ist. Wir müssen also als Teil unserer

Praxis einen produktiven Umgang mit unseren Emotionen finden.

Um sinnvoll über emotionale Freiheit sprechen zu können, müssen wir zunächst klären, was wir unter dem Begriff *Emotion* verstehen wollen. Eine verbreitete Meinung ist, Emotionen seien viel zu subjektiv und mannigfaltig, als dass man sie definieren könnte. Emotionen zu definieren sei wie der Versuch, einen Pudding an die Wand zu nageln. Aus meiner Sicht lässt sich allerdings die Grundstruktur emotionaler Erfahrungen durchaus verstehen – zumindest so weit, dass wir emotionales Leiden verringern und emotionale Freiheit vergrößern können.

Ich schlage vor, dass wir uns dem Bereich der Emotionen mithilfe der Praktiken nähern, die wir eben in den beiden vorangegangenen Kapiteln behandelt haben: innige Vertrautheit mit dem Feld des Geistes, Leiblichkeit, Freundlichkeit und Präsenz. Was treffen wir in unserem konkreten Erleben tatsächlich an, wenn wir eine Erfahrung machen, die wir »Scham«, »Angst«, »Trauer«, »Ärger«, »Ungeduld«, »Niedergeschlagenheit«, »Sorge« oder »Bitterkeit« nennen? Und wie steht es mit »Freude«, »Vorfreude«, »Staunen«, »Überraschung«, »Ehrfurcht« oder »Dankbarkeit«? Man könnte die Liste endlos fortsetzen. So wie ich den Begriff *Emotion* verwende, deckt er eine ganze Bandbreite von Phänomenen ab, die sich aus mindestens vier Komponenten zusammensetzen:

1. Empfindungen
2. Emotionsbegriffe
3. Reaktive Gewohnheitsmuster
4. Soziale Skripte

Wenn wir etwas als Emotion bezeichnen, ist immer eine Form von Intensität auf der Ebene leiblicher Empfindungen im Spiel. Man könnte meinen, dass die Empfindungen, die mit bestimmten Emotionen einhergehen, für alle Menschen gleich sind. Aber das ist nicht der Fall. Viele Menschen spüren ihre Angst in Form von Spannungen im Herzbereich, während andere die Intensität eher im Solarplexus oder im Bauchbereich lokalisieren. Das Gleiche gilt für Emotionen wie Ärger, Scham oder Trauer. Natürlich gibt es typische Korrelationen zwischen bestimmten Emotionen und Empfindungen. Meiner Erfahrung nach ist es aber besser, die eigenen Vorannahmen dazu fallen zu lassen. Eine solche grundsätzliche Offenheit trägt dazu bei, Emotionen als Konstrukte zu begreifen. Und wenn sich etwas als konstruiert erweist, dann lässt es sich auch dekonstruieren – und zwar in unserem Fall mit dem Ziel größerer emotionaler Freiheit.

Von Emotionen als Konstrukten zu sprechen, klingt vielleicht seltsam und abgehoben. Auf den ersten Blick würden wir ja zum Beispiel unsere tief empfundene Trauer nicht als Konstrukt bezeichnen. Wir erleben sie als ein gebrochenes Herz, das wegen eines schweren Verlustes Schmerzen leidet – zum Beispiel, nachdem die Beziehung zu einem geliebten Menschen wegen Tod oder Trennung zu einem jähen Ende gekommen ist. Oder machen wir uns den unermesslichen Verlust von Naturschönheit und Artenvielfalt bewusst, den wir alle aufgrund der fortschreitenden Umweltzerstörung erleiden. »Das sind echte Gefühle«, mögen wir also einwenden, »an ihnen ist nichts Konstruiertes.« Ja, wir sollten unsere Emotionen in ihrer Intensität durchaus ernst nehmen. Gleichzeitig können wir aber im Blick behalten, dass es möglich ist, den Schwerpunkt unseres Erlebens zum Feld des Geistes zu verlagern. Wir können erkennen, dass Emotionen lediglich Bewusstseinsinhalte innerhalb dieses Feldes sind. Sobald wir auf diese Weise unsere Identifikation mit unseren Emotionen gelockert haben, können wir uns fragen, woraus diese Emotionen zusammengesetzt sind.

Wie stark eine emotionale Erfahrung ist, hängt von der Intensität der Empfindungen ab, die ihr zugrunde liegen. Trauer oder andere Formen von Kummer stecken uns oft wie ein Kloß im Hals, aber unsere Empfindungen können auch tiefer gehen. Wir können uns fühlen, als würde uns das Herz auseinandergerissen, als gäbe es eine klaffende, unendlich verletzliche Wunde im Innersten unseres Körpers. Aber was all diese Empfindungen letztlich zusammenbindet und zu einer sozial vermittelbaren Trauererfahrung macht, ist der zweite Punkt auf unserer Liste: ein Emotionsbegriff. Im Fall von Trauer können wir diesen Begriff als den »Verlust von etwas Kostbarem« definieren.

Ich möchte ein Beispiel aus meinem persönlichen Leben geben, um zu illustrieren, wie Empfindungen und Emotionsbegriffe zusammenhängen. Als mein Vater starb, durchlief ich eine intensive Trauerphase. Ich hatte eine gute Beziehung zu meinem Vater. Ich habe ihn immer als sehr großzügig und unterstützend erlebt, und er war auch ein Vorbild für mich. Sein Verlust hinterließ also deutliche Spuren auf der Ebene der Empfindungen. Es war die Endgültigkeit des Todes, die mein Gefühl von Verlust so gravierend machte. An einem bestimmten Punkt wurde mir jedoch klar, dass ich meinen Vater *in mir* trug – seine biologische Vaterschaft in Form meiner Lebendigkeit und alles, was er mir durch seine väterliche Präsenz mitgegeben hatte. Seine körperliche Anwesenheit war nicht unbedingt notwendig, damit ich ihn »treffen« konnte. Durch das

Gefühl, ihn zu jeder Zeit bei mir zu haben, schien es so, als würde ich ihn überall treffen. Diese begriffliche Neurahmung veränderte mein Erleben grundlegend. In einem inneren Hin und Her gewann der Begriff *Wertschätzung* mit der Zeit die Oberhand über den Begriff *Verlust*, an dem sich meine Erfahrung von Trauer festgemacht hatte. Daraus entstand dann eine neue Emotion: Dankbarkeit. Wie Sie wahrscheinlich an sich selbst oder anderen bemerkt haben, können uns sowohl Trauer als auch tief empfundene Dankbarkeit zu Tränen rühren.

Wenn Sie damit praktizieren wollen, nehmen Sie sich ein paar Minuten Zeit und machen Sie eine Liste von Dingen und Situationen, die bei Ihnen im Verlauf Ihres Lebens Trauer ausgelöst haben. Gibt es auf dieser Liste einen Verlust, den Sie nicht ganz akzeptiert und verdaut haben? Wenn ja, machen Sie ihn sich in Ihrer Erinnerung so bewusst wie möglich. Welche Empfindungen steigen jetzt in Ihnen auf? Versuchen Sie nicht, in Ihrem Erleben auf etwas Bestimmtes hinzusteuern. Die Spannung braucht sich nicht in Tränen zu entladen und Sie müssen die Situation nicht auf eine neue Weise durcharbeiten. Lassen Sie einfach geschehen, was geschieht, und beobachten Sie, wie Ihre Gedanken sich auf der Ebene der Empfindungen auswirken. Und beobachten Sie außerdem, wie die Intensität der Empfindungen Gedanken anstößt.

Dankbarkeit und Trauer existieren nicht in der Weise, wie wir gewöhnlich meinen. Dankbarkeit und Trauer sind Worte, mit denen wir Begriffe benennen, die unsere Empfindungen erfassen und interpretieren. Im Fall der Trauer kann man diesen Interpretationsrahmen, wie bereits erwähnt, als »*Verlust* von etwas Kostbarem« bezeichnen. Und bei Dankbarkeit ist es entsprechend die »*Wertschätzung* von etwas Kostbarem«. Die emotionale Transformation, die ich im Anschluss an den

Tod meines Vaters in einem Trauerprozess durchlebte, bestand nicht so sehr in einer Veränderung der Empfindungen, sondern in einer Transformation des Interpretationsrahmens – in einem nicht unbedingt geordneten, aber allmählichen Übergang von *Verlust* zu *Wertschätzung*. Ich fand es offensichtlich auf lange Sicht konstruktiver, mein Erleben als Wertschätzung zu begreifen, anstatt weiter in einem Gefühl von Verlust zu versinken. Das setzt die Bedeutung des Trauerns in keiner Weise herab. Erst durch den Trauerprozess wurde für mich die Kostbarkeit der Beziehung in ihrer Tiefe überhaupt erst sichtbar. Mit anderen Worten: Ich brauchte den Trauerprozess, um zu einer neuen und tieferen Dankbarkeit zu finden. Jedenfalls ist es faszinierend zu sehen, wie sich Empfindungen, die mit Kostbarkeit zu tun haben, emotional so oder so interpretieren lassen.

Ein weiteres Beispiel: Die Aufregung, die wir in der »Angst« vor oder der »Begeisterung« für eine neue Erfahrung erleben, besteht mehr oder weniger aus den gleichen Empfindungen. Das Angstgefühl beruht auf einer Interpretation, die eine ungewisse Zukunft als gefährlich begreift, während die begeisterte Vorfreude dieselbe ungewisse Zukunft als ein reizvolles Abenteuer auffasst. In beiden Emotionen sind die Empfindungen jeweils Ausdruck einer Ungewissheit, aber verschiedene Menschen können diese Empfindungen emotional unterschiedlich erleben. Und auch ein einzelner Mensch kann dieselben Empfindungen in verschiedenen Kontexten unterschiedlich erleben. Fallschirmspringen mag bei mir Angst und bei jemand anderem aufgeregte Vorfreude auslösen, während es bei einem Horrorfilm genau umgekehrt sein kann. Und etwas Ähnliches trifft bei Empfindungen zu, durch die ein geschehenes Unrecht zum Ausdruck kommt. Man kann sie entweder als Ärger oder als Scham erleben: Im Ärger beschuldigt man andere, in der Scham sich selbst.

Diese potenziellen Wahlmöglichkeiten sind aber nicht unbedingt frei zugänglich. Das liegt an unseren reaktiven Gewohnheiten, dem dritten Punkt auf der Liste. Wie in den vorangegangenen Kapiteln besprochen, bezeichnet Reaktivität die Tendenz, zu bestimmten Empfindungen entweder in Widerstand zu gehen oder anhaftend nach ihnen zu greifen – sie sich also entweder wegzuwünschen oder mehr von ihnen haben zu wollen. Wenn zum Beispiel im Solarplexus oder im Herzbereich Empfindungen auftauchen, die wir »Angst« nennen, dann können sie so intensiv sein und wir können sie so sehr hassen, dass sie extrem starke Reaktionen auslösen. Das kann bis zu Selbstmordgedanken reichen. Manche Menschen wissen sich nicht anders zu helfen, als Medikamente zu nehmen, selbst auf die Gefahr hin, dadurch in eine Abhängigkeit zu geraten. Und das alles, um subjektiv unerträgliche Gefühle durch angenehmere Empfindungen oder Taubheit zu ersetzen. Andere verwenden Ablenkungsstrategien, zum Beispiel ständiges Arbeiten oder Fernsehen. Wir können selbst die Meditation als eine Form von Medikation oder Ablenkung einsetzen. Oder wir »wählen« – natürlich unbewusst –, uns antriebslos zu fühlen, weil uns ein Zustand der Niedergeschlagenheit davor schützen kann, uns ganz auf das Leben mit seinen angstmachenden Ungewissheiten einzulassen. Die am weitesten verbreitete Reaktion scheint aber sorgenvolles Grübeln zu sein, also unablässiges Nachdenken über das Problem, das uns Angst macht. Es mag uns nerven, dass wir uns ständig Sorgen machen, und wahrscheinlich würden wir unsere ständigen ängstlichen Gedanken am liebsten loswerden, doch sie haben einen verborgenen Sinn. Sorgenvolles Grübeln gibt uns das Gefühl, gedanklich an der

Lösung unseres Problems zu arbeiten, auch wenn wir auf der Handlungsebene tatenlos bleiben.

Was auch immer unsere Strategie ist, mit den unangenehmen Angstempfindungen umzugehen, sie wird zu einem Gewohnheitsmuster, wenn wir sie oft genug wiederholen. Wenn eine Gewohnheit erst einmal geformt ist, dann automatisiert sie unsere Reaktivität. Und wenn sie erst einmal automatisiert ist, dann haben wir das Gefühl, wir können nur so und nicht anders reagieren.

Reaktive Gewohnheiten sind eng verbunden und wurzeln sogar oft in der vierten Komponente auf unserer Liste: in sozialen Skripten. Unter einem sozialen Skript verstehe ich Erwartungen, die andere an uns haben. Sie sind kulturell vermittelt und werden uns vor allem durch unsere Sozialisierung in der Familie eingeimpft, also durch die Rollenvorbilder und Beziehungsmuster, mit denen wir als Kinder aufwachsen. Nehmen wir das Beispiel von Geschlechterrollen. Als Jungen lernen wir von klein auf, dass Weinen irgendwie unmännlich ist. Von Männern wird ein anderer Umgang mit Trauer und Verletzlichkeit erwartet als von Frauen. Dieses Skript wirkt in unserer Kultur nicht mehr so stark wie früher. Wenn Jungen aber mit diesem Skript aufgewachsen sind, kann das dazu führen, dass sie später als erwachsene Männer bestimmte Empfindungen gar nicht erst als Trauer erkennen können. Jungen werden – sehr verallgemeinernd gesprochen – dazu erzogen, eher ärgerlich zu werden als Trauer zu zeigen. Mit anderen Worten: Das soziale Skript legt ihnen nahe, sich gegen Verletzungen mit Aggression zu wehren, statt in eine traurige Stimmung zu gehen und so den inneren Raum für einen weicheren, nicht-aggressiven Umgang mit Schmerz zu öffnen. Das bedeutet nicht, dass Aggression immer falsch wäre. Das Problem ist, dass das soziale

Skript unsere emotionale Freiheit einschränkt – und das führt in diesem Fall oft zu nach innen und außen gerichteter Härte und oft auch zu Gewalt.

Für Frauen, die dazu sozialisiert wurden, Dinge hinzunehmen und so wenig Aggression wie möglich zu zeigen, ist die Situation möglicherweise genau umgekehrt. Freiheit liegt für sie vielleicht genau darin, sich die Erlaubnis zu geben, in bestimmten Situationen ihrem Ärger Ausdruck zu verschaffen – also Nein zu sagen, klare Grenzen zu ziehen und Ungerechtigkeiten beim Namen zu nennen.

Das Themenfeld der Gender-Stile ist ein faszinierendes Gebiet für soziale Skripte, und in unserer gegenwärtigen Gesellschaft stellen jetzt viele die binäre Geschlechterordnung als Ganzes in Frage. Hier geht es mir allerdings nicht darum, die Genderfrage umfassend zu behandeln, sondern ich will nur zeigen, dass soziale Skripte für den Versuch, Emotionen konstruktiv zu transformieren, eine erhebliche Komplikation darstellen können. Wenn uns gender-spezifische Skripte überhaupt nicht bewusst sind oder es ein Tabu ist, sie zu hinterfragen, wird es uns wahrscheinlich schwerfallen, neue Begriffsrahmen für untergründig empfundene Intensitäten zu finden. Und natürlich braucht es ein besonderes Maß an Selbst-Beobachtung und innerer Arbeit, wenn man in sich Möglichkeiten auftun will, die von der Kultur marginalisiert oder vielleicht noch nicht mal entdeckt worden sind.

Soziale Skripte haben einen enormen Einfluss auf die Entstehung von reaktiven Gewohnheitsmustern. Manche Gewohnheiten sind völlig individuell, die meisten wurzeln aber in Strategien, die wir uns zugelegt haben, um in unserer Familie und Kultur so gut wie möglich zurechtzukommen.

Schauen wir uns als Beispiel eine geistige Haltung an, von

der bereits die Rede war: den unerschütterlichen Geist. Die buddhistische Tradition hat sie im Bild des in unbewegter Gelassenheit sitzenden Buddhas verewigt. Unerschütterlichkeit ist das radikale Akzeptieren von unangenehmen Empfindungen – die Überwindung von Widerstand. Sie ist nichtreaktive Gelassenheit, die Verwirklichung des höchsten Ziels im Buddhismus: Befreiung vom Leiden. Aber diese machtvolle und essenzielle Praxis kann als soziales Skript missverstanden werden, nämlich als Erwartung, dass man als praktizierender Buddhist im Angesicht der Herausforderungen des Lebens immer stoisch und ungerührt bleiben muss. Unerschütterlichkeit als ein Ideal kann natürlich inspirierend sein für alle, die ein Interesse daran haben, ihre Emotionen zu meistern. Ebenso kann das christliche Ideal, seine Mitmenschen wie sich selbst zu lieben, eine Inspiration für alle sein, die sich für die Überwindung von Aggression interessieren. Als soziales Skript allerdings kann die Idee, zu allen Zeiten völlig ungerührt bleiben zu sollen, zu ungesundem Verdrängen oder Umschiffen von emotional herausfordernden Erfahrungen führen.

Immer wenn sich eine spirituelle Lehre in ein soziales Skript verwandelt – in eine Erwartung, die andere an uns haben –, ist sie in Gefahr, ihre ursprünglich befreiende Qualität zu verlieren. Sind diese religiösen Skripte also nützlich oder schädlich für unseren Befreiungsweg? Das muss jeder für sich sorgsam untersuchen. Um die befreiende Wirkung von religiösen Skripten zu erhalten oder wiederherzustellen, müssen wir die Praktiken rekonstruieren, aus denen sie ursprünglich einmal hervorgegangen sind.

Die Praxis emotionaler Freiheit

Nachdem wir uns mit den wesentlichen Komponenten emotionaler Erfahrung vertraut gemacht haben – Empfindungen, Emotionsbegriffe, reaktive Gewohnheiten und soziale Skripte – schauen wir uns als Nächstes an, wie wir diese Analyse in der Praxis für größere emotionale Freiheit nutzen können. Ich werde acht Übungen vorstellen, die man auch als eine einzige Praxis mit acht Aspekten verstehen kann. Einige dieser Aspekte sind schon in der Beschreibung der vier Komponenten erwähnt worden. Sie können die folgende Liste als schrittweise Anleitung lesen oder auch intuitiver angehen und an Ihre Bedürfnisse anpassen. Das Wichtigste ist, bei jeder dieser Übungen das übergeordnete Ziel im Auge zu behalten: größere emotionale Freiheit.

1. Emotionen als Konstrukte betrachten
2. Empfindungen von ihren Interpretationen trennen
3. Intensität aushalten
4. Nicht-Reaktivität durch vielfaches Wiederholen einüben
5. Soziale Skripte hinterfragen
6. Emotionen als etwas Unpersönliches verstehen
7. Das Handeln an den tiefsten Absichten statt an den emotionalen Impulsen ausrichten
8. Informationen aus den Empfindungen beziehen (Spürenswirklichkeit)

Emotionen als Konstrukte betrachten

Wenn etwas konstruiert ist, lässt es sich auch dekonstruieren. Wären Emotionen unveränderliche Gegenstände oder fest programmierte neurologische Schaltkreise in unserem Gehirn, wie viele Menschen glauben, dann könnten wir sie nicht transformieren. Emotionale Freiheit beruht darauf, die Komponenten der Emotion (Empfindungen, Begriffe, Gewohnheiten und Skripte) auseinanderzunehmen und auf eine Weise neu zusammenzusetzen, die Leid verringern kann.

Die amerikanische wissenschaftliche Psychologin Lisa Feldman Barrett vertritt eine konstruktivistische Emotionstheorie. Emotionen sind aus ihrer Sicht »gemacht«: Wir können Emotionsbegriffe nicht nur austauschen, sondern sogar erfinden und damit über das kulturell verfügbare Inventar hinausgehen. In einer kreativ-spielerischen Passage ihres Buches beschreibt sie das wie folgt:

> *»Stellen Sie sich vor, Sie fassen in eine Chips-Tüte hinein und stellen fest, dass der Kartoffelchip, den Sie eben gegessen haben, der letzte war. Sie sind enttäuscht, dass die Tüte leer ist, erleichtert, dass Sie ab jetzt keine weiteren Kalorien zu sich nehmen werden, Sie haben ein leichtes Schuldgefühl, die ganze Tüte auf einmal gegessen zu haben, und haben trotzdem noch Appetit auf mehr Chips. Ich habe jetzt einen Emotionsbegriff erfunden, für den es in der englischen Sprache kein einzelnes Wort gibt. Und dennoch haben Sie wahrscheinlich, während Sie meiner langatmigen Beschreibung dieses komplexen Gefühls gefolgt sind, die gesamte Szene in Ihrem Kopf bis hin zum Knistern der Tüte und den trostlosen Krümeln an ihrem Boden simuliert. Sie haben also diese Emotion erlebt, ohne ein Wort für sie zu haben.«*[49]

Feldman Barrett erfindet deshalb im nächsten Absatz kurzerhand dieses Wort und nennt ihre Emotion »Chiplosigkeit«. Und jetzt, wo ich den von ihr erfundenen Emotionsbegriff mit

Ihnen geteilt habe, kann Chiplosigkeit für alle, die das hier lesen und die Erfahrung kennen, eine Emotion werden. Das ähnelt dem Prozess, wenn eine Emotion von einer Kultur zur nächsten wandert, wie das zum Beispiel mit dem Wort »Schadenfreude« passiert ist, das inzwischen in der englischsprachigen Welt problemlos verstanden wird. Das Gleiche kann man bisher noch nicht für die japanische Emotion »Age-otori« sagen. Sie bezieht sich auf »das Gefühl, nach einem Haarschnitt schlimmer auszusehen als vorher«.[50]

Ich erzähle diese Geschichten über neue und fremde Emotionen deshalb, weil ich Sie ermutigen will, Ihre eigenen Emotionen immer weniger als *gegeben* und immer mehr als *konstruiert* zu betrachten. Das ist ein Perspektivwechsel, und es braucht vielleicht ein wenig Zeit, bis wir in dieser neuen Sichtweise ankommen können.

Empfindungen von ihren Interpretationen trennen

Ich habe diese Trennung bereits als die Praxis und Kultivierung von Leiblichkeit beschrieben. Wir brauchen das hier also nicht noch mal im Detail durchzugehen. Machen Sie sich klar, dass es auf der Empfindungsebene (in dem Engegefühl, dem Kribbeln, der Spannung, dem Energieschub) nie ein Anzeichen von Angst, Freude, Traurigkeit oder Ärger gibt. Diese Emotionsbegriffe sind immer nur Interpretationen der leiblich gespürten Empfindungen. Die Interpretationen werden immer aufwendiger, je mehr wir unsere Empfindungen in voll ausgearbeitete Geschichten verweben – Geschichten darüber, was uns zugestoßen ist, wie wir das verdient oder nicht verdient haben und wer dafür verantwortlich zu machen ist.

Die Übung besteht darin, »die Hand des Denkens zu öffnen« und ohne irgendeine innere Debatte zur Ebene der Empfindungen zurückzukehren. Die Absicht dabei ist, die Intensität so vollständig wie möglich zu spüren – ohne jede Interpretation, auch wenn das unseren Instinkten zuwiderläuft und manchmal schmerzvoll sein mag.

Intensität aushalten

Zunächst üben wir also, die Tatsächlichkeit unseres Erlebens, so wie es gerade jetzt ist, zu akzeptieren – ohne dabei zu verstehen zu versuchen, was diese intensiven Empfindungen bedeuten. Wir geben unseren leiblichen Regungen die Erlaubnis, genau so zu sein, wie sie sind. Wir stellen dabei unvermeidlich fest, dass sie nicht statisch sind, sondern sich ständig verändern. Leiblich gespürte Intensitäten kommen und gehen. Normalerweise passiert das in Wellen: Sie schwellen an (manchmal enorm schnell), erreichen einen Gipfelpunkt und verebben.

Indem unsere Bereitschaft wächst, uns diesen Wellen von Intensität zu stellen, können wir mit unseren ständigen Versteckspielen aufhören. Während wir eine Emotion auf der Ebene der Empfindungen beobachten, können wir uns fragen: *Ist mein Leben in Gefahr?*[51] Die Antwort ist immer: *Nein!* Natürlich ist die Erfahrung unangenehm – manchmal sogar sehr –, aber sie bringt uns nicht um und sie fügt uns auch keinen langfristigen Schaden zu. Es kann überraschend und erleichternd sein, wenn wir die Erfahrung machen, dass die Emotionen, gegen die wir eventuell unser ganzes Leben angekämpft haben, gar nicht so bedrohlich sind, wie wir immer gemeint haben. Wir können jetzt aufhören, sie zu bekämpfen oder einen Bogen um sie zu machen. Stattdessen können wir uns für die ihnen zugrunde liegenden Empfindungen öffnen und die Facetten ihres Kommens und Gehens verfolgen – ganz ohne jede Interpretation.

Nicht-Reaktivität durch vielfaches Wiederholen einüben

Wahrscheinlich müssen wir diese Übungen – das Trennen von Empfindung und Interpretation und das Aushalten von Intensitäten – viele Tausende Male wiederholen. Unsere reaktiven Gewohnheitsmuster sind uns tief eingeprägt. Weil sie darüber hinaus mit sozialen Skripten verknüpft sind, reichen sie nicht nur in unsere persönliche oder Familiengeschichte zurück, sondern tief in unsere evolutionäre Herkunftsgeschichte. Vom Standpunkt des biologischen Überlebens aus ist es sinnvoll, Angst zu haben und sich gegen die gefährlichen Unwägbarkeiten einer ungewissen Zukunft zu rüsten. Ohne Angst hätten unsere biologischen Vorfahren wahrscheinlich nicht überlebt. Andererseits ist es nicht besonders hilfreich, auf jede schwierige Situation so zu reagieren, als stünde unser Leben auf dem Spiel. Die meisten Situationen sind nicht lebensbedrohlich. Um emotional frei zu werden und Problemsituationen pragmatisch angehen zu können, müssen wir die Fähigkeit trainieren, Intensitäten auszuhalten. Je öfter wir dies wiederholen, desto stärker kann diese Fähigkeit dann zu einer neuen Gewohnheit werden – zu einer Haltung nicht-reaktiver Gelassenheit.

Soziale Skripte hinterfragen

Um Gelassenheit als Haltung zu entwickeln, müssen wir uns fragen, wie nützlich beziehungsweise schädlich bestimmte soziale Skripte für uns sind. Wie gut funktionieren bestimmte sozial sanktionierte Verhaltensweisen tatsächlich in unserem Leben? Ist es wirklich hilfreich, dass wir uns nicht schwach zeigen, finanzielle Sicherheit an erste Stelle stellen, unsere Pflicht tun, Karrierechancen hinterherjagen, ein guter Junge oder ein gutes Mädchen sein wollen und überhaupt die Erwartungen anderer erfüllen? Nehmen Sie sich Zeit zu fragen, welche sozialen Skripte in Ihrem eigenen Leben wirksam sind. Es kann schwierig sein, diesen Skripten überhaupt auf die Spur zu kommen. Sie operieren quasi im Verborgenen, denn sie definieren, was in unserer Kultur als normal gilt und wie Dinge zu sein haben. Es kann einige Mühe kosten, sich diese bewusst zu machen.

Die Handlungs- und Gefühlsvorgaben der Kultur für bestimmte Situationen sind nicht per se immer schlecht, denn soziale Skripte enthalten auch kollektiv gespeicherte Weisheit. Aber sie sind allgemeine Standards, die nicht für jeden Menschen und jede Situation passend sind. Freiheit bedeutet allerdings nicht notwendigerweise Rebellion. Der Rebell ist immer noch an das gebunden, wogegen er rebelliert. Zur Freiheit gehört aber wesentlich die Bereitschaft, unserer eigenen Erfahrung zu vertrauen, bevor wir und andere sie interpretieren, auch wenn unsere eigene Wahrheit den Erwartungen widerspricht, die uns aus sozialen Skripten entgegentreten. Die begrifflichen Rahmungen unserer Empfindungen lassen sich verändern, aber die Empfindungen selbst sind eine Art von nicht hintergehbarer Tatsächlichkeit. Wir können sie nicht oder jedenfalls nicht vollständig kontrollieren. Wieso sollten wir verleugnen oder vermeiden oder bekämpfen, was schlicht eine existenzielle Tatsache ist? Gewöhnen wir uns stattdessen daran, das Kommen und Gehen unserer Empfindungen als eine unvermeidliche Manifestation unserer wechselseitig verbundenen Lebendigkeit zu begreifen!

Emotionen als etwas Unpersönliches verstehen

Wir denken normalerweise, dass Emotionen etwas mit uns zu tun haben – dass sie etwas über unsere Identität und unseren Selbstwert aussagen. Wie wäre es, Emotionen stattdessen als etwas Unpersönliches zu verstehen, so als wären sie eine Art Wetterphänomen?

Wenn wir aufhören, allzu sehr mit unseren emotionalen Bewusstseinsinhalten identifiziert zu sein, und den Schwerpunkt unseres Erlebens stattdessen zum Gewahrseinsfeld verlagern, stolpern wir wahrscheinlich über ein Paradox: meine Emotionen sind zwar meine, aber sie haben gleichzeitig nicht wirklich etwas mit mir zu tun. Ja, der Körper-Geist ist der Ort, an dem sich die Empfindungen manifestieren, und die entsprechenden sozial vermittelten Emotionsbegriffe liefern dazu die passenden Interpretationen. Aber was sich hier manifestiert, hat immer weniger mit mir zu tun, je mehr meine reaktiven Gewohnheiten einer neuen Haltung der Gelassenheit weichen.

Das Handeln an den tiefsten Absichten statt an den emotionalen Impulsen ausrichten

Emotionen sind Handlungsimpulse. Wenn ich ärgerlich bin, möchte ich zuschlagen – mit Worten oder mit Fäusten. Wenn ich mich schäme, möchte ich mich in mich verkriechen und im Boden versinken. Wenn ich ängstlich bin, möchte ich mich zurückziehen. Wenn ich gute Laune habe, möchte ich noch mehr von den Dingen tun, die mir Spaß machen. Aber die Empfindungen, die emotionalen Erfahrungen zugrunde liegen, sind instabil und wechselhaft. Sie sind außerdem mit unbewussten reaktiven Mustern und ganzen Netzwerken von sozialen Skripten verknüpft. Aus all diesen Gründen ist es oft nicht sinnvoll, in erster Linie auf unsere Emotionen zu setzen, wenn es darum geht herauszufinden, was wir als Nächstes tun sollen. Es ist in der Regel besser, uns auf unsere tiefsten Absichten zu verlassen. Nur dann geben wir unserem Leben wirklich eine Richtung, für die wir uns frei entschieden haben.

Emotionale Freiheit ist die Fähigkeit, Intensitäten auf der Ebene der Empfindungen auszuhalten und unser Handeln an unseren Absichten auszurichten, anstatt den vorgefertigten Interpretationen kulturell verankerter Emotionsbegriffe das Ruder zu überlassen. Aber wie wissen wir von Situation zu Situation, was unsere wirklichen und tiefsten Absichten sind?

Informationen aus den Empfindungen beziehen (Spürenswirklichkeit)

Ich kann üben, in einem nicht-reaktiven, sich nicht-einmischenden Geist zu verweilen. Zum Beispiel kann ich in der Meditation oder einfach, wenn ich mich hinlege, die Empfindungen beobachten, die ich normalerweise »Angst« oder »Ärger« oder »Traurigkeit« nenne. Sie machen sich in meinem Solarplexus oder in anderen Körperregionen bemerkbar – und ich schaue einfach zu, wie sie sich aufbauen, einen Höhepunkt erreichen und wieder abflauen.

Ich habe jetzt einen bestimmten Grad von emotionaler Freiheit erlangt: Ich stecke jetzt nicht mehr zwanghaft in meinen Interpretationen, meinen reaktiven Gewohnheiten und bestimmten sozialen Skripten fest. Und diese Freiheit kann ich nun dazu benutzen, mich meinen Empfindungen neugierig zuzuwenden. Was für Informationen halten sie für mich bereit? Ich verstehe dieses spürende Nachfragen und das »Wissen«, das daraus entsteht, als einen integralen Bestandteil von Weisheit. Über die Kultivierung von Weisheit werden wir noch weiter in Teil 3 dieses Buches im Kapitel 19 »Weisheit als Ausdruck« und im Exkurs »Spürenswirklichkeit (Felt Sense)« sprechen.

11

Gewohnheitsmuster und Karma

Die am häufigsten gestellte Frage von Menschen, die angefangen haben, Meditation und Achtsamkeit zu üben, ist: »Wie bringe ich die Praxis in meinen Alltag?« Diese Frage lässt sich präzisieren: »Wie kann ich die Praxis dazu nutzen, meine Gewohnheitsmuster zu verändern?« Gewohnheiten bestimmen unsere Erfahrung durch und durch. Um uns tatsächlich befreit zu fühlen, müssen wir einen Weg finden, wie wir an unseren Gewohnheitsmustern arbeiten können.

Ich spreche hier nicht nur von Verhaltensmustern, sondern auch über Sprech- und Denkgewohnheiten. Ich spreche insbesondere über reaktive Muster – also Widerstands- und Anhaftungsmuster. Der Buddhismus behandelt diese Frage traditionellerweise unter der Überschrift »Karma« – genauer gesagt das »Karma von Körper, Rede und Geist«. In der buddhistischen Tradition ist Karma ein vielschichtiger Begriff, der seine Bedeutung aus drei verschiedenen Quellen[52] speist, nämlich aus:

1. einer mechanischen Handlungstheorie,
2. einer ethischen Theorie der Verhaltensänderung und
3. einem transformativen Projekt der Befreiung von Konditionierungen.

Die ursprüngliche Bedeutung des Sanskrit-Wortes *Karma* ist »Handeln« oder genauer genommen »absichtsvolles Handeln«. Das Karma einer Person ist die Gesamtheit ihrer Gewohnheitsmuster, die aus der Wiederholung absichtsvoller Handlungen von Körper, Rede und Geist entstehen.

Dabei ist es wichtig zu verstehen, was mit absichtsvollem Handeln gemeint ist. Das ist kniffliger, als es auf den ersten Blick erscheint. Einerseits schließt der Begriff *Absicht* zufällige Ereignisse vom Bereich des Karmas aus. Wenn ich wahllos von einem Blitz getroffen werde, trägt das nicht zu meinem persönlichen Karma bei.

Andererseits gibt es in unserem Leben Verhaltensmuster, die absichtsvoll sind, sich aber nicht so anfühlen. Sie passieren scheinbar automatisch, müssen aber trotzdem als absichtsvoll aufgefasst werden. Alle Gewohnheitsmuster beginnen mit zumindest einer beabsichtigten Handlung – mit einem Tun, für das ich mich aktiv entschieden habe oder in das ich mich habe hineinziehen lassen. Aber wenn die Handlung oft genug und bis zur Automatisierung wiederholt worden ist, kann die zugrunde liegende Absicht ins Unterbewusstsein gerutscht sein. Dann handle ich, ohne recht zu wissen warum oder mit welchem Zweck; und dennoch stand am Anfang des Prozesses eine Absicht.

Viele unserer in Fleisch und Blut übergegangenen Gewohnheitsmuster wurzeln in unserer Kindheit und dienten dazu, uns in unserem spezifischen Erziehungskontext das Überleben zu sichern. Wir haben oft überhaupt keine Erinnerung, wie oder warum wir uns diese Muster zugelegt haben. Denn als Kinder haben wir eine extrem empfindliche Antenne dafür, unser Verhalten an die expliziten und versteckten Anforderungen unseres Umfeldes anzupassen. Das ist natürlich überlebenswichtig und die beste Art und Weise, wie wir für uns selbst sorgen können. Später, in unserem Erwachsenenleben, können sich einige unserer kindlichen Strategien als nicht mehr zeitgemäß oder regelrecht schädlich erweisen. Sie bleiben aber oft mit einer Energie aufgeladen, die uns signalisiert, dass unser Überleben auf dem Spiel steht.

Zur traditionellen buddhistischen Weltanschauung gehören die Idee der Wiedergeburt und lange Zyklen von vielen Lebensspannen. Deshalb geht es im Buddhismus auch um die Frage, wie karmische Muster von einem Leben ins nächste übertragen werden. Die Frage der Wiedergeburt ist eine komplizierte Angelegenheit, denn sie passt nicht recht in unsere moderne wissenschaftliche Weltsicht und ist auch nicht leicht mit anderen buddhistischen Kernbegriffen vereinbar. Der buddhistischen Lehre gemäß gibt es kein unabhängiges Selbst, aber wer ist es dann, der wiedergeboren wird? Darauf gibt es keine wirklich überzeugende Antwort. Aus meiner Sicht wird Reinkarnation aus diesem und anderen Gründen immer zweifelhaft bleiben. Wenn ich allerdings eine agnostische Haltung zum Thema Wiedergeburt einnehme, kann ich eine in der Erfahrung viel zugänglichere Frage stellen: Wie werden Muster von einem Moment zum nächsten »wiedergeboren« und von einer Situation in die nächste übertragen?

Die karmische Theorie besagt, dass sich Handlungen durch Wiederholung in unterbewussten Absichten niederschlagen – in Neigungen, Tendenzen, Gesinnungen und Haltungen. Diese Konditionierungen bestimmen zu einem gehörigen Ausmaß unser Leben. Wir brauchen nicht an die Vorstellung von persönlichen Wiedergeburten in verschiedenen Leben zu glauben, um anzuerkennen, dass bestimmte Muster einer Person in verschiedenen Situationen »wiedergeboren« werden und dass diese Muster auch zwischen Generationen weitergegeben werden können – zwischen Eltern und Kindern, aber auch in anderen Beziehungsformen. Wir können zum Beispiel in unserem eigenen Leben bemerken, dass wir in bestimmten Hinsichten genau wie unsere Mutter oder genau wie unser Vater agieren. Weil diese Muster, wie schon gesagt, weitgehend unbewusst sind, unterliegen sie nicht vollständig unserer Kontrolle. Manchmal sind wir erleichtert, wenn sie verschwunden zu sein scheinen, und dann umso enttäuschter, wenn wir zusehen müssen, wie sie in bestimmten besonders herausfordernden Situationen wieder neu zum Leben erwachen.

Wie arbeiten wir mit etwas, das unbewusst ist? Das ist eine ziemlich vertrackte Angelegenheit. Eine Schülerin von mir, die angefangen hatte, sich für die Arbeit mit Gewohnheitsmustern zu interessieren, pickte sich für ihr erstes Selbstexperiment etwas eher Unproblematisches heraus – nämlich ihre fast zwanghafte Angewohnheit, gleich nach dem Aufstehen den Wasserkessel aufzusetzen und sich eine Tasse Tee zuzubereiten. Sie wollte mit ihrer Gewohnheit dadurch brechen, dass sie sich vornahm, statt Tee ein Glas Wasser zu trinken. Aber zu ihrer eigenen Überraschung konnte sie es nicht. Es gab zwar ein paar Ausnahmen, aber in der Regel übernahm ihre Teekessel-Routine das Ruder, und an ihren Vorsatz, ein Glas Wasser zu trinken, erinnerte sie sich meist erst, als sie bereits Tee aus ihrer Tasse schlürfte. Unter dem Diktat unserer Gewohnheitsmuster zu stehen ist natürlich viel folgenreicher, wenn es sich nicht bloß um die Wahl zwischen Tee und Wasser handelt. Wenn die Alternativen Alkohol und emotionale Stabilität, Jähzorn und Bedachtheit oder zwanghaftes Denken und Klarheit sind, dann steht unsere Lebensqualität auf dem Spiel.

Ich spreche von »Wahl« – aber das Problem bei Gewohnheiten ist ja gerade, dass wir dieses Gefühl, unter verschiedenen Möglichkeiten wählen zu können, verloren haben und unsere Muster sich zwanghaft oder wie eine Sucht anfühlen. In der Arbeit mit Gewohnheitsmustern geht es deshalb zuallererst um das Wiedergewinnen der Wahlmöglichkeit. Ohne diese Freiheit können wir gar keine Entscheidung treffen, ob wir tatsächlich anders handeln wollen und, wenn ja, wie.

Jetzt sind wir beim zweiten Karma-Begriff angelangt: der Verhaltensänderung und ihrer ethischen Dimension. Im Handeln gibt es immer ein Mindestmaß an Freiheit. Deshalb ist es unsere Verantwortung, unsere problematischen, dysfunktionalen Muster in zuträglichere, lebensbejahende Verhaltensformen zu transformieren. Wenn wir sie aber unverändert lassen, obwohl wir uns ihrer Schädlichkeit bewusst sind, dann tragen wir dafür die Verantwortung. Uns eine Wahlmöglichkeit zurückzuerobern bedeutet, die Freiheit zu gewinnen, unser Handeln immer mehr in Übereinstimmung mit den Absichten zu bringen, von denen wir unser Leben gelenkt sehen wollen.

Ein Großteil der Lehre aus der frühen Zeit des Buddhismus, die in den sogenannten Abhidharma-Schriften[53] versammelt ist, besteht aus einer Art Kartografie von nützlichen und schädlichen körperlichen, sprachlichen und mentalen Gewohnheitsmustern und einer Art Anleitung, wie wir die förderlichen Muster in unserem Leben etablieren können. Aber bevor wir in der Lage sind, dysfunktionale Muster in unserem Leben durch zuträgliche zu ersetzen, müssen wir zunächst verstehen – und zwar nicht nur rational, sondern auch leiblich spürend – wie wir überhaupt und zuallererst in ihre Fänge geraten sind. Wieso setzen wir Verhaltensweisen fort, von denen wir wissen, dass sie uns selbst und anderen schaden? Warum sind wir so oft unfähig, unseren dysfunktionalen Mustern durch Selbstkritik oder gute Vorsätze beizukommen?

Diese Frage führt uns zur dritten Bedeutung des Karma-Begriffs: Konditionierung und Befreiung von Konditionierung. Um das Wesen der Konditionierung besser zu verstehen, habe ich angefangen, jede Angewohnheit, die sich nur schwer abschütteln lässt, als eine Art Suchtphänomen zu betrachten. Das Wort *Sucht* ist meiner Meinung nach viel zu moralisch besetzt: In den Augen der Gesellschaft gilt, wer süchtig ist, als krank oder moralisch minderwertig, weil er die Kontrolle über sein Leben verloren hat. Wir denken natürlich sofort an Alkohol- und Drogenmissbrauch. Im Gegensatz dazu betrachte ich uns alle als Süchtige. Der Unterschied ist lediglich, dass manche Süchte sich als Missbrauch chemischer Substanzen manifestieren, während andere sich in Essstörungen, übermäßiger Aggression, Arbeitssucht, Fernseh- oder Internetkonsum, Unterhaltungszwang, chronischer Unzufriedenheit oder Selbstkritik äußern. Die Liste ist endlos und umfasst eine Vielzahl psychologischer Probleme.

Was gewinnen wir, wenn wir menschliche Macken und psychologische Muster als Suchtphänomene verstehen? Zum einen geben wir Menschen, die in Drogenmissbrauch und andere kriminelle Aktivitäten abgerutscht sind, dadurch ihre Menschlichkeit zurück. Sie verdienen unser Mitgefühl. Von Suzuki Roshi ist der Ausdruck überliefert, dass ein Dieb letztlich auch nur für seine Mutter stiehlt. Das bedeutet nicht, dass alle schädlichen Verhaltensweisen entkriminalisiert werden sollten, aber wir können beginnen, moralische und juristische Grenzverletzungen als die schlimmsten Spielarten von etwas ganz Verbreitetem anzusehen: der Konditionierung. Dieser Mechanismus ist in uns allen wirksam, selbst wenn wir nicht auf die schiefe Bahn gekommen sind. Die Dysfunktionalitäten in unserem Leben als Suchtphänomene anzusehen, kann uns zum anderen dabei helfen zu verstehen, dass die Veränderung von Mustern gleichzeitig einfach und schwierig ist – und warum.

Von meinem 19. bis 25. Lebensjahr war ich Raucher. Es hatte alles ganz harmlos angefangen. Ein guter Freund rauchte selbst gedrehte Zigaretten. Ich selbst machte viel Sport und hatte kein Interesse am Rauchen. Aber ich liebte es, meinem Freund bei seinem Ritual zuzusehen, wie er kleine Papiere mit Tabak füllte, sie durch seine geübten Finger gleiten ließ und dann wie in einem Zaubertrick in perfekte Tabaktüten verwandelte. Ich bat ihn, mir das Selbstdrehen beizubringen, und eine ganze Weile lang drehte ich, während wir Zeit miteinander verbrachten, die Zigaretten, die er dann rauchte. Aber irgendwann – ich möchte fast sagen: unvermeidlich – steckte ich mir die Kippen selbst an. Innerhalb von ein paar Wochen war ich abhängig. Und mit 25 Jahren drehte und rauchte ich 50 Zigaretten am Tag.

Es war widerlich, ungesund und teuer. Es war klar, dass ich aufhören musste. Aber ich war süchtig. Beim Stöbern in einem Buchladen sah ich durch einen glücklichen Zufall ein Buch mit dem Titel *Endlich Nichtraucher!* Es schien einer dieser Ratgeber zu sein, die Inhalte vermitteln, die man sowieso schon weiß, und nach der Lektüre geht das Leben unverändert weiter. Ich bin froh, dass dieser Gedanke an jenem Tag nicht mein Handeln bestimmte. Stattdessen nahm ich das Buch mit nach Hause und las es in einem Rutsch durch. Und als ich fertig war, war ich tatsächlich Nichtraucher.

Allen Carr, der Autor des Buches, hatte es geschafft, mir zwei Dinge klarzumachen: Er hatte mir den Mechanismus meiner Sucht erklärt – ich erinnere mich noch genau an sein Bild von dem kleinen Nikotinmonster in meiner Magengrube, das nach der nächsten Zigarette verlangte –, und mir war klar geworden, dass alle Gewohnheiten veränderlich und letztlich substanzlos sind. Wenn man aufhört, die Basishandlung eines Gewohnheitsmusters zu wiederholen, fällt das Muster in sich zusammen. Carr sagt: »Aufhören ist lächerlich einfach, Sie brauchen nur zwei Dinge zu tun: 1. Treffen Sie die Entscheidung, nie wieder zu rauchen. 2. Blasen Sie nicht Trübsal deswegen. Jubilieren Sie.«[54] Das ganze Buch dreht sich darum, nicht zu jammern und zu lernen, mit den Entzugserscheinungen zurechtzukommen. Carr ermutigt seine Leserinnen und Leser, während des Lesens ruhig weiterzurauchen – ich folgte seinem Vorschlag mit einer Mischung aus Amüsement und Ungläubigkeit. Am Ende des Buches findet man dann die lange erwartete Anweisung: Rauche ganz bewusst deine letzte Zigarette und stecke dir nie wieder eine neue an – und dann kannst du dir im Handumdrehen sagen: »Hurra, endlich bin ich Nichtraucher!«

Wir neigen dazu, unsere Gewohnheitsmuster als Teil unserer Identität zu sehen. Eine Seite zuvor habe ich die Geschichte über meine Nikotinabhängigkeit mit dem Satz begonnen: »Ich war Raucher.« Aus buddhistischer Perspektive kann man das so nicht sagen. Einen »Raucher« gibt es nicht. Es gibt nur die Handlung, die wir *Rauchen* nennen. Und wenn man eine Handlung lange genug wiederholt, entsteht dadurch ein unterbewusst verkörpertes Gewohnheitsmuster. Sobald wir aber das Muster unterbrechen – wenn wir also nie wieder eine Zigarette anstecken – dann verschwindet die Gewohnheit sofort. Sie löst sich sprichwörtlich in Luft auf. Sie hat überhaupt keine Substanz. Deswegen ergibt es auch keinen Sinn, sich moralisierend über die Muster anderer Menschen zu erheben. Wenn es uns ein Anliegen ist, dass jemand eine Gewohnheit ändert, müssen wir ihm oder ihr dabei helfen, einen Weg zu finden, die unerwünschte Basishandlung nicht zu wiederholen. Moralisieren führt nur dazu, ein zusätzliches Muster über das bestehende zu legen – meistens ist das entweder eine Verteidigungshaltung oder ein Schuldgefühl –, während die für schlecht befundene Gewohnheit einfach weiterbesteht.

Bei allen Gewohnheitsmustern haben wir es letztlich mit einer einfachen Wahrheit zu tun: Wir wollen entweder vermeiden, ein schlechtes Gefühl empfinden zu müssen, oder wir wollen mehr von einem guten Gefühl empfinden. Es läuft alles auf das hinaus, was ich »Reaktivität« genannt habe. Widerstand und Anhaftung sind die Grundmuster unserer Gewohnheiten; sie sind die eigentliche Ursache aller leidvollen Gewohnheiten.

Die ursprüngliche Absicht im Fall meiner Nikotinsucht war der haptische Genuss des Zigaretten-Drehens. Es hatte darüber hinaus den vermeintlich positiven Nebeneffekt, die Langeweile und unbestimmten Angstgefühle meiner Teenager-Seele zu überdecken. Die Empfindungen, die ich erst mit dem Drehen und dann mit dem Rauchen der Zigaretten verdrängen wollte, waren nicht besonders schlimm, jedoch ziemlich ungreifbar. Sie waren mir damals kaum bewusst. Heute, nach Jahren von Achtsamkeits-Training und bewusstem leiblichen Spüren, kann ich sagen, dass diese unangenehmen Empfindungen in meinem Solarplexus eine Art Verlorenheit und Leerheit waren, ein Gefühl, nicht recht zu wissen, was ich mit meinem Leben anfangen sollte. Die Welt ist immer voller Probleme; deshalb sind solche Gefühle für einen Teenager ziemlich normal. Aber ich entschied mich, sie zu verdrängen und zu betäuben, statt sie wirklich zu spüren und zu verstehen. Und ganz schnell wurde aus diesem Verdrängen und Betäuben eine Gewohnheit. Wann immer sich eine ängstliche Unsicherheit zeigte, teilte mir mein Körper auf der Stelle mit, dass es Zeit für eine Pause war – Zeit fürs Zigarettendrehen und Rauchen.

Was es so schwierig macht, fest verankerte Muster zu unterbrechen, ist, dass wir bereit sein müssen, die Empfindungen zu fühlen, die wir nicht fühlen wollen. Da ist es also wieder: das unseren Instinkten zuwiderlaufende, aber befreiende Sich-Hinwenden zu unseren erlebten Intensitäten. Bei der Abhängigkeit von Substanzen vermischen sich die durch den Entzug verursachten Empfindungen mit denjenigen, die wir ursprünglich verdrängen oder betäuben wollten. Wenn das so ist, müssen wir lernen, die Entzugssymptome auszuhalten und auszusitzen. Entzugserscheinungen variieren natürlich in ihrer Schwere. Mein Selbsthilfebuch hatte mich darauf vorbereitet. Ich würde sie als eine Art Stechen in der Magengegend beobachten können, hieß es da, und das müsste ich nicht weiter ernst nehmen. Nach einigen Tagen würden diese Symptome dann sowieso verschwunden sein. Genauso war es.

Meinen Zen-Schülern und -Schülerinnen erkläre ich, dass sie diese Zuwendung zu den Intensitäten als einen Moment von Mini-Zazen in ihrem Alltag verstehen können. Wie wir gesehen haben, besteht die Zazen-Übung letztlich darin, dem eigenen Erleben die Erlaubnis zu geben, genau so zu sein, wie es jetzt ist. Und genau das wird hier gebraucht. Wenn die Empfindungen, die wir »Langweile«, »Angst«, »Überforderung« oder »Lust« nennen, kommen, dann lassen wir sie einfach kommen. Wir können sie eine Weile da sein lassen und warten, bis sie abklingen und wieder verschwinden. Die Handlungsanweisung ist: Nichts tun! Und: Raum geben! Wir haben bereits gesehen: Unsere Empfindungen sind nicht lebensbedrohlich, sondern nur unangenehm. Was uns hier abverlangt wird, ist nicht mehr und nicht weniger als mit der Aufmerksamkeit gegenwärtig zu sein, wenn die Empfindungen auftauchen. Das aber ist entscheidend, denn wenn wir nicht für sie präsent sind, wird die problematische Gewohnheitshandlung bereits eingesetzt haben.

Eine junge Frau – nennen wir sie Jessika – erzählte mir, dass sie sich in ihren sozialen Kontakten einerseits einsam und andererseits von ihnen angewidert fühlte. Jessika hatte das Bedürfnis, in ständigem Kontakt mit ihren Freundinnen zu sein, aber wenn sie es war, war sie unzufrieden mit der Qualität der Begegnung. Sie hatte das Gefühl, nicht sie selbst zu sein und ihre Zeit zu verschwenden. Andererseits konnte sie, wenn sie allein war, an nichts anderes denken, als mit ihren Freundinnen zusammen zu sein. Es war ihr zum Beispiel unmöglich, sich auf ihre Hausaufgaben zu konzentrieren. Ich bat sie, mir die Empfindungen zu schildern, die mit ihrem Drang nach sozialem Kontakt einhergingen. Jessika sagte, dass es eine Art Angstgefühl in ihrem Herzbereich sei. Ich lud sie ein, den Gedanken auszuprobieren, dass ihr Sozialverhalten eine unbewusste Strategie war, ihre Angst zu verdrängen, und dass das zwar als Ablenkungsmanöver funktionierte, aber das eigentliche Problem unangetastet ließ – deshalb auch ihr Gefühl des Angewidertseins. Sie konnte mit dieser Perspektive sofort etwas anfangen. Die Herausforderung bestand nun darin, die Intensität ihrer Gefühle anzuerkennen und einen freundlichen Umgang mit ihnen zu finden.

Die Ursache ihres sozialen Verhaltensmusters waren – genau wie bei meiner Zigarettensucht – Empfindungen, die sie nicht fühlen wollte, aber bereit sein musste zu fühlen, wollte sie das Muster auflösen. Wenn Sie möchten, können Sie jetzt eine Bestandsaufnahme Ihres Lebens machen. Listen Sie die

Gewohnheiten auf, die Sie als problematisch empfinden. Was genau sind die Empfindungen, die Sie mithilfe Ihrer Gewohnheit abdrängen oder überdecken? Wo in Ihrem Körper spüren Sie diese Empfindungen? Stellen diese Gefühle in irgendeiner Weise eine Gefahr für Ihr Leben dar? Wenn nicht, warum sind Sie dann so darauf erpicht, sie nicht zu fühlen? Können Sie sich vorstellen, sich genau diesen unliebsamen Gefühlen bewusst zuzuwenden – auch wenn Sie nicht wissen können, wohin Sie das führen wird?

Freiheit inmitten von Konditionierung

Der buddhistische Karma-Begriff ist komplex. Wie schon erläutert, umfasst er (1) eine Handlungstheorie, die die Entstehung von Handlungsmustern erklärt, (2) eine auf Verhaltensänderung abzielende Ethik und (3) ein transformatives Projekt, bei dem es um Befreiung von Konditionierung geht.

Die Handlungstheorie gibt uns einen Einblick in Ursache-Wirkungs-Zusammenhänge im Bereich des Handelns. Wir leben in einem Geflecht von körperlichen, sprachlichen und mentalen Interaktionen, in dem jedes Tun Konsequenzen nach sich zieht – insbesondere, wenn es sich regelmäßig wiederholt. Weil wir immer zumindest ein gewisses Maß an Freiheit besitzen, unsere Gedanken, Worte und Verhaltensweisen zu wählen, tragen wir Verantwortung für die Wirkung, die unser Tun auf uns selbst und andere und das interaktive Gesamtgeflecht von menschlichen und nicht-menschlichen Welten hat.

Um was für eine Art von Freiheit handelt es sich hier? Im Gegensatz zur westlichen Philosophie behandelt der Buddhismus diese Frage nicht als ein metaphysisches Problem, bei dem man sich zwischen »freiem Willen« und »Determinismus« entscheiden muss. Im Verlauf unserer Besprechung von Gewohnheitsmustern sollte klar geworden sein, dass wir immer sowohl frei als auch determiniert beziehungsweise konditioniert sind. Mit anderen Worten: Wir haben bestimmte Wahlmöglichkeiten, aber wir werden auch von unterbewussten Mustern gesteuert, von denen viele in unserer Kindheit geformt wurden. Realistisch betrachtet kann Freiheit nicht darin bestehen, sich von allen Konditionierungen komplett zu befreien. Es geht vielmehr darum, unsere Beziehung zu unseren Konditionierungen zu verändern. Anstatt sie abzulehnen, müssen wir lernen, sie anzunehmen, und anstatt ihnen blind ausgeliefert zu bleiben, müssen wir lernen, das Wesen der Konditionierung zu durchschauen. Es geht in der Praxis also darum, unseren Grad an Wahlfreiheit in einer unvermeidlich konditionierten Welt zu erhöhen. »Freiheit *von* Konditionierungen« ist deshalb wahrscheinlich der falsche Ausdruck, und wir sollten besser von einer »Freiheit *inmitten* von Konditionierungen« sprechen.

Was die Praxis anbelangt, ist es sinnvoll, Konditionierung als eine zirkelförmige Struktur von Auslöser-Routinehandlung-Belohnung zu verstehen. Ein bestimmter Auslöser oder Trigger (sagen wir ein Gefühl von Langeweile oder Leerheit) führt zu einem Handeln (dem Drehen und Rauchen einer Zigarette) und schließlich zu einer Belohnung (der Zufriedenheit, die daraus resultiert, das unerwünschte Gefühl nicht fühlen zu müssen). Die Belohnung erzeugt ein Begehren, das nach der nächsten Gelegenheit Ausschau hält, also einem Auslöser für die nächste belohnende Handlung. Je stärker dieses Begehren ist, desto mehr fühlt sich eine Gewohnheit wie eine Sucht an.

Die Zen-Perspektive ist, dass sich dieser Kreislauf unterbrechen lässt. Unsere unterbewusste Konditionierung besteht in der starken Tendenz, auf den Trigger zu reagieren, aber wir haben die Freiheit, wie Dogen sagte, »unheilsame Handlungen zu unterlassen«[55]. Das ist die Frucht der vier Imperative, der vier geistigen Haltungen des Zazen: Im Angesicht der Auslöser für unsere Routinehandlungen können wir die Absicht festigen, uns nicht zu bewegen, nicht zu kratzen und unsere Gedanken nicht zum Tee einzuladen, um letztlich unsere Empfindungen genau so sein zu lassen, wie sie sind. Durch diesen nicht-reaktiven, nicht-einmischenden, nichts-tuenden Ansatz kann sich die Aufmerksamkeit zu einem Gewahrseinsfeld weiten, das sich der Trigger bewusst ist, aber selbst nicht getriggert wird. Uns mehr und mehr in diesem Feld zu Hause zu fühlen, ist eine Art Meta-Belohnung; sie kann attraktiver sein als die gewöhnliche Belohnung, die wir durch die Routinehandlung bekommen. Die ultimative Belohnung ist das Gefühl von Lebendigkeit, die das Thema dieses Buches ist – gepaart mit einem Gefühl von Freiheit und Selbst-Akzeptanz.

Diese Qualitäten sind entscheidend. Wenn alte bereits überwunden geglaubte Muster erneut getriggert werden, helfen Sie uns, einen Schritt zurückzutreten – hinein in eine Art Beobachterhaltung. Gleichzeitig erlaubt uns unser vergrößertes Freiheitsgefühl, nach anderen, neuen Verhaltensweisen Ausschau zu halten, die für unser Leben förderlicher sind. Uns ist klar: Wir *müssen* uns nicht ändern, um ein freies, erfülltes Leben zu leben und uns selbst lieben zu können. Zu Veränderungen können wir uns einfach deswegen entschließen, weil wir es *wollen*, weil es sich richtig anfühlt und weil es für unser Leben und das Leben anderer besser ist.

12
Erfüllung

In den vorangegangenen Kapiteln haben wir das Thema der Befreiung vom Leiden aus verschiedenen Perspektiven untersucht. Zunächst haben wir dem klassischen buddhistischen Ansatz eine neue vierteilige Formulierung gegeben: mit dem Leiden innig-vertraut werden, die eigene Reaktivität loslassen, Momente von Nicht-Reaktivität auskosten und einen Weg kultivieren. Danach haben wir den Kern dieses Ansatzes als eine Schwerpunktverlagerung von den Inhalten des Geistes zum Feld des Geistes beschrieben und drei Praktiken identifiziert, mit der sich diese Schwerpunktverlagerung initiieren und fördern lässt: Leiblichkeit, Freundlichkeit und Präsenz. Schließlich haben wir überlegt, wie sich diese Praktiken für die Verwirklichung von emotionaler Freiheit und für die konstruktive Arbeit mit unseren Gewohnheitsmustern nutzen lässt. Zum Abschluss dieses Teils des Buches möchte ich all diese Fäden mit dem Begriff des *Nährenden*[56] und der Erfahrung von *Erfüllung* verknüpfen.

Einen Weg der Befreiung vom Leiden zu gehen, bedeutet, mit einem kontinuierlichen Gefühl von Genährtsein unterwegs zu sein – einen Schritt nach dem anderen. Ich verwende das Wort *Genährtsein*, weil es konkret erfahrbar und deshalb praktizierbar ist. Nährend ist das, was uns in unserem Lebendigsein unterstützt. Sich genährt zu fühlen, ist sozusagen die andere – positive! – Seite des Leidens.

Im Zen geht es nie um ein verallgemeinertes Gefühl von Gutsein, Zufriedenheit oder Glück. Wirkliches Genährtsein gibt es immer nur in der jeweiligen Besonderheit dieses konkreten Moments hier jetzt. Der folgende Koan-Satz, der mich seit Jahren begleitet, spricht darüber: »Tu einfach Gutes und denke nicht an den Weg, der vor dir liegt.«[57] Wenn es uns gelingt, jeden Schritt so zu machen, dass er nährend ist, dann wird sich unser ganzes Leben erfüllt anfühlen. Aber von »unserem ganzen Leben« zu sprechen ist bereits eine Abstraktion; es impliziert die Frage nach dem Weg, der vor uns liegt. Das Leben wird immer in der Konkretheit dieses erlebten Augenblicks gelebt – genau jetzt. Die Vergangenheit ist in dieses Hier-Jetzt eingefaltet, und die Zukunft entfaltet sich aus ihm.

Erfahrungen, die ich als nährend bezeichne, haben einen gemeinsamen Nenner. Sie sind dann nährend, wenn ich meinen Empfindungen – unangenehm, angenehm oder neutral – erlaube, sich körperlich auszudrücken und damit zu einer Erfüllung zu gelangen. Schauen wir uns ein paar Beispiele an, um besser zu verstehen, was damit gemeint ist. Beginnen wir mit einer angenehmen Erfahrung.

Stellen Sie sich vor, Sie sind auf einem Spaziergang und bemerken, wie Ihnen die Sonne das Gesicht wärmt. Sie halten an, um die Erfahrung auszukosten und bewusst zu erleben, wie die Empfindungen, die Sie im Gesicht spüren, sich in Ihrem Körper ausbreiten. Ein Lächeln erscheint auf Ihrem Gesicht. Sie spüren, wie Sie einen etwas tieferen Atemzug nehmen und wie sich die innere Atembewegung sukzessive in den Oberkörper, die Arme und die Beine ausdehnt. Schließlich atmen Sie mit einem kaum hörbaren Seufzer der Erleichterung aus. Die

Erfahrung von warmen Sonnenstrahlen im Gesicht »erfüllt« sich durch Empfindungs-Sequenzen, die den ganzen Körper erfassen – erst dadurch erleben wir die Erfahrung als wirklich nährend.

Oder nehmen wir ein anderes Beispiel: Weinen. Für die meisten von uns ist Trauer eine negative Erfahrung, die wir lieber vermeiden. Uns widerstreben nicht nur die unangenehmen Empfindungen, die mit einer Verlusterfahrung einhergehen, sondern auch die körperlichen Konvulsionen des Weinens. Es gibt aber einen Unterschied zwischen einer Art zu weinen, die sich reinigend anfühlt, und einer, die uns ausgelaugt und verzweifelt zurücklässt. Er besteht darin, wie offen wir dafür sind, schmerzhafte Empfindungen durch den Körper »sequenzieren« zu lassen, das heißt den natürlichen Ablauf ihrer Bewegung zuzulassen. Jeder körperliche Prozess vollzieht sich rhythmisch und in seiner eigenen Zeit. An einem bestimmten Punkt ist er ganz vollzogen und hat sich damit erfüllt. Das Weinen kommt an sein natürliches Ende, wenn die schmerzhaften Empfindungen gleichsam verdaut sind. Wenn wir diesen Prozess vorzeitig unterbrechen, bleibt er unerfüllt. Das Ergebnis: Wir fühlen uns nicht genährt. Das ist sowohl bei angenehmen als auch bei unangenehmen Empfindungen so.

Wie wir bereits gesehen haben, behandelt die buddhistische Theorie der Sinne Gedanken als »Empfindungen des Geistes«. Nehmen wir also jetzt ein Beispiel, in dem Gedanken eine Rolle spielen. Sie haben die Idee, Ihrem Partner oder Ihrer Partnerin einen Geburtstagskuchen zu backen. Diese Idee ist eigentlich eine Absicht – und wie jede Absicht projiziert sie eine Handlungssequenz in die Zukunft. Wahrscheinlich haben Sie eine Reihe von Gedanken: *Was für ein Kuchen soll es sein? Zitrone. Wann kann ich ihn backen, damit es eine Überraschung bleibt?*

Donnerstagmorgen, da ist niemand zu Hause. Was für Zutaten brauche ich? Welche sind schon in der Vorratskammer? Sie sehen, worauf ich hinauswill. Denken ist auch ein Sequenzieren – in diesem Fall entfaltet es die Idee und prüft sie auf ihre Machbarkeit, noch bevor Sie anfangen, die Idee in die Tat umzusetzen. Die gedankliche Sequenz hat selbst etwas Nährendes: indem sie die Aspekte der Idee explizierend entfaltet, vervollständigt sie die Idee.

Wann ist solch eine gedankliche Entfaltung vollständig? Dafür gibt es kein objektives Maß. Aber es gibt einen leiblich spürbaren Punkt, an dem sich eine Art Zufriedenheitsgefühl einstellt. Es ist die Art von Gefühl, die ein Maler oder Dichter als Zeichen nehmen würde, dass das Gemälde oder Gedicht jetzt vollendet und »gut so« ist. Etwas in uns kommt an genau dem Punkt zur Ruhe, an dem unsere leiblich gespürte Vorstellung mit dem erreichten Ausdruck genügend Übereinstimmung findet – das kann im Medium der Gedanken, der Farbe oder der Worte stattfinden. In einem Gespräch können wir zum Beispiel bemerken, dass wir etwas zwei oder dreimal mit unterschiedlichen Worten sagen müssen, bis sich das Gefühl einstellt, dass wir uns der anderen Person vollständig und zu unserer Zufriedenheit mitgeteilt haben. All das funktioniert nur bewusst, wenn wir genügend leiblich präsent sind und aufmerksam verfolgen, ob und wie sich das entsprechende »Sequenzieren« vollzieht.

Das Phänomen und die Praxis, die ich hier Sequenzieren nenne, habe ich von der körper-orientierten Psychotherapeutin und praktizierenden Buddhistin Susan Aposhyan gelernt. Sie definiert Sequenzieren als »den ungehinderten Fluss von Energie in allen Teilen und Aspekten des Körper-Geistes und zwischen uns und der Umgebung«. Sequenzieren vollzieht sich dadurch, dass wir dem »gesamten Körper Erlaubnis geben, sich zu bewegen und zu atmen und zu tönen – wie immer er will«.[58] Dieses Prinzip dehnt die Zazen-Haltung, »dem eigenen Erleben zu erlauben, genau so zu sein, wie es ist«, in die Bewegtheit des Lebens und unseren Alltag aus.

Aus buddhistischer Sicht ist jeder einzelne Moment einer Sequenz – jedes Bemerken – ein Dharma, ein individueller Erfahrungsmoment. Ich hatte den Begriff des Dharma-Tores in der Einleitung (siehe Seite 45 f.) eingeführt und gesagt, wir müssten ihn noch weiter klären. Wir können jetzt auf der Grundlage der gegebenen Beispiele sehen, dass wir jedes Dharma als ein Tor interpretieren können – ein Tor zur Erfüllung oder ein Tor zum Leiden.

Ich verstehe Dharmas als Teile einer fraktalen Zeitstruktur. Ein Fraktal ist eine Gestalt, die aus Teilen besteht, die dem Ganzen ähneln, das von ihnen geformt wird. Ein Romanesco-Kopf ist ein räumliches Beispiel für Fraktale. Mit der erlebten Zeit ist es ähnlich: Jede Zeiteinheit hat einen Anfang, eine Mitte und ein Ende; und jeder größere Zeitrahmen, der aus einer Sequenz kleinerer Zeitabschnitte besteht, hat auch einen Anfang, eine Mitte und ein Ende. Jede Zeiteinheit kann als in sich vollständig und erfüllt betrachtet werden. Gleichzeitig steht sie auch im Dienst der Erfüllung einer größeren Zeiteinheit.

Wir können damit experimentieren, indem wir bei jedem erlebten Dharma innerlich »erfüllt« sagen. Das Wort *erfüllt* funktioniert in dieser Übung wie eine Sonde, die herausfinden soll, ob sich das jeweilige Dharma in uns »ganz« oder noch unerfüllt anfühlt. Sie können das zum Beispiel beim Spazierengehen ausprobieren. Sagen Sie bei jedem Schritt, wenn Sie Ihren Fuß aufsetzen: »Erfüllt!« Gehen Sie zunächst ganz langsam. Die Abwärtsbewegung Ihres Körpers wird durch eine Energie ausgeglichen, die vom Fuß aus durch das Bein aufsteigt. Bemerken Sie, ob diese aufsteigende Sequenz irgendwo stecken bleibt – zum Beispiel in der Hüfte oder im Nacken – oder ob sie ganz bis zum Scheitel durchdringt. Hilft Ihnen das Wort *erfüllt* dabei, die Möglichkeiten des Genährtwerdens zu entdecken? Zeigt es Ihnen, was sich unvollständig anfühlt und wohin Ihre Energie im Körper strömen will, um zu einer Erfüllung zu gelangen?

Nehmen wir an, Sie wollen Ihre Idee, einen Geburtstagskuchen zu backen, in die Tat umsetzen. Dazu machen Sie verschiedene, miteinander verknüpfte Schritte: Sie erstellen eine Einkaufsliste, gehen in den Laden, kaufen die benötigten Lebensmittel, mischen die Zutaten, schieben die Kuchenform in den Ofen, riechen in der Küche köstliche Düfte, die Ihnen das Wasser im Mund zusammenlaufen lassen, nehmen den Kuchen, sobald er fertig ist, aus dem Ofen, verstecken ihn und überraschen schließlich das Geburtstagskind. Jeder dieser Schritte ist eine Mini-Sequenz, die sich in sich selbst vollständig anfühlen kann – und zusammengenommen ergeben sie eine Meta-Sequenz.

Stellen Sie sich nun vor, dieser Prozess wird unterbrochen. Das Telefon klingelt, während der Kuchen im Ofen ist, und nach einer Weile riecht es verbrannt und nicht mehr köstlich. Sie legen jetzt auf und retten den Kuchen. Beide Sequenzen – das Backen und das Telefongespräch – fühlen sich unvollständig an. Beim Multitasking ist es viel schwieriger, sich erfüllt zu fühlen. Warum? Uns entgeht leicht die Zufriedenheit des Vervollständigens, weil wir zwei oder mehr Sequenzen gleichzeitig mitverfolgen müssen. Dabei registrieren wir wahrscheinlich die eine Sequenz als eine Unterbrechung der anderen – und dann fühlt sich keine der beiden nährend an. Um Genährtsein und Erfüllung zu praktizieren, sollten wir uns deshalb zunächst zu einer Zeit auf nur eine Sache, nur eine Handlung konzentrieren.

Wir können diese Idee, sich in einem Moment auf nur eine Sache zu konzentrieren, noch etwas tiefer ausloten. Wir können jedes Dharma aus seiner Mittel-Zweck-Beziehung befreien. Statt das Einkaufen nur als Mittel zu betrachten, das mir später ermöglicht, die Zutaten zu mischen, und dann das Mischen der Zutaten als Mittel, die Backform zu füllen, können wir jedes Dharma als seinen eigenen Zweck verstehen. Dogen hat darüber in seiner berühmten Feuerholz/Asche-Analogie gesprochen. Er sagte: »Glaube nicht, dass die Asche nachher ist und das Feuerholz davor. Verstehe, dass das Feuerholz in sich selbst als Feuerholz verweilt und dabei vorher und nachher miteinschließt und gleichzeitig unabhängig von vorher und nachher ist. Auch die Asche verweilt in sich selbst als Asche und schließt dabei vorher und nachher mit ein.«[59]

Dharmas haben wir bisher immer als Inhalte des Bewusstseins verstanden, die dadurch »befreit« werden, dass wir sie im Kontext eines nicht-reaktiven, sich nicht einmischenden Gewahrseinsfeldes erleben. Das ist ein räumliches Verständnis. Mit der neuen Idee des Genährtwerdens durch erfüllendes Vervollständigen fügen wir unserem Verständnis eine zeitliche Dimension von Leiden und Befreiung hinzu.

Die geistige Grundhaltung von Befreiung besteht immer darin, unserem Erleben zu erlauben, so zu sein wie es genau jetzt zu dieser Zeit ist. Probieren Sie es aus! Wenn Sie dem Inhalt, der im Moment im Fokus Ihrer Aufmerksamkeit steht – das Buch oder der Bildschirm vor Ihnen, Ihre körperliche Haltung, die Geräuschkulisse draußen vor dem Fenster – erlauben, so zu sein, wie er ist, was stellt sich dabei für ein Gefühl ein? Bei mir ist es ein inneres »Ahhh!« – ein Loslassen von Spannung, wie subtil auch immer. In diesem Loslassen kommt etwas zur Erfüllung: Wir entlassen das Dharma in seinen »natürlichen«, unverstellten Zustand, der immer schon vollständig ist. Das Dharma erhält die Erlaubnis, so zu sein, wie es ist. Aber das Dharma ist ja nicht nur ein Objekt – dieser ganze Moment bin ich selbst. Das Dharma ist mein eigenes Erleben zu dieser Zeit – es gibt kein gesondertes, zusätzliches Ich. Wenn das Dharma die Erlaubnis hat, so zu sein, wie es ist, habe ich die Erlaubnis, so zu sein, wie ich bin.

Das ist das Thema von Dogens berühmtester Lehrschrift, dem »Genjo Koan«, das oft als das Koan des gelebten Lebens bezeichnet wird. *Genjo* bedeutet, »die Erscheinung zur Erfüllung zu bringen«, und *Koan* lässt sich als »das Besondere im Allumfassenden« übersetzen. Jedes Dharma wird dadurch zu einer räumlich »erfüllten« Ganzheit, dass wir es aus unserem Widerstand und unserer Anhaftung entlassen und es als Ausdruck eines allumfassenden Feldes erleben. Dogen sagt, dass die gesamte Welt in einem einzelnen Staubkorn präsent ist. Dieses Staubkorn, dieses Dharma, ist die Art, wie sich die gesamte Welt genau hier zu dieser Zeit manifestiert. Es fehlt nichts in dieser Situation – oder in irgendeiner Situation. Dieser Perspektivenwechsel verändert auch unser Selbstverständnis. Dogen sagt: »Ein Selbst mit sich herumzutragen und mit diesem Selbst die zehntausend Dharmas zu erleben ist Verblendung; wenn aber die zehntausend Dharmas hervortreten und sich als das Selbst erleben, das ist Erleuchtung.«[60] In diesem räumlich ausgedehnten Selbst kommt das, was von Moment zu Moment erscheint, zur Erfüllung. Das hat ganz wenig mit der Geschichte zu tun, die wir uns über uns selbst erzählen. Es ist stattdessen ein leiblich spürendes Ausgesetztsein und sinnliches Verarbeiten des Weltgeschehens.

Was hat Zeit und Sequenzieren mit dieser Praxis zu tun, mit der wir die Dharmas und das Selbst als Feld erleben? Dogen erklärt die Zeiterfahrung mit dem japanischen Wort *kyōryaku*. Der Philosoph und Dogen-Interpret Rolf Elberfeld hat diesen Begriff mit »ereignishaftem Verlaufen« ins Deutsche übersetzt.[61] Jeder Moment ist ein Dharma, das sich aus der Komplexität des Feldes heraus ereignet – unvorhersehbar und einzigartig. Und dieses Ereignis verändert wiederum das Feld. Aus dem veränderten Feld ereignet sich dann ein weiteres Dharma in einem endlosen Prozess von Veränderung verändernder Veränderung. Dogen präsentiert uns hier die Sichtweise einer unendlich in sich verwickelten und dynamischen Welt, in der Gelassenheit, Spontaneität, Gnade, glückliche Zufälle, Synchronizitäten, Intuitionen und Genährtsein nichts Außergewöhnliches sind, sondern ein Ausdruck dessen, wie die Dinge in Wirklichkeit existieren. Damit sich diese Qualitäten in unserer bewussten Erfahrung manifestieren können, müssen wir unsere Reaktivität aufgeben. Anhaftung und Widerstand verstopfen die Kanäle der Zeit und blockieren den Entfaltungsprozess unseres Lebens, der sich aus einer tieferen, geheimnisvollen Quelle speist. Genährtsein und das Gefühl von Erfüllung stellen sich ein, wenn wir mit dieser Quelle in Kontakt sind und sie fließen lassen.

Ein Dharma ist keine gefühlsneutrale Abstraktion, sondern ein erlebter Moment, der unsere körperliche Antwortfähigkeit miteinschließt. Im Zen gibt es eine sehr erdverbundene, scheinbar banale Antwort auf die Frage, wie sich das hochfliegendste aller spirituellen Ziele, Buddhas Erleuchtung, verwirklichen lässt: »Wenn du hungrig bist, iss; wenn du müde bist, geh schlafen.« Dieser provozierend simple Lehrsatz verankert den Akt der Befreiung in der Praxis des erfüllenden Vervollständigens und zeigt gleichzeitig, dass es sich um ein körperliches Vollziehen handelt. Es geht natürlich nicht nur darum, körperliche Bedürfnisse zu befriedigen, sondern darum, sich in jedem Handeln und jeder Beziehung genährt zu fühlen. Das Koan des gelebten Lebens besteht darin, von Moment zu Moment auf die Frage zu antworten, wie sich das, was erscheint, zur Erfüllung bringen lässt.

Dieses Erfüllen ist eine selbst-lose Praxis. Wenn wir in unserem leiblichen Spüren entdecken, dass wir uns durch sie wirklich genährt fühlen, transformiert sich dadurch unser besessenes Streben nach Glück und Genuss und unsere Furcht vor Kontrollverlust. Wir müssen unser Erleben jetzt nicht mehr so stark kontrollieren. Wenn wir unseren leiblich gespürten Empfindungssequenzen Raum geben und ihnen erlauben, sich körperlich Ausdruck zu verschaffen, brauchen wir auch keine Angst mehr zu haben, in den Augen anderer als wild (zu verrückt, zu sexuell) oder minderwertig (zu unkultiviert, zu unreif) zu erscheinen.

Unser Erleben erscheint jetzt im erweiterten Kontext des Kommens und Gehens aller Phänomene. Alles hat seine Zeit: Essen und Schlafen haben ihre Zeit, Geschirrwaschen hat seine Zeit, Sex hat seine Zeit, Arbeit hat ihre Zeit, Beziehungspflege hat ihre Zeit. Wie und warum sich diese zehntausend Dharmas, aus denen unser Leben besteht, ereignen, ist und bleibt ein Mysterium. Die Dharmas folgen ihrem eigenen Spannungsbogen und kreuzen einander. Sie manifestieren sich als leiblich gespürte Empfindungs-Sequenzen, die sich vervollständigen oder gegenseitig unterbrechen. Aufgrund unserer Anhaftung und unseres Widerstandes verlieren wir uns in ihnen oder fahren uns irgendwie fest – und dann fühlen wir uns in unserem Tun nicht genährt.

Je mehr wir lernen, kontinuierlich das zur Erfüllung zu bringen, was erscheint, desto mehr werden wir das Gefühl haben, genau das richtige Maß an Lustempfinden und Befriedigung zu erfahren. Leider klingt das unglaublich vage. Das Wichtigste jedoch ist, dass wir uns selbst vertrauen und uns nicht mit anderen Menschen und deren Erfahrung vergleichen. Die Praxis des Sequenzierens kann sehr, sehr präzise werden. Sie befähigt uns dazu, uns zu nähren – im Einklang mit unseren sich ständig wandelnden Empfindungen, unseren persönlichen Talenten und Bedürfnissen und unserer spezifischen Genussfähigkeit. Wir müssen nicht Außergewöhnliches erreichen, um zufrieden zu sein. Es reicht, einfach nur zur Erfüllung zu bringen, was erscheint, und dabei nicht an den Weg zu denken, der vor uns liegt.

EXKURS

Buddhismus und Psychotherapie

Der Buddhismus und die westliche Psychotherapie verfolgen das gleiche Ziel: Befreiung von unnötigem Leiden. Aber sie gehen diese Befreiung auf unterschiedliche Weise an. Es lohnt sich deshalb, beide Disziplinen so unvoreingenommen wie möglich auf ihre Wirksamkeit hin zu befragen. Wo liegen ihre jeweiligen Stärken, und wo haben sie blinde Flecken? Effektive psychotherapeutische Methoden, mit denen sich leiderzeugendes Verhalten verändern lässt, können meiner Meinung nach den buddhistischen Weg komplementär ergänzen. Sie können uns dabei helfen, in einer umfassenderen Weise mit unseren Gewohnheitsmustern zu arbeiten. Für Menschen, die unter den Folgen von Traumen leiden und Meditation und Achtsamkeit praktizieren, sind gute therapeutische Beratung und Begleitung besonders wichtig. Ich werde darauf später noch genauer eingehen.

Ausgehend von der Definition *Leiden = Gefühlte Intensität × Reaktivität* eröffnen sich drei Wege für Befreiung. Man kann (1) sich von Reaktivität befreien, (2) daran arbeiten, unliebsame Intensitäten zu verringern, oder (3) diese beiden Herangehensweisen kombinieren. Soweit ich sehe, folgen sowohl der westliche Buddhismus als auch die Psychotherapie in der Praxis dem dritten Weg. Allerdings betont der Buddhismus dabei die Befreiung von der Reaktivität, während es in der Psychotherapie in erster Linie darum geht, neue Verhaltens- und Denkweisen zu erproben, mit deren Hilfe in der Zukunft unnötige schmerzliche Erfahrungen vermieden werden können.[62]

Buddhistische Sichtweisen und Übungen sind, wie wir gesehen haben, darauf angelegt, zum einen Reaktivität loszulassen und zum anderen die Erfahrung nicht-reaktiver Gelassenheit für das eigene Leben produktiv zu machen. Zusammenfassend können wir sagen: Der Buddhismus unterstützt uns zwar darin, ein gutes Leben zu führen – in unserer heutigen Zeit bedeutet das so viel wie ein Streben nach körperlicher Gesundheit, ausreichender finanzieller Sicherheit, Zufriedenheit in unseren Beziehungen, emotionaler Ausgeglichenheit und Verbesserung unserer politischen, sozialen und ökologischen Situation –, aber er betont dabei, dass wir nie vollständige Kontrolle darüber erlangen können. Das Zen-Gedicht »Vertrauen in den Geist« drückt diese Haltung wie folgt aus:

> Der Buddha-Weg ist nicht schwierig:
> Hör einfach auf, wählerisch zu sein.
> Gib deine Vorlieben und Abneigungen auf,
> Und alles ist klar wie der Raum selbst.
> …
> Sobald du anhaftest oder zurückweist,
> Siehst du die Dinge nicht mehr, wie sie wirklich sind.[63]

In der westlichen Psychotherapie gibt es keinen vergleichbaren Anspruch, sich der eigenen Vorlieben und Abneigungen zu entledigen. Natürlich werden wir auch in der Psychotherapie dazu angehalten, unsere Präferenzen zu überdenken und sie unseren Lebensumständen anzupassen und ganz allgemein realistischere Erwartungen an das Leben zu entwickeln. Aber die psychotherapeutische Herangehensweise hinterfragt nicht grundsätzlich die Existenz eines Ichs, das Präferenzen hat. Sie unterstützt dieses Ich vielmehr darin, seinen Präferenzen in einem Prozess von Selbstverwirklichung und persönlichem Wachstum adäquaten Ausdruck zu verleihen. Das wesentliche Ziel in der Psychotherapie besteht also darin, unsere Lebensqualität zu verbessen. Wir lernen, unser Verhalten so zu ändern, dass es uns besser gelingt, schmerzvolle Erfahrungen zu vermeiden und insgesamt ein glücklicheres Leben zu führen. Wenn wir als Teil dieses Prozesses außerdem lernen, widrige Bedingungen zu tolerieren und zu akzeptieren, verbessert das unsere Lebensqualität noch zusätzlich. Anders als zum Beispiel ein *Sesshin* – ein siebentägiges Zen-Meditations-Retreat – arbeitet ein psychotherapeutisches Setting aber nicht mit absichtlich erzeugtem körperlichen Unbehagen; es wirft Klienten nicht in den inneren Schmelztiegel von leiblichen Intensitäten und reaktiven Energien.[64]

Schauen wir uns das am Beispiel chronischer Angstgefühle an. Im psychotherapeutischen Ansatz geht es darum, Wege zu finden, wie die Angst gelindert, kontrolliert oder transformiert werden kann. Der Klient berichtet die Angst als Problem, und der Therapeut stimmt dem zu, indem er sie behandelt und zu lindern oder zu beseitigen versucht. Im Gegensatz dazu lehrt uns die buddhistische Praxis, unserer Angst Raum zu geben. Der Buddhismus konfrontiert uns mit der wichtigen Frage, ob es wirklich nötig ist, ein Problem mit unserem Problem zu haben. Und darüber hinaus stellt er infrage, ob wir die Erfahrung, die wir »Angst« nennen, »persönlich« nehmen müssen. Sind die Empfindungen, die der Angst zugrunde liegen, vielleicht einfach nur ein normaler Ausdruck von Unbeständigkeit und Ungewissheit? Buddhistisch gesprochen ist eine Verringerung der Angst nicht das unmittelbare Ziel, sondern eher ein willkommener Nebeneffekt. Der Ansatz ist indirekt: Je weniger wir unseren problematischen Empfindungen Widerstand leisten, desto weniger Grund haben sie weiterzubestehen.

In der buddhistischen Praxis arbeiten wir in erster Linie mit Widerstand und Anhaftung und nicht mit den Inhalten, die wir ablehnen oder begehren. Mit anderen Worten: Der Buddhismus fokussiert weniger darauf, *was* wir erleben, und mehr darauf, *wie* wir mit unserem Erleben in Beziehung treten. Die Psychotherapie hilft uns dabei, unsere Lebensumstände und unser Selbstbild zu verbessern; sie arbeitet mit den *Inhalten* des Geistes. Der Buddhismus hingegen hält uns an, unsere Aufmerksamkeit zum *Feld* des Geistes zu verlagern. Das Feld ist die räumlich ausgedehnte, immer verfügbare Gewahrseins-Präsenz, die alle Inhalte gleichermaßen willkommen heißt. Indem wir erkennen, dass wir letztlich mit allen Inhalten einen Umgang finden können, erweisen sie sich als grundsätzlich unproblematisch. Der Buddhismus stellt damit infrage, ob überhaupt irgendetwas verbessert werden muss, bevor wir zufrieden sein können. Warum nicht dieses Erleben hier jetzt – also jedes Erleben – so akzeptieren, wie es im Feld des Geistes als Manifestation unserer Lebendigkeit zur Erscheinung kommt?

Diese Grundorientierung führt dazu, dass sich der Buddhismus kaum für Biografisches interessiert; er arbeitet mit dem, was hier und jetzt erscheint. Buddhistische Übungen erfordern in der Regel nicht, dass wir unsere persönliche Geschichte aufarbeiten, mit der wir ständig Vergangenheit, Gegenwart und Zukunft verknüpfen. Vergangene Ereignisse sind natürlich in unserer gegenwärtigen Erfahrung impliziert, aber sie brauchen für die Arbeit mit unserer augenblicklich gegenwärtigen Erfahrung nicht unbedingt expliziert zu werden.

Im Gegensatz dazu ist für die Psychotherapie die Vergangenheit für die Interpretation unseres gegenwärtigen Erlebens höchst aufschlussreich. Dem liegt die Idee zugrunde, dass wir als Kinder und Jugendliche in der Beziehung zu unseren Eltern oder anderen Bezugspersonen lernen, dass bestimmte Inhalte erlaubt und erwünscht sind, während wir andere besser vermeiden oder verdrängen sollten. Auf dieser Grundlage entwickeln wir ein System von Gewohnheiten, einen Charakter oder ein Selbstbild, die es uns erlauben, uns in unserer Umgebung stabil und sicher zu bewegen. Aber bestimmte kindliche Strategien erweisen sich im Erwachsenenleben als unnötige und schädliche Altlasten. Wenn wir uns zum Beispiel als Kind bestimmte Verhaltensweisen angeeignet haben, um mit elterlicher Gewalt zurechtzukommen, dann wählen wir vielleicht als Erwachsene unbewusst einen Ehepartner aus, von dem wir uns auch misshandeln lassen. Unbearbeitete Verhaltensmuster dieser Art führen oft zur unbewussten Wiederholung von unnötiger Intensität in unserem Erleben.

Der psychotherapeutische Ansatz kann uns dabei helfen, einen freundlichen Umgang mit unseren kindlichen Strategien zu entwickeln und sie dann einem Update zu unterziehen, sodass sie unser Erwachsenenleben sinnvoller unterstützen können. Im therapeutischen Prozess können wir neue erwachsene Fertigkeiten erwerben, die uns vielleicht noch fehlen: zum Beispiel die Fähigkeit, Grenzen zu markieren, zwischen Gefühlen und Verhalten zu unterscheiden oder in Konflikten konstruktiv zu kommunizieren. All dies trägt aus der Perspektive der Psychotherapie dazu bei, unsere Geschichte neu zu schreiben. Wir definieren in diesem Prozess neu, wer wir sind und welche Erfahrungsinhalte wir für ein gesundes, befriedigendes Leben als zuträglich erachten.

Natürlich ist es besser, uns selbst eine Geschichte zu erzählen, die unser Wohlergehen unterstützt, statt eine, die es unterminiert. Aber selbst die beste Geschichte ist und bleibt eine Selbst-Erzählung. Narrative Selbstbilder haben in bestimmten Kontexten Bestand, aber sie können in sich zusammenfallen, wenn sich die Umstände ändern, die wir als selbstverständlich vorausgesetzt haben. Eine existenzielle Krise – wie zum Beispiel ein Unfall, eine Scheidung, die Diagnose einer tödlichen Krankheit oder Umwälzungen in den politischen Verhältnissen – kann uns schnell die Begrenztheit und Zerbrechlichkeit unserer Selbst-Erzählung vor Augen führen. Dazu kommt, dass eine Erzählung nie alles umfasst. Es wird immer Erfahrungen geben, die unseren Präferenzen und unserem Selbstbild zuwiderlaufen. Psychotherapie kann hierbei also äußerst hilfreich sein. Wenn wir aber glauben, dass wir uns selbst oder die Welt erst reparieren müssen, um glücklich sein zu können, verheddern wir uns leicht in einem endlosen Selbst- oder Weltverbesserungsprojekt. Wir tappen in die Falle, Freiheit und Zufriedenheit unendlich aufzuschieben, weil es natürlich immer etwas gibt, das sich noch nicht ganz richtig anfühlt.

Genau hier reicht uns die buddhistische Sichtweise eine rettende Hand. Wenn wir uns mit dem Feld des Geistes verbinden, können wir den Wunsch nach Verbesserung unserer Erfahrungsinhalte weitgehend fallen lassen. Das Feld eröffnet uns die Erfahrung bedingungsloser Lebendigkeit – eine Lebensfreude, die sich aus nichts anderem speist als der Tatsache, einfach am Leben zu sein. Genau darauf zielt die Zazen-Haltung des nicht-korrigierenden Geistes ab. Mehr und mehr nehmen wir eine Grundhaltung ein, in der wir die Dinge so akzeptieren, wie sie sind. Bestimmte Erfahrungen sind sehr intensiv und verstörend – na und? So ist es eben. Obwohl bestimmte leidvolle

Erfahrungsinhalte aus unserem Selbstbild ausgeklammert sind – mit anderen Worten, wir lehnen sie ab, wir beschweren uns über sie oder geben anderen die Schuld dafür, dass wir sie durchleben müssen – erkennen wir jetzt, dass sie tatsächlich hier und jetzt im Feld unseres eigenen Geistes gegenwärtig sind. Je genauer wir hinschauen, desto schwieriger wird es, einen Unterschied zwischen dem Feld und seinen Inhalten auszumachen. Die Erfahrungsinhalte – ob gut oder schlecht, bewusst oder unbewusst – sind die Tatsächlichkeit unserer Erfahrung, und unsere Praxis besteht hauptsächlich darin, unseren Widerstand beziehungsweise unsere Anhaftung loszulassen. Aus buddhistischer Sicht bedeutet Befreiung, dass wir unsere Probleme immer weniger als eine Frage der Identität oder als Material für fortschreitende Selbstfindung oder Selbstverbesserung betrachten. Und dadurch öffnet sich die Tür zu einem immer pragmatischeren Umgang mit unseren Problemen.

Die moderne Traumaforschung zeigt, dass dieser Ansatz physiologische Grenzen hat. Ein Trauma ist eine Erfahrung, die in ihrer Intensität so überwältigend ist, dass wir nicht nur nicht willens, sondern schlicht nicht fähig sind, in ihr leiblich spürend präsent zu bleiben. Wenn das passiert, wird die Intensität nicht adäquat verarbeitet und kann sich deswegen anschließend »in einem ungelösten Zustand andauernder dysfunktionaler Aktivierung« des Nervensystems verkapseln.[65] Diese verkapselte Aktivierung bleibt latent, bis sie durch entsprechende Umstände getriggert wird, was dann eine Vielfalt von Problemen nach sich ziehen kann. Die Symptome variieren in ihrer Schwere, können aber so schlimm sein, dass sie Menschen körperlich, kognitiv, psychologisch und auf der Beziehungsebene regelrecht handlungsunfähig machen. Das Phänomen Trauma zeigt die psycho-biologischen Grenzen des menschlichen Nervensystems auf. Es gibt Grade von Reaktivität, die Menschen nur in speziellen therapeutischen Settings loslassen können – oder in bestimmten Fällen überhaupt nicht.

Damit Traumabewältigung gelingen kann, ist es essenziell, die mit dem Trauma verbundenen schmerzvollen und tief verstörenden Empfindungen tolerieren zu lernen und in ihnen leiblich spürend präsent bleiben zu können. Dadurch können die abgespaltenen Empfindungen integriert und die abgekapselte Energie ins Fließen gebracht werden. Achtsamkeit – vor allem wenn sie Leiblichkeit betont – scheint dafür also genau die richtige Übung zu sein. Durch das Trauma kann sich der Körper allerdings in ein Minenfeld von überwältigenden Empfindungen verwandelt haben. Dem natürlichen Selbsterhaltungstrieb folgend wurden diese Empfindungen aus dem Bewusstsein verdrängt. Sie jetzt durch Achtsamkeit – in einer offenen, unstrukturierten Weise und noch dazu alle auf einmal – wieder ins Bewusstsein einzuladen, kann deshalb retraumatisierend wirken. Aufgrund dieses Dilemmas sollten Meditations- und Achtsamkeitspraktiken bei Menschen, die traumatisiert sind, mit Vorsicht angewandt und so angepasst werden, dass eine Retraumatisierung vermieden wird.[66]

Diesseits der physiologischen Grenze, die im Trauma sichtbar wird, gibt es auf dem buddhistischen Weg außerdem eine psychologische Falle, die als »spirituelles Bypassing« bezeichnet wird. Es handelt sich um ein mehr oder weniger bewusstes Umschiffen von schwierigen Erfahrungen auf dem spirituellen Übungsweg. Das kann mit einem Trauma zusammenhängen oder einfach mit unseren normal neurotischen Vermeidungsstrategien. Wir können unsere Vertrautheit mit dem Feld des Geistes dazu verwenden, die leiderzeugenden Muster, die wir um unsere schmerzvollen Empfindungen herumgebaut haben, zu ignorieren. Dadurch wird die Meditations- und Achtsamkeitsübung selbst zu einer Vermeidungsstrategie. Die geistige Haltung des spirituellen Bypassings könnte sich zum Beispiel so anhören: »Wenn ich mich im Feld des Geistes niederlasse, fühle ich mich so friedvoll, neutral und frei, dass sich alles in Wohlgefallen auflöst. Ich schwebe in einer großen, weiten Leere und akzeptiere mich ganz so wie ich bin. Dass ich im Alltag weiterhin mit emotionalen Mustern und traumatischen Abkapselungen zu tun habe, ist Teil der menschlichen Natur. Das kann und brauche ich nicht zu verändern, auch wenn manche meiner Muster andere Menschen verletzen oder ihnen sogar Schaden zufügen. Ich bin mit diesen Mustern nicht mehr identifiziert, und ich habe kein Problem damit, dass sie hin und wieder aktiviert werden. Wenn du ein Problem mit ihnen hast, solltest du vielleicht an deiner eigenen Akzeptanz-Fähigkeit arbeiten.«

Wenn es uns gelingt, sowohl auf unserem Sitzkissen als auch im Alltag immer gelassener zu werden – also Nicht-Reaktivität und Nicht-Identifikation zu verwirklichen –, bedeutet das nicht automatisch, dass wir uns auch gekonnt durch alle Lebenssituationen bewegen und nie mehr irgendjemand verletzen. Weil wir frei sind, sind wir grundsätzlich nicht verpflichtet, an unseren Gewohnheitsmustern zu arbeiten, unser Leben zu verbessern oder andere vor Schaden zu bewahren. Buddhistisch gesehen bleibt unsere Befreiung allerdings unvollständig, wenn wir den Effekt, den wir auf andere haben, ignorieren und uns der Arbeit an uns selbst verweigern. Mitgefühl ist, wie wir noch ausführlich in Teil 4 dieses Buches besprechen werden, ein wesentlicher Bestandteil des Weges. Je mehr wir im Feld des Geistes verankert sind, desto empfindsamer sind wir nicht nur für unseren eigenen Schmerz, sondern auch für die Schmerzen anderer.

Befreiung erschöpft sich nicht in Nicht-Reaktivität und Nicht-Identifikation. Diese inneren Qualitäten sollten wir vielmehr als Instrumente für mitfühlendes Handeln betrachten. Freiheit von Reaktivität kann in Tatenlosigkeit münden – man akzeptiert alles einfach so, wie es ist. Sie kann aber auch dazu dienen, etwas gegen den Schmerz zu tun, die andere Wurzel des Leidens. Der Buddhismus schreibt uns nicht vor, was es für uns zu tun gibt. Stattdessen sind wir aufgefordert, genau zu beobachten, wie in unserem resonanzfähigen Körper spontan die Absicht entsteht, in uns selbst und bei anderen das Leiden zu lindern. Das kann auf der Grundlage der Definition *Leiden = Schmerz × Widerstand* zwei Formen annehmen: (1) Gutes tun und Schaden vermeiden, was gleichbedeutend ist mit Schmerzen verringern und Wohlbefinden steigern, und (2) anderen die Dharma-Lehre nahezubringen, also die Kunst, Widerstand und Anhaftung aufzugeben.

Indem wir unsere eigenen neurotischen Strukturen studieren und sie durch hilfreichere Verhaltensformen ersetzen, indem wir uns also sozial verträglicher machen, erleichtern wir anderen das Leben. Auf unserem buddhistischen Übungsweg können uns psychotherapeutische Methoden bei dieser Absicht unterstützen. Wenn es wirklich so ist, dass wir nicht mehr an unseren neurotischen Persönlichkeitsmustern anhaften, warum sollten wir dann nicht damit aufhören, sie ständig neu auszuagieren? Warum benutzen wir unsere neu gewonnene Freiheit nicht dazu, uns selbst und andere vor so viel Unannehmlichkeit wie möglich zu bewahren, auch wenn wir unsere problematischen Persönlichkeitsaspekte bereits akzeptiert und kein grundsätzliches Problem mehr mit ihnen haben? Das Gleiche gilt für gesellschaftliche Muster, die einer großen Zahl von Menschen und nicht-menschlichen Lebewesen erhebliches Leiden zufügen. Wir können unsere Freiheit – unsere Fähigkeit zur Nicht-Reaktivität – nutzen, um sozialen Wandel in der Welt anzustoßen. Worum wir uns kümmern und welche Themen und Bereiche wir anderen überlassen, steht uns frei. Welchen Weg wir auch immer einschlagen, wir leben mit den Konsequenzen unserer Entscheidung.

TEIL 3

WEISHEIT

13

Was ist Weisheit?

Befreiung ist eine Voraussetzung für Weisheit, und Weisheit ist ein Ergebnis der Befreiung. Die Leitfrage für die Praxis von Weisheit ist: Wie kann ich im Einklang mit den Dingen handeln, so wie sie wirklich sind? Solange ich in meine reaktiven Muster verstrickt bin, ist mein Geist dafür nicht offen genug; stattdessen werde ich alles tun, um die Dinge in Einklang mit meinen eigenen Vorlieben und Abneigungen zu bringen.

In einer Koan-Geschichte fragt ein Mönch Zen-Meister Yunmen nach der Essenz der Lehre, die Buddha im Verlauf seines Lebens entwickelt hat. Und Yunmen sagt: »Eine angemessene Antwort.«[67]

Angemessenheit ist das zentrale Konzept der westlichen Rhetorik, der antiken Lehre der Redekunst. Meine Rede, so die Grundidee, ist nur dann wirksam, wenn sie in der richtigen Beziehung zu mir (dem Redner oder der Rednerin), meinem Publikum, dem Gegenstand und der Situation steht, in der die Rede gehalten wird. Im Zen gibt es eine ähnliche Idee, die jedoch über das Reden hinausgeht und alle Formen menschlichen Ausdrucks mit einbezieht. Jeder Gedanke, jedes Sprechen und jedes Handeln unterliegt dem Kriterium der Angemessenheit; und das nicht nur in Hinsicht auf die obengenannten vier Variablen, sondern in Bezug auf die gesamte

Welt – die »zehntausend Dharmas«, wie es in der Zen-Tradition heißt. Die Frage lautet dann: Wie können wir uns in ständiger Resonanz mit den zehntausend Dharmas bewegen? Wie können wir die zehntausend Dharmas so in uns versammeln, dass unser Antwortgeben aus ihnen hervorgeht und dadurch angemessen ist?

Weil alles komplex ist und sich in ständiger Veränderung befindet, können wir nicht im Voraus wissen, was die sogenannte richtige Antwort ist. Jeder Moment ist einzigartig und letztendlich unvorhersehbar. »Wissen« bedeutet, die Gegenwart auf der Grundlage der Vergangenheit zu leben. Manche sagen, dass Big Data unsere heutige Situation grundlegend verändert hat. Es hat sich ja inzwischen zum allgemeinen Entsetzen herumgesprochen, dass unser Facebook Account uns besser versteht als unsere Freunde und Freundinnen, unsere Ehepartner und sogar wir uns selbst. Für bestimmte Anwendungen – ob wohlmeinend oder manipulativ – mögen statistische Wahrscheinlichkeiten gut genug sein, aber über diese eine, einzigartige Handlung hier jetzt können sie nichts Definitives sagen. Was bringt mich in Einklang mit dieser jetzigen Situation? Welche Handlung ist angemessen, und welche Worte und Gesten bringen sie angemessen zum Ausdruck?

Im Zen sagen wir: »Nicht-Wissen ist das Innig-Vertrauteste.« Diesem Satz sind wir bereits im ersten Teil des Buches begegnet. Wir dürfen das Nicht-Wissen, von dem hier die Rede ist, nicht mit Ignoranz verwechseln. Nicht-Wissen ist nicht die Abwesenheit, sondern eine tiefe Neubestimmung von Wissen. In der Haltung des Nicht-Wissens geben wir die Idee auf, dass etwas im Vorhinein oder ein für alle Mal gewusst werden kann – oder dass das Wissen der Vergangenheit uns ausreichend Orientierung für die Gegenwart und Zukunft geben könnte. Im

Nicht-Wissen schlummert eine andere Art von Wissen – ein Wissen, das nicht aus Begrifflichkeiten und gewohnten Sichtweisen besteht, sondern immer neu aus der Resonanzfähigkeit mit einer impliziten Ordnung hervorwächst.

Das Wort *Intuition* scheint hier zu passen; und es ist in westlichen Übersetzungen von Zen-Texten viel verwendet worden. Es verweist auf Bewusstseinsinhalte, die kontextuell und nicht-linear aufblitzen. Intuitionen treten oft mit der Autorität situativer Wahrheit auf – einer Autorität, der spirituell veranlagte Menschen meinen, gehorchen zu sollen oder sogar zu müssen, während Rationalisten sie – man kann es sich denken! – für irrational halten. Aber um eine erste Ahnung von der Geisteshaltung des Nicht-Wissens zu bekommen, ist es hilfreich, sie als einen Strom von Intuitionen zu charakterisieren. Und wenn wir zudem aufhören, Intuitionen als irrational abzutun, können wir uns fragen, wie sie in unserem Bewusstsein erscheinen und welchen Stellenwert wir ihnen in unserer Erfahrung geben sollen.

Der chinesische Zen-Meister Nanquan sagte: »Der Weg liegt weder im Wissen noch im Nicht-Wissen. Wissen ist irreführendes Bewusstsein, Nicht-Wissen ist Teilnahmslosigkeit.«[68] Wissen bezieht sich auf die Strukturen begrifflicher Wissensinhalte, unsere Identifikation mit ihnen und darauf, wie sie uns von direktem Erleben entfremden. Ohne begriffliches Verstehen bleibt unsere Erfahrung jedoch unartikuliert und unkommunizierbar. Wie stehen begriffene und unbegriffene Erfahrung miteinander in Beziehung? Wie erwächst Begrifflichkeit aus dem Unbegriffenen? Diesen Fragen in der eigenen Erfahrung nachzugehen ist ein Weg – ein transformativer Prozess –, denn am Anfang unserer Suche nach Weisheit stehen normalerweise unsere Verstricktheit ins begriffliche Denken und unsere Anhaftung an die Glaubensüberzeugungen, die dieses Denken produziert.

Schauen wir uns das genauer an, indem wir zu Dogens berühmten Ausführungen zum Ergründen und Vergessen des Selbst zurückkehren, die ich im ersten Exkurs (Seite 146) vorgestellt habe. Unsere bisherige Untersuchung des Leidens und des buddhistischen Befreiungsweges hat uns gezeigt, dass wir Selbst-Vergessenheit als ein Aufgeben der Selbst-Position verstehen können, die wir durch unsere Reaktivität kreieren. Wenn wir die Selbst-Position aufgeben, erscheint ein gelassener, sich nicht einmischender Geist – und durch ihn erlauben wir den zehntausend Dharmas hervorzutreten und sich als das Selbst zu erleben.

Das Selbst, das wir auf dem Buddha-Weg ergründen, und das Selbst, das von den zehntausend Dharmas ungetrennt ist, ist nicht das gleiche Selbst. Das Selbst transformiert sich im Durchgang durch einen Prozess, den Dogen wie folgt charakterisiert: »Unser eigener Körper und Geist und der Körper und Geist der Welt um uns herum fallen ab.« Das heißt: Die Unterscheidung zwischen Selbst und Welt, zwischen Subjekt und Objekt, löst sich auf. Wenn das geschieht, klammern wir uns nicht einmal mehr an eine Vorstellung von Erleuchtung. Und diese Art von Offenheit und Resonanzfähigkeit mit der sich von Moment zu Moment entfaltenden Komplexität der Situation setzt sich unendlich fort. Dogen nennt das »Spurlosigkeit«. Es ist eine Form von Ausdruck, die an keine bestimmt Idee gebunden ist, nicht einmal die Idee der Erleuchtung. Es gibt kein Ende, kein Ankommen, nur ein unendliches, unvorhersehbares Sichentfalten von Situation zu Situation.

Das Geheimnis der Weisheit, so wie sie im Zen gelehrt wird, können wir also nur lüften, wenn wir lernen, uns nicht selbst im Weg zu stehen. Was Weisheit ist, können wir mit Worten nicht definieren, aber wir können die Weisheit einladen, sich von Moment zu Moment zu zeigen, indem wir uns selbst aus der Gleichung herausstreichen. Es ist nicht leicht zu verstehen, wie das gehen soll, und deshalb bleibt Weisheit so schwer fassbar. Sobald wir sie festlegen und besitzen wollen, entzieht sie sich schon wieder.

Eine typische Zen-Antwort auf die Frage *Was ist Weisheit?* ist »Ich weiß nicht.« Es wäre töricht, diese Antwort als ein Eingeständnis von Unwissenheit zu verstehen. Für jemand, der sich noch nicht auf die Suche nach Weisheit gemacht hat, könnte das vielleicht der Fall sein, aber ein wirklich weiser Mensch drückt damit etwas ganz anderes aus. »Ich weiß nicht« fasst kurz und bündig zusammen, was für die Kultivierung von Weisheit essenziell ist: Wir müssen vergessen, was wir zu wissen glauben, und wir müssen darüber hinaus das Selbst vergessen, das glaubt, dieses Wissen zu besitzen.

Wenn Nicht-Wissen so entscheidend ist, was lässt sich dann überhaupt sagen, um diesen »negativen Raum« der Weisheit weiter auszuloten? Eine ganze Menge. Wir müssen uns dabei nur bewusst sein, dass das Gesagte nicht der negative Raum selbst ist. Idealerweise lässt das, was wir über die Weisheit sagen, diesen negativen Raum klarer hervortreten. Aber wie in der Betrachtung eines Kunstwerkes braucht es einen Perspektivwechsel, um den negativen Raum zu sehen, der sich in der Offensichtlichkeit des positiven Raums versteckt hält. Sobald wir ihn sehen, können wir ihn nicht mehr aus der Wahrnehmung verbannen.

Wenn wir nicht im Voraus wissen können, was der angemessene Ausdruck in dieser Situation hier jetzt ist, wie bringen wir dann zum Ausdruck, was gesagt und getan werden muss? Wir müssen die zehntausend Dinge hervortreten lassen und uns von ihnen die richtige Richtung weisen lassen. Wir müssen sie kommen lassen. Das ist ein Akt des Hinhörens und Vertrauens. Es ist eine Art Improvisation. Die buddhistische Lehre stärkt unser Vertrauen ins Improvisieren unter anderem dadurch, dass sie uns sagt, worin wir *kein* Vertrauen setzen sollten. Dogens Ausspruch »Das Selbst ergründen heißt das Selbst vergessen« weist in diese Richtung. In den folgenden Kapiteln werden wir eine Auswahl von buddhistischen Lehren anschauen und rekonstruieren, die den Ansatz des »Ergründens und Vergessens« auf die folgenden Grundbegriffe anwenden: Realität, Wahrheit, begriffliches Denken, Selbst, Bewusstsein, Körper und Dinge. Diese Grundbegriffe spielen eine zentrale Rolle in unserem letztlich fehlgeleiteten Versuch, unergründbare Komplexität in begreifbares Wissen zu überführen. Nachdem wir ein besseres Verständnis für den nicht-begrifflichen »negativen Raum« der Weisheit gewonnen haben, können wir anschließend fragen, wie sich das Nicht-Wissen im Körper *anfühlt* und wie das unseren Umgang mit dem begrifflichen Denkbewusstsein transformiert.

Das buddhistische Motto für die Praxis von Weisheit – *mit den Dingen im Einklang zu leben, so wie sie wirklich existieren* – impliziert die Diagnose, dass wir üblicherweise in Verblendung leben und nicht wissen, wie die Dinge wirklich existieren. Beginnen wir also diesen Praxisweg des Ergründens und Vergessens damit, dass wir folgende Frage stellen: Wie existieren die Dinge in Wirklichkeit? Und: Können wir das überhaupt wissen? Die vorläufige Antwort darauf ist: Nein!

Die Wirklichkeit ist unserem Denken und unserer Wahrnehmung entzogen.

14

Die Wirklichkeit entzieht sich

Wirklichkeit ist immer mehr als das, was wir über sie denken oder sagen können. Die buddhistische Lehre, die sich meiner Meinung nach am besten dafür eignet, diesen Punkt zu klären, ist die Lehre der *Fünf Dharmas.* Sie taucht im Lankavatara Sutra auf, einem Text, der in der Zen-Tradition besonders wertgeschätzt wird. Bodhidharma, die legendenumwobene indische Gründerfigur der Zen-Schule in China, soll dieses Sutra seinem Dharma-Nachfolger Huike mit den Worten übergeben haben, er würde in diesem Buch alles finden, was er wissen müsse. Wie so viele buddhistische Lehren sind die Fünf Dharmas in Form einer Liste organisiert:

Erscheinung
Name
Unterscheidung
Rechtes Wissen
Soheit

Erscheinung

Der Begriff *Erscheinung* bezieht sich auf alles, was über die Sinne als Sinnesempfindung zur Erscheinung kommt. Die Welt offenbart sich durch die fünf körperlichen Sinne – Sehen, Hören, Riechen, Schmecken und Fühlen – und durch den Geist als dem sechsten Sinnesorgan. Die Liste der sechs Sinne beginnt üblicherweise mit dem Sehen, wahrscheinlich weil es der für uns menschliche Wesen dominante Sinneskanal ist. Von der Evolution und der persönlichen Erfahrung her betrachtet sollte die Liste jedoch mit dem Fühlen beginnen. Fühlen schließt sowohl den Tast- und Berührungssinn als auch den ganzen Bereich der Propriozeption ein, also die Eigenwahrnehmung des Körpers. In allen Lebewesen ist Fühlen der grundlegendste sensorische Mechanismus. Alle anderen Sinnesfelder sind Weiterentwicklungen des Fühlens. Im Buddhismus werden Lebewesen unter anderem deshalb als »fühlende Wesen« bezeichnet.

Wen schließen wir in dieses Reich der fühlenden Wesen ein? Anthropozentrisch wie wir sind, denken wir natürlich zuerst an uns selbst. Neben uns Menschen gehören dann noch die Säugetiere dazu, aber das war nicht immer der Fall. Die Einstellung zu Tieren im frühen Buddhismus ist komplex und manchmal widersprüchlich; eine weit verbreitete Sichtweise war, dass Tiere ein »unglückliches Schicksal« als Vergeltung für schlechtes Karma aus früheren Leben zu durchleben hatten.[69] Sie wurden zwar als »fühlend« angesehen, hatten aber einen niedrigen Status. In der modernen westlichen Philosophie erging es Tieren noch schlechter, besonders nachdem im Anschluss an die Lehre des französischen Philosophen René Descartes (1596–1650) die Ansicht populär wurde, dass Tiere nur seelenlose Maschinen seien. Es brauchte lange, bevor in der westlichen Kultur allgemein anerkannt wurde, dass Delphine und Elefanten Gefühle haben, dass Kühe und Schweine gut behandelt werden sollten. Obwohl wir in dieser Beziehung vergleichsweise weit gekommen sind, sind Nutztiere nach wie vor menschlicher Brutalität ausgesetzt, und wir vernichten weiter den Lebensraum von nicht-menschlichen Lebewesen ohne Rücksicht auf ihre Gefühle. Welche Tierarten betrachten wir neben den Säugetieren noch als fühlende Wesen? Hühner, Eidechsen, Insekten? Schließen wir Pflanzen und Pilze ein? Oder gar Einzeller wie Bakterien?

Jedem sinnlichen Empfinden liegt eine Art von Berührung zugrunde: Etwas kommt in Kontakt mit einem Rezeptor. Wir sind mit diesem Etwas aber nie direkt in Berührung. Zum Beispiel befinden sich die Nervenenden in unserer Hand nicht an der Außenseite der Haut. Sie registrieren bestimmte Muster von Druckeinwirkungen im Inneren der Hand, und was dann zur Erscheinung kommt, basiert auf den elektrischen Signalen, die von unseren Nerven differenziert und zur Weiterverarbeitung ans zentrale Nervensystem weitergeleitet werden. Das Gleiche gilt für die anderen Sinneskanäle. In unserem Erleben von Farben, Geräuschen, Gerüchen, Geschmacksnoten und Gedanken sind wir immer schon einen Schritt von den Dingen, wie sie wirklich existieren, entfernt. Sobald wir verstehen, dass das Nervensystem auf diese Weise funktioniert, ist es eigentlich klar, dass wir die Wirklichkeit immer nur aus einer gewissen Distanz interpretieren. Wir glauben jedoch für gewöhnlich, dass das, was wir sehen, hören, schmecken, riechen, fühlen und denken, die Wirklichkeit selbst ist.

Alle fühlenden Wesen leben in unterschiedlichen Welten. Jedes Lebewesen lebt in der Welt, die ihm durch sein Sensorium erscheint. Eine Bakterie lebt in einer Welt von Unterschieden zwischen chemotaktisch wahrgenommenen Nährstoffkonzentrationen; für Menschen ist die Welt eine Kombination aus Farben, Geräuschen, Geschmacksnoten, Gerüchen, Berührungen, Gefühlen und Ideen. Eine farbenblinde Person sieht die Welt anders. Eine Fledermaus »sieht« ihre Welt in den Tönen ihres Echoortungssystems. Hunde und Katzen hören Ultraschallwellen, das heißt, sie hören viel höhere Frequenzen als Menschen. Wir können aus unseren wissenschaftlichen Beobachtungen schließen, dass in einer Hunde- oder Katzenwelt Fledermäuse nicht geräuschlos durch den Himmel fliegen. In der menschlichen Welt hingegen spielen Begriffe und sprachlicher Ausdruck eine größere Rolle als in der Tierwelt. Und das bringt uns zum nächsten Punkt auf der Liste: der Funktion von Namen.

Name

Stellen wir uns vor, dass wir einen Apfel essen. Auf der Ebene der Erscheinungen sehen wir eine Kombination aus Grün, Gelb- und Rottönen. Wir hören ein knackendes Geräusch, wenn wir in den Apfel hineinbeißen. Eine süße und eine saure Geschmacksnote tauchen auf sowie ein bestimmter Geruch. Die Berührung der Hand mit der Außenhaut des Apfels hinterlässt einen anderen Eindruck als die Berührung der Lippe mit dem saftigen Fruchtfleisch. Und schließlich gibt es noch den Apfel als Idee. Mit ihr fassen wir die Erscheinungen aus den fünf Sinneskanälen zu einem einheitlichen Objekt zusammen. Wir können mit dieser Idee auch eine Zeichnung oder Skulptur als Apfel erkennen – trotz der erheblichen Unterschiede im Material. Wir haben außerdem ein Handlungswissen darüber, was man alles praktisch und spielerisch mit einem Apfel anstellen kann: ihn essen, seinen Saft auspressen oder ihn zum Jonglieren mit vier anderen Äpfeln in die Luft werfen. Das Objekt, das all diese Aspekte einschließt, kann dann den Namen *Apfel* erhalten – oder *apple* beziehungsweise im Japanischen *ringo*, je nachdem, welche Sprache wir sprechen.

Es ist nicht notwendig, dass alle Sinneskanäle in Aktion sind, um zu wissen, dass wir es mit einem Apfel zu tun haben. Einfach nur die Form und Farbe des Apfels zu sehen, reicht aus, um seinen Namen im Bewusstsein aufsteigen zu lassen. Weil die anderen Sinnesfelder für das Benennen nicht unbedingt gebraucht werden, vernachlässigen wir sie oft und nehmen zum Beispiel Gerüche und Geschmacksnoten manchmal gar nicht mehr richtig wahr.

Ich erinnere mich an eine Situation, in der ich einem Freund ein Glas hausgemachten Apfelsaft anbot. Er fragte mich: »Was ist das?« Er konnte den Apfelgeruch nicht identifizieren, als er sich das Glas direkt unter die Nase hielt. Als ich die Saftflasche zuvor aus dem Kühlschrank geholt hatte, war ich mir auch nicht sicher, was drin war, denn die Flasche hatte kein Etikett. Aber im Unterschied zu meinem Freund konnte ich am Geruch erkennen, dass es sich um Apfelsaft handelte. Erst als ich die Frage meines Freundes mit »Apfel« beantwortet hatte, war auch er in der Lage, den Geruch wiederzuerkennen. »Ja, stimmt«, sagte er – und in diesem Moment verknüpfte sich sein gegenwärtiges Erleben mit vergangenen Erfahrungen, die auch unter die Kategorie *Apfel* gefallen waren.

Das Faszinierende im Vorgang des Benennens ist, dass der Name die Unmittelbarkeit der Erscheinung ersetzen kann. Die Unmittelbarkeit kann von ihm verdeckt werden. Es ist fast so, als wäre unser Bewusstsein gar nicht richtig daran interessiert, Gegenstände vollständig sinnlich wahrzunehmen, und als wollte es stattdessen so schnell wie möglich zum Benennen übergehen. Wie im vorangegangenen Abschnitt besprochen, sind wir in der sinnlichen Erfahrung bereits durch einen Schritt vom Apfel, wie er in Wirklichkeit existiert, getrennt, und jetzt entfernen wir uns im Benennen noch einen weiteren Schritt. Und so geht es weiter und weiter. Der nächste Schritt, mit dem wir uns von der Wirklichkeit entfernen, wird in der Lehre der *Fünf Dharmas* als Unterscheidung bezeichnet.

Unterscheidung

Unterscheidung bedeutet hier: Wir definieren etwas durch das, was es nicht ist. Wir leben in einer Welt von Gegensätzen: gut/schlecht, Mann/Frau, Himmel/Erde. Es gibt in der menschlichen Welt ganz viele sogenannte Dinge, die völlig immateriell sind. Sie bestehen aus rein begrifflichen Unterscheidungen. 2019 gab es in den USA eine Debatte darüber, ob bestimmte Amtshandlungen des Präsidenten zu einem Absetzungsverfahren führen sollten. Der amerikanischen Verfassung zufolge können folgende Rechtsverletzungen ein Absetzungsverfahren in Gang setzen: Hochverrat, Bestechung sowie andere schwerwiegende Straftaten und Amtsvergehen. Um diese vier Rechtsverstöße zu definieren, brauchen wir vier gegenteilige und eine Reihe von benachbarten Begriffen, um sie von anderen Gesetzesübertretungen differenzieren zu können. Unsere Sprache und daher auch unser Denkbewusstsein funktionieren auf der Grundlage eines Systems von Differenzen. Wir erkennen etwas als etwas Bestimmtes, indem wir verstehen, was es nicht ist.

Eine solche grundlegende Differenz ist die Unterscheidung zwischen Ich und Welt. Diese Unterscheidung kann sich sehr fest und stabil anfühlen, aber bei genauerer Betrachtung zeigt sich, dass sie viel weniger statisch ist, als wir gemeinhin glauben. Unser Auto gehört uns nicht nur als ein Besitzgegenstand, wir haben beim Fahren auch ein Gefühl dafür, wie lang und breit es ist und ob es zum Beispiel hier in diesen Parkplatz hineinpasst oder nicht. Dieses Phänomen ist als »Einleibung«[70] bezeichnet worden; das Auto ist quasi eine Erweiterung unseres leiblich gespürten Körpers. Es kann außerdem auch Teil unseres Selbstbildes und gesellschaftlichen Status sein. Aber schon im nächsten Moment, wenn das Auto sagen wir auf eisiger Fahrbahn zu schlittern beginnt, kann es sich in einen von uns klar unterschiedenen Gegenstand verwandeln – in ein Objekt, das uns als ein Anderer gegenübersteht und das wir verzweifelt unter Kontrolle zu bringen versuchen. Auf vergleichbare Weise kann der Körper Teil unseres Ich-Gefühls sein. Aber manchmal identifizieren wir uns nur mit dem Geist – und der Körper wird, zum Beispiel wenn er krank ist oder sich unserem Willen nicht beugen will, zu einem verdinglichten Objekt – zu etwas von uns Verschiedenem.

Die Welt ist nicht von sich aus in unabhängige Dinge unterteilt. Gemäß der Lehre der *Fünf Dharmas* sind Objekte durch drei Faktoren konstituiert: (1) ihre sechsfache Erscheinung im Sinnesapparat, (2) die Namen, mit denen wir diese Erscheinungen zu einem Begriff zusammenfassen und (3) die Unterscheidung dieser Begriffe von anderen Begriffen.

Wir können jetzt noch eine vierte Ebene hinzunehmen, die ich wahlweise als »Erzählung«, »Geschichte« oder »Narrativ« bezeichne. Vielleicht sollten wir die Lehre aktualisieren und in Zukunft von den *Sechs Dharmas* sprechen. Begrifflich gefasste Objekte basieren auf einem abstrakten System von Unterscheidungen und Gegensätzen; mithilfe von Erzählstrukturen verorten wir sie dann noch zusätzlich in der Raum-Zeit konkreter

Situationen. Wenn wir eine Erzählung für die Wirklichkeit halten und ihr vielleicht sogar Wahrheitsstatus zuschreiben, haben wir uns einen weiteren Schritt von den Dingen, wie sie in Wirklichkeit existieren, entfernt.

Rechtes Wissen

Die Grundabsicht der Lehre von den *Fünf* oder *Sechs Dharmas* besteht darin, uns aus der Verblendung zu befreien. Genau darauf zielt das rechte Wissen ab; es ist eine Art Gegengift gegen Verblendung. Verblendung bedeutet im allgemeinen Sprachgebrauch, auf Dauer in Täuschungen und falschen Überzeugungen gefangen zu sein. Und sie wird zu einer Art krankhafter Verrücktheit, wenn wir trotz unwiderlegbarer Beweise an unserem falschen Glauben festhalten. Die Lehre weist uns an, die Schichten unserer Erfahrung – Erscheinung, Benennung, Unterscheidung und Erzählung – als vier Schichten von Verblendung zu begreifen. Buddhistisch gesprochen ist Verblendung keine psychologische Krankheit, sondern das Ergebnis eines Grundfehlers, der in unser Bewusstsein eingebaut ist – er führt zu einer Art normaler, alltäglicher »Geisteskrankheit«. Rechtes Wissen bezeichnet die Fähigkeit zu durchschauen, wie das Bewusstsein uns dazu bringt, als Wirklichkeit aufzufassen, was nicht die Wirklichkeit ist.

Schauen wir uns ein weiteres Beispiel an. Die meisten Menschen glauben, dass es eine Wirtschaft gibt. In Zeitungen, Magazinen und im Fernsehen wird jeden Tag über die Wirtschaft gesprochen. Aber bevor der Ökonom Simon Kuznets die Idee des Bruttosozialprodukts (BSP) erfunden hatte, für die er 1971 einen Nobelpreis erhielt, war es schwierig, wenn nicht gar unmöglich, über das Einkommen oder die Wirtschaftskraft eines

Landes zu sprechen. Die Wirtschaft existierte nicht, wie sie heute für uns existiert. Wirtschaft war früher eine inkohärente Ansammlung von anekdotischen Beobachtungen. Das BSP wurde später durch andere Kennzahlen wie das Bruttoinlandsprodukt (BIP) ergänzt, wodurch sich volkswirtschaftliche Leistungen immer genauer messen und historisch und international vergleichen ließen. Volkswirte konnten so anfangen, die nationale Wirtschaft in Richtung Wachstum zu lenken, und Interventionsstrategien entwickeln, um Abwärtstrends entgegenzuwirken. Weil wir Formen und Wege gefunden haben, mit dem von uns »Wirtschaft« genannten *Objekt* zu interagieren und es auf eine Weise zu manipulieren, die mit unseren Messungen übereinstimmt, bezeichnen wir es als wirklich. Das Gleiche gilt für das Geld selbst. Das farbige Papier, das wir alle benutzen, ist selbst sehr wenig wert, und trotzdem kann man mit ihm für alles bezahlen. Dass das möglich ist, liegt einzig und allein an einem Gesellschaftsvertrag, in den so gut wie alle Menschen weltweit eingewilligt haben.

Wenn wir in diesen Zusammenhängen das Wort *Wirklichkeit* sinnvoll benutzen wollen, müssen wir immer mitbedenken, dass wir es mit einer *sozial konstruierten Wirklichkeit* zu tun haben. Der Unterschied zwischen Verblendung und rechtem Wissen besteht darin, ob wir an die Welt der Erscheinungen, die Welt der Namen, die Welt der begrifflichen Unterscheidungen und die Welt der Erzählungen als *wirkliche* Wirklichkeiten *glauben* oder nicht. Natürlich bleibt uns als Menschen nichts anderes übrig, als in einer durch Sinnestätigkeit, Sprache und Kommunikation konstruierten Welt zu leben, die sich noch dazu durch das ständige Auftreten neuer Erscheinungen, Benennungen, Unterscheidungen und Erzählungen in einem fortlaufendem Rekonstruktionsprozess befindet. Aber wir sind nicht gezwungen, diese Schichten des Bewusstseins mit der Wirklichkeit als solcher zu verwechseln und aus ihnen feste Glaubensüberzeugungen entstehen zu lassen.

Soheit

Soheit ist ein ungewöhnliches Wort. Im Buddhismus verweist es auf eine Wirklichkeit, die nicht durch Begriffe erfasst werden kann – und zu der wir nicht einmal durch die vermeintliche Unmittelbarkeit der sinnlichen Erscheinung direkt Zugang haben. Es gibt eine transzendentale Lücke zwischen den Dingen an sich und den Ding-Daten, die wir von ihnen haben.[71] Die Lehre von den *Fünf Dharmas* bezeichnet die Wirklichkeit in ihrer fundamentalen Entzogenheit als Soheit. Soheit ist das, was wir erahnen, wenn das rechte Wissen uns aus der Verblendung reißt, dass uns Erscheinungen, Benennungen, Unterscheidungen und Erzählungen vollständigen Zugang zur Wirklichkeit verschaffen. Die Frage ist dann natürlich, wie wir überhaupt Zugang zur Soheit haben können. Es gibt einen Zugang, aber was wir von der Wirklichkeit wissen und zum Ausdruck bringen können, muss notwendigerweise unvollständig bleiben. Dogen drückt das so aus: »Wenn Körper und Geist ganz vom Dharma erfüllt sind, dann verstehen wir, dass etwas *fehlt* [Hervorhebung vom Autor].«[72] Mit anderen Worten: Das Dharma im eigenen Leben zu verwirklichen, bedeutet zu verstehen, dass sich die Wirklichkeit letztendlich entzieht.

Wenn Weisheit bedeutet, im Einklang mit den uns entzogenen Dingen zu leben, dann muss eine solche Weisheit in einem nicht-narrativen, nicht-vergleichenden, nicht-begrifflichen und sogar nicht-sinnlichen Geist wurzeln. Wie soll das möglich sein? Nur weil sich die Wirklichkeit entzieht, bedeutet das nicht, dass sie nicht *wirkt.* Alle Dinge beeinflussen sich wechselseitig, und unser eigener Körper-Geist funktioniert inmitten dieses entzogenen, komplexen Ursache-Wirkung-Zusammenhangs. Unser Herz schlägt, wir atmen, wir betreiben Landwirtschaft und stehen mit anderen Menschen in Beziehung. Und oft genug kommen wir mithilfe dieser körperlichen, mentalen und sozialen Handlungen in der Wirklichkeit – so wie sie erscheint – gut genug klar.

Vom Theologen und Friedensnobelpreisträger Albert Schweitzer gibt es den Satz: »Das Wissen vom Leben ist das Erkennen des Geheimnisvollen.«[73] Im Zen wird dieses Geheimnis, das Soheit für uns darstellt, auch der »Große Wirkzusammenhang« genannt. Wie die Dinge wirklich existieren, wissen wir nur, indem wir sie leben – in inniger Verbundenheit mit ihrem Geheimnis. Und zu diesem Geheimnis gehört auch, dass es zusätzlich zu den Sinnesempfindungen ständig für die Begriffe, Unterscheidungen und Geschichten unserer menschlichen Welt Platz macht.

Im Einklang mit den Dingen zu leben, so wie sie in Wirklichkeit existieren, ist einerseits eine Frage von Bescheidenheit und »vorsichtiger Enthaltung«[74] – von inniger Vertrautheit mit den Grenzen des Wissens. Andererseits ist es eine Frage, wie wir innerhalb des *Großen Wirkzusammenhangs* unsere Wirkung entfalten können, was Angemessenheit konkret bedeutet und wie wir unseren Bedürfnissen so gerecht werden können, dass wir nicht nur unser Überleben sichern, sondern unser Leben auch zum Blühen bringen können. Bestimmte Begriffe und Erzählungen sind angemessener als andere, einfach weil sie besser funktionieren; sie sind sozusagen in besserem Kontakt mit der Wirklichkeit. Zur Weisheit gehört deshalb einerseits die Urteilsfähigkeit zu erkennen, was funktioniert und was nicht, und andererseits die Offenheit, die eigenen Urteile, wenn nötig, zu revidieren. Weil Weisheit Ausdruck eines Funktionierens innerhalb eines Wirkzusammenhangs ist, lässt sie sich nie von ethischen Wertfragen abkoppeln.

Im Kontakt mit der Soheit praktizieren

Weil wir mit unserem Körper-Geist in eine Kultur der Verblendung hineingeboren werden – eine Verwechslung von Empfindungen, Begriffen und Geschichten mit der Wirklichkeit – müssen wir Moment für Moment rechtes Wissen anwenden, um so gut wie möglich inmitten der Soheit zu funktionieren. Schauen wir uns dazu vier Übungen an, die uns dabei helfen können, Zugang zu diesem ungreifbaren Terrain zu finden. Letztlich geht es bei rechtem Wissen darum, wie wir unsere mentalen Gewohnheitsmuster aufbrechen und verändern können. Grob gesagt, ist es die Schwerpunktverlagerung vom Denkbewusstsein zum Aufmerksamkeitsbewusstsein und Gewahrsein, von der in Kapitel 2 bereits die Rede war.

Die Gedanken nicht zum Tee einladen

Wir haben uns diese Meditationsanleitung bereits im Detail angeschaut (siehe Seite 103 f.). Sie ist eine der geistigen Grundhaltungen in der Zazen-Meditation. In ihr geht es darum, das Wuchern diskursiver Gedanken einzuhegen. Sie kann aber auch – das können wir jetzt im Kontext der Lehre von den *Fünf Dharmas* besser verstehen – dazu beitragen, die Identifikation mit allen möglichen Formen von Gedankentätigkeit lockern, zum Beispiel mit narrativem, vergleichendem oder begrifflichem Denken. Indem wir aufhören, uns die Geschichten und Gedanken zu glauben, die das Bewusstsein fabriziert, kultivieren wir Offenheit für das, woraus diese Geschichten und Gedanken entstehen: Soheit.

Das Unterscheiden und Vergleichen loslassen

Machen Sie sich bewusst, dass unterscheidendes Denken immer auch eine Art von vergleichendem Denken ist. Wenn ich denke: »Ich bin ein Mann«, vergleiche ich mich implizit oder explizit mit anderen Menschen – ich mache sie mit meiner Aussage zu Nicht-Männern, zu Frauen oder zu Männern wie mich selbst. Aber wird Mannsein oder Frausein in irgendeiner Weise dem Geheimnis gerecht, das wir für uns selbst und füreinander sind? Wir kommen der Soheit einer Person näher, wenn wir sie weder in die Schublade *Mann* noch in die Schublade *Frau* stecken. In Kapitel 16, wo es um das Aufgeben von Sichtweisen und Standpunkten gehen wird, werden wir konkret eine Übungsmethode für das Loslassen von Begriffen und Unterscheidungen entwickeln.

Um vom vergleichenden Denken loszukommen, müssen wir aufhören, Kategorien für etwas Wirkliches zu halten. Natürlich ist es weder möglich noch wünschenswert, das Unterscheiden ganz aufzugeben. Das Denkbewusstsein gehört unvermeidlich zu unserem Menschsein dazu. Es ist aber nicht notwendig, an ihm anzuhaften. Dogen sagt im Genjo Koan: »Wenn Licht auf die eine Seite fällt, liegt die andere Seite im Dunkeln.«[75] Wir sollten uns beim Anwenden von Kategorien bewusst sein, dass wir mit ihnen immer nur eine Seite beleuchten – und die andere Seite dafür zeitweise abdunkeln müssen. Jedes Mal, wenn wir etwas aus seiner Einbettung in die Gesamtheit wechselseitiger Abhängigkeiten herausheben und es als einen unabhängigen Gegenstand betrachten, verschwindet diese einbettende Gesamtheit im Dunkeln. Wenn wir allerdings aufhören, Dinge als isolierte, unabhängige Gegenstände zu sehen, weil wir erkennen, dass die dunkle Seite in der angeleuchteten immer mitpräsent ist, entwickeln wir ein *Gefühl* für Soheit. Der negative Raum der Soheit fängt an, ein ständiger Begleiter des unterscheidenden Denkens zu werden.

Die Etiketten abziehen

Ohne eine gezielte Beobachtung unserer Bewusstseinstätigkeit vollzieht sich in ihr das Benennen scheinbar fast zeitgleich mit dem Erscheinen. Es ist aber möglich, in unserem Erleben das Benennen der Erscheinung von der Erscheinung selbst zu trennen. Dazu müssen wir lernen, den Namen wie ein Etikett von der Erscheinung abzuziehen, und, wenn gewünscht, bewusst wieder aufzukleben. Nehmen Sie sich Zeit, dass immer wieder zu üben. Das wiederholte Abziehen und Wiederaufkleben führt dazu, dass sich der wahrgenommene Gegenstand weniger real anfühlt. Jetzt können Sie erkennen, dass das Etikett auch ein anderes sein könnte. Sie entdinglichen in dieser Übung die Welt und treten in die nicht-begriffliche, nicht-verbale Unmittelbarkeit der Erscheinung ein. Bemerken Sie, wie diese sinnliche Unmittelbarkeit Ihr Gefühl von Lebendigkeit nährt? Führt es Sie vielleicht sogar zu einem neuen Selbst-Verständnis?

Die Erscheinung als Erscheinung erkennen

Durch das wiederholte Loslassen von Geschichten, Vergleichen und Namenskategorien laden wir den Geist ein, die Unmittelbarkeit der Erscheinung nicht nur hin und wieder zu besuchen, sondern in ihr eine neue Heimat zu finden. Das heißt aber nicht, dass wir jetzt in der Wirklichkeit angekommen sind – selbst die Unmittelbarkeit der Erscheinung ist nur scheinbar unmittelbar. In jeder einzelnen Erscheinung unterscheidet der

Geist von Moment zu Moment zwischen einem fokussierten Bewusstseinsinhalt und einem sich entziehenden Gewahrseinsfeld. Erkennen Sie dieses Feld als die Tiefendimension Ihres eigenen Geistes und als Ihre innige Verbindung mit der Soheit der Wirklichkeit. Dieses Feld hat, wie wir in Kapitel 8 besprochen haben, eine lebendige Spürensqualität. Die Wirklichkeit entzieht sich einerseits unserem Zugriff; andererseits ist sie auf dieser tiefsten Ebene unseres propriozeptiven Fühlens in uns als eine Spürenswirklichkeit lebendig. Und diese Spürenswirklichkeit differenziert sich dann immer weiter aus: in Form unseres Empfindens, Benennens, Unterscheidens und Geschichtenerzählens. Die *Fünf Dharmas* beschreiben jetzt einen Kreis. Wir mussten zunächst die Verwechslung von Erscheinungen, Namen und Unterscheidungen mit der Wirklichkeit erkennen, um zur Soheit unserer Spürenswirklichkeit zu gelangen; aber ohne diese Verwechselung verwenden wir jetzt dieselben Formen, um der Soheit Ausdruck zu verleihen. Mit dieser paradoxen Gleichzeitigkeit von Entzogenheit und Erscheinen der Wirklichkeit betreten wir ein Gebiet, das im Buddhismus die »Lehre von den zwei Wahrheiten« genannt wird.

15

Die zwei Wahrheiten

Die berühmte buddhistische Lehre von den zwei Wahrheiten wurde durch Nagarjuna prominent, einem buddhistischen Weisen aus dem 2. Jahrhundert, der manchmal der zweite Buddha genannt wird. In einem einflussreichen Traktat schreibt er:

> Die Dharma-Lehre des Buddha
> Gründet auf zwei Wahrheiten:
> Einer Wahrheit weltlicher Konvention
> Und einer fundamentalen Wahrheit.[76]

Wir können die zwei Wahrheiten als eine Lehre verstehen, die auf die Grundstruktur der Wirklichkeit verweist – so wie sie im menschlichen Geist erscheint. Um diese Perspektive zu verstehen, müssen wir uns zunächst das Verhältnis von Geist und Wirklichkeit anschauen.

Der Geist und die Wirklichkeit sind nicht getrennt; alles, was erscheint, erscheint durch die Aktivität des Geistes. Die Wirklichkeit wird nicht vom Geist kreiert, aber was wir als Wirklichkeit erleben, wird durch den Geist hervorgebracht.[77] Bisher haben wir vor allem den Unterschied und die Gleichzeitigkeit von *Feld* und *Inhalten* des Geistes betrachtet. Die

Unterscheidung zwischen *Inhalten* und *Feld* ist verwandt mit dem Begriffspaar *Bewusstsein* und *Gewahrsein* und mit der bildlichen Variante *Gast* und *Gastgeber.* Die Gestaltpsychologie spricht von *Figur* und *Hintergrund*, während die klassischen buddhistischen Konzepte *Form* und *Leerheit*, *relative* und *absolute* beziehungsweise *konventionelle* und *fundamentale* Wahrheit heißen. Jedes dieser Begriffspaare ist eine bestimmte Art, über die zwei Wahrheiten zu sprechen.

Die wesentliche, aber leicht übersehene Dynamik der Lehre von den zwei Wahrheiten ist, dass es *zwei* Wahrheiten gibt und dass beide wahr sind, obwohl sie sich widersprechen. Das westliche Denken fühlt sich, sehr verallgemeinernd gesprochen, mit Paradoxien und Mehrdeutigkeiten dieser Art nicht sehr wohl. Unsere intellektuelle Sozialisierung macht es schwierig, der Versuchung zu widerstehen, den Widerspruch auflösen zu wollen. Wenn wir allerdings das Relative im Absoluten aufgehen lassen, stehen wir am Ende mit Metaphysik oder Theologie da, und wenn wir stattdessen das Absolute im Relativen auflösen, ist das Ergebnis Reduktionismus und Materialismus. Im Gegensatz dazu versucht Zen, mithilfe von Paradoxien und Mehrdeutigkeiten zum Ausdruck zu bringen, wie die Dinge in Wirklichkeit existieren, und die Beschränktheit bestehender Begriffe so zu überschreiten, dass wir neue und komplexere Arten körperlich integrierten Verstehens entdecken können.

Schauen wir uns dazu die in Kapitel 3 erwähnte Zen-Geschichte an, die sich zwischen den beiden Brüdern Yunyan und Daowu zutrug und an der Stelle nicht vollständig erzählt wurde. Wie Sie sich vielleicht erinnern, fegte Yunyan den Boden, und als Daowu ihn sah, sagte er: »Zu geschäftig!« Yunyan sagte darauf: »Es gibt hier einen, der nicht geschäftig ist.« Daowu sagte: »Wenn das so ist, dann gibt es auch einen zweiten Mond.« Yunyan hielt den Besen hoch und sagte: »Welcher Mond ist das hier?«

In dieser Geschichte sind die zwei Wahrheiten als Aktivität (»geschäftig«) und Stille (»einer, der nicht geschäftig ist«) ausgedrückt. Im Kommentar heißt es: »Ihr lieben Leute, beim Essen, Teekochen, Nähen und Fegen solltet ihr euch des Nicht-Geschäftigen bewusst sein – dann werdet ihr die Einheit der weltlichen und der erleuchteten Wirklichkeit erkennen. ... Das ist das Prinzip der wechselseitigen Einbeziehung.« Begriffslogisch können wir nur entweder geschäftig oder nicht geschäftig sein, aber auf der Ebene der Sinnesempfindungen und des Gefühls können wir uns bewegen und gleichzeitig ein Gefühl innerer Stille aufrechterhalten. Ähnlich ist es, wenn wir ein Objekt betrachten: Wir können uns gleichzeitig seiner Erscheinung und des Gewahrseinsfeldes bewusst sein, in dem die Erscheinung erscheint. Wenn Daowu vom »zweiten Mond« spricht, will er sagen, dass eine absolute Wahrheit, die nichts mit der Aktivität unseres täglichen Lebens zu tun hat, so absurd ist wie ein zweiter Mond. Und dann holt Yunyan uns auf den Boden der konkreten Situation zurück. Er hält den Besen hoch und fragt: »Welcher Mond ist das hier?«

Wenn Sie ganz unmittelbar mit einem materiellen Gegenstand zu tun haben oder eine Tätigkeit vollziehen, handelt es sich dann einfach nur um eine profane Angelegenheit oder können Sie gleichzeitig die Gesamtheit des Seins spüren, die unbewegte Präsenz von Allem-auf-einmal? Schließen sich diese beiden Perspektiven gegenseitig aus oder können sie gleichzeitig Gültigkeit beanspruchen? Begriffslogisch lassen sie sich nicht unter einen Hut bringen, aber als gelebte Wirklichkeit sind sie nie voneinander getrennt.

Wenn wir Paradox und Mehrdeutigkeit oder Ambiguität als

angemessene Ausdrucksweisen für die Wirklichkeit zulassen, kann das Denkbewusstsein nirgendwo zur Ruhe kommen. In seiner Lehrschrift *Ungetrennte Aktivität* spricht Dogen von den zwei Wahrheiten wie folgt: »Obwohl nicht eins, nicht verschieden; obwohl nicht verschieden, nicht dasselbe; obwohl nicht dasselbe, nicht vielgestaltig.«[78] Logisch gesehen ergibt es wenig Sinn zu versuchen, mit Worten die Nicht-Identität und Nicht-Unterschiedenheit von Unterscheidung und Identität zu umkreisen. Gleichzeitig aber ist es eine Form, in der wir uns mit Worten der sich entziehenden Soheit der Wirklichkeit nähern können. Dieser Annäherungsversuch erklärt, warum die buddhistische Tradition mit so vielen verschiedenen Begriffspaaren hantiert, statt sich für eines zu entscheiden: Form / Leerheit, relativ / absolut, konventionell / fundamental, Gast / Gastgeber, Aktivität / Stille und einige mehr. Obwohl jedes Begriffspaar auf dieselbe, täuschend einfache Struktur verweist, offenbart es jeweils unterschiedliche Nuancen des Erlebens. Jedes Begriffspaar beruht auf einer Metapher, die einen bestimmten Aspekt der Struktur beleuchtet und ihn dadurch unserer Praxis zugänglich macht.

Die Gastgeber / Gast-Metapher betont zum Beispiel, dass der Gastgeber sich nicht von der Stelle bewegt, während die Gäste in ständigem Kommen und Gehen begriffen sind. Wenn wir von einer Figur / Hintergrund-Organisation sprechen, dann stellen wir den Vorgang des wahrnehmenden Unterscheidens heraus; eine Figur wird zu einem unterschiedenen Gegenstand, indem wir sie von und gegen einen Hintergrund abheben. Das Zen-Motto »Form ist Leerheit, Leerheit ist Form« zeigt an, dass jede Form eine veränderliche und substanzlose Erscheinung ist, die sich aus der Leerheit erhebt – aus dem Reich der Ununterschiedenheit, der Nicht-Differenz und der Nicht-Dinglichkeit. Die Soheit – die

Wirklichkeit jenseits von Verblendung – hat immer diese beiden Seiten. Deswegen sprechen wir von zwei Wahrheiten.

Von Qingyuan Weixin, einem chinesischen Zen-Lehrer aus dem 9. Jahrhundert, ist folgendes Zitat überliefert: »Vor dreißig Jahren, als ich von Zen noch keine Ahnung hatte, glaubte ich: Berge sind Berge und Wasser ist Wasser. Nachdem ich ein innigeres Verständnis der Lehre entwickelt hatte, erkannte ich: Berge sind nicht Berge und Wasser ist nicht Wasser. Aber jetzt, wo sich mein Geist ganz beruhigt hat, sehe ich es wieder so: Berge sind Berge und Wasser ist Wasser.«[79]

Das Zitat macht deutlich, dass sich die zwei Wahrheiten in Form eines Prozesses entfalten. Ohne Wasser gibt es keine Berge. Wasser gibt dem Berg seine Gestalt, und der Berg holt das Wasser vom Himmel auf die Erde. Wasser trägt den Berg ab und bringt ihn langsam, aber stetig zum Verschwinden. Es ist in diesem Sinne, dass wir Berge und Wasser als »leer« bezeichnen können. Berge sind nicht Berge und Wasser ist nicht Wasser – sie sind vielmehr Ausdruck eines größeren Feldes von unzähligen Wechselwirkungen. Aber dieses Feld wird erst in Form von Bergen und Wasser sichtbar. Deshalb sprechen wir von der Identität der Differenz und sagen: Form ist Leerheit und Leerheit ist Form. Wir sollten das aber nicht als eine statische Aussage verstehen, sondern als einen Prozess von Explikation und Implikation, in dem Dinge kontinuierlich aus- und wieder eingefaltet werden. Wir wirken unserer verblendeten Weltsicht entgegen, wenn wir Formen als »leer« wahrnehmen (wir erkennen, dass sie im Feld der Wechselwirkungen impliziert sind). Gleichzeitig sehen wir, wie sich alles in dieser Welt aus Leerheit zu Form formt (das Einzelne ist immer eine Explikation aus dem Feld). Das Einzelne erscheint uns in Form von Sinnesempfindungen, Begriffen, Unterscheidungen und Geschichten.

Es ist ein bisschen verwirrend, dass sich das Wort *Form* sowohl auf materielle Gegenstände wie Berge und Wasser als auch auf mentale Gebilde wie Begriffe und Geschichten bezieht. Aber das hat mit der Nicht-Getrenntheit von Körper und Geist zu tun, und noch allgemeiner gesagt von Geist und Materie. Wir neigen dazu zu glauben, dass es etwas außerhalb des Geistes gibt, eine Welt, die unabhängig vom Geist ist, die der Geist lediglich wie ein neutraler Beobachter registriert und zu der er sich anschließend in Beziehung setzt. Selbst eine sogenannte objektive Wissenschaft wie die Quantenphysik hat gezeigt, dass das nicht stimmt. Alles, was erscheint, erscheint im Medium des Geistes – durch das Zusammenspiel von Feldgewahrsein und fokussierter Aufmerksamkeit. Es gibt für uns keine beobachterunabhängige Wirklichkeit. Dass es etwas bevor und jenseits des menschlichen Geistes geben muss, ist eine vernünftige philosophische Spekulation, aber wir sollten uns im Klaren sein, dass auch das nur eine Idee ist, die in einem menschlichen Geist geboren wurde und nicht unabhängig von ihm existiert. Wir können nicht aus dem Geist heraus- und in eine absolute Welt hineintreten.

Wir können allerdings die Illusion aufbrechen, dass es möglich ist, die Wirklichkeit mithilfe unserer Sinnesempfindungen, Begriffsgebäude und Geschichten vollständig zu erfassen und zu repräsentieren. »Wie die Dinge in Wirklichkeit existieren« ist weder die relative Welt der Form noch eine absolute, beobachterunabhängige Welt jenseits des menschlichen Geistes. Stattdessen existieren die Dinge in einer unauflösbaren Spannung; sie sind immer mehr als der Anschein, den sie geben. Aber obwohl dieses *Mehr* unserem vollständigen Zugriff entzogen ist, ist es doch auch *unser eigenes Sein.*

16

Das Aufgeben aller Sichtweisen

Der Titel dieses Kapitels stammt aus Nagarjunas Abhandlung *Grundlegende Merkverse des Mittleren Weges (Mūlamadhyamakakārikā).* Ein zentrales Thema dieser Abhandlung ist die Wechselbeziehung zwischen Samsara, der Welt des Leidens, und Nirvana, der Welt der Befreiung – eine weitere Variante der zwei Wahrheiten. In dieser Schrift findet sich Nagarjunas berühmte Behauptung, dass die Grenzen von Samsara und Nirvana exakt dieselben sind.

> Was immer die Grenzen des Nirvana sind,
> Das sind auch die Grenzen der ewig wiederkehrenden Existenz.
> Sie unterscheiden sich nicht im Geringsten,
> Nicht mal um Haaresbreite.[80]

Mit anderen Worten: Um Nirvana zu erlangen, müssen wir nicht in einen anderen, gänzlich verschiedenen Bereich hinüberwechseln. Es gibt keine Transzendenz, oder wenn es eine gibt, dann ist sie eine *immanente Transzendenz*, was sich sehr selbstwidersprüchlich anhört. Die Transformation, um die es geht, ist kein Ortswechsel, sondern eine Veränderung in der Beziehung – es ist das Aufgeben von Reaktivität.

Das Werkzeug für diese Transformation ist Leerheit, die Nagarjuna als das »Aufgeben aller Sichtweisen« definiert.[81] Leerheit ist die *fundamentale* Wahrheit, während alle Formen sprachlichen Ausdrucks von Nagarjuna als *konventionelle* Wahrheit bezeichnet werden. Die fundamentale Wahrheit der Leerheit besteht darin, das Konventionelle *als* konventionell zu durchschauen. Das entwertet die konventionelle Wahrheit überhaupt nicht; ihr wird damit nur der richtige Platz zugewiesen. Solange wir nicht der Täuschung unterliegen, dass konventionell definierte Gegenstände auf wesensartigen Substanzen beruhen, ist es völlig in Ordnung, in der üblichen Weise von Dingen und Gegenständen zu sprechen.

Das trifft sogar für die Leerheit selbst zu. Leerheit existiert auch nur qua konventioneller Vereinbarung und nicht als wesenhafte Substanz. Nagarjuna erklärt dazu, dass die fundamentale Wahrheit nicht ohne die konventionelle gelehrt werden und dass es ohne Einsicht in die fundamentale Wahrheit keine Befreiung geben könne.[82] Wenn wir dabei allerdings übersehen, dass die Leerheit selbst leer ist, werden wir »letztendlich überhaupt nichts erreichen«[83]. »Durch ein falsches Verständnis von Leerheit«, stellt Nagarjuna fest, »wird eine Person von geringer Intelligenz zerstört. Es ist wie eine falsch gehandhabte Schlange oder wie ein falsch angewendeter Zauberspruch.«[84] Dieser Fehler führt in den Nihilismus, in dem nichts wirklich von Bedeutung ist und alle Sichtweisen austauschbar werden. Die Absicht beim Aufgeben aller ist nicht nihilistisch; sie zielt vielmehr auf die Weisheit ab, jeden Standpunkt als einen Standpunkt erkennen zu können und ihn nicht als *die* Wahrheit misszuverstehen. Zu dieser Weisheit gehört jedoch auch die Fähigkeit, denjenigen Standpunkt einzunehmen, der der Situation angemessen ist.

Die sprachliche Form, in die Nagarjuna seine Weisheitslehre gießt, ist das Tetralemma – eine alte und erstaunlich benutzerfreundliche Form indischer Logik, die auch als die *Vier Positionen* bekannt ist. Bevor wir uns aber der Dynamik des Tetralemmas zuwenden, möchte ich zunächst unsere Aufmerksamkeit auf den Begriff der Verblendung richten. Ist jede Sichtweise und jeder Begriff grundsätzlich Ausdruck von Verblendung? Und was bedeutet es, eine Sichtweise aufzugeben? Um diese Fragen zu beantworten, unterscheide ich zwischen zwei Modalitäten der Verblendung, die ich der Einfachheit halber *Verblendung I* und *Verblendung II* nennen werde.

Als *Verblendung I* bezeichne ich jedwede Unterscheidung, durch die wir uns einen weiteren Schritt von der Soheit entfernen. Nehmen wir als Beispiel den Begriff der Ehe. Er anerkennt und sanktioniert eine bestimmte zwischenmenschliche Beziehung, erfasst aber nicht ihre tatsächliche Wirklichkeit. Der Ehestatus kann einer Beziehung dienlich oder abträglich sein. Und die Idee, verheiratet zu sein, kann in ein und derselben Beziehung von Moment zu Moment verschiedene Bedeutungen und Wertigkeiten annehmen. Letztendlich – egal wie nuancenreich seine Bedeutung auch sein mag – kann der Begriff nie die erlebte Fülle auch nur einer einzigen Beziehung wiedergeben. Wie könnte irgendwer in abschließender Weise die Wirklichkeit seiner oder ihrer Ehe in einer objektiven und stabilen Weise darstellen? Die Beziehungswirklichkeit, die wir »Ehe« nennen, entzieht sich unserem begrifflichen Zugriff.

In der kulturellen Debatte über die gleichgeschlechtliche Ehe gibt es den Standpunkt, man dürfe als Ehe nur eine monogame von Gott gesegnete Verbindung zwischen einem Mann und einer Frau bezeichnen. Die Vertreter dieses Standpunkts verwechseln den konventionellen Begriff ihrer eigenen Kultur mit der niemals greifbaren Soheit der Wirklichkeit. Das ist ein Beispiel für *Verblendung II.* Die entscheidende Zutat, die *Verblendung I* zu *Verblendung II* werden lässt, ist Glaube beziehungsweise Überzeugtheit. Wenn ich mit Überzeugtheit glaube, dass nur eine von Gott gesegnete Verbindung zwischen Mann und Frau als Ehe gelten darf, schließe ich nicht nur viele andere Möglichkeiten aus, ich bin wahrscheinlich auch geneigt, die »wahre« Ehe als die einzige zulässige Form gegen andere »falsche« Formen zu verteidigen.

Weltweit haben verschiedene Gesellschaften aber eine enorme Vielfalt von Ehe-Modellen entwickelt, die die Komplexität von sexuellen, rechtlichen und ökonomischen Partnerschaften zwischen zwei (oder mehr) Menschen definieren. Manche Kulturen praktizieren Ehen zwischen zwei, andere zwischen mehreren Partnern. Es gibt Liebesehen, in denen die Partner aufgrund ihrer liebenden Zuneigung und sexuellen Anziehung zueinander finden, es gibt arrangierte Ehen, in denen die Familien bestimmen, und es gibt Mischformen. Es gibt männliche und weibliche Erbfolgeregelungen. Ehen können durch religiöse Institutionen sanktioniert werden, durch weltliche Regierungen oder durch andere Autoritäten. Der kleine Volksstamm der Mosuo in China praktiziert, was als *Besuchsehe* bezeichnet wird – eine Beziehungsform, die sich völlig von dem unterscheidet, was in westlichen Kulturen zum Thema Ehe diskutiert wird. Mosuo-Frauen laden Männer in ihr Haus zum Geschlechtsverkehr ein, aber tagsüber bleiben beide Partner Teil ihrer jeweiligen Großfamilie. Kinder, die aus solchen Besuchsehen entstehen, verbleiben im Haushalt der Mutter und haben nur sehr begrenzten Kontakt mit ihren biologischen Vätern, die auch keinerlei praktische, moralische oder rechtliche Verantwortung für die Kinder tragen.

Nicht alle Ehekonzepte werden in der Praxis gleich gut funktionieren, und bestimmte Konzepte sind auf der Welt weiter verbreitet als andere. Das ist eine Frage der kulturellen Konvention und der Praktikabilität. Für »Glaubensanhänger« einer bestimmten Wahrheit ist das Hinterfragen von Traditionen aber nie nur ein pragmatisches Verhandeln von Konzepten und Normen. Stattdessen sehen sie darin die Verletzung von Naturgesetzen oder von Gottes Willen – mit anderen Worten: der Wirklichkeit selbst.

Ich habe versucht, Verblendung I und Verblendung II am Beispiel des Ehebegriffs zu illustrieren, aber ich hoffe, es ist deutlich geworden, dass dieser Interpretationsrahmen auf alle möglichen Konzepte angewendet werden kann: auf Gott, die Demokratie, das Bruttoinlandsprodukt, den Sozialismus, die Menschenrechte, das Glück, das Elektroauto oder die Steinzeiternährung.

Wenn Nagarjuna vom Aufgeben aller Sichtweisen spricht, können wir jetzt zwei unterschiedliche Arten des Aufgebens unterscheiden. Um *Verblendung II* zu überwinden, muss ich meine Glaubensüberzeugung aufgeben. Um *Verblendung I* zu überwinden, muss ich noch einen Schritt weitergehen: Ich muss die zugrunde liegenden Begriffe selbst zur Disposition stellen und mich auf Soheit einlassen. Die zwei Arten der Verblendung beruhen auf zwei Arten von Anhaftung. *Verblendung I* ist ein mentales Greifen, aus dem ein Begriff hervorgeht; Verblendung II hingegen ist eine Identifikation mit diesem Begriff als Wirklichkeit. Es gibt den schönen Aufkleber »Glaube nicht alles, was du denkst!« Das ist guter Rat für alle, die sich aus *Verblendung II* befreien wollen. Für die darunterliegende Ebene brauchen wir aber Dogens Rat, der es meines Wissens noch auf keinen Aufkleber geschafft hat: »Denke das Nicht-Denken.«[85]

Mit Sichtweisen üben: Das Tetralemma

Mit diesem Verständnis von Verblendung im Gepäck können wir uns jetzt der Technik zuwenden, die Nagarjuna anwendet, um Sichtweisen aufzugeben. Das Tetralemma ist eine Art zweistufiges Anti-Anhaftungs-Training. Eine Sichtweise aufzugeben – das heißt ihre Leerheit zu erkennen – bedeutet aufzuhören, an die eigenen Überzeugungen zu glauben. Das ist die erste Stufe, in der wir *Verblendung II* rückgängig machen. Die zweite Stufe besteht darin, die zugrunde liegenden Unterscheidungen nicht mehr als fest und unabänderlich anzusehen. Dadurch machen wir *Verblendung I* rückgängig. Ein weiser Geist ist ein in Leerheit geschulter Geist. In ihm herrscht Klarheit darüber, dass alle Unterscheidungen auch anders sein könnten – und anders werden müssen, wenn sie sich mit unseren sich ständig verändernden Lebenssituationen weiterentwickeln sollen.

Stellen wir uns vor, Sie haben eine selbst-kritische Glaubensüberzeugung. Nehmen wir als Beispiel eine sehr globale Formulierung wie »Ich bin ein schlechter Mensch«. Das sagen wir uns vielleicht nicht direkt so, aber wir können es als Platzhalter für jegliche Art von negativem Urteil nehmen, das wir über uns fällen: »Ich bin zu emotional, schwach, arrogant … ich verdiene es nicht, geliebt zu werden« und Ähnliches. Während ich das Beispiel in der allgemeinen Formulierung »schlechter Mensch« entfalte, hören Sie bitte die spezifische Selbstkritik mit, die Sie konkret an sich üben.

In der Praxis des Tetralemmas[86] wird die ursprüngliche Glaubensüberzeugung zur ersten Position – nennen wir sie *das Eine.* Die zweite Position ist das Gegenteil, *das Andere* in diesem Fall: »Ich bin ein guter Mensch.« Die dritte und vierte Position nennen wir *Beides* und *Keines von Beiden.* Daraus ergeben sich

Formulierungen wie »Ich bin sowohl ein guter als auch ein schlechter Mensch« beziehungsweise »Ich bin weder ein guter noch ein schlechter Mensch«.

Die Praxis des Tetralemmas besteht aus einer Reihe von Kontexterweiterungen, die nacheinander unsere Identifikation mit bestimmten Sichtweisen infrage stellen. Die erste Herausforderung besteht darin, unsere ursprüngliche Überzeugung mit ihrem Gegenteil zu konfrontieren. Sie können das ausprobieren, indem Sie sich sagen: »Obwohl ich glaube, dass ich ein schlechter Mensch bin, besteht die Möglichkeit, dass ich ein guter Mensch bin.« Einfach nur dadurch, dass Sie das Gegenteil in den Status einer Möglichkeit heben, schwächen Sie die Anhaftung an Ihre Überzeugung. Sie können nun ganz ernsthaft versuchen, Ihre Überzeugung ins Gegenteil zu verkehren, indem Sie in Ihrer Erfahrung nach Beweisen dafür suchen – zum Beispiel, indem Sie sich an Gutes erinnern, dass Sie getan haben, oder an positives Feedback, das Sie von anderen bekommen haben.

Sollten Sie Ihre Glaubensüberzeugung tatsächlich zur zweiten Position verschieben (statt einfach nur beide Positionen als Möglichkeiten in der Schwebe zu halten), können Sie jetzt die ursprüngliche Überzeugung als Gegengewicht gegen Ihre neue Sichtweise verwenden: »Auch wenn ich glaube, dass ich ein guter Mensch bin, besteht die Möglichkeit, dass ich ein schlechter Mensch bin.« Indem Sie zwischen dem Einen und dem Anderen hin- und herwechseln, können Sie bemerken, dass beide Positionen einseitig sind und Sie in einem Entweder-oder gefangen halten.

In einem nächsten Schritt können Sie dieses Schwarz-Weiß-Denken mithilfe der *Beides*-Position infrage stellen: »Obwohl ich glaube, dass ich entweder ein guter oder ein schlechter

Mensch bin, besteht die Möglichkeit, dass ich beides bin.« *Beides* überschreitet die Unvereinbarkeit der ersten beiden Positionen. Diese Kontexterweiterung kann verschiedene Formen annehmen: Kompromisse, Iterationen (unterschiedliche Zustände oder Beurteilungen zu unterschiedlichen Zeiten), Scheingegensätze, Mehrdeutigkeiten, paradoxe Verbindungen, Prämissenverschiebungen (also Veränderungen unserer stillschweigenden Annahmen), Absorptionen (die eine Seite des Dilemmas wird als Teilwirklichkeit der anderen erkannt) oder Kontexttrennungen.[87] Für unser Beispiel können dabei dann folgende Haltungen und Formulierungen herauskommen:

- Okay, ich bin nicht immer gut, aber so schlecht bin ich auch wieder nicht. (Kompromiss)
- Manchmal bin ich gut, manchmal schlecht. (Iteration)
- Was ich für schlecht halte, sehen andere als Tugend. (Scheingegensatz)
- Was gut und schlecht ist, ist Ansichtssache. (Mehrdeutigkeit)
- Das, was hier als schlecht erscheint, ist eigentlich gut, denn ohne Normverletzungen gibt es keinen Fortschritt. (Paradoxe Verbindung)
- Ich sollte mich nie als Mensch kritisieren, sondern immer nur bestimmte Handlungen. (Prämissenverschiebung)
- Viele Dinge sind in meinem Leben schlecht gelaufen, aber ich hatte immer gute Absichten. (Absorption)
- Beruflich habe ich diesen schrecklichen Fehler gemacht, aber ich bin ein guter Vater. (Kontexttrennung)

Je nach Situation, können Sie noch andere Wege finden, den scheinbar klaren Gegensatz zwischen gut und schlecht zu überwinden. Während Sie die verschiedenen Formen der Vereinbarkeit des Unvereinbaren erforschen, fangen Sie sich vielleicht an zu fragen: »Auch wenn ich jetzt erkenne, dass ich vielleicht ein sowohl guter als auch schlechter Mensch bin, was hat mich eigentlich ursprünglich dazu gebracht, mich als gut oder schlecht zu beurteilen?« Sie erlauben durch diese Frage die Möglichkeit, die Unterscheidung ganz fallen zu lassen, indem Sie beide Seiten negieren: *weder gut noch schlecht.* Und jetzt? Wie wollen Sie über sich urteilen, wenn die Messlatte selbst auf einmal wegfällt? Fragen wie die folgenden können die Tür zur Position des *Keines von Beiden* aufstoßen: *Wann ist diese Art der Selbst-Verurteilung zum ersten Mal aufgetreten? Von wem habe ich sie gelernt? Erinnert mich mein urteilendes Verhalten an eine bestimmte Person? Wie kam es, dass mir dieses Beurteilen wichtig geworden ist?*

Mit Fragen wie diesen machen wir uns den impliziten Kontext der Unterscheidung bewusst. Wahrscheinlich entdecken Sie dabei, dass die Unterscheidung in der Situation, in der sie ihren Ursprung nahm, sinnvoll war. Aber stimmt das auch noch für den gegenwärtigen Kontext und für die zukünftigen Aufgaben, die vor Ihnen liegen? Indem Sie den impliziten Kontext explizit machen, stellen Sie den gesamten Interpretationsrahmen infrage. Sie lockern Ihren Glauben an Ihre eigenen Überzeugungen und erkennen die ersten drei Positionen als etwas, mit dem Sie identifiziert waren. Wahrscheinlich aus gutem Grund, aber jetzt haben Sie die Option, die all dem zugrunde liegende Unterscheidung selbst aufzugeben.

Nagarjunas Tetralemma lässt sich auf alle möglichen Sichtweisen anwenden. Zum Beispiel könnte man die Begriffe »Selbst«, »Person« oder »Mensch« in dieselbe begriffliche Waschmaschine stecken. Das wäre genau die Art von logischem Manöver, die Nagarjuna in seiner Abhandlung unternimmt; dort unterzieht er alle buddhistischen Grundbegriffe der befreienden Logik des Tetralemmas. Wenn der Buddhismus die Idee eines Selbst infrage stellt, stellt er genau genommen den Glauben an ein *sich gleichbleibendes* und von seinem Beziehungskontext *unabhängiges* Selbst infrage. Von diesem Standpunkt aus kann es keinen »schlechten Menschen« geben, nur unangemessenes, Schaden verursachendes Verhalten. (Im nächsten Kapitel werden wir uns die Lehre vom Nicht-Selbst im Kontext einer anderen Praxis noch genauer anschauen.)

Das Aufgeben von Sichtweisen mithilfe des Tetralemmas ist nur dann relevant, wenn eine Sichtweise tatsächlich eine Glaubensüberzeugung für uns darstellt. Eine solche Identifikation ist leiblich spürbar; sie ist eine Art körperliche Ladung. Sie zeigt sich zum Beispiel im Eifer, mit dem wir eine Sache verfolgen. Und sie wird besonders deutlich, wenn jemand unsere Sichtweise angreift oder wenn unsere Überzeugungen zu negativen Auswirkungen in unserem Leben führen. Wenn zum Beispiel jemand Ihre Leistung kritisiert oder – was vielleicht noch schwieriger zu akzeptieren ist – Ihren Charakter, was passiert dann auf der Ebene der leiblich gespürten Empfindungen? Wenn Sie selbst davon überzeugt sind, dass Ihre Leistung in Ordnung war oder dass Sie ein guter Mensch sind, wird Ihnen die Kritik eine Art Stich versetzen. Es wird in Ihrem Körper eine bestimmte Art von unangenehmer Aktivierung geben. Sie können diese Empfindungen jetzt als Angst vor Zurückweisung, als Ärger über einen ungerechtfertigten Angriff oder als Enttäuschung über einen Mangel an Wertschätzung interpretieren. Und vielleicht gehen Sie dann als Reaktion in eine mehr oder weniger gewohnte Verteidigungshaltung.

Mit politischen, religiösen und weltanschaulichen Glaubensüberzeugungen, die uns wichtig sind, ist es ähnlich. Anfang zwanzig hatte ich ein sehr pessimistisches Weltbild; ich hielt es für äußerst unwahrscheinlich, dass die Menschheit in der Lage sein würde, die sich an verschiedenen Fronten zusammenbrauende ökologische Krise zu bewältigen. Meine Glaubensüberzeugungen in dieser Frage gingen mit einem Schweregefühl in meinem ganzen Körper einher, das ich als Verzweiflung und Depression interpretierte. Als ich dieser Gefühle irgendwann überdrüssig war und ich außerdem erkannte, dass sie meine Handlungsfähigkeit einschränkten, fing ich an, sie genauer zu untersuchen. Ich halte einen ökologischen Kollaps nach wie vor für möglich, ich sehe aber auch Wege, wie die Krise bewältigt werden könnte. Mit anderen Worten: Obwohl sich meine Gefühle und Gedanken zu diesem Thema in ständigem Wandel befinden, identifiziere ich mich weder mit einer pessimistischen noch einer optimistischen Haltung.

Damit das Tetralemma zu einem effektiven Werkzeug der Selbsterforschung werden kann, müssen wir lernen, unsere leiblich spürbaren Aktivierungen als Zeichen einer Anhaftung zu verstehen und sie einfach da sein zu lassen, ohne auf sie zu reagieren. Andere Menschen haben andere Sichtweisen als wir. Nur weil wir es gewohnt sind, die Welt auf unsere Weise zu sehen, bedeutet das nicht, dass es die einzig mögliche ist. Das Tetralemma kann uns dabei helfen, unseren Glauben an unsere eigenen Überzeugungen zu lockern. Wir können lernen, damit aufzuhören, relative Wahrheiten als absolut zu betrachten. Wenn es überhaupt eine absolute Wahrheit gibt, dann die, dass es keine absolute Wahrheit gibt – und selbst das ist keine haltbare Behauptung.

Die Sichtweise, dass alle Sichtweisen leer sind, ist Nagarjuna zufolge selbst auch leer; nur so lässt sich Nihilismus und ein Anything-Goes-Relativismus vermeiden. Der deutsche Logiker Matthias Varga von Kibéd nennt diese Leerheit der Leerheit die fünfte Position des Tetralemma und formuliert sie wie folgt: »All dies nicht – und selbst das nicht!«

Indem wir alle vier Positionen negieren, durchbrechen wir das Gesamtmuster, klettern aus der Falle und sind auf einmal frei, etwas anderes zu tun. Zum Beispiel können wir dann die Unterscheidung *gut/schlecht* durch die Unterscheidung *lebendig/nicht lebendig* oder *weise/verblendet* ersetzen. Wenn wir die Unterscheidung verändern, erreichen wir eine neue, andere Ebene, auf der bestimmte Probleme und Dilemmas nicht mehr existieren, auf der aber dann natürlich neue Gegensätze und Fragestellungen hervorgebracht werden. Zum Beispiel enthält das Konzept *ganz lebendig*, mit dem ich in diesem Buch arbeite, das Paradoxon, dass Ganz-lebendig-Sein Bewusstseinszustände und Stimmungen miteinschließen muss, die wir normalerweise als »nicht lebendig« charakterisieren würden. Wie können wir unsere Lebendigkeit als »ganz« bezeichnen, wenn sie bestimmte Erfahrungen ausschließt?

Das bringt uns zum eigentlichen Dreh des Tetralemma-Prozesses, der im zweiten Teil der fünften Position zum Ausdruck gebracht ist: »... und selbst das nicht!« Die Negation aller vier Positionen öffnet das Tor zu neuen Unterscheidungen und »höheren«, nuancenreicheren Denk- und Handlungsweisen. Aber jetzt negieren wir selbst das! In unserem Beispiel bestünde das darin, die gut/schlecht Unterscheidung und all ihre Konsequenzen nicht zu überwinden. Diese Negation der Negation kann auf mindestens zwei Weisen interpretiert werden: (1) als Rückfall in ein altes Muster auf einer »niedrigeren« Ebene oder (2) als ein bewusstes Wiederbetreten der niedrigeren Ebene, die wir aber inzwischen als ein bloßes Muster durchschaut haben. Das Erste ist ein Rückfall in die Verblendung; das Zweite ist – in der Logik des Tetralemmas – eine Definition von Mitgefühl. Mitgefühl bedeutet aus dieser Perspektive: Ich gehe mit den verblendeten Mustern mit, auf denen mein Verhalten, das Verhalten anderer Menschen und das gesamte Weltgeschehen fußt – in vollem Bewusstsein der Begrenzungen, die damit einhergehen. Mit anderen Worten: Ich akzeptiere die sich im Umlauf befindlichen Konzepte und Sichtweisen in ihrer unvermeidlichen Unvollkommenheit, aber ich sehe gleichzeitig, dass sie auch anders sein könnten.

Dogen stellt in diesem Zusammenhang eine wichtige Frage: »Wie ist es, wenn ein erleuchteter Mensch nichtsdestoweniger verblendet ist?«[88] Mit anderen Worten: Wie ist es, wenn jemand, der alle Sichtweisen als leer erkannt hat, nichtsdestoweniger an der Welt mit ihren Sichtweisen und Gegenständen teilnehmen und Position beziehen muss? Die Antwort auf diese Frage ist: die Haltung des Mitgefühls. Der Überlieferung nach entschied sich der historische Buddha nach seiner Erleuchtungserfahrung zu lehren, obwohl ihm klar war, dass er seine Erfahrung anderen Menschen nicht in Worten würde mitteilen können. Er begann trotzdem zu lehren – aus Mitgefühl. Letztendlich müssen wir die Begrenztheiten der Sprache akzeptieren und dem Feld der Lebendigkeit vertrauen, aus dem Unterscheidungen in einem unabschließbaren Prozess – in angemessener Relation zum jeweiligen Kontext – hervorgebracht werden können. Dogen sagt: »Zu erforschen, wie ein vollständig erleuchteter Mensch nichtsdestoweniger verblendet ist, sollte als das höchste Ziel des buddhistischen Übungsweges verstanden werden.«[89] Die zwei Wahrheiten verneinen und stützen einander. Nirvana und Samsara haben dieselben Grenzen, aber die

Beziehung zu den Unterscheidungen, Sichtweisen und Glaubensüberzeugungen, die Samsara in Gang halten, hat sich in der als Nirvana bezeichneten Haltung verändert. Und dennoch lässt sich dieses Durchschauen der Sichtweisen und Begriffe als ein immer bloß vorläufiges Verständnis, das auch anders sein könnte, nur wieder in Form von Begriffen kommunizieren. »Ohne die konventionelle Wahrheit«, um Nagarjunas Feststellung zu wiederholen, »kann die fundamentale Wahrheit nicht gelehrt werden.« Die Verneinung der Verneinung ist die in Mitgefühl gründende Bejahung der menschlichen Welt mit ihren unvermeidlichen begrifflichen und sprachlichen Begrenztheiten. Ein Zen-Satz fasst das so zusammen: »Aus Mitgefühl verzettelte [er] sich in einer Diskussion.«[90]

17

Bewusstsein und Selbst

Mit Nagarjunas Tetralemma haben wir ein Werkzeug kennengelernt, mit dem wir Sichtweisen aufspüren und durcharbeiten können. Freiheit von Sichtweisen bedeutet: Wir können sie entweder verändern oder aus Mitgefühl bewusst beibehalten. In diesem Kapitel werden wir uns ausführlicher mit der Frage beschäftigen, was die Quelle von Sichtweisen ist – also wo die Unterscheidungen herkommen, die wir am laufenden Band treffen. Dazu werden wir den Begriff des Bewusstseins noch einmal neu beleuchten und anhand unserer konkreten Erfahrung untersuchen, in welcher Beziehung das Bewusstsein zu unserem Gefühl steht, ein Selbst zu sein. Die beiden Erfahrungen – Bewusstsein und Selbst – lassen sich kaum voneinander trennen. Das spiegelt sich zum Beispiel in Descartes' berühmtem Ausspruch »Ich denke, also bin ich« wider. Wie kommt es, dass wir jemand sind, von dem wir »Ich« sagen? Es ist eine weit verbreitete Ansicht, dass Bewusstsein immer *mein* Bewusstsein ist, dass meine Gedanken *mir* gehören und dass sie sich in einer Privatsphäre ereignen, die ich entweder *meinen* Kopf, *mein* Bewusstsein oder *meinen* Geist nenne.

Die buddhistische Lehre vom »Nicht-Selbst« stellt diese scheinbar völlig selbstverständliche Erfahrung infrage. Hat das, was ich »Ich« oder »mein Selbst« nenne, ein wirkliches Dasein, oder ist es vielleicht nur ein Begriff, eine Sichtweise oder Glaubensüberzeugung? Die Motivation, unser Selbst-Verständnis zu transformieren, erwächst aus der Beobachtung, dass es letztendlich nicht vorteilhaft für uns ist, eine Sichtweise aufrechtzuerhalten, nach der Selbst und Welt, Subjekt und Objekt, Geist und Körper grundsätzlich und dauerhaft getrennt sind. Und wir gewinnen auch nichts durch die Annahme, dass in der Mitte aller zeitlichen Veränderungen ein sich selbst gleichbleibendes Selbst steht. Der buddhistische Einwand gegen das gewöhnliche Selbst-Verständnis ist letztendlich ein Einwand gegen zwei Glaubensüberzeugungen: Unabhängigkeit (»Ich bin von dir und der Welt getrennt!«) und Unveränderlichkeit (»Es gibt einen ›Ich‹ genannten Wesenskern, der sich nicht verändert.«) Der Einwand ist nicht nur philosophischer Natur, sondern wurzelt in der Erfahrung. Der Glaube an ein Selbst steht der Verwirklichung von Befreiung, Weisheit und Mitgefühl im Wege; wir bleiben durch ihn in Reaktivität, Verblendung und egoistische Ichbezogenheit verstrickt.

Die Idee des Nicht-Selbst ist eine Abkehr von der antiken vedischen Religion und vom Brahmanismus, der spirituellen und philosophischen Kultur, in die der historische Buddha hineingeboren wurde und aus der sich in den nachfolgenden Jahrhunderten der uns heute bekannte Hinduismus formte. Sie passt aber auch nicht mit dem Mainstream der westlichen Weltanschauung zusammen. Sie ist zum Beispiel der christlichen Idee einer unsterblichen Seele diametral entgegengesetzt. In der Moderne findet man die Idee des Selbst verkleidet in verschiedene Theorien von der Einheit des Bewusstseins. Die Existenz eines Selbst anzuzweifeln stellt außerdem weithin anerkannte politisch-rechtliche Vorstellungen wie den Individualismus, den Begriff der persönlichen Verantwortung oder das Postulat von Menschenrechten infrage. Eine Lehre vom Nicht-Selbst erscheint uns im Westen deswegen kaum haltbar. Dazu kommt, dass sie schlicht unserer Alltagserfahrung zu widersprechen scheint: Hier bin ich! – Wie kannst du behaupten, dass ich bloß ein Begriffskonstrukt bin?

Wie wir im vorhergehenden Kapitel gesehen haben, landen wir aber nach der Anwendung des Tetralemmas nicht einfach beim Gegenteil eines Begriffs. Sowohl die Sichtweise »Es gibt ein Selbst« als auch die Sichtweise »Es gibt kein Selbst« greifen zu kurz. Das Tetralemma zeigt uns vielmehr den Weg zu der viel subtileren inneren Geste, das Problem des Selbst als solches aufzugeben. Statt das Selbst entweder zu negieren oder zu bestätigen, stellen wir den impliziten Kontext infrage, in dem das Problem zuallererst auftauchte: *Weshalb ist mir ein Gefühl von Autonomie so wichtig? Um mein Leben unter Kontrolle zu halten? Woher kommt das Bedürfnis nach einer festen Identität? Ist es der Wunsch nach Sicherheit oder die Furcht davor, ankerlos umherzutreiben?* Diese Art von Fragen lässt uns möglicherweise zu dem Schluss kommen, dass wir frei sind, einfach unser Leben zu leben und das Problem des Selbst schlicht zu vergessen. Wir haben oft das Gefühl, eine Lösung finden zu müssen, um ein Problem zu beseitigen. Es gibt aber noch eine andere Art der Problemlösung: Wir können aufhören, das Problem als Problem zu betrachten!

Dogen hat in diesem Zusammenhang vom »Vergessen des Selbst« und dem »Abfallen von Körper und Geist« gesprochen. Im Vergessen und Fallenlassen hören wir auf, uns als etwas begreifen zu wollen, das sich definieren und festhalten lässt. Das sogenannte schwierige Problem des Bewusstseins (die Frage, warum etwas Physisches wie der menschliche Körper und das

Gehirn subjektive Erfahrungen in der ersten Person haben kann), Fragen über Leben und Tod oder Theorien über feste Persönlichkeitsstrukturen und Charaktereigenschaften sind durchaus interessante Themen. Aus buddhistischer Perspektive gehen sie aber die Frage nach Selbst-Transformation nicht direkt an.

Wenn wir die existenzielle Suche nach unserem wahren Selbst einfach aufgeben, leugnen wir damit nicht automatisch, dass es ein Ich-Gefühl gibt oder dass ein Gefühl von Unabhängigkeit und Autonomie in der Beziehung zu anderen Menschen wichtig ist. Wir leugnen auch nicht, dass das Bewusstsein in der Tat als eine Art Einheit erscheint, dass Menschen ihrem Leben durch biografische Erzählungen Sinn geben, dass wir persönliche Verantwortung übernehmen und solche Verantwortlichkeit auch von anderen erwarten. Diese *Funktionen* eines Selbst zu akzeptieren, bedeutet allerdings nicht, dass wir tatsächlich ein individuelles Selbst mit einer realen, unabhängigen Existenz sind oder gar eine unsterbliche Seele haben. Was tatsächlich existiert, bleibt ein Geheimnis – aber es tritt in Form der konventionellen Erfahrung eines Selbst in Erscheinung. Können wir diese konventionelle Erfahrung eines Selbst so transformieren, dass sie zur Kultivierung von Weisheit beitragen kann?

Selbst-Erforschung: Die Fünf Aggregate

Die Antwort auf die letzte Frage wird im Buddhismus von der Lehre der *Fünf Skandhas* gegeben, die in den buddhistischen Sutras zu den am häufigsten gegebenen Unterweisungen gehört. Das Wort Skandha bedeutet »Haufen« oder »Aggregat«. Die *Fünf Aggregate* sind eine Liste von Komponenten oder

Domänen des Bewusstseins. Die Liste hat den Anspruch, umfassend zu sein. Das heißt, was immer wir erleben, fällt in eine der folgenden fünf Kategorien.

Form
Gefühl
Wahrnehmung
Konditionierung
Bewusstsein

Der Zweck der Lehre besteht darin nachzuweisen, dass der Glaube an ein unveränderliches, unabhängiges Selbst unnötig ist. Das Fünf-Skandha-Modell ist keine ontologische Bewusstseinstheorie; es macht keine Aussagen über die Wirklichkeit des Bewusstseins. Stattdessen handelt es sich dabei um transformative Phänomenologie (siehe Exkurs, ab Seite 138). Deshalb gibt es zwei komplementäre Ansätze, mit dieser Liste zu arbeiten. Die Liste ist (1) eine Beschreibung, wie das Bewusstsein durch eine fortschreitende Aggregation oder »Anhäufung« von Form, Gefühl, Wahrnehmung, Konditionierung und Bewusstsein zusammengesetzt wird, und (2) eine Meditationsanleitung, wie sich das Bewusstsein de-aggregieren und damit transformieren lässt.[91] Schauen wir uns diese beiden Ansätze einen nach dem anderen an.

Eine phänomenologische Beschreibung des Bewusstseins

Das Wort *Form* lässt sich am besten als »sinnlich erfahrbare Materialität« verstehen.[92] Die buddhistische Theorie der Sinne besagt: Wenn ein Sinnesorgan mit Materialität zusammentrifft, für die es sensibel ist, erscheint ein spezifisches Sinnesfeld. Form ist der Ausgangspunkt für Bewusstsein. Sie ist ein

Grenzbereich, weil sie gleichzeitig die sinnlich erfahrbare Erscheinung bezeichnet und die Materialität, von der wir annehmen, dass sie hinter der Erscheinung steht. Das schwierige Problem des Bewusstseins – also warum und wie sich Materialität in subjektive Erfahrung übersetzt – wird im buddhistischen Formbegriff schlicht umgangen. Subjektivität wird einfach als eine Erfahrungstatsache akzeptiert; wir haben kein Leben außerhalb der Subjektivität der uns erscheinenden Welt. Wir können zwar aus der direkten Erfahrung schließen, dass sich die Materialität als solche der Erfahrung entzieht. Das bedeutet aber nicht, dass die daraus resultierenden Sinnesempfindungen willkürlich sind.

Auf der Grundlage von Form entsteht *Gefühl.* In der traditionellen Beschreibung werden lediglich drei Gefühlslagen unterschieden: angenehm, unangenehm und weder angenehm noch unangenehm. (Wie wir in Teil 2 ausführlich untersucht haben, können Wohlgefühl, Schmerz und Gefühlsneutralität als Trigger für Reaktivität dienen.)

Neben dem Gefühl resultiert Form in Wahrnehmung. Das Wort *Wahrnehmung* hat im Kontext der Lehre von den Fünf Skandhas eine spezifische Bedeutung, nämlich: etwas als etwas wahrnehmen. Es bedeutet, eine Empfindung im Rahmen eines Begriffs wahrzunehmen. Durch die Funktion der Wahrnehmung verwandelt sich eine sechsfache Empfindung (zum Beispiel rot, rund, knackig, süß, wächsern, essbar) in ein einheitliches Objekt (Apfel).

Sobald etwas mit einem Gefühlswert versehen ist, innerhalb einer bestimmten Kategorie wahrgenommen ist und einen Namen erhalten hat, tritt es in eine Matrix von Assoziationen, Emotionen und Gewohnheitsmustern ein, die die Lehre von den Fünf Skandhas als Impulse bezeichnet. Ich spreche selbst lieber von *Konditionierungen.* Diese Konditionierungen zeigen sich im Körper und funktionieren als implizite Wenn-dann-Korrelationen: Wenn das unangenehme Gefühl p erscheint, dann folgt darauf die Reaktion q; wenn der Begriff x zur Anwendung kommt, dann impliziert das den Begriff y und so weiter. Wenn ich zum Beispiel vor sozialen Situationen Angst habe, kann ich den Impuls verspüren, sie zu vermeiden. Wenn ich es mir zur Gewohnheit mache, sie zu vermeiden, dann werden sie mir nach und nach als besonders gefährliche Situationen erscheinen, in denen scheinbar viel auf dem Spiel steht. Wenn in einer von Weißen dominierten Kultur dunkle Hautfarbe mit geringer Intelligenz und höherer Kriminalitätsrate assoziiert wird, dann leben wir mit einem rassistischen Vorurteil, das bewusst oder unbewusst die Art und Weise beeinflusst, wie wir denken, fühlen und handeln.

Andererseits sind die assoziativen Verbindungen zwischen Gefühlen, Wahrnehmungen und Begriffen oft die Wurzel von Kreativität in der Dichtung, Musik und bildenden Kunst – oder auch beim Kochen. Spitzenköche erfinden neue Gerichte oft dadurch, dass sie traditionelle Zubereitungsweisen und persönliche kulinarische Erinnerungen neu kontextualisieren. Es gibt zum Beispiel den Trend, einfache Alltagsgerichte, mit denen sich wohlige Kindheitserinnerungen verbinden, in gastronomische Erlebnisse zu verwandeln.

Wir denken den Ursache-Wirkungs-Zusammenhang in der Regel auf einer linearen Zeitachse, auf der die Ursache vor der Wirkung liegt. Die Konditionierungen, von denen hier die Rede ist, können sich aber gegenseitig implizieren – und erst später begreifen wir sie als Ursache und Wirkung. Zum Beispiel gehen wir normalerweise davon aus, dass unsere Glaubensüberzeugungen auf unseren Wahrnehmungen beruhen, tatsächlich favorisieren wir aber oft Wahrnehmungen, die unsere bestehenden Überzeugungen bestätigen. Glaubensüberzeugungen und Wahrnehmungen implizieren sich also wechselseitig. Unser Körper-Geist ist zu einem erheblichen Ausmaß von solchen wechselseitigen Implikationen konditioniert – mit positiven und negativen Folgeerscheinungen. Es handelt sich bei diesen Konditionierungen um die karmischen Gewohnheitsmuster, die wir in Kapitel 11 besprochen haben.

Schließlich gibt es das *Bewusstsein*, dass hier als die Funktion verstanden wird, dieses von jenem zu unterscheiden. Das Bewusstsein kann alle Inhalte bearbeiten, die durch die ersten vier Aggregate hervorgebracht werden. Es kann sichtbar von unsichtbar unterscheiden, angenehm von unangenehm, Äpfel von Birnen, dieses von jenem Muster. Es bearbeitet auch die von ihm selbst generierten Inhalte, denn es denkt über Gedanken nach. Erst durch das Bewusstsein kann der Begriff eines Selbst auftauchen. Das Bewusstsein identifiziert sich mit bestimmten Inhalten als *zu mir gehörig*, während es andere als *nicht zu mir gehörig* kategorisiert. Wenn das Bewusstsein Inhalte bearbeitet – egal, ob sie als zu mir und nicht zu mir gehörig befunden werden – externalisiert es sie zunächst als etwas von sich selbst Verschiedenes. Es verdinglicht den Inhalt und stellt ihn sich als Gegenstand gegenüber. Dem »Begriffenen« (dem Objekt der Erfahrung) steht ein »Begreifer« gegenüber (ein Subjekt der Erfahrung). Die Subjekt-Objekt-Spaltung, die aus dieser Objektivierung und Externalisierung resultiert, ist der Modus Operandi des Bewusstseins. Nur durch diese Trennung wird Reaktivität überhaupt erst möglich. Sich etwas zu widersetzen oder es begehrend zu ergreifen setzt voraus, dass wir es zunächst als etwas von uns Verschiedenes erfahren. Das Bewusstsein kann sich sogar von sich selbst abspalten. Es kann sich selbst als reines Denken und den Körper als »das Andere« begreifen – nur um ihn sich später wiederum als *meinen Körper* anzueignen.

In einem engeren Sinn ist das Bewusstsein – als eines der Fünf Aggregate – nichts weiter als die Funktion, Unterscheidungen zu treffen. In einem weiteren Sinn ist das Bewusstsein die akkumulierende Ansammlung der Fünf Aggregate. Das Bewusstsein ist nie reines Bewusstsein; es ist immer »aufgeladen« mit den Inhalten der anderen vier Aggregate. Aber ohne Unterscheidungen gäbe es für das Bewusstsein nichts, was es sich aneignen könnte. Es gäbe keinen aus dem Feld abgehobenen Fokus, keinen unterschiedenen Gefühlswert, keine durch Kategorien bestimmte Wahrnehmung, keine aktivierten Konditionierungen und kein Selbst, das seiner Umgebung gegenüberstünde. Dinge können sich verändern, weil sie keinen unveränderlichen Wesenskern haben – sie treten aus der Leerheit (der Nicht-Dinglichkeit) hervor und befinden sich auf einer ewigen Gratwanderung zwischen Unterscheidung und Ununterschiedenheit. Unterscheidungen können ausradiert werden, und es können sich andere und neue Unterscheidungen aus dem Feld der Ununterschiedenheit erheben – einem Feld, in dem alles mit allem in ungetrennter Wechselwirkung verbunden ist.

Das De-aggregieren von Bewusstsein und Selbst in der Meditation

Im Herz-Sutra gibt es eine berühmte Zeile, wonach der Bodhisattva in tiefer Meditation erkennt, dass alle fünf Skandhas leer sind vom eigenen Sein und er sich so von allem Leiden befreit. Wie kann dieser Vorgang zu unserer eigenen Praxis werden? Am besten übt man ihn zunächst in der Meditation und überträgt dann die dort gewonnenen Einsichten in den Alltag.

Stellen Sie sich vor, Sie setzen sich zur Meditation hin. Sie lassen Ihren Körper die Zazen-Haltung einnehmen und kommen in ihr zur Ruhe. Sie bemerken Ihre Gedanken. Diese Gedanken sind das Produkt der Aktivität Ihres Bewusstseins. Die Gedankentätigkeit ist aufgeladen mit emotionalen Konditionierungen, anderen Gewohnheitsmustern, Erinnerungen, Wahrnehmungen, Gefühlen und Empfindungen. All das beansprucht Ihre Aufmerksamkeit. Es gibt Wahrnehmungen im Außen (Geräusche, Gerüche, visuelle Eindrücke) und im Innen (Gefühle verschiedener Art, Schmerzen, kleinere Wehwehchen). Sie beobachten das Bewusstsein dabei, wie es Gedanken zu diesen verschiedenen Eindrücken generiert – und auch Gedanken über Gedanken.

Als Teil Ihrer Meditation – wie wir in Kapitel 3 besprochen haben – nehmen Sie die geistigen Haltungen der Stille und Nicht-Reaktivität ein. Sie laden Ihre Gedanken nicht zum Tee ein und erlauben Ihrem Erleben unkorrigiert so zu sein, wie es ist. Was passiert dann? Sie stellen wahrscheinlich fest, dass Sie allmählich in eine andere Domäne des Geistes hineinrutschen. Statt kohärent zu denken, bemerken Sie jetzt Fragmente von sprachlichen Gedanken und Bildern. Dies taucht auf, dann jenes. Sie könnten diesen Gedankenfragmenten mehr Beachtung schenken, aber das hieße, sie zum Tee einzuladen – was den Geist in den Modus des bewussten Denkens zurückversetzen würde. Stattdessen erlauben Sie den Fragmenten, einfach beliebig herumzutreiben. Es ist eine Art assoziativer Geist, ein Proto-Bewusstsein. Traumartig. Die Fragmente können eine emotionale Qualität haben. Stimmungen, Erinnerungen und reaktive Gewohnheitsmuster sind hintergründig präsent.

Auch Gedanken über Ihre Schmerzen und was Sie gegen diese Schmerzen unternehmen wollen. Wunschvorstellungen und Begierden. Es braucht Disziplin, all dies einfach so sein zu lassen, wie es ist. Denn eines unserer reaktiven Gewohnheitsmuster ist es, das Bewusstsein als Problemlösungswerkzeug zu gebrauchen. Wir wollen das, was auftaucht, verstehen, damit wir das Gefühl haben, es unter Kontrolle zu haben. Aber hier jetzt in der Meditation folgen Sie diesem Impuls nicht.

Sie erlauben Ihrer Erfahrung weiter, genau so zu sein, wie sie ist, und fangen dadurch an, in den Bereich der Wahrnehmung hinüberzuwechseln. Die Fragmente tauchen nicht mehr so häufig auf, und der Geist hat sich insgesamt beruhigt und verlangsamt. Alle sechs Sinneskanäle sind aktiv. Vielleicht hören Sie Stimmen oder Vogelgezwitscher. Oder wenn Sie keine Geräusche hören, vernehmen Sie vielleicht das Geräusch der Stille. Sie sehen Teile des Raums, in dem Sie sitzen: die Wand, eine Reihe von Gegenständen. Sie können diese Objekte fokussieren oder den Blick weiten und die visuellen Eindrücke des Raums sozusagen alle auf einmal auf sich wirken lassen. Vielleicht gibt es einen Geruch zu bemerken, vielleicht aber auch nicht. Außerdem tut sich das gesamte Reich der leiblich spürbaren Körperempfindungen auf. Sitzhöcker auf dem Kissen, Ein- und Ausatmen. Vielleicht gibt es Spannungsgefühle im Körper, vielleicht auch nicht. Hier geht es nicht darum, welche Inhalte genau sich der Wahrnehmung darbieten. Es geht vielmehr darum, einfach einzelne Sinnesempfindungen zu bemerken, ohne weiter über sie nachzudenken – stattdessen bemerken Sie das Bemerken selbst. Es ist, als hätten Sie einen Film so weit verlangsamt, dass Sie sich die einzelnen Phasenbilder eines nach dem anderen anschauen können.

Jedes Bild kann einen Namen erhalten: »Stimme«, »Vogel«,

»Stille«, »Wand«, »Heizkörper«, »Fenster«. Es gibt auch Wahrnehmungen, die keinen vorgefassten Namen haben. Sie könnten ihnen verallgemeinernde Beschreibungen verpassen, zum Beispiel »der Geruch im Raum« oder »mein Gefühl in der Herzgegend«, oder sehr spezifische, zum Beispiel »der süße Geruch von Jasmintee, der noch immer in der Luft liegt« oder »dieser Nachhall von Traurigkeit«. Die Dinge beim Namen zu nennen kann dazu führen, dass der Geist in den Bereich der Assoziationen und Konditionierungen oder ganz ins Denkbewusstsein zurückversetzt wird. Aber wenn Ihre Aufmerksamkeit stabil genug ist, können Sie das Benennen auch dazu verwenden, die Aufmerksamkeit noch präziser auf die einzelnen Phasenbilder zu richten. Und schließlich können Sie die Namen ganz weglassen und einfach nur den Einzelbildern folgen – jedes ist ein bestimmter Fokus innerhalb des Gesamtfeldes.

Wenn Sie die Aufmerksamkeit jetzt auf das Feld des Geistes verlagern, wechseln Sie zu den Gefühlen hinüber. Das Feld hat eine Spürensqualität, eine Atmosphäre. All die Sinnesempfindungen zusammen genommen bilden ein Gefühl, eine Spürenswirklichkeit. Die buddhistische Lehre erklärt uns, dass Gefühle entweder angenehm, unangenehm oder neutral sind. Aber das sind nur Etiketten, und diese Etiketten gehören eigentlich zum Bereich der Wahrnehmung – wo Empfindungen *als etwas Bestimmtes* wahrgenommen werden. Hier jetzt in der Meditation haben Sie die Etiketten hinter sich gelassen, und das atmosphärische Gefühl dieses Moments ist ein weites Feld. Es ist kein Ding, sondern fühlt sich mehr wie eine Energie an. Sehr lebendig. Und alle leiblich spürbaren Empfindungen sind Teil dieses Energiefeldes. Es mag sich ungewohnt anfühlen, aber Sie können einfach in diesem weiten Gefühl verweilen – und die Spürenswirklichkeit der Gesamtsituation, in der Sie sich befinden, auf sich wirken lassen. Alle Aspekte der Situation sind in ihr enthalten, bleiben dem begrifflichen Denken jedoch weitgehend entzogen.

Wenn Sie diesen Faden weiterverfolgen, also weiter keine Einzelheiten aus dem Feld heraussondern, finden Sie sich schließlich im geheimnisvollen Grenzbereich, den die Lehre der Fünf Aggregate »Form« nennt. Es ist der materielle Körper mit seinen für Materialität empfindungsfähigen Sinnesorganen. Sie erkennen sich selbst als diese Empfindungsfähigkeit. Der Körper inmitten der Welt – und die Welt erschlossen durch die sinnliche Empfindungsfähigkeit des Körpers. Nicht eins und nicht zwei. Es ist ein Raum, in dem die in Unterscheidungen zerteilte Welt zu unzerteilter Ununterschiedenheit zurückkehrt – wobei der ununterschiedene Raum jederzeit wieder in Unterschiedenheit übergehen kann. Der Körper und die materielle Welt implizieren sich wechselseitig. Was ist jetzt aus dem Selbst geworden?

Ich habe versucht, dieses meditative De-aggregieren so zu beschreiben, dass Sie es so gut wie möglich nachfühlen können. Aber über diesen Prozess beschreibend zu sprechen ist natürlich etwas anderes, als ihn selbst zu erleben. Diese fünf Bereiche in der eigenen Erfahrung auffinden und unterscheiden zu lernen, ist eine innere Technik, die nur durch Übung perfektioniert werden kann. Wir müssen dazu Mittel und Wege finden, uns zwischen den Bereichen hin- und herzubewegen, ohne ständig ins Denkbewusstsein zurückgezogen zu werden, wo die meisten von uns beinahe den ganzen Tag verbringen. Der Bereich der Wahrnehmung ist dafür eine Art Pforte. Wenn sich die Bewusstseinstätigkeit genügend beruhigt hat und entspannt genug ist, um mit dem Benennen aufzuhören, verlassen wir das Denkbewusstsein und treten ins Aufmerksamkeitsbewusstsein hinein. Und wenn wir dann den Bereich des Gefühls und der Form betreten, weitet sich das Aufmerksamkeitsbewusstsein und wird zu einem die gesamte Situation einbeziehenden atmosphärischen Spüren. Und darunter liegt das von scheinbar allen Inhalten befreite Feld des Gewahrseins – der Modus des Geistes, in dem nichts unterschieden und getrennt wird.

Aus dieser Perspektive lässt sich jetzt die Vervollkommnung der Weisheit, zu der das Herz-Sutra anleitet, als eine Transformation des Bewusstseins verstehen: Bewusstsein löst sich erst in die allumfassende Weite von Gewahrsein auf und beginnt dann im Kontext von Gewahrsein anders zu funktionieren. Die Fünf Aggregate – befreit von der besitzergreifenden Kontrollwut eines scheinbar soliden Selbst – offenbaren fünf Weisheits-Qualitäten.

Der diskursive Charakter des *Bewusstseins* verwandelt sich in angewandtes Denken. Statt in ausufernder diskursiver Gedankentätigkeit zu versinken, dient das Denken jetzt dazu, eine angemessene Antwort auf die gegenwärtige Situation zu finden. Und sobald das Handeln in dieser Situation zu einem erfolgreichen Abschluss gekommen ist, hört auch die situationsbezogene Gedankentätigkeit auf. Denken ist jetzt ein schrittweises Sequenzieren, wie wir es in Kapitel 12 besprochen haben – es erfüllt endlich seine eigentliche Aufgabe. Unsere *Konditionierungen* verwandeln sich in einen Strom von Intuitionen. In Kapitel 19 werden wir das noch ausführlicher besprechen. Und *Wahrnehmung* steigert sich zu Klarheit, denn Aufmerksamkeit und Benennen sind jetzt frei – sie können beim gegenwärtigen

Erleben verweilen und es so präzise wie möglich artikulieren, weil sie nicht ständig in diskursives Denken abdriften. In den *Gefühlen* offenbart sich eine ihnen zugrunde liegende Spürenswirklichkeit, aus der sich eine Vielzahl von nicht-bewussten Informationen und Bedeutsamkeiten schöpfen lässt. Und was wir *Form* genannt haben, zeigt sich jetzt als ununterschieden vom Gewahrsein selbst – ohne das Gewahrsein kann nichts zur Erscheinung kommen.

Mit der Transformation der Fünf Aggregate hört das Wahrnehmen und Denken nicht einfach auf. Aber das Bewusstsein trifft seine Unterscheidungen jetzt auf der Grundlage der im Fühlen offenbarten Spürenswirklichkeit und im Kontext der nicht-unterscheidenden Qualität des Gewahrseinsfeldes. Dadurch verändert sich auch unser Selbst-Verständnis und Ich-Gefühl. Vom Standpunkt des Bewusstseins aus sind wir ein kleines individuelles Selbst, das von der Welt unterschieden und getrennt ist. Aber vom Standpunkt des Gewahrseins aus sind wir ein raumgreifendes Selbst, das das gesamte Feld der Erfahrung umfasst. Je mehr Vertrauen wir entwickeln, immer wieder neu zu dieser den ganzen Raum durchdringenden Lebendigkeit zurückzukehren, desto mehr Interesse werden wir daran haben, diese Lebendigkeit nicht nur auf dem Sitzkissen in der Meditation zu erleben, sondern auch in den Alltagssituationen unseres täglichen Lebens. Wichtiger als praktische Tipps ist dafür eine Veränderung unserer grundlegenden Weltsicht. Wir müssen aufhören, die Welt als eine Konstellation von Dingen zu betrachten, und lernen, sie als ein Feld ungetrennter Aktivität zu verstehen.

18

Ungetrennte Aktivität

Weisheit wird im Buddhismus erst dann als wirklich und wirksam betrachtet, wenn sie verkörpert ist. Um Verkörperung praktizierbar zu machen, entwickelte sich die Lehre von den drei Körpern des Buddha (Trikaya). In ihr werden die Spürenswirklichkeiten, die mit drei zentralen Erfahrungen einhergehen, als jeweils eigenständige Körper aufgefasst: die Erfahrung des Raums (Dharmakaya), der freudvolle Genuss der Lebendigkeit (Sambhogakaya) und der transformative Prozess der Befreiung vom Leiden (Nirmanakaya). Wir können den Körper – das haben wir im Verlauf des Buches bereits anhand verschiedener Übungen besprochen – als eine auf den gesamten umgebenden Raum ausgedehnte Aufmerksamkeitssphäre erleben. Die Lehre von den drei Körpern zielt darauf ab, diesen Raum-Körper mit unserem Alltagsleben in Beziehung zu bringen. Jede Meditationsperiode kann die dualistischen Strukturen von Körper und Geist, Körper und umgebender Welt, Hier und Dort, Selbst und Anderem sowie Innen und Außen untergraben. Und dann, sobald wir uns aus der meditativen Sitzhaltung erheben, besteht unsere Praxis darin, diesen non-dualen Raum inmitten einer Welt von Unterscheidungen aufrechtzuerhalten.

Die Idee ist: Der Körper ist erstens im Raum ausgedehnte

Sensibilität und zweitens ein lebendiger, befriedigender Energiefluss, wenn er sich in Balance befindet. Je mehr wir unseren Körper in alltäglichen Situationen als Raum und Energiefluss erfahren, desto mehr erleben wir unser eigenes Leben als transformiert – und desto mehr wirkt unsere Lebensführung auch transformierend auf andere. Dogen beschreibt diese transformierte Körper-Geist-Erfahrung als »die eine leuchtende Perle«. Er zitiert Zen-Meister Xuansha mit den Worten: »Die gesamte Welt in den zehn Richtungen ist eine einzige leuchtende Perle«, und er kommentiert dieses Bild wie folgt: »Die gesamte Welt in den zehn Richtungen ist weder weit noch beengt, weder rechteckig noch rund. Sie ist nicht neutral, nicht aktiv und nicht durch und durch klar. Weil sie jenseits des Kommens und Gehens von Geborenwerden und Sterben existiert, ist sie das Kommen und Gehen von Geborenwerden und Sterben.«[93] Das Tetralemma ist hier in gekürzter Form in Aktion; kein Begriff wird der Wirklichkeit der leuchtenden Perle gerecht. Schließlich gipfelt das Tetralemma in einem bewussten Wiedereintreten in die Welt des Wandels und der Vergänglichkeit (Geborenwerden und Sterben). Als ein Mönch Meister Xuansha fragt, wie sein Ausspruch zu verstehen sei, erwidert er: »Was wirst du mit deinem Verstehen tun?« Xuansha wertet in seiner Antwort das begriffliche Verstehen ab und betont konkretes Handeln. Mit anderen Worten: Wir sollen innerhalb des großen Wirkzusammenhangs wirken und handeln – ohne die unnötigen Reibungsverluste, die durch die Anhaftung an ein Selbst verursacht werden. Dogen drückt das so aus: »Der ganze Körper ist der ganze Geist. Wenn der ganze Körper der ganze Körper ist, gibt es keine Hindernisse. Er ist sanft abgerundet und dreht und dreht sich … Wenn ihr Körper und Geist als die eine leuchtende Perle begreift …, werdet ihr verstehen, dass der Geist kein Selbst ist.«[94]

Der Transformations-Körper ist der Körper, der die Welt der Erscheinungen als eine Erweiterung seiner selbst und sich selbst als eine Erweiterung der Welt der Erscheinungen erkennt. Der Körper und die Welt der Erscheinungen sind wechselseitig ineinander eingefaltet. Um dieser Art, in der Welt zu sein, Ausdruck zu verleihen, verwende ich den Titel einer weiteren Lehrschrift Dogens: *Ungetrennte Aktivität.*[95] In diesem Kapitel will ich konkrete Übungen vorstellen, mit deren Hilfe wir immer tiefer und bewusster verstehen können, dass alles Aktivität ist – eine Aktivität, die unseren eigenen Körper und Geist umfasst und einschließt. Dazu müssen wir uns zunächst fragen, was eigentlich mit dem Begriff »Ding« gemeint ist, denn unsere Wahrnehmung von statischer »Dinghaftigkeit« ist ein wesentliches Hindernis auf dem Weg der Transformation.

Wenn wir im Kontext der buddhistischen Weisheitspraxis sagen: »Die Dinge, so wie sie in Wirklichkeit existieren«, rufen wir in unserem Bewusstsein eine bereits existierende Ding-Vorstellung ab. Wir verwenden das Wort *Ding* in der Regel ganz breit für jeden Aspekt, der in einer Situation in den Fokus rückt und unterschieden werden kann. Unser Verständnis eines Dings ist dabei aber gleichzeitig stark durch die Erfahrung von Festkörpern im zentralen Gesichtsfeld geprägt. Wir gehen deshalb oft unbewusst davon aus, dass Dinge von beobachtbaren Kriterien wie Form, Größe, Gewicht, Zahl und Lage im Raum bestimmt sind. Mithilfe dieser Kriterien können wir Dinge unterscheiden, messen und miteinander vergleichen. Um ganz einfache, triviale Beispiele zu geben: Wir können einen Apfel mit einem anderen anhand seiner Größe und seines Gewichts vergleichen, wir können ein Haus mit einem Baum vergleichen und uns selbst mit einer Katze.

Dieses Unterscheiden und Vergleichen bringt eine bestimmte Weltsicht hervor: Wir neigen dazu, die Welt als eine Anordnung von Dingen in einem ansonsten leeren Raum zu begreifen – und das Selbst steht auf der anderen Seite dieser Anordnung als ein unbeteiligter Beobachter. Die unbewusste Definition, die die meisten Menschen von der Welt haben, hört sich deshalb in etwa so an: »Die Welt ist die Gesamtheit aller Dinge und ihrer Beziehungen untereinander.« In einer Weltsicht, die mit benennbaren und messbaren Dingen beginnt, behandeln wir eine riesige Menge an erfahrbaren Aspekten der Welt mehr oder weniger ungewollt als entbehrlichen Abfall – oder stellen ihren Wirklichkeitscharakter durch abwertend gemeinte Etiketten wie »rein subjektiv«, »nur psychologisch« oder »bloß poetisch« infrage. Der in Kapitel 1 erwähnte Zen-Vers bezeichnet diesen ganzen nicht-dinglichen Erfahrungsbereich als »die grünen Schatten des Gartens«. Von einem Geist, der sich hauptsächlich im Modus des Denkbewusstseins bewegt, werden diese Nuancen übersehen, denn das Denkbewusstsein unterstellt Dinglichkeit. Das ist seltsam, denn diese flüchtigeren, weniger materiellen Aspekte einer Situation, die mehr mit Beziehungen, Atmosphären und Ästhetik zu tun haben, sind genauso wahrnehmbar wie Form, Größe, Gewicht, Zahl, Lage im Raum und so weiter – auch wenn es schwieriger oder vielleicht unmöglich ist, sie in wiederholbaren Experimenten zu messen. (Mit anderen Worten: es ist schwieriger oder unmöglich, sie wissenschaftlichen Untersuchungen zu unterziehen.) In unserem gelebten Leben sind sie deshalb aber nicht weniger wichtig. In vielen Fällen sind sie sogar von größerer Bedeutung. Abends beginnt der Baum vor meinem Fenster, den ich wie einen guten Freund lieb gewonnen habe, im warmen Licht des Sonnenuntergangs zu leuchten und öffnet mir das Herz. Auf welchen einzelnen Ding-Begriff sollte ich diese Erfahrung bringen?

Der Ton in der Stimme meiner Frau, die politische Stimmung im Land, wie sie mir aus den Medien entgegentritt, die Zeichen eines nahenden Gewitters, die Art, wie dieser Teppich nicht zum Rest der Einrichtung passt – all diese Sachverhalte spielen im Umgang mit Situationen und bei Entscheidungsfindungen eine wichtige Rolle. Was sind angesichts dieses Tons die richtigen Worte? Was bedeutet die politische Stimmung für die lokalpolitische Initiative, die ich seit Jahren unterstütze? Kann ich trotz des bevorstehenden Unwetters und der Gefahr eines Blitzschlags noch versuchen, bis zum Gipfel zu klettern? Soll ich diesen Teppich kaufen oder lieber nicht?

Ohne eine genaue Inspektion der Funktionsweise unseres Bewusstseins neigen wir dazu, alles, was mit einem Nomen benannt werden kann, wie ein Ding zu behandeln. Aber ist der Wind ein Ding? Was ist seine Form, seine Größe, sein Gewicht, seine Zahl, seine Lage im Raum? Und wie steht es mit dem Meer, dem Verkehrslärm, der Erderwärmung, meiner Einsamkeit, dem grauen Himmel? Inwiefern sind diese Dinge *Dinge*? Wie wäre es, wenn wir unsere Weltsicht auf den Kopf stellten und Dinge nicht als elementare Bausteine der Welt verstünden, sondern als Epiphänomene – als sekundäre Nebenprodukte einer Welt, die sich besser als ungetrennte Aktivität beschreiben lässt?

Wenn ich »ungetrennt« sage, habe ich mindestens zwei Bedeutungen im Sinn. Die einzelnen Dinge sind nicht voneinander getrennt, sondern es handelt sich bei ihnen um Aktivitäten, die wechselseitig aufeinander einwirken und sich gegenseitig hervorbringen. Und das Selbst ist auch nicht von den Dingen getrennt; es ist kein bloßer Beobachter, der in nichts einbezogen ist. Nehmen wir die Beziehung zwischen Bäumen und Tieren als konkretes Beispiel für diese Art von vielschichtiger wechselseitiger Beziehung. Ein Aspekt dieser Beziehung ist, dass Bäume Kohlendioxid aufnehmen und Sauerstoff ausscheiden, während Tiere Sauerstoff einatmen und Kohlendioxid ausatmen. In wechselseitiger Abhängigkeit nutzen und erzeugen sie die lebensspendende Atmosphäre, von der der Planet Erde umhüllt ist. Auch ich, als eines dieser Tiere, nehme an dieser Koproduktion teil. Selbst wenn ich die Position eines unbeteiligten Beobachters von Pflanzen einnehme (zum Beispiel als ein Botaniker), bin ich doch immer schon ein Teilnehmer – und in diesem Sinne in »ungetrennter Aktivität« mit allen Pflanzen verbunden. Ich könnte auch sagen: Die Bäume sind in meiner Lebendigkeit implizit anwesend. Als Produzenten von Sauerstoff sind sie in meinem Atmen implizit, als Nahrungsquelle in meinem Hunger und als Baumaterial in meinen Schreinerarbeiten. »Wie die Dinge in Wirklichkeit existieren« ist nie von der Aktivität anderer Dinge oder meiner eigenen Aktivität getrennt. Wenn wir aufhören, überall voneinander getrennte Dinge und ein von den Dingen getrenntes Selbst zu sehen, entdecken wir unsere immer schon bestehende innige Verbundenheit mit dem, was wir in den vorhergehenden Kapiteln »Soheit« genannt haben.

Das Beispiel von der Untrennbarkeit von Wellen und Wasser wird im Buddhismus oft benutzt, um dem Verständnis von ungetrennter Aktivität in der Erfahrung näherzukommen. Eine Welle ist die Form, die das Wasser an einem bestimmten Ort annimmt. Einen Moment lang hat die Welle eine Form und

Größe. Aber dann kehrt sie wieder in die Gestaltlosigkeit zurück und verschwindet in der Unüberschaubarkeit des Gewässers. Die Leerheit nimmt eine Form an; und die Form kehrt zur Leerheit zurück und löst sich auf. Diese Darstellung fokussiert immer noch auf eine einzelne Welle als einem abgetrennten Ding – aber immerhin ein flüssiges Ding, ein Ding, das sich aus der wechselseitigen Beziehung von allem mit allem heraus ereignet. Aber Wellen sind keine getrennten, isolierten Phänomene; Wellen erscheinen immer als Mannigfaltigkeiten. Das Wort *Mannigfaltigkeit* bedeutet hier, dass es unmöglich ist, die Vielzahl der von uns auf einmal beobachteten Wellen zu zählen. Die Wellen sind nicht in erster Linie deswegen zahllos, weil es so viele von ihnen gibt, sondern weil sich nicht unterscheiden lässt, wo eine Welle aufhört und die nächste beginnt. Alle Wellen zusammen formen als Resultat der Aktivität des Wassers eine ungetrennte Mannigfaltigkeit. Jede Welle hat ihre Individualität, aber nur in einer vorläufigen, nominellen Weise und auf der Grundlage der Wechselwirkung mit anderen Wellen.

Deswegen sprechen wir im Zen von den zehntausend Dharmas; sie stehen für das, was sich zwar unterscheiden lässt, gleichzeitig aber ungetrennt und deshalb unergründlich mannigfaltig ist. Und es bedarf des wahrnehmenden Bewusstseins, um – in einzelnen Momenten – individuell unterschiedene Wellen aus der ungetrennten Mannigfaltigkeit herauszuheben und sie als getrennt beobachtbare Dinge zu erfassen. Was würde passieren, wenn wir alle Dinge, selbst die solidesten und beständigsten, als Wellen verstünden, die sich aus der ungetrennten Aktivität des Wassers erheben und wieder in sie zurücksinken?

Das Wasser steht für Leerheit. Wenn wir Leerheit begrifflich verstehen wollen, steht sie für: Aktivität, wechselseitige Abhängigkeit und Nicht-Selbst. Jedes beobachtbare Ding ist die zeitweilige Manifestation einer ungetrennten Aktivität und nicht eine sich selbst gleichbleibende Entität (wesenhafte Substanz), die sich von anderen sich selbst gleichbleibenden Entitäten unterscheidet. Wir können unsere sprachlichen Konventionen beibehalten und von »Dingen« sprechen, aber wir sollten uns bewusst machen, dass sie letztendlich nicht in der Weise existieren, wie uns unsere Konventionen glauben machen wollen. Und unser eigenes Ich ist dabei keine Ausnahme. Was immer ich zu diesem Zeitpunkt an mir feststelle, mag wirklich und wichtig erscheinen, aber wie eine Welle ist es das nur in einer letztendlich ungreifbaren Weise.

Zusammenfassend können wir sagen: Aus buddhistischer Perspektive ist es zutreffender, die Konstellation von Ding-Entitäten, die wir Welt nennen, als das Oberflächenphänomen einer tieferen ungetrennten Aktivität zu verstehen. Aber inwiefern genau ist dieses Verständnis »zutreffender«? Die Wasser-und-Welle-Metapher und der daraus abgeleitete Begriff einer ungetrennten Aktivität stellen keine ontologische oder metaphysische Wahrheit dar. Mit anderen Worten: Sie treffen keine Aussage über den Seinscharakter oder die letztendliche Natur der Dinge. »Zutreffender« ist dieses andere Verständnis nur deshalb, weil es uns hilft, Reaktivität und Verblendung loszulassen, und weil es eine tiefe wechselseitige Resonanz zwischen den Dingen offenbart. Mit anderen Worten: Von ungetrennter Aktivität als »Wahrheit« zu sprechen, ergibt nur Sinn, wenn uns diese Sichtweise in die Richtung von Befreiung, Weisheit und Mitgefühl führt. Damit das gelingt, müssen wir ungetrennte Aktivität üben und verkörpern.

Ungetrennte Aktivität in der Praxis: die Vier Kennzeichen und die Vier Umkehrungen

Die erste und wichtigste Übung ist, jeden Gegenstand, jedes Ding als unbeständig und veränderlich zu sehen. Die Lehre von den *Vier Kennzeichen* dient diesem Zweck. Mit ihr können wir uns die Momenthaftigkeit und Substanzlosigkeit der Dinge in unserer eigenen Erfahrung verdeutlichen. Wenn wir ein Ding als momenthaft und substanzlos betrachten, verstehen wir es als ein Dharma – als einen zeitweilig individuierten, einzigartigen und unwiederholbaren Erfahrungsmoment, der gleichzeitig das gesamte Feld ungetrennter Aktivität miteinschließt. Der traditionellen Lehre zufolge hat jedes Dharma vier Kennzeichen:

Geburt
Dauer
Auflösung
Verschwinden

Stellen Sie sich vor, Sie heben Ihren Blick und ein Habicht erscheint am Himmel. Der Habicht wird in Ihrer Erfahrung »geboren«. Ihre Augen folgen der Bewegung des Raubvogels, wie er über Ihnen seine Kreise zieht. Das ist Dauer. Nach einer Weile löst sich die Erfahrung auf, wenn der Habicht den Horizont Ihres Gesichtsfeldes erreicht und/oder wenn Ihre Aufmerksamkeit das Interesse verliert, seiner Bewegung weiter zu folgen. Schließlich verschwindet er – am Horizont oder wenn wir ihn aus unserem Blickfeld entlassen. In diesem Entlassen macht sich die Aufmerksamkeit für die Geburt des nächsten Dharmas bereit.

Einerseits beschreiben die *Vier Kennzeichen*, dass alle Gegenstände von sich her veränderlich und unbeständig sind. Ein Same sprießt (wird geboren), der Schössling wächst zu einem Baum heran, er blüht und trägt im Kreislauf vieler Jahreszeiten Früchte, und dann beginnt er zu altern, stirbt schließlich ab und verschwindet in der Leerheit. Alle Dinge sind so: Regentropfen, Berge, Menschen, politische Systeme, Sterne. Andererseits können wir neben das Bemerken dieses objektbezogenen Wandels eine Übung stellen, in der wir die Veränderlichkeit und Unbeständigkeit unseres eigenen Aufmerksamkeitsfokus bemerken und verfolgen. Wandel im Objekt selbst und Veränderung in der Aufmerksamkeit gehen Hand in Hand. Aus der Verbindung entstehen die Dharmas.

Dogen sagt: »Die blauen Berge bewegen sich ständig.«[96] Wenn Dogen von »blauen« Bergen spricht, richtet er das Augenmerk bereits auf die Tatsache, dass die Berge nicht außerhalb eines Zeit- und Wahrnehmungskontextes existieren. Die Berge *erscheinen* dem menschlichen Auge nur zu einer bestimmten Tageszeit als blau. Dogen spricht also über die Berge – diese riesigen, erhabenen »Dinge«, die vielen Kulturen als Symbol der Beständigkeit dienen – nicht als unabhängige Entitäten, sondern als sinnliche Erscheinungen. Und dann überrascht er uns, indem er sagt, dass sie sich »ständig bewegen«. Er stellt sie als Aktivitäten dar. Was bedeutet es zu sagen, dass sich die Berge bewegen? Einerseits heben und senken sich die Berge in großen geologischen Zeitspannen; und in unserer menschlichen Zeit zeigt sich diese Bewegung in den Anzeichen von Erosion, in der Präsenz von Findlingen und Geröllfeldern – in der stetigen Abwärtsbewegung des Materials, aus dem die Berge gemacht sind. Andererseits bewegen sich die Berge auch im Verhältnis zu unserer eigenen Bewegung. Wenn wir unseren Standpunkt verändern, zeigen sich die Berge von einer anderen Seite; wenn sich unsere Körper beim Gehen heben und senken, bewegen sich die Berge wie Wellen in unserem Gesichtsfeld auf und ab. Die Auffassung, dass die Berge feste Substanzen sind, ist eine Abstraktion von ihrer substanzlosen, in ständigem Wandel begriffenen Erscheinung.

Der Tod wird gewöhnlich als das Verschwinden eines lebendigen Körpers verstanden, als eine Rückkehr der Materie zur Erde, Staub zu Staub. Der Tod kann aber auch als ein Verschwinden aus der Wahrnehmung interpretiert werden, als Tod eines Erfahrungsmoments, beispielsweise wenn der Habicht am Horizont verschwindet. Wir können Verschwinden, das vierte Kennzeichen, dadurch praktizieren, dass wir aktiv die Tafel des Bewusstseins abwischen und uns für die Geburt des nächsten Dharmas bereit machen. In dieser Praxis tragen wir bewusst dazu bei, dass unsere erlebte Welt von Moment zu Moment in neuer Frische erscheint. Jeder Moment kann ein neuer Anfang sein. Alle scheinbare Beständigkeit der Welt offenbart sich als das Resultat von komplexen Mustern, die aus der sich überschneidenden Wiederholung von materiellen Prozessen, Wahrnehmungen, Gedanken und Verhaltensweisen bestehen. Bestimmte Situationen scheinen so festgelegt zu sein, dass eine Abweichung vom gewohnten Gang der Dinge unmöglich erscheint. Je mehr wir aber die Momenthaftigkeit und Substanzlosigkeit aller »Dinge« erkennen – je mehr wir also dem Tod erlauben, Teil unseres Lebens zu sein – desto mehr entdecken wir die Möglichkeiten von aktivem Mitwirken, von Kreativität und Erneuerung in unserem Leben und in der Welt.

Die *Vier Kennzeichen* lassen sich auf jeden Gegenstand anwenden, denn sie zeigen die Unbeständigkeit und Veränderlichkeit aller Dinge auf. Die zweite Praxis, die ich gleich vorstellen werde, schließt die Übung der *Vier Kennzeichen* ein, beleuchtet aber noch weitere Aspekte, die den Übergang von einer Ding-Welt zu einer Weltsicht ungetrennter Aktivität unterstützen. Ich nenne diese Praxis die *Vier Umkehrungen.*[97] Sie ist mit Nagarjunas Verständnis von Leerheit als einem »Aufgeben aller Sichtweisen« verwandt.

Unbeständigkeit
Wechselseitige Abhängigkeit
Aktivität
Alles erscheint im Feld des Geistes

Die *Vier Umkehrungen* sind vier Weisheits-Sichtweisen; wir verwenden sie in der Praxis als Antidote gegen vier verblendete Sichtweisen, die unsere gewöhnliche Weltsicht bestimmen: Beständigkeit, Unabhängigkeit, Dinghaftigkeit und die Existenz einer Außenwelt. Die *Vier Umkehrungen* konfrontieren unsere gewöhnlichen Sichtweisen – wie im Tetralemma-Prozess – mit ihrem jeweiligen Gegenteil. Auf diese Weise wirken wir auf eine fundamentale Umkehr unserer Grundhaltung hin. Die *Vier Umkehrungen* lassen sich auf jeden Gegenstand anwenden. Nehmen wir noch einmal den Baum als Beispiel.

Während wir die Form, die Größe und den Ort eines Baums vor Augen haben, können wir uns bewusst machen, dass sich der Baum in ständiger Veränderung befindet und letztlich unbeständig ist. Wie alle Dinge ist er durch Geburt, Dauer, Auflösung und Verschwinden gekennzeichnet. Er hat hier nicht immer gestanden. Er ist wie jedes Lebewesen Geburt und Tod unterworfen. Jahreszeiten, Waldbrände und Stürme haben ihre Spuren an ihm hinterlassen. Durch die genaue Beobachtung eines einzelnen Baums können wir uns das Wesen der Unbeständigkeit klar vor Augen führen. Und anschließend können wir unsere Einsicht zum einen auf unseren eigenen Körper und Geist anwenden und zum anderen auf alle Lebewesen und Phänomene. Alles kommt und geht und verändert sich: die Körperempfindungen, die wir Angst nennen, die Moden und Trends unserer Zeit, die Konzentration von Schadstoffen in der Luft.

Der Baum und seine unmittelbare Umgebung – Erde, Himmel, Regen, Luft, Tiere, Pflanzen, Pilze und so weiter – sind nicht nur veränderlich, sondern sie stehen außerdem in wechselseitiger Abhängigkeit miteinander. Der Baum braucht die verschiedenen Elemente seiner Umwelt für sein individuelles Überleben und das Überleben der Gattung. Der Baum ist keine unabhängige Entität, sondern das Resultat all dieser kausalen Nicht-Baum-Faktoren. Der Baum impliziert seine Umgebung; und was wir seine Umgebung nennen, impliziert den Baum. Wieder können wir parallel uns selbst an die Stelle des Baumes rücken: Auch unser eigener Körper-Geist und was wir seine Umgebung nennen, implizieren sich wechselseitig. Sie sind in einer non-dualen Beziehung. Ebenso hängt ein Phänomen wie Luftverschmutzung von allen möglichen Faktoren ab; aber sobald es Luftverschmutzung gibt, tritt sie selbst als einer der kausalen Faktoren in Erscheinung und fügt zum Beispiel Menschen wie Bäumen sichtbare und unsichtbare Schäden zu.

Der Baum ist also keine Entität, keine feststehende Substanz mit einem unveränderlichen Wesenskern, sondern eine Aktivität. Das lässt sich durch eine Vielzahl alltäglicher Beobachtungen feststellen: wie sich der Stamm, die Äste und die Blätter im Wind bewegen und Geräusche machen; wie der Baum in Wechselwirkung mit der Sonne einen Schatten auf den Boden wirft; wie Insekten, Vögel und andere Tiere mit dem Baum interagieren; wie Menschen sich auf den Baum beziehen (ihn zum Beispiel als schattenspendenden Ruheplatz oder als Quelle für Feuerholz betrachten); wie der Baum Blätter und Samen in seiner Umgebung verteilt; wie der Boden unter der Krone sich vom Boden unter freiem Himmel unterscheidet; wie die Flecken und Verfärbungen auf seinen Blättern eine Geschichte über die Auswirkungen von Ozon und Schwefeldioxiden in der Luft erzählen.

Als Teil der vierten Umkehrung können wir uns jetzt bewusst machen, dass der Baum innerhalb der sechs Sinnesfelder zur Erscheinung kommt. Aus der Einsicht, dass der Baum innerhalb unseres Geistes erscheint, kann ein Gefühl von Nähe und Ungetrenntheit, vielleicht sogar Zärtlichkeit entstehen. Es ist vernünftig anzunehmen, dass der Baum auch unabhängig von unserer Sinneswahrnehmung existiert, aber nur in unserem Geist ist er eine erlebte Wirklichkeit. Zu erkennen, dass der Baum eine Erscheinung *im Geist* ist, befreit uns von der aus buddhistischer Sicht verblendeten Sichtweise, dass er *außerhalb* von uns existiert. Wenn wir das mit einem anderen Menschen praktizieren, müssen wir davon ausgehen, dass, was für meinen Geist zutrifft, auch für den Geist des anderen zutreffen muss. Daraus ergibt sich eine neue Sichtweise: Die fundamentale Beziehung zwischen mir und dir besteht darin, dass du in meinem Geist erscheinst und ich in deinem. Diese wechselseitige Innigkeit ist nicht immer angenehm; sie ist die Quelle von Glücksgefühlen genauso wie von schmerzlichen Erfahrungen. Aber immer können wir uns in ihr neu mit dem ganz alltäglichen Wunder der Lebendigkeit bekannt machen.

Als Begriffe lassen sich die *Vier Umkehrungen* trennen, aber in der Erfahrung sind sie eng miteinander verbunden. Wo wir

Aktivität sehen, sehen wir auch Unbeständigkeit. Und Aktivitäten sind immer inter-aktiv; sie bestätigen also die Beobachtungen von wechselseitiger Abhängigkeit. Das Feld des Geistes ist die ungetrennte Aktivität und wechselseitige Abhängigkeit von Subjekt und Objekt. Und zudem erfahren wir dieses Feld als die Gleichzeitigkeit von Unbeständigkeit und relativer Stabilität – als Aktivität vor dem stillen Hintergrund des Gewahrseins.

Bei der Praxis der *Vier Umkehrungen* geht es letztlich darum, eine Weltsicht zu etablieren, die der Anhaftung entgegenwirkt, uns von begrifflichen Fixierungen befreit und die scheinbare Getrenntheit der Dinge auflöst. Dadurch offenbaren sich uns neue Möglichkeiten des Mitwirkens, des Ko-Kreierens und der Erneuerung. In einem Koan-Dialog fragt Xiushan: »Was kann man für die Welt tun?« Und Dizang antwortet darauf: »Was bezeichnest du als die Welt?« Wie wir in der Welt handeln und an ihr teilnehmen, hängt maßgeblich davon ab, was wir als »die Welt« bezeichnen. Im nächsten Kapitel werden wir den Prozess des Handelns und Bezeichnens untersuchen; ich nenne diesen Prozess »Ausdruck«.

19

Weisheit als Ausdruck

In der langen und komplizierten Geschichte des Buddhismus haben sich Philosophen und Meditationslehrer bei der Erforschung des Themas Weisheit hauptsächlich auf der Via Negativa bewegt und dargestellt, was *nicht* als Weisheit gelten kann. Entsprechend haben wir uns Ideen wie Nicht-Wissen, Entzogenheit, Leerheit, Aufgeben von Sichtweisen, Nicht-Selbst, Umkehrung und Ungetrenntheit angeschaut. In der Zazen-Meditation verkörpern wir diese Perspektive durch die vier negativen Imperative: bewege dich nicht, kratze dich nicht, lade deine Gedanken nicht zum Tee ein und korrigiere den Geist nicht. In der Besprechung dieser verschiedenen Lehren ist hoffentlich so viel deutlich geworden: Unser Wahrnehmen, Denken, Sprechen und Handeln ist nicht im Einklang mit den Dingen, so wie sie in Wirklichkeit existieren, wenn wir der Vorstellung anhängen, dass Geschichten, Begriffe oder selbst rohe Sinnesdaten die eigentliche Wirklichkeit erfassen und darstellen können. Und auch nicht, wenn Gewohnheitsmuster und Vorurteile unseren Umgang mit Situationen bestimmen.

Die buddhistische Tradition hat also in verschiedener Weise immer wieder darauf hingewiesen, dass wir lernen müssen, verblendete Sichtweisen aufzugeben, bestehendes Wissen loszulassen und den Geist leer werden zu lassen. Eine Frage bleibt aber bestehen: Können wir etwas Positives über die Weisheit sagen? Mit anderen Worten: Kann das, was wir vorläufig unter dem Begriff *Intuition* angesprochen haben, zu einer konkreten Praxis von Moment zu Moment werden? Oder anders gefragt: Wie können wir darauf hinwirken, dass sich Formen, Begriffe, Geschichten, Bilder, Gesten oder Handlungen aus der Leerheit (beziehungsweise Soheit) heraus ereignen?

Für diese Praxis verwende ich den Begriff *Ausdruck*. Weisheit als Ausdruck bedeutet: Wir manifestieren Leerheit; wir leben unser konkretes Leben im Einklang mit den Dingen, so wie sie wirklich existieren. Leerheit ist kein Vakuum. Leerheit ist – um unseren neuen Begriff zu verwenden – ungetrennte Aktivität. Vom Standpunkt des Bewusstseins aus (der Aktivität des Unterscheidens) ist Ungetrenntheit deshalb leer, weil in ihr nichts unterschieden ist. Aber vom Standpunkt des Gewahrseins aus ist Leerheit Fülle: ein unzerteiltes Feld, in dem alles auf einmal da ist und das sich durch Unterscheidungen *Ausdruck* verschafft. Was werden wir von Moment zu Moment aus dieser Fülle heraus sagen und tun?

Die Gegenwart setzt sich immer in die Gegenwart fort. Das klingt seltsam! Aber wie lässt sich gelebte Zeit besser beschreiben? Wenn das, was für diese Gegenwart hier jetzt Zukunft ist, eintritt, wird es zu einer neuen Gegenwart. Und in dieser neuen Gegenwart bleibt die vergangene Gegenwart, aus der sie hervorgegangen ist, implizit weiter anwesend. Ganz offensichtlich ist das ein anderer Zeitbegriff als die gewöhnliche, mit der Uhr gemessene lineare Zeit. Es ist erlebte Zeit. Mit den Dingen im Einklang zu leben, so wie sie sind, beruht unter anderem auf der Erkenntnis, dass wir nicht *in* der Zeit existieren, als wäre sie etwas von uns Getrenntes. Wir sprechen zwar davon, dass wir für etwas Zeit *haben* oder *nicht haben.* Aber das ist eigentlich nicht möglich, denn: Wir *sind* Zeit! Die Zeit hat die Gestalt genau derjenigen Dinge, denen wir unsere Aufmerksamkeit geben. Mit anderen Worten: Wir erzeugen den erlebten gegenwärtigen Moment dadurch, dass wir etwas in den Fokus unserer Aufmerksamkeit rücken, also etwas von etwas anderem unterscheiden. Vor dem Hintergrund eines solchen Zeitverständnisses kann man Weisheit nicht als eine Art Charaktereigenschaft verstehen, über die wir dauerhaft verfügen. Es ist vielmehr eine Fähigkeit, die immer wieder neu vollzogen werden muss. Im konkreten Leben ist die Frage nach Weisheit, nach Einklang mit den Dingen, immer eine Frage danach, wie wir die Gegenwart in die Gegenwart fortsetzten sollen – hier und jetzt.

Ein guter und offensichtlicher Ausgangspunkt ist die Tatsache, dass nicht alle Arten und Weisen, die Gegenwart in die Gegenwart fortzusetzen, gleich gut funktionieren. Es ist möglich, von einer Klippe in den Abgrund zu springen, aber das hat den Tod zur Folge. Es ist möglich, ungesundes Fastfood in uns hineinzustopfen, aber oft fühlen wir uns dann am nächsten Tag nicht so gut. Wir können Erwartungen an andere haben, aber daraus entsteht in der Regel zwischenmenschliches Leiden. Wir können Verschwörungstheorien Glauben schenken, aber dann müssen wir uns mit dem Widerspruch derjenigen auseinandersetzen, die auf sauberer Beweisführung bestehen. Es ist möglich die Welt als eine Konstellation von Dingen zu betrachten, aber das übersieht, dass alles noch viel komplizierter miteinander verknüpft ist, als selbst der Gedanke »miteinander verknüpft« auszudrücken vermag. Wir können glauben, dass es ein Selbst gibt, das der Welt als Beobachter gegenübersteht, aber das führt zu einem Gefühl von Entfremdung und gedrosselter Lebendigkeit. In jedem dieser Fälle gilt: Es ist möglich, die Welt anders haben zu wollen, als sie sich zeigt, aber das erzeugt Leiden.

Meditation und Achtsamkeitspraxis helfen uns, Präsenz zu entwickeln – nicht *in* der Welt, sondern *als* die Welt, als die eine leuchtende Perle. Suzuki Roshi sagte: »Das Gewahrsein, dass ihr hier seid, gerade jetzt, ist die letztendliche [Tatsache]. Dies ist es, was ihr durch die Zazen-Praxis verwirklichen werdet.«[98] Dieses »Gerade-jetzt-hier-Sein« ist das, was ich Lebendigkeit nenne. Was immer die Inhalte des Bewusstseins sind – angenehm oder unangenehm –, diese bedingungslose Lebendigkeit hier jetzt ist das Medium, in dem die Inhalte erscheinen. Es ist nichts Konkretes. Aber es ist auch kein Vakuum. Wie ist es präsent? Ich habe es die »Grundschwingung der Lebendigkeit« genannt. Wir können es auch das »Feld des Geistes« nennen – und, wie bereits besprochen, hat dieses Feld eine Spürensqualität. Das ist kein persönliches Gefühl, keine Emotion, nichts Extravagantes oder Besonderes. Aber es ist *etwas.* Dieses Etwas ist bereit, sich Ausdruck zu verschaffen und sich in die Gegenwart fortzusetzen. Das Wie dieser Fortsetzung ist nicht vorherbestimmt, aber es ist auch nicht willkürlich, denn es muss wirklichkeitstauglich sein. Die Fortsetzung muss eine echte Unterstützung für diese Lebendigkeit hier jetzt darstellen. Lebendigkeit ist keine Repräsentation der Welt in Form von Begriffen, Bildern oder Geschichten, sondern unsere spezifische Art und Weise, die ungetrennte Aktivität der Erscheinungswelt auszuleben. Suzuki Roshi hat *Weisheit* als »Bereitschaft des Geistes« definiert – bereit zu beobachten, bereit zu denken, bereit zu sprechen und zu handeln.

Wie können wir wissen, ob wir mit unserer Lebendigkeit ausreichend im Kontakt sind, sodass sie sich als Weisheit ausdrücken kann? Wir können darüber keine Gewissheit haben. Jedenfalls nicht, solange sich der passende Ausdruck noch nicht gefunden hat. Wir können immer nur während oder nach einem bestimmten Ausdruck – und immer nur teilweise – beurteilen, ob seine Folgeerscheinungen als weise gelten können. Jeder Ausdruck findet in einer bestimmten Situation statt und verändert durch sein Erscheinen die Situation. Wenn wir verstehen, dass der Körper Situationen ganzheitlicher impliziert als das Bewusstsein, können wir anfangen, unserer Praxis tiefer zu vertrauen. Durch unsere kontinuierliche Kultivierung von Leiblichkeit und Präsenz befördern wir die Möglichkeit, dass sich Weisheit manifestieren kann. Aus der non-dualen Perspektive ungetrennter Aktivität ist jegliche Weisheit, die durch uns Ausdruck findet, ohnehin nicht in unserem persönlichen Besitz.

Unsere Lebendigkeit impliziert das Geheimnis der gesamten Welt der Erscheinungen. Und gleichzeitig ist sie eine bestimmte Perspektive auf die Welt: diese Perspektive, von der ich sage, sie sei »meine«. Lebendigkeit ist ein nicht-gedankliches, leiblich gespürtes Ich-Gefühl – nicht eine Selbst-Position, in der wir der Welt gegenüberstehen, sondern ein Ort, von dem aus sich die Welt entfaltet. Diese Lebendigkeit impliziert alles, was ich jemals als Teil meiner persönlichen Geschichte erlebt habe. Sie impliziert auch die gesamte Geschichte der Evolution – die Tatsache, dass mein Körper zu gehen, zu schwimmen und zu springen »versteht«, dass er sich fortzupflanzen, sich zu wehren, sich unterzuordnen und zurückzuziehen »weiß«. Die buddhistische Tradition nennt dieses »Wissen« das Lagerhaus-Bewusstsein.[99] Es besteht aus Mustern, die aktiviert werden, wenn eine gegenwärtige Situation einer vergangenen ähnelt. Traditionell werden diese Muster als Samen verstanden. Das Bild des Lagerhauses mag statisch anmuten; tatsächlich handelt sich aber um einen sehr dynamischen, rekursiven Prozess, in dem die Samen sprießen, austreiben und Früchte tragen, aus denen wiederum neue Samen hervorgehen.

In allem, was wir tun, ist die Vergangenheit implizit gegenwärtig. Diese Verbindung zur Vergangenheit kann so dominant sein, dass sie die Gegenwart mehr oder weniger vorherbestimmt. Das geschieht, wenn wir unseren gedanklichen und emotionalen Mustern erlauben, in unserem Leben die Regie zu führen. Wenn wir uns aber mithilfe der Meditations- und Achtsamkeitspraxis stabil in der Gegenwart verorten, kann sich die Vergangenheit in eine Art reichhaltiges Buffet verwandeln. Von diesem Buffet wählen wir in Resonanz mit unserer Spürenswirklichkeit Muster aus, die am besten geeignet sind, die gegenwärtige Situation fortzusetzen, statt zwanghaft immer wieder diejenigen Muster zu inszenieren, die die Gegenwart zu einem Abbild der Vergangenheit machen. So verwandeln wir unsere Konditionierungen in eine Quelle von Intuition und Kreativität. Und so setzen wir durch unsere Praxis auch unsere persönliche Evolution und die kulturelle Evolution der Gattung Mensch fort.

Die Grundschwingung der Lebendigkeit impliziert sowohl meine gesamte Geschichte als auch mein in die Zukunft gerichtetes Entwicklungspotenzial. Nicht begrifflich ausdifferenziert, sondern als eine Spürenswirklichkeit, in der *alles auf einmal* präsent ist. Diese Spürenswirklichkeit besteht nicht aus bedeutungslosen Körperempfindungen, und sie ist auch kein körperloses, reines Gewahrsein. Sie ist eine gespürte Präsenz, die die gesamte Welt in den zehn Richtungen durchdringt – sie ist der lebendige und »wahre« menschliche Körper. In diesem weiten Raum kann ich die zehntausend Dharmas kommen lassen; ihr Kommen zeigt sich als eine konkrete Spürenswirklichkeit, die meinem Sprechen und Handeln Richtung gibt und aus der auch spezifische Bewusstseinsinhalte und Ideen entspringen, die ich brauche, um in dieser besonderen Situation angemessen sprechen und handeln zu können.

Was ich »Spürenswirklichkeit« nenne, ist die Art und Weise, wie eine Situation in den Körper eingefaltet ist. Dieses Gefühl ist viel subtiler und weiter gefasst als die vergleichsweise festgelegten, engen Bahnen emotionaler Muster, aus denen in der Regel nicht viel Neues oder situationsspezifisch Kreatives entsteht. Wir können unsere »wahre« Absicht in einer Situation immer wieder neu aus unserer Spürenswirklichkeit beziehen, die genau hier jetzt präsent ist. Unser Hinachten, Wahrnehmen, Denken, Sprechen und Handeln ist, wenn es sich aus dieser Spürenswirklichkeit speist, nicht in erster Linie ein Verstehen, sondern ein Fortsetzen und Weiterentwickeln der Situation. Was aus der Spürenswirklichkeit hervortritt (ein Verstehen, eine neue Einsicht, eine Intuition, eine Handlungsabsicht), können wir nicht vorhersehen, aber im sorgsamen Hinachten auf die Spürenswirklichkeit kann ich wissen, dass ich bereits weiß – auf eine nicht-wissende, implizite Art und Weise.

Mit jeder besonderen Situation, auf die ich den Fokus meiner Aufmerksamkeit richte, differenziert sich mein weit gefasstes Gefühl von Lebendigkeit in eine spezifische Spürenswirklichkeit genau dieses Problems, dieser Herausforderung, dieser Beziehung, dieses Projekts, dieser theoretischen Fragestellung, dieses Eindrucks. In jeder dieser Situationen bringt sich Lebendigkeit in Form von materiellen Gegenständen, Gefühlen, Gedanken und Geschichten zum Ausdruck. Weisheit bedeutet, diesem »Ausdruck« erlaubend Raum zu geben – auch wenn es sich immer um eine Art Verengung handelt – und offen dafür zu bleiben, dass sich dieser Ausdruck zusammen mit der Entwicklung der Situation verändern kann. Suzuki Roshi nennt das den »Ausdruck des großen Geistes«. Er erläutert das wie folgt:

> *»Ihr müsst Vertrauen in den großen Geist setzen, der immer mit euch ist. Ihr solltet fähig sein, die Dinge als Ausdruck des großen Geistes zu würdigen. Das ist mehr als Glaube. Das ist die letztendliche Wahrheit, die ihr nicht zurückweisen könnt. Ob schwer oder leicht zu praktizieren, schwer oder leicht zu verstehen, ihr könnt sie nur praktizieren. […] Euch selbst zu entdecken als jemanden, der etwas tut, ist das Entscheidende – euer tatsächliches Sein wiederzugewinnen durch Praxis, das ›Ich‹ wiederzugewinnen, das immer mit allem ist, das mit Buddha ist, das von allem vollständig getragen wird. Jetzt! Ihr werdet vielleicht sagen, dass das unmöglich ist. Aber es ist möglich! In einem einzigen Augenblick könnt ihr es tun! Es ist in diesem Augenblick möglich! Es ist dieser Augenblick! Dass ihr es in diesem Augenblick tun könnt, heißt, dass ihr es immer tun könnt. Wenn ihr also dieses Vertrauen habt, dann ist das eure Erleuchtungserfahrung. Wenn ihr dieses starke Vertrauen in euren großen Geist habt, seid ihr schon Buddhisten im wahren Sinne, selbst wenn ihr nicht Erleuchtung erlangt.«*[100]

Hier begegnet uns ein Verständnis von Erleuchtung, das auf *Vertrauen in einen Prozess der Entfaltung* beruht und nicht auf dem *Erreichen* eines bestimmten Geisteszustandes. Wenn wir Erleuchtung als eine Errungenschaft verstehen, verkommt sie zu einer Vorstellung; wenn wir sie als Vertrauen verstehen, kultivieren wir dadurch eine Bereitschaft zum Handeln, zum angemessenen Fortsetzen der gegenwärtigen Situation. Dieses Fortsetzen wird im Buddhismus als »mitfühlendes Handeln« bezeichnet. Wie wir Mitgefühl verstehen und praktizieren können, ist das Thema des folgenden vierten Teils dieses Buches.

EXKURS

Spürenswirklichkeit (Felt Sense)

Im Verlauf dieses Buches habe ich immer wieder den Begriff *Spürenswirklichkeit* verwendet. Im folgenden Exkurs möchte ich über einen speziellen Umgang mit dieser Spürenswirklichkeit sprechen, in dessen Zentrum der Begriff *Felt Sense* steht. Im Englischen bedeutet *Felt Sense* wörtlich »gefühlter Sinn« oder »gespürte Bedeutung«. Weil *Felt Sense* auch im Englischen ein Kunstwort ist, übernehme ich es hier unübersetzt ins Deutsche.[101] Der Begriff stammt nicht aus der buddhistischen Tradition. Er wurde vielmehr von dem Philosophen und Psychotherapeuten Eugene Gendlin geprägt und ist in der Welt des Coachings und der Psychotherapie ziemlich weit verbreitet. Gendlin hat ihn im Rahmen einer von ihm erfundenen Praxis namens *Focusing*[102] populär gemacht. Gendlins philosophisches Werk und meine persönliche Erfahrung mit dem Felt Sense haben in meinem Leben eine wichtige Rolle gespielt – auch schon bevor ich angefangen habe, mich mit Buddhismus zu beschäftigen. Die Idee des Felt Sense ist deshalb immer eine Art »produktive Störung« in meiner Zen-Praxis gewesen.

Der Begriff des Felt Sense bezieht sich darauf, wie bestimmte Körperempfindungen am Prozess der Bedeutungsgebung mitwirken.[103] Davon wird gleich noch mehr die Rede sein. Aus meiner Sicht ist Gendlins innovative und detailgenaue Beschreibung der Rolle, die der leiblich gespürte Körper in unserem geistigen Leben spielt, eine bahnbrechende phänomenologische Entdeckung. Gendlin zeigt, wie wir uns durch eine methodische Kultivierung leiblichen Spürens lebendiger fühlen können, und welchen Preis wir bezahlen, wenn wir das leibliche Spüren in unserem Leben vernachlässigen. Wie die Zen-Tradition bewegt sich auch Gendlins Untersuchung der menschlichen Erfahrung an der Schnittstelle zwischen Nicht-Wissen und Wissen. Gendlin stand dabei aber vollkommen außerhalb des buddhistischen Kontexts und dessen Ausrichtung auf Befreiung und Erleuchtung. Deshalb lohnt es sich zu fragen, ob und wie der Begriff *Felt Sense* zur Weiterentwicklung einer zeitgenössischen buddhistischen Praxis beitragen kann.

Gendlin promovierte in den 1950er-Jahren an der Universität von Chicago. Obwohl er eher in der philosophischen Fakultät zu Hause war, studierte er auch bei dem Psychologen Carl Rogers und forschte zur Wirksamkeit psychotherapeutischer Methoden. Bei der Durchsicht von Hunderten von mitgeschnittenen Therapiesitzungen fing er an, ein Muster zu erkennen. Die Klienten, bei denen die Therapie erfolgreich war, verhielten sich auf eine spezifische Weise anders als diejenigen, bei denen sie unwirksam blieb. Der Unterschied bestand in der Fähigkeit der Klientinnen, eine Pause zu machen und sich selbst zu spüren. In einer Reihe von empirischen Studien wies Gendlin nach, dass der entscheidende Faktor in der Psychotherapie nicht die Methode war und auch nicht der Inhalt des Gesprächs zwischen Therapeutin und Klient, sondern stattdessen die Fähigkeit des Klienten oder der Klientin, Bedeutung aus einer vage gespürten Konfiguration leiblicher Empfindungen aufsteigen zu lassen, die Gendlin »Felt Sense« taufte.[104]

Gendlin hatte etwas Universelles entdeckt, das weit über die Therapie hinausreichte. »Die Sprache«, so Gendlin, »wurzelt tiefer im menschlichen Körper, als gemeinhin verstanden wird. Die Situationen, in denen wir uns befinden, der Körper und die Sprache formen ein einziges zusammenhängendes System. Die Sprache ist im menschlichen Lebensprozess implizit.«[105] Im Anschluss an seine Entdeckung begann er zu untersuchen und zu lehren, wie wir über bestehende Begriffe und Schemata hinausgehen und in direkter Verbindung zu unserem leiblichen Spüren denken, sprechen und handeln können. Das erlaubt uns, bestehende Begriffe an neue Situationen anzupassen oder sogar ganz neue Begriffe zu erfinden. Gendlin beobachtete, dass dieser Prozess in verschiedenen Feldern wie Dichtung, Malerei, Tanz, Psychotherapie, Philosophie oder Wissenschaft zwar immer schon implizit stattfindet, dass wir ihn aber auch vollständiger bewusst machen und nutzen können – mit dem Ergebnis, dass wir uns kreativer und lebendiger fühlen. Gendlin macht dazu die Beobachtung, dass »kreative Menschen in der Lage sind, ihre Aufmerksamkeit direkt auf das zu richten, was gerade erlebt wird, aber noch nicht in Gedanken erfasst ist«.[106]

In der Zen-Praxis trainieren wir zu bemerken, ohne darüber nachzudenken, was wir bemerken – und das befreit uns aus der Falle bereits existierender Begriffsstrukturen. Aber es gibt keine klare Beschreibung dafür, welche Rolle die Empfindungen, derer wir uns gewahr werden, wenn das Geplapper des Denkbewusstseins aufhört, für das Hervorbringen von neuen, kreativen und situativ angemessenen Bedeutsamkeiten spielen. Dieser Vorgang wird einfach als »Intuition« und »Spontaneität« bezeichnet. Gendlin weist darauf hin, dass das »Wie« unseres Sprechens und Denkens vom Felt Sense aus besonders wichtig ist. Damit es ethisch verantwortlich ist, muss es eine »Art von Entscheidungsprozess sein, bei dem ›gute‹ Ergebnisse herauskommen.« Er sagt dazu weiter: »Heutzutage werden Spontaneität und der Ausdruck von Gefühlen geradezu verherrlicht, aber nur bestimmte Handlungen und Sprachäußerungen sind in dieser guten Weise mit dem Gefühlserleben verbunden.«[107]

Als Teenager, lange bevor ich irgendetwas von Gendlins Werk wusste, hatte ich bei meinen Freunden den Ruf, in Gesprächen ungewöhnlich lange Pausen zu machen. Ich hatte außerdem die etwas eigentümliche Angewohnheit, eine unverbindlich und freundlich gemeinte Gesprächsfloskel wie »Wie geht's?« als ernsthafte Frage zu behandeln. Nicht selten nahm ich sie zum Anlass, Kontakt mit meiner leiblichen Empfindungswelt aufzunehmen und mich auf die Suche nach Worten zu begeben, die authentisch zum Ausdruck bringen konnten, wie es mir in diesem Augenblick tatsächlich ging. Ich merkte schnell, dass das gar nicht so leicht war, denn meine Gefühle waren immer vielsagender als das, was sich durch Worte oder standardisierte Emotionsbegriffe erfassen ließ. Dabei machte ich noch eine andere Entdeckung: Egal wie erfolgreich ich letztlich war, meine Gefühle zum Ausdruck zu bringen, der Kontakt, den ich zu mir selbst hatte, konnte besser oder schlechter sein. Er war schlechter, wenn sich mein Denken an einer vorhersehbaren Kette von bestehenden Assoziationen und Geschichten entlanghangelte.

Ich bemerkte das Gleiche in Situationen, in denen mich meine Eltern oder Freunde dazu aufforderten, bestimmte Erfahrungen zu schildern. Zum Beispiel mit einer normalen Frage wie: »Wie waren deine Ferien?« Ich erzählte dann gewissenhaft eine Geschichte, die bestimmte Ereignisse und meine Gefühle zu diesen Ereignissen mitteilte. Die Geschichte fühlte sich erst frisch an, aber wenn ich sie in nachfolgenden Gesprächen wiederholte, fühlte ich mich durch mein eigenes schablonenhaftes Sprechen gelangweilt, manchmal sogar fast angewidert. Und ich fing an zu beobachten, dass die meisten Leute um mich herum diese Art von auf Autopilot eingestellte Kommunikation ständig und fast überall zu verwenden schienen.

Also fing ich an, diese ungelenken Pausen zu machen. Wenn mir jemand eine Frage stellte, wurde ich erst still. Objektiv nur für eine kurze Zeit; aber für einen normalen Gesprächsfluss konnte es sich wie eine kleine Ewigkeit anfühlen. In diesen Pausen ließ ich die Worte kommen, die ausdrücken sollten, was gerade jetzt mein Gefühl war – zum Thema oder zum Beziehungskontext. In den Pausen spürte ich auch nach, ob die Worte, die kamen, meinem Gefühl tatsächlich entsprachen oder nicht. Manchmal ging das Gespräch einfach weiter, und mehrere Minuten später kam ich noch mal auf einen Punkt zurück, den alle anderen schon hinter sich gelassen hatten. Auch heute noch, wenn mich zum Beispiel meine Frau fragt, wie ich mich fühle, lasse ich mich manchmal in diese stille innere Suche fallen, um ihr eine Antwort geben zu können, die wirklich wahr ist. Und manchmal, wenn ich nicht schnell genug die richtigen Worte finden kann, sage ich: »Ich kann das noch nicht richtig formulieren, ich sag's dir später.«

Mit Anfang zwanzig bin ich Gendlins Philosophie begegnet. Es war zutiefst befriedigend, jemanden zu finden, der mein eigenes Erleben artikulieren konnte:

> *»Sie haben ein körperlich orientierendes Gefühl. Sie wissen, wer Sie sind und was dazu geführt hat, dass Sie sich in diesem Raum befinden und diese Worte lesen. […] Aber dieses körperliche Wissen kann noch viel tiefer gehen. Sie können lernen, einen tieferen körperlichen Felt Sense mit Bezug auf irgendeine spezifische Situation kommen zu lassen. Ihr Körper hat ein »Wissen« von jeder Ihrer Situationen in ihrer jeweiligen Ganzheit – ein Wissen von mehr Einzelaspekten, als Sie jemals denken können. Sie finden hier ein subtiles körperliches Wissen und neue Schritte, die gemacht werden wollen und die sich auch vollziehen werden, wenn Sie hier warten können. Nachdem Sie diese tiefere Ebene gefunden haben, braucht es Übung, hier verweilen zu können. In einem schwierigen Moment sind die meisten Menschen nicht in der Lage, lange genug bei dem körperlichen Gefühl der Situation zu bleiben, sodass sich Schritte vollziehen können […]. Die meisten Menschen verstehen nicht, wie sich der unklare Felt Sense in ein ganzes Feld von subtilen Details ›öffnen‹ kann, aus dem dann neue Denk- und Handlungsschritte hervorkommen.«*[108]

Mit anderen Worten: Die meisten Menschen sind in ihrem diskursiven Denkbewusstsein oder ihren Emotionen gefangen oder werden leicht wieder in sie hineingezogen. Der Felt Sense ist etwas kategorial anderes als Emotionen. Wie wir gesehen haben, beruhen Emotionen auf Emotionsbegriffen. Und diese sind mit reaktiven Gewohnheiten und sozialen Skripten verknüpft. Im Gegensatz dazu ist der Felt Sense die leiblich gespürte Komplexität einer Gesamtsituation – einer noch ununterschiedenen Mannigfaltigkeit von Aspekten.

Als ich Mitte zwanzig war, kam zu meinem Interesse am Felt Sense die Zen-Meditation hinzu. Ich war tief berührt von dem Potenzial, das ich in der Zazen-Praxis und den mit ihr verbundenen Achtsamkeitsübungen erkannte: Leiblichkeit, Freundlichkeit und Präsenz. Zazen half mir, mich noch tiefer und in disziplinierterer Weise auf das »Pause machen« einzulassen, dass ich als Teenager zwar spontan, aber in noch sehr rudimentärer Form entdeckt hatte. Die Pausen wurden zu langen Meditationsperioden und zu einer neuen Lebensform. In diesen sehr langen Meditationspausen ging es nicht mehr nur darum, mich wahrhaftig und authentisch auszudrücken; durch sie wurde ich mit dem Feld des Geistes vertraut, und mein Ichgefühl fing an, sich zu verändern.

Jetzt, nachdem ich den Körper-Geist fünfundzwanzig Jahre lang mithilfe der Meditation erforscht habe, komme ich auf die Frage zurück, wie sich nicht-begriffliche körperliche Präsenz so nutzen lässt, dass das tägliche Sprechen und Handeln Weisheit verkörpert. Durch die Übung des De-aggregierens des Bewusstseins (wie wir es in Kapitel 17 besprochen haben) wurde mir klar, dass der Felt Sense einer der Inhalte des Bewusstseins ist – so wie Wahrnehmungen, Emotionen und Gedanken auch. Aber er war »tiefer«. Statt sich nur auf einzelne Dinge und Themen zu beziehen, deckte er ganze Situationen ab; das Andere und der Andere waren in ihm immer miteingeschlossen, und die Unterscheidung zwischen Innen und Außen war weniger scharf gezogen. Einerseits war Meditation in erster Linie eine Methode, den Schwerpunkt zum Feld des Geistes zu verlagern und dadurch das Verständnis des Selbst zu transformieren; andererseits lernte ich durch sie auch, wie Gendlin sagte, »hier verweilen und warten zu können«, bis sich tatsächlich neue Schritte aus dem Felt Sense ergaben.

Heute verstehe ich Felt Sense als die Art und Weise, wie wir mit dem sinnlich in seine Umgebung eingebetteten Körper in einer Situation leiblich spürend präsent sind. Es ist ein Gefühl, das wir von Reaktivität befreien müssen, damit wir uns nicht genötigt fühlen, es entweder begehrend zu ergreifen oder uns abwehrend von ihm abzuwenden. Es ist schwer, den Felt Sense klar zu beschreiben – er ist nicht-begrifflich, und er ist immer mehr, als was wir *über ihn* sagen können. Aber wir können dieses »Mehr« in unserem Denken, Sprechen und Handeln präsent sein lassen – wir können unser Denken, Sprechen und Handeln *aus ihm* hervorkommen lassen. Der Übergang von einem *Sprechen über Erfahrung* zu einem *Sprechen aus dem Felt Sense heraus* ist transformativ. Diese Veränderung vollzieht sich in einer Reihe von Einzelschritten.

Stellen Sie sich vor, Sie sagen zu Ihrem Partner: »Seit ein paar Tagen ist da diese Spannung zwischen uns.« Es ist Ihnen klar, dass es »diese Spannung« gibt, ein bestimmtes Problem, aber Sie können nicht genau sagen, was es ist oder worin es besteht. »Diese Spannung« ist der beste Ausdruck, den Sie im Moment finden können; andererseits können Sie spüren, dass es klarer sein könnte. Sie machen eine Pause. Es liegt Ihnen auf der Zunge, aber noch zeigt es sich nicht in der Klarheit, von der Sie bereits wissen, dass sie möglich ist. Der Felt Sense ist das, wohin Sie Ihre Aufmerksamkeit richten, um die »richtigen« Worte zu finden. Der Felt Sense kann unglaublich unspektakulär und unscheinbar sein und wird deswegen leicht übersehen. Viele Menschen finden ihn in ihrer Körpermitte, im Bereich des Solarplexus oder Herzens, aber er kann auch über den ganzen Körper verteilt und sehr subtil sein. Der Felt Sense ist die Art und Weise, wie Sie Ihr gegenwärtiges Beziehungsproblem leiblich spürend *haben.* Das Problem steht im Kontext der Gesamtsituation der Beziehung, für die Sie auch einen Felt Sense haben. Welcher Felt Sense wirksam ist, hängt von Ihrem Fokus ab.

Beim Versuch, das Problem zu benennen, probieren Sie vielleicht einen Satz aus, der sich so anfühlt, als könne er »diese Spannung« deutlicher zum Ausdruck bringen. Zum Beispiel könnten Sie zu Ihrem Partner sagen: »Du warst in letzter Zeit kaum zu Hause.« Während Sie diese Worte denken oder sagen, wird der Felt Sense zum Schiedsrichter darüber, ob diese Worte »richtig« sind oder nicht. Wenn sie sich nicht richtig anfühlen, werden Sie wahrscheinlich das Bedürfnis haben weiterzusuchen, bis sich noch passendere Worte finden. Vielleicht probieren Sie einen anderen Satz: »Weißt du, das eigentliche Problem ist nicht, dass du zuletzt so wenig zu Hause warst; es ist eher, dass ich mich nicht von dir gesehen gefühlt habe.« Wie wissen Sie, dass Sie jetzt näher am eigentlichen Problem dran sind, das Sie zur Sprache bringen wollen? Sie wissen es durch eine Veränderung im Felt Sense. Gendlin nennt diese Veränderung den »Felt Shift« oder kurz »Shift«. Der *Shift* ist eine Entspannung, eine Erleichterung, ein gewisses Zur-Ruhe-Kommen, ein Aha-Moment des Felt Sense. Mit Worten könnte man den gefühlten *Shift* vielleicht mit einem »Ja … ja, genau,… so ist es« ausdrücken. Wenn sich solch ein *Shift* vollzieht, fühlt man sich immer ein kleines bisschen besser und klarer, selbst wenn die Einsicht, die sich im Prozess herauskristallisierte, mehr von dem Problem offenlegte, um das es geht. Der Grund dafür ist, dass das nicht-begriffliche Verstehen der Situation jetzt endlich einen Ausdruck gefunden hat – und dieses neu gefundene Verständnis kann die Situation jetzt in Richtung einer Lösung fortsetzen.

Von diesem Punkt aus können der Ausdruck und die Fortsetzung der Situation präziser werden. Jeder weitere Schritt wird sich wahr und angemessen anfühlen, wenn er von einem weiteren Shift begleitet wird. Sie kommen so vielleicht zu einer noch tieferen Einsicht: »Hm, erst jetzt sehe ich, wie wichtig es mir in unserer Beziehung ist, von dir gesehen zu werden.« Und diese Einsicht führt jetzt vielleicht zu einem neuen Umgang mit Ihrem Partner. Der Prozess, immer weitere Aspekte einer Situation zu differenzieren und zum Ausdruck zu bringen, kommt zu einem Ende, wenn der Felt Sense anzeigt, dass es keine Spannung mehr gibt, dass das Problem beseitigt ist, oder dass es sich so weit gelöst hat, dass eine weitere Fortsetzung – zumindest in diesem Moment – nicht nötig ist.

Der Felt Sense ist sowohl vage als auch präzise. Er ist vage, weil in ihm alle Aspekte enthalten sind, und er ist präzise, weil er mithilfe des *Shifts* bestimmt, was im Prozess der Fortsetzung als stimmig und angemessen gelten kann und was nicht.

Fortsetzen[109] ist ein Begriff, mit dem Gendlin eine grundlegende Funktionsweise der Wirklichkeit beschreibt. Die Methode, die er »Focusing« nennt, beruht auf diesem Prozess und macht ihn für eine gezielte Anwendung sowohl im täglichen Leben als auch in der Psychotherapie verfügbar. Um Focusing lehrbar zu machen, hat Gendlin es in sechs Schritte unterteilt: (1) »Raum schaffen«, was so viel bedeutet, dass man sich alle Themen bewusst macht, die derzeit in der Spürenswirklichkeit des Körpers präsent sind, (2) die Aufmerksamkeit auf den Felt Sense eines dieser Themen richten, also einen Fokus etablieren,

(3) durch ein einfaches Wort oder Wortgebilde wie zum Beispiel »diese Spannung« einen ersten *Griff* für den Felt Sense finden, (4) den Felt Sense und den Griff immer wieder aneinanderhalten, um zu prüfen, ob sich das Wort oder das Bild, aus dem der Griff besteht, richtig anfühlt und einen *Shift* auslöst, (5) den Felt Sense so befragen, dass er eventuell mehr über das Thema preisgibt, zum Beispiel durch die Frage: »Was an dem ganzen Problem erzeugt eigentlich ›diese Spannung?‹«, und (6) all das, was vom Felt Sense kommt, als genau denjenigen Schritt zu akzeptieren, den der Körper-Geist zu diesem Zeitpunkt gehen konnte.[110] Der Schritt, wie immer er aussehen mag, verändert die Situation im Einklang mit unserem Felt Sense, und das wird durch den Shift – unser jetzt verändertes Gefühl zur Situation – widergespiegelt. Man kann es bei der einen Schrittfolge belassen oder, falls der Felt Sense noch mehr beinhaltet, eine neue Runde von sechs Schritten vollziehen und so die Situation noch weiter fortsetzen. Die sechs Schritte sind meiner Erfahrung nach sehr hilfreich, aber mit genügend Praxis kann uns der Prozess zur zweiten Natur werden; er vollzieht sich dann ganz organisch und wir können uns vom Schema der sechs Schritte lösen.

Ob wir diesen Prozess nun »Focusing« nennen oder nicht: Es ist ein Ausdruck von Weisheit, uns dem Felt Sense so anzuvertrauen, dass wir ihm erlauben, unserem alltäglichen Leben eine Richtung zu geben. Es ist eine bewusst gewählte Art und Weise, im Einklang mit den Dingen zu leben, so wie sie in Wirklichkeit existieren. Das kontinuierliche Achten auf den Felt Sense hilft uns dabei, uns nicht in den Gewohnheitsmustern diskursiven Denkens, emotionaler Reaktionen und konditionierter Wahrnehmungen zu verlieren. Wenn wir den Felt Sense mit Dogens Lehre in Verbindung bringen wollen, können wir vielleicht sagen, dass er ein Teil des Prozesses ist, die zehntausend Dinge so hervortreten zu lassen, dass sie sich als das Selbst erleben.

Es stimmt: Jeder von uns sieht die Welt unterschiedlich. Wir alle haben einen Standpunkt und eine persönliche Perspektive. Aber diese Unterschiedlichkeit ist nicht willkürlich. Wir können den Felt Sense nicht willkürlich herstellen – er kommt zu uns und offenbart sich. Und es bedarf eines nicht-willkürlichen Shifts, um zu offenbaren, ob ein Ausdruck für uns als wahr und angemessen gelten kann.

In Kapitel 1 (Seite 72) habe ich die Geschichte erzählt, wie ich meinen Freund fragte, was denn so schlimm daran wäre, wenn seine Mutter jetzt sterben würde. Das so zu sagen, fühlte sich sowohl richtig als auch ein bisschen gefährlich an. Mein Freund bestätigte später, dass es »richtig« war, weil es ihm geholfen hatte, eine bestimmte Anhaftung loszulassen. Eine solche »Wahrheit« hat aber nichts Absolutes an sich. Falls sich meine Worte als nicht hilfreich herausgestellt hätten, hätte ich später zugeben müssen, dass sie »falsch« gewählt waren und dass ich in der Situation wohl nicht das richtige Gespür hatte. Und dennoch – der Ausdruck, der sich aus dem Felt Sense ergibt, ist nicht-willkürlich. Ich hatte mir meine Antwort nicht ausgedacht. Sie war zu mir gekommen. Sie passte zu meinem Felt Sense, und das erzeugte einen Felt Shift; und dieser Shift hatte wiederum eine Autorität, der ich mich nur schwer entziehen konnte.

Es ist diese Art von Autorität, die den Wahrheitscharakter und die Kraft von Intuitionen ausmacht. Aber nur die gelebte Wirklichkeit kann bestätigen, ob eine Intuition tatsächlich angemessen und wahr ist. Wenn Intuitionen (oder wie auch immer wir das nennen wollen, was vom Felt Sense kommt)

Situationen nicht so fortsetzen, dass die Veränderung mir selbst und anderen zugutekommt – was gut ist, wird auch durch einen Felt Shift bemerkt – dann sind sie nicht Ausdruck von Weisheit, sondern nichts weiter als das Ergebnis von Konditionierung und Impulsivität.

Weisheit ist der niemals endende Dialog zwischen unbestimmter Offenheit (Leerheit) und bestimmtem Ausdruck (Form). Während das Feld des Geistes reine Offenheit ist, ist der Felt Sense das leibliche Medium für diesen Dialog. Die Entscheidung, sich diesem Prozess anzuvertrauen, ist selbst eine Form von Weisheit. Wir können den Prozess nicht dadurch forcieren, dass wir unsere Gedanken in ihn hineinlesen. Der *Felt Sense* und seine *Shifts* müssen von sich aus kommen.

TEIL 4

MITGEFÜHL

20

Was ist Mitgefühl?

Wir können Mitgefühl auf unterschiedliche Weisen verstehen. Das Wort *Mitgefühl* beschreibt eine Qualität menschlicher Erfahrung und steht als solches in enger Verwandtschaft zu Worten wie *Einfühlungsvermögen*, *Empathie*, *Mitleid*, *Fürsorge*, *Sensibilität*, *Nächstenliebe*, *Warmherzigkeit*, *Gnade*, *Güte*, *Freundlichkeit*, *Menschlichkeit* und *Wohlwollen*. Jedes dieser Worte hebt unterschiedliche Aspekte eines Erfahrungsbereiches hervor; und zu Beginn werde ich das Wort *Mitgefühl* als eine Bezeichnung für diesen gesamten Bereich verwenden.

Seiner Wortwurzel nach verweist *Mitgefühl* auf die grundlegende menschliche Fähigkeit, an den Gefühlen anderer anteilnehmen zu können. Wenn wir von *Mitleid* sprechen, kann darin eine gewisse Überheblichkeit mitschwingen, eine Art Herablassung oder sogar Bevormundung, wenn zum Beispiel die Reichen »aus Mitleid« Geld an die Armen spenden, die Starken den Schwachen unter die Arme greifen oder – in der buddhistischen Version – Buddhas verblendeten fühlenden Wesen den rechten Weg zur Erleuchtung weisen. In solchen asymmetrischen Beziehungen oder wenn wir Mitgefühl als eine Tugend betrachten, zu der wir uns moralisch verpflichtet fühlen, verliert das Mitfühlen seine Verbindung zu unserem natürlichen Gefühl von Lebendigkeit. Wenn wir aber unsere

Fähigkeit zum Mitfühlen nicht nur als Ausdruck von Lebendigkeit verstehen, sondern darüber hinaus erkennen, dass sie ausbaufähig ist und unser Gefühl von Lebendigkeit steigern und verfeinern kann, werden wir ein natürliches Interesse daran haben, diese Fähigkeit in uns weiterzuentwickeln.

Oft wird Mitgefühl als eine dem Menschen angeborene mitmenschliche Fürsorge aufgefasst, die spontan aus uns herausfließt, wenn wir unser Herz für andere öffnen. Sofern das der Fall ist, können wir einfach unserer natürlichen Neigung folgen. Es lohnt sich aber, eine Reihe von Aspekten des Mitfühlens genauer zu betrachten, die uns helfen können, Mitgefühl als Teil einer Lebenskunst zu kultivieren. Was sich zunächst wie eine Kunstfertigkeit anfühlt, kann uns mit der Zeit zur zweiten Natur werden. Schauen wir uns zum Einstieg eine Liste von fünf Begriffen an, die uns Zugang zu dieser Perspektive verschaffen können.

Resonanz
Wechselseitige Einleibung
Allseitigkeit
Teilnahme
Ver-Antwortlichkeit

Resonanz

Stellen Sie sich vor, zwei ähnlich gefertigte Klangschalen befinden sich im selben Raum. Wenn die eine Klangschale angeschlagen wird, erklingt die andere auch – darin zeigt sich ihre grundsätzliche Empfänglichkeit für die Schwingung der ersten Schale. Wir können dieses Beispiel als ein Modell verwenden, um zu verstehen, wie jeglicher Sinneseindruck mit unserem

Körper in Resonanz tritt. Alles, was wir sehen, hören, riechen, schmecken, tasten oder denken, hat einen Nachhall in unserem Körper und moduliert die propriozeptive Spürenswirklichkeit der Situation. Wenn man zum Beispiel eine gotische Kathedrale betritt, suggeriert die Architektur mit ihren spitz zulaufenden, Vertikalität betonenden Formen eine aufsteigende Bewegung im leiblich gespürten Körper. Gleichzeitig vermittelt sie das Gefühl, dass der eigene Körper im Vergleich dazu winzig ist. Im Gegensatz dazu fühlen sich Räume mit niedrigen Decken erdrückend an. Die Resonanz eines Gegenstands, eines Tiers oder eines anderen Menschen in Bewegung zeigt sich in Form von Bewegungssuggestionen im eigenen Körper. Die Schwimmbewegung des Delfins spiegelt sich im Delfin-Schwimmstil des menschlichen Schwimmers wider. Und die hängenden Äste der Trauerweide sind in ihrer Anmutung mit dem Schweregefühl verwandt, dass der Emotion zugrunde liegt, die wir Trauer nennen.

Wir können unsere leibliche Resonanzfähigkeit in der Begegnung mit jedem Objekt, jeder Person und jeder Situation trainieren. Versuchen Sie die Geste eines jeden Baums zu erspüren, nicht nur die der Trauerweide. Versuchen Sie aktiv mit der Bewegung von Katzen und Hunden, Vögeln und Schmetterlingen, Eidechsen und Schnecken mitzuschwingen. Was ist die Spürenswirklichkeit eines hoch am Himmel kreisenden Adlers im Vergleich zu einem Raben, der tollkühne Luftakrobatik vorzuführen scheint? Statt mit Gebäuden in hauptsächlich konzeptueller, zweckorientierter oder ästhetischer Weise in Beziehung zu treten, können Sie bewusst damit experimentieren, die architektonischen Formen zu *spüren.*

Unsere Übungen zur Stärkung unserer Resonanzfähigkeit können uns dabei helfen, ein Gefühl von ursprünglicher Verbundenheit mit allem, was uns umgibt, wiederzugewinnen. Resonanz ist ein Begriff, der in der Erfahrung zugänglich macht, was wir bereits mehrfach angesprochen haben: Der Körper und seine Umgebung implizieren sich wechselseitig. Resonanz ist eine Form von Offenheit; wir haben keine Kontrolle über sie. Dogen erzählt dazu die folgende Geschichte: »Vor langer Zeit fragte ein Mönch einen alten Meister: ›Wenn die hundert, tausend und zehntausend Dinge alle auf einmal kommen, was kann man dann tun?‹ Der Meister antwortete: ›Versuche nicht, sie zu kontrollieren.‹«[III] Wir haben zwar keine Kontrolle über das, was kommt, aber wir können mit ihm in Resonanz treten und in Form eines angemessenen Ausdrucks Antwort geben.

Das Beispiel, in dem eine Klangschale mit der anderen mitschwingt, ist eigentlich zu eindimensional. Was in jedem Moment tatsächlich vor sich geht, ist viel komplizierter. Es gibt nicht nur zwei Klangschalen, sondern wie der Mönch in Dogens Geschichte feststellt, Hunderte, Tausende und Abertausende von Instrumenten – die alle zur gleichen Zeit tönen und miteinander in Resonanz stehen. Alle Dinge haben immer schon einen gewissen Einfluss aufeinander und formen auf diese Weise einen ungetrennten gemeinsamen Körper aus sich wechselseitig überlagernden Resonanzen. Wie ich mit meinem Gegenüber in Resonanz trete, ist immer schon davon beeinflusst, wie dieses Gegenüber mit mir in Resonanz ist.

Wechselseitige Einleibung

Wie wir an früherer Stelle gesehen haben, entsteht Aufmerksamkeitsbewusstsein aus der Verbindung von Aufmerksamkeit und Empfindung. In Kapitel 1 habe ich das Beispiel eines vermiedenen Frontalzusammenstoßes im Straßenverkehr geschildert. Es zeigte, dass das Aufmerksamkeitsbewusstsein in der Lage ist, die räumliche und zeitliche Beziehung des Körpers zu Objekten schneller und genauer zu berechnen, als es das Denkbewusstsein je könnte. Tatsächlich handelt es sich aber gar nicht um eine »Berechnung«, sondern um eine Art ganzheitliches Wissen. Der Körper »weiß« situationsgebunden durch seine Spürenswirklichkeit, wie er mit anderen Gegenständen umzugehen hat – er weiß es jedoch nicht unbedingt in einer begrifflich repräsentierten Weise. Darin liegt unter anderem die Faszination von sportlichen Höchstleistungen. Der Philosoph Hermann Schmitz spricht von diesem Phänomen als »Einleibung«.[112] Was ich Aufmerksamkeitsbewusstsein nenne, beruht maßgeblich darauf, dass sich der Körper seine Umgebung und die Gegenstände in ihr »einleibt«.

Wir fahren und steuern ein Auto im Modus der Einleibung, wenn wir seine Abmessungen als Ausdehnungen unseres eigenen Körpers spüren. In vergleichbarer Weise können wir einen Hammer als Fortsetzung unseres Arms und unserer Hand empfinden. Wenn Einleibung nicht nur einen unbelebten Gegenstand, sondern eine andere Person (und gegebenenfalls ein Tier) involviert, können wir von »wechselseitiger Einleibung«[113] sprechen. Beim Tennisspielen muss man zum Beispiel sowohl den Ball als auch den Gegner einleiben. Beim Gebrauch einer altmodischen Zweimannsäge beruht die eingespielte Koordination der beiden Säger auf wechselseitiger Einleibung ihrer jeweiligen Bewegungsabläufe.

Tanzen ist ein gutes Beispiel und eine hilfreiche Metapher für wechselseitige Einleibung. Die Tanzpartner müssen ihre jeweiligen Bewegungen nicht nur antizipieren, sie müssen auch ihre jeweiligen Antizipationen antizipieren. Aber Antizipation ist ein unzureichender Begriff für das, was in diesen Situationen geschieht, denn das Ko-Agieren beim Sägen und Tanzen ist nicht zeitlich gestaffelt. Es vollzieht sich *auf einmal*, indem sich Körper in wechselseitiger Einleibung aufeinander abstimmen und einspielen. Die Komplexität des Lebens ist unser fortwährender Tanz mit den zehntausend Dingen – wie sie alle auf einmal kommen und sich alle auf einmal der Einleibung darbieten.

Allseitigkeit

In der Einleitung habe ich die buddhistische Idee von Mitgefühl als das Gelöbnis eingeführt, zum Wohle *aller* Wesen zu handeln. Und ich habe behauptet, dass diese Grundorientierung uns dabei helfen kann, uns wirklich lebendig zu fühlen. Aber ist das auch tatsächlich so? Was haben andere Menschen und Wesen mit unserem persönlichen Befreiungsweg zu tun?

Was ich »Resonanz« nenne, ist nicht das Gleiche wie »Einfühlung«. Die beiden Worte weisen zwar in dieselbe Richtung, *Einfühlung* beruht jedoch auf der Vorstellung, dass wir uns in ein anderes Wesen *hineinfühlen* können, während Resonanz ein Bild dafür ist, mit dem anderen Wesen *mitzufühlen*. Aus meiner Sicht ist es nicht möglich, sich in jemand anderen hineinzuversetzen. Es stimmt zwar, dass uns die Welt durch Resonanz näher rückt und uns so innig vertraut werden kann, dass wir sie als eine Art Innenraum erleben. Und dadurch kann es so scheinen, als könnten wir die Welt auch vom Standpunkt des anderen aus erleben. Es ist aber wichtig, hier genau zu sein: Wir erleben den anderen und seine Gefühle immer nur im Medium der eigenen Empfindungen.

Wenn wir akzeptieren, dass Resonanz eine grundlegende

Tatsache unserer körperlichen Existenz ist, gibt es nur zwei Arten, wie ich mich vom Schmerz meines Gegenübers abkoppeln kann: Vermeidung und Abstumpfung. Ich kann mich entscheiden, ihm aus dem Weg zu gehen, oder die leiblichen Resonanzen, die in mir auftauchen, abzudämpfen. Es scheint, als könnte ich mich nur dadurch meinem Mitfühlen mit allem entziehen, dass ich entweder wegsehe oder mich insgesamt desensibilisiere.

Wir alle haben Momente erlebt, in denen wir unser Herz so weit verschlossen haben, dass wir etwas nicht mehr als störend empfanden, was uns anderweitig automatisch betroffen gemacht hätte. Durch dieses Abschotten opfern wir jedoch ein Stück unserer eigenen Lebendigkeit. Wenn wir diesen Verlust an Lebendigkeit vermeiden wollen, müssen wir lernen, uns zu versiegeln, ohne uns zu verpanzern. Seltsamerweise leistet das offene Feld des Geistes genau diese Versiegelung. Es bleibt inmitten aller Störungen selbst ungestört.

Basierend auf der Einsicht, dass unsere Lebendigkeit unauflöslich mit anderen verbunden ist, erweiterte der Mahayana-Buddhismus die früh-buddhistische Ausrichtung auf Selbst-Befreiung in die Bemühung, alle Wesen vom Leiden zu befreien. Ich nenne diese Orientierung *Allseitigkeit*; es ist die schier unmöglich scheinende Haltung, mit unseren Handlungen *allen* Wesen zu dienen – und nicht nur einigen oder nur uns selbst. In der Haltung der Allseitigkeit müssen wir uns nicht zwischen Egoismus und Altruismus entscheiden. Das Selbst steht in ihr nicht über dem Anderen und der Andere nicht über dem Selbst. Allseitigkeit schließt das Selbst und den Anderen gleichermaßen ein; sie transzendiert den Gegensatz, indem sie ihn als zwei Aspekte einer ungetrennten Aktivität begreift.

In der Regel wird Mitgefühl nur altruistisch verstanden. Vielleicht ist es diese Einseitigkeit, die die Idee von »Selbstfürsorge« und »Mitgefühl mit sich selbst« in der aktuellen Psychologie, Spiritualität und Wellness-Kultur so populär gemacht hat. Aber die Unterscheidung zwischen altruistischem Mitgefühl und Mitgefühl mit sich selbst verdeckt die tiefere Wahrheit der ungetrennten Aktivität. Wenn wir anfangen zu spüren, dass alles mit allem in Resonanz steht, ist unser Mitgefühl immer schon allseitig.

Teilnahme

Was ich »Teilnahme« nenne, ist etwas, das wir bereits in Kapitel 16 im Kontext des Tetralemmas angesprochen haben. Es ist ein sehr konkreter Aspekt der Mitgefühlspraxis, der sich aber abstrakt anfühlen kann, wenn wir versuchen, ihn genauer zu verstehen. Dogens Frage, der wir an früherer Stelle bereits begegnet sind, war: »Wie ist es, wenn eine erleuchtete Person nichtsdestotrotz verblendet ist?«[114] Jetzt können wir darauf antworten: Die erleuchtete Person muss den abgehobenen Standpunkt, in dem alle Positionen negiert sind, aufgeben und sich konkret auf eine Position einlassen. Mit anderen Worten: Sie muss bereit sein, an der Welt *teilzunehmen*, auch wenn die eingenommene Position notwendigerweise einseitig und manchmal vielleicht sogar aussichtslos erscheint. In diesem spezifischen Sinn ist Teilnahme ein sehr subtiles, von Gewahrsein durchdrungenes Weltverhältnis.

Als ich einmal Gary Snyder, den bekannten amerikanischen Dichter und Zen-Pionier, an der buddhistisch inspirierten Naropa Universität in Boulder, Colorado sprechen hörte, zitierte er Issa, einen der großen Haiku-Dichter Japans:

Nichts als Tautropfen
In dieser Tautropfenwelt
Und dennoch … und doch …«[115]

Anschließend sprach Gary Snyder über seine Beziehung zu diesem Gedicht. Er hat sie in seinem Buch *Gefahr auf den Gipfeln* bündig zusammengefasst: »Dieses ›Und dennoch …‹ ist unsere immerwährende Praxis und vielleicht die Quelle des Dharma.«[116]

Und dennoch … – Ich finde diese zwei einfachen Worte immer wieder sehr bewegend. Wenn uns klar wird, dass alles unbeständig ist wie Tautropfen, die in der Morgensonne verdunsten, sind wir möglicherweise versucht, uns innerlich von der Welt abzuwenden. Wir sagen uns vielleicht: »Alles geht zu Ende, alles läuft auf den Tod zu – warum soll ich mich kümmern und anstrengen?« Und doch … gibt erst die Zerbrechlichkeit allem seine Schönheit und seinen Wert. Es ist Teil unserer menschlichen Natur, dass wir uns um die Dinge sorgen und uns um sie kümmern wollen. Suzuki Roshi sagte: »Dass wir an etwas Schönem anhaften, ist selbst Buddhas Aktivität. […] Wenn ihr das wisst, macht es nichts, an etwas anzuhaften. Wenn es Buddhas Anhaften ist, dann ist es Nicht-Anhaften.«[117] Damit unsere Teilnahme in Freiheit gründet, müssen wir zwar unsere selbstgezogenen Standpunkte und Identifikationen aufgeben – aber wir müssen auch unsere Anhaftung an die Nicht-Anhaftung aufgeben.

Ich erinnere mich an eine Situation auf einer buddhistischen Konferenz, in der sich das Gespräch der globalen ökologischen Krise zuwandte. Die Mehrheit der Teilnehmer war sich einig, dass dringend gehandelt werden müsse. Einige nahmen aber den Standpunkt ein, es sei aus der Perspektive der Leerheit grundsätzlich nichts Schlimmes daran, dass die Erde ein sechstes Massenaussterben von Arten durchmache. Schließlich habe es neben dem gegenwärtigen, das wir gerade durchleben, bereits fünf vorhergehende gegeben. Käme der Planet selbst zur Sprache, würde er die Situation sicher mit größerem Abstand beschreiben: *Was hat es nur mit diesen seltsamen Zweibeinern auf sich, die inzwischen alle Kontinente bewohnen und überall Kohlendioxid in die Atmosphäre pumpen?* Die Befürworter eines ökologischen Aktivismus waren entsetzt – der Begriff der Leerheit dürfe nicht dazu missbraucht werden, Herzlosigkeit zu rechtfertigen –, während die Vertreter der Nicht-Anhaftung leicht überheblich auf die Anhaftung herabblickten, die in der Aufregung der Aktivisten sichtbar wurde.

Wann verwandelt sich Nicht-Anhaftung in spirituelles Bypassing – die Weigerung, sich um das Lindern von Schmerz in der Welt zu kümmern? Und wann steht mein Aufruf zu sozialem und ökologischem Engagement mehr im Dienst meines neurotischen Widerstands, in Resonanz mit der Tatsächlichkeit der Welt zu sein, als im Dienst der Linderung von Leiden in der Welt?

Das immerwährende Dharma des »Und dennoch …« erwächst aus der fundamentalen Ununterschiedenheit der zwei Wahrheiten: »Form ist Leerheit« ist die Grundlage für anteilnehmende Resonanz, während »Leerheit ist Form« diese Anteilnahme in die Praxis teilnehmenden Handelns übersetzt. Jetzt sind die Berge wieder Berge. Als Aufmerksamkeitssphäre leben wir in der Weite der »gesamten Welt in den zehn Richtungen« – und doch … sind wir gleichzeitig auch, wie Dogen sagt, »dieser Körperklumpen aus blutigem Fleisch«.[118] Verortet im Gewahrseinsfeld ist der Geist von allen standpunktbedingten Begrenztheiten befreit – und doch … müssen wir, um an irgendetwas mit unserem denkenden Bewusstsein teilzunehmen, das fundamental Ungetrennte unterscheidend zerteilen und einen Standpunkt einnehmen. Der Nicht-Standpunkt ist letztlich auch nur ein Standpunkt. Wenn wir genügend Erfahrung mit der Meditationspraxis haben, wissen wir, wie wir Reaktivität loslassen können – und doch … ist da dieser Schmerz, um den wir uns kümmern und gegen den wir vielleicht etwas tun können. Dogen spricht von dieser anteilnehmenden Teilnahme an der Welt als der Gleichzeitigkeit von »Nicht-Anhaftung und Durchdringung« und als der nondualen Aktivität von »Loslassen und Verlebendigen«.[119]

Ver-Antwortlichkeit

Die buddhistische Weltsicht betont das Handeln. Obwohl sich das Geheimnis der Existenz dem begrifflich verstehenden Zugriff entzieht, funktionieren und handeln wir inmitten dieses Geheimnisses. Mitfühlendes Handeln manifestiert sich in der Welt, wenn Resonanz, wechselseitige Einleibung, Allseitigkeit und Teilnahme zusammenwirken und eine Antwort auf die Situation hervorbringen, in der wir uns befinden. Ich spreche von diesem Aspekt des Mitgefühls als unserer menschlichen *Ver-Antwortlichkeit.* Es ist ein Kunstwort, das einerseits versucht, die englische Wortneuschöpfung »response-ability«[120] (die Fähigkeit zum verantwortlichen Antwortgeben) zu übersetzen, und andererseits den in der deutschen Phänomenologie verwendeten Begriff »Antwortlichkeit« aufzunehmen. Antwortlichkeit bezeichnet dort die Resonanzfähigkeit des Menschen, die allem Antwortgeben im Reden und Tun vorgängig zugrunde liegt.[121] Wenn wir Ver-Antwortlichkeit bewusst praktizieren, erfüllen wir unsere Verantwortung. Aus dieser Perspektive besteht Verantwortlichkeit nicht darin, einer Reihe von Regeln zu folgen, sondern die gegenwärtige Situation aus der eigenen Spürenswirklichkeit heraus in angemessener Weise fortzusetzen.

Im Zen gibt es eine Lehrgeschichte über Avalokiteshvara, den Bodhisattva des Großen Mitgefühls, die von Ver-Antwortlichkeit handelt. In einer bestimmten ikonografischen Darstellungsform wird Avalokiteshvara mit tausend Händen gezeigt – und in jeder Hand ist ein Auge zu sehen. Dieses Bild ist eine mytho-poetische Interpretation von *Antwortlichkeit* und darauf basierendem grenzenlosem Mitgefühl. Die Geschichte entspinnt sich zwischen Yunyan und Daowu, den beiden Brüdern, denen wir bereits an früherer Stelle begegnet sind. Yunyan fragt: »Was macht der Bodhisattva des Großen Mitgefühls mit so vielen Händen und Augen?« Daowu antwortet: »Es ist, als ob jemand in der Nacht die Hand nach dem Kopfkissen ausstreckt.«[122]

In Daowus Antwort gibt es nicht einen Hauch von Abstraktheit. Er sagt: Wenn du Mitgefühl praktizieren willst, muss deine Antwort in jeder Situation wie die dieses Schläfers sein, der intuitiv hinter sich greift und mit der Hand nach seinem Kopfkissen tastet. Daowus Bild kann uns als eine Art Modell für mitfühlendes Handeln: eine kleine, scheinbar unbedeutende Handlung, die ein Unbehagen mildert; sie betont Körperlichkeit und leibliches Spüren; und sie findet nachts statt. Die Nacht ist ein Bild für Gewahrsein – für einen Geist, in dem die Unterscheidungen des Bewusstseins nicht verdinglicht sind. Manchmal ist die Schwerpunktverlagerung hin zum Gewahrsein selbst das Kissen, das Linderung verschafft.

Suzuki Roshi sagte, dass sich der wegsuchende, Gutes tuende Geist in einfachen, kleinen Handlungen verwirklicht, die von

»Menschen nicht gerne getan werden: Klo putzen, Müll aufsammeln, kleine Tiere retten und kranken Menschen helfen«. Er lehrte, dass man Zazen in der gleichen Haltung üben sollte. Und obwohl die Zazen-Übung eigentlich nur uns selbst diene, sei sie doch, wenn wir uns mit ganzem Herzen auf sie einlassen, »gleichzeitig eine Praxis, mit der wir andere im wahren Sinne des Wortes vom Leiden erlösen«.[123] Wie kann eine scheinbar selbstbezogene Praxis wie Meditation ein Ausdruck von Mitgefühl und tatkräftiger Hilfe sein?

Die Antwort darauf liegt in der Praxis leiblicher Resonanz. In Daowus bildlicher Anleitung kommt nicht einmal ein anderer Mensch vor, dem mit dem Kissen geholfen oder gedient wird. Weil ich willens bin, mit dem Leiden eines anderen Menschen so in Resonanz zu sein, als wäre es mein eigenes, fühle ich mich bewogen, nach Abhilfe zu suchen – ich strecke meine Hand nach dem Kissen aus. Was das Leiden des anderen lindert, lindert auch mein eigenes. Und andersherum gilt das Gleiche: Mir selbst zu helfen, hilft auch anderen, weil es ihnen unangenehme Resonanzen erspart. Im Nacht-Körper sind der andere und ich ungetrennt.

Die Geschichte geht noch weiter. Die beiden Brüder legen ihr Verständnis von Daowus Antwort dar. Yunyan sagt: »Hände und Augen sind überall im ganzen Körper verteilt.« Daowu wandelt Yunyans Worte leicht ab und sagt: »Der Körper besteht durch und durch aus Händen und Augen.« Der Kommentar zur Geschichte leistet uns noch weitere Hilfestellung beim Verständnis: »Wenn eine Hand nach einem Kissen tastet, hat sie Augen; wenn wir essen, hat die Zunge Augen; wenn wir Menschen an ihrer Stimme erkennen, haben die Ohren Augen.« Mit anderen Worten: die sechs Sinne sind durch eine im leiblichen Spüren verwurzelte Intelligenz, einen Felt Sense, miteinander integriert. In einer anderen Zen-Geschichte sagt Yunyan: »Einer ist sechs. Sechs sind einer.«[124]

Hier ist der Ursprung unserer Ver-Antwortlichkeit. Sie entspringt einem sinnlich geankerten, nicht-begrifflichen »Wissen«. Im Kommentar heißt es:

> *»Wie Ufer aus Weiden und Wände aus Blumen an einem warmen Tag mit einer sanften Brise – wo ist der Frühling? Welche Form hat er? Und doch weiß er im Einklang mit den Dingen zu sein und zur rechten Zeit zu kommen.«*

Auf der tiefsten Ebene der Wirklichkeit ist Mitgefühl Leerheit, die sich als Form ereignet – so wie sich der Frühling in Form von grünen Blättern und Blüten manifestiert. Auf der zwischenmenschlichen Ebene – in ähnlich unpersönlicher Weise – manifestiert sich die Leerheit als eine Spürenswirklichkeit, die nach Einklang mit der Gesamtsituation strebt. Mitfühlendes Handeln ist keine Frage persönlicher Entscheidung; es ereignet sich vielmehr dadurch, dass wir dem gesamten Feld die Erlaubnis geben, durch uns hindurch zu wirken. Das Feld ist viel weiter und größer als unser kleines Selbst. Und doch tragen wir persönliche Verantwortung für unser Handeln. Im Kommentar heißt es: »Der Große Wirkzusammenhang bedient sich aller Mittel – was ist tabu?« Manchmal antworten wir mit liebender Güte, manchmal mit liebevoller Strenge – durch Verbindlichkeit oder durch das Setzen von klaren Grenzen. Es gibt keine feststehenden Regeln dafür, wie Mitgefühl eine Situation fortzusetzen hat.

21

Die Rolle von Ritualen

Für meine Schülerinnen und Schüler definiere ich Ritual oft als »einen Handlungsvollzug, der einen Raum der Trennung in einem Raum der Verbundenheit transformiert«. Dieses Verständnis von Ritual nimmt die Tatsache in den Blick, dass Leiden zum Großteil in Mustern von Trennung und Widerstand wurzelt. Trennung in Verbundenheit zu transformieren, kann verschiedene Formen annehmen: das Ausgeschlossene einbeziehen[125], das Abgetrennte integrieren, das Verstreute versammeln. Es gibt ganz einfache Formen des Verbindens, die aus nur einer einzigen Geste bestehen, zum Beispiel den Handschlag, die beidseitige Verbeugung, die Umarmung oder die anfängliche Pause, in der ein Lehrer oder Dirigent eine Klasse oder ein Orchester zur Ruhe kommen lässt, so dass gemeinsam geteilte Aufmerksamkeit entstehen kann. Kompliziertere Rituale sind Kombinationen von solchen Gesten und leiblichen Vollzügen, und sie machen sich dabei wechselseitige Einleibung zunutze. Sie verbinden Stille und Aktivität, Körper und Geist, Gewahrsein und Aufmerksamkeit, Zuhören und Sprechen, Ich und Du. Wenn sie auf einer körperlichen und nicht nur mentalen Ebene wirken, fühlen wir uns durch sie gesammelt, geerdet und präsent – und wir fühlen uns mit allen verbunden, die an dem Ritual teilnehmen.

Eine Ritualpraxis, in der wir die Transformation von Trennung in Verbundenheit betonen, ist ein Antidot gegen Unabhängigkeit, Autonomie und Individualisierung, die als Werte in der westlichen Kultur besonders vorherrschen. Wechselseitige Einleibung kann allerdings auch für moralisch fragwürdige Zwecke missbraucht werden. Militärische Drills und faschistische Rituale synchronisieren menschliche Körper und kreieren ein kohärentes Gruppengefühl – manchmal mit dem Zweck, blinden Gehorsam und unkritische Loyalität zu befördern. Charismatische Hochstapler, Politiker oder Gurus können durch körperlichen Rapport, also besonders ausgeprägte nonverbale Kontaktfähigkeit, Vertrauen stiften, nur um ihre Opfer später auszunutzen. Wenn rituelle Praktiken zu ungesunden Formen von Abhängigkeit, Unterwerfung und Gruppendenken führen, dann braucht das Antidot gegen übersteigerten Individualismus selbst ein Antidot. Meiner Meinung nach sollten wir Rituale aber nicht vollständig über Bord werfen, nur weil sie auch missbraucht werden können. Stattdessen können wir in unserer eigenen Erfahrung sorgfältig ausloten, wie für uns Rituale mit Lebendigkeit in Beziehung stehen.

In der Zen-Tradition gibt es viele Rituale. Es gibt Rezitationen vor dem Essen; und das Essen selbst ist ein Ritual, wenn es im traditionellen Oryoki-Stil[126] eingenommen wird. An vielen Stellen im klösterlichen Alltag sind die Praktizierenden dazu angehalten, sich vor Altären oder voreinander zu verbeugen. Und nach dem morgendlichen Zazen leitet ein in Roben gekleideter Priester vor einer Buddha-Statue eine Zeremonie, in der Weihrauch dargebracht wird und in der es Verbeugungen und gemeinsame Rezitationen gibt. Was haben solche Rituale mit unserem tiefen Wunsch nach Lebendigkeit zu tun?

Mir liegen diese Rituale am Herzen, während ich gleichzeitig die Sorge habe, dass sie von außen als inhaltsleere religiöse Vollzüge wahrgenommen werden – als zeremonielle Instrumente, um eine fragwürdige Gruppenidentität herzustellen. Natürlich können sie tatsächlich dazu verkommen. Ich will in diesem Kapitel allerdings dafür plädieren, die Praxis von Ritualen ganz bewusst als ein Trainingsfeld für Resonanz und wechselseitige Einleibung zu verstehen. Natürlich möchten wir, dass sich unsere Praxis von Mitgefühl – als allgemeine Fähigkeit zum Mitfühlen oder als spezifische Anteilnahme am Leiden anderer – in konkreten Alltagssituationen beweist. Dafür ist es aber sinnvoll, eine Praxis zu etablieren, in der wir uns täglich neu an unsere Absicht erinnern. Wir müssen realistisch sein: Wenn Mitgefühl mehr als ein spirituelles Lippenbekenntnis sein soll, müssen wir es verkörpern. Und dazu brauchen wir eine regelmäßige Praxis, mit deren Hilfe wir unsere angeborene Fähigkeit zur Resonanz entdecken, vertiefen und weiterentwickeln können. Die Praxis von Ritualen kann diesem Zweck dienen. Und ich glaube, sie muss in genau diesem Sinn verstanden werden, wenn sie in unserer modernen Welt weiter einen Platz haben soll.

Gehen wir zu der Situation zurück, in der eine Gruppe von Menschen vor einer Buddha-Statue steht und eine Reihe von Verbeugungen und Rezitationen vollführt. Was passiert da eigentlich? Von außen sieht es so aus, als ginge es hier um eine zeremonielle Verehrung Buddhas. Für die Praktizierenden ist es jedoch eine Gelegenheit, durch Resonanzphänomene Buddha-Qualitäten in ihrem eigenen Körper-Geist wachzurufen und zu verwirklichen. In einer Statue, die Mitgefühl repräsentiert, ist entweder durch Ornamente der Herzbereich betont oder die Figur ist von einer Aura aus Händen und Augen umgeben.

Dagegen wird eine Statue, durch die meditative Stabilität kommuniziert werden soll, unsere Aufmerksamkeit eher auf die dreiecksartige Gestalt der Sitzhaltung und die Aufrichtung der Wirbelsäule lenken. Am Scheitel von Buddha-Figuren findet sich oft eine Schwellung, ein Haarknoten oder eine Flamme, wodurch dieser Punkt als bedeutsame energetische Pforte markiert wird. Der spezifische Anblick einer Statue lädt den Körper eines Praktizierenden ein, mit ihr in Resonanz zu treten, und induziert so die Aktivierung bestimmter energetischer Zentren und Bahnen, wodurch das Hervorbringen eines energetisierten Aufmerksamkeitskörpers ermöglicht wird. Eine Statue ist also weniger ein Objekt kultischer Verehrung als vielmehr ein Werkzeug und eine Erinnerungshilfe für bestimmte Praktiken.

Den Kopf zu senken und den eigenen Körper zu Boden zu werfen, ist eine Geste der Ehrerbietung und Demut. Sie kann als Antidot gegen ein übertriebenes Selbstbewusstsein wirken. Im Allgemeinen verstehe ich Verbeugungen in der buddhistischen Praxis aber weniger als Ausdruck einer bestimmten Geisteshaltung, sondern als körperlichen Vollzug, in dem man lernt, die »Selbst-Position« aufzugeben. Indem wir uns verneigen, liefern wir uns der Unmittelbarkeit der sinnlichen Empfindungen aus – an eine Erneuerung unserer eigenen Erfahrung in diesem Augenblick und an alle Dinge in ihrer ungetrennten Aktivität. Und wenn wir uns in den Stand erheben, lassen wir die Wirbelsäule ihre vertikale Aufrichtung finden – die Scheitelspitze geht in einen Kontakt mit dem Raum über uns, und die Füße verbinden sich mit dem Raum unter uns. So wird das Verbeugen zu einer Praxis, in der wir uns jedes Mal wieder und neu mit den zehntausend Dharmas in Beziehung bringen.

Zen-Rituale können als ein Gewebe aus Sequenzen von

Stille und Aktivität verstanden werden. Die Zazen-Meditation betont die Stille, während Gehmeditation, Verbeugungen und Rezitieren Aktivitäten sind – es sind aber Aktivitäten, inmitten derer wir bewusst Stille kultivieren. Das gemessene Tempo von Zen-Ritualen und die überall eingestreuten Pausen sind dazu da, die Stille immer wieder neu zu versammeln und in jede Bewegung und Geste einzuschleusen. Durch diese Art von Übung können wir lernen, paradoxe geistige Haltungen zu verkörpern: »unbewegt inmitten von Bewegung« oder »ungestört inmitten von Störung«. Wenn wir ernsthaft daran interessiert sind, Gleichmut zu entwickeln, ist diese Erfahrung von Stille inmitten von Aktivität ein unverzichtbarer leiblich erfahrbarer Bezugspunkt. Wir interpretieren Gleichmut jetzt nicht mehr als einen Geisteszustand, der es versteht, in der Balance zu bleiben, oder der Raum für alles hat, sondern wir können diese Qualität jetzt aus einer körperlichen Erinnerung heraus *herstellen* – sie ist uns aus unserer rituellen Praxis von Stille inmitten von Aktivität bereits vertraut. Die Praxis von Ritualen lebt von der Wiederholung; neue Haltungen zu verkörpern, braucht Zeit.

Ein anderes Prinzip in Zen-Ritualen ist, alles mit zwei Händen zu tun. Das ist nicht zen-spezifisch, sondern eine kulturelle Praxis in Japan und anderen ostasiatischen Ländern. Als Teil einer spirituellen Praxis hat es jedoch einen subtilen und potenziell tiefgreifenden Einfluss auf unsere Beziehung zu Gegenständen und anderen Menschen. Nehmen wir das Servieren von Tee als Beispiel. Wenn man die Kanne mit nur einer Hand hält, kann man den Tee in die Tasse gießen, ohne mit dem Blick und der Mittelachse des eigenen Körpers auf die Tasse und die Person, die einem die Tasse entgegenhält, ausgerichtet zu sein – man kann den Arm mit der Kanne sogar einfach vom Körper weg zur Seite strecken und nur aus dem Handgelenk gießen. Wenn man die Kanne hingegen mit beiden Händen hält und bewegt, muss sich der gesamte Schultergürtel und Oberkörper – wichtiger noch die Wirbelsäule – mit der Gießrichtung verbinden. Das kreiert einen Raum, in dem die eigenen Gesten immer auf die Teekanne, die Tasse und die Person, der man den Tee serviert, bezogen bleiben.

Sie können das in allen möglichen Alltagssituationen ausprobieren. Wann immer Sie etwas in die Hand nehmen, tun Sie es mit beiden Händen; wann immer Sie jemand anders etwas anreichen, tun Sie es mit beiden Händen. Die Übung strukturiert die Art und Weise um, wie wir körperlich Aufmerksamkeit schenken.

Diese körperliche Aufmerksamkeit-in-Beziehung ist die Voraussetzung für wechselseitige Einleibung – die tanzartige Wechselwirkung, in die zwei Körper eintreten können. Zen Rituale üben das durch gemeinsames Verbeugen und Singen ein – und durch vielerlei andere hochgradig koordinierte Gesten zwischen den Teilnehmern des Rituals. Das kann wie eine übertriebene Choreografie anmuten, aber für den Praktizierenden ist es eine Übung, den gestischen Raum und das spezifische Tempo eines anderen Menschen am eigenen Leib zu spüren.

In westlichen Zen-Zentren sind neue Praktizierende oft überrascht, wenn sie unübersetzte und deshalb unverständliche sino-japanische Texte rezitieren sollen. Das ergibt auch tatsächlich nur dann Sinn, wenn wir erkennen, dass es beim Rezitieren der Texte nicht um begriffliches Verstehen geht, sondern um den gemeinsamen körperlichen Vollzug. Gemeinsames Rezitieren ist eine Übung wechselseitiger Einleibung im Medium der Stimme und des Klangs. Um in Harmonie zu kommen, müssen sich alle in eine Tonlage und einen Rhythmus einstimmen und einfinden, der erst aus der interaktiven Komplexität der Gruppe hervorgeht.

Wechselseitige Einleibung ist die Grundlage für Rapport. Es kann aus ihr die Fähigkeit zu einer Art von »Gedankenlesen« entstehen. Nicht dass man konkret die expliziten Gedanken seines Gegenübers kennt, man erspürt vielmehr die Spürenswirklichkeit des anderen. Aus diesem geteilten »Felt Sense« (siehe den Exkurs, Seite 346 bis 358) heraus kann man dann die Bewegungen, Gesten und Gedanken antizipieren, die in ihm bereits implizit enthalten sind. In diesem Sinne ist eine rituelle Praxis wechselseitiger Einleibung eine Verfeinerung unserer Fähigkeit, den Anderen im Medium unserer eigenen Spürenswirklichkeit zu erfahren. Im Zen wird Resonanz, wie sie in wechselseitiger Einleibung auftritt, als die Grundlage allen mitfühlenden Handelns angesehen.

Um wechselseitige Einleibung zu ermöglichen, müssen wir Aspekte unserer eigenen Persönlichkeit aufgeben. Wenn wir zum Beispiel in der Gegenwart einer älteren Person sind, die sowohl körperlich als auch geistig langsamer operiert als wir selbst, stellen wir Rapport am einfachsten dadurch her, dass wir jede Erwartung aufgeben, die Interaktion könnte sich in einem von uns bevorzugten Tempo abspielen. Ein Freund von mir, der Mitte dreißig ist, hat es sich zur Angewohnheit gemacht, beim Einkaufen im Supermarkt bewusst eine Weile hinter älteren Menschen und ihrem Einkaufswagen herzugehen, bis sich eine natürliche Gelegenheit zum Überholen ergibt. Er beobachtet sich dabei, wie er sich selbst verlangsamt, während andere Einkäufer ungeduldig versuchen, so schnell wie möglich an dem kleinen Gänsemarsch, den er mit der älteren Person gebildet hat, vorbeizukommen. Leiblichkeit in Wechselseitigkeit zu praktizieren bedeutet, dass man den beiden beteiligten

Körpern erlauben muss, in einem Abstimmungsprozess das für sie angemessene gemeinsame Tempo zu finden. Wenn die jeweiligen Eigenzeiten von zwei Personen in starkem Kontrast zueinander stehen, ist dieser Prozess deutlicher zu erkennen, aber natürlich findet er in jeder Begegnung statt, in der lebendige, mit Bewusstsein ausgestattete Körper aufeinandertreffen.

Im Zen-Buddhismus sagen wir: »Wenn du den Buddha unterwegs triffst, töte ihn.« Das ist eine Ermutigung, auf unserem spirituellen Weg festgefahrene Vorstellungen loszulassen und die rigiden Verhaltenserwartungen, die es in organisierten religiösen Kontexten gibt, infrage zu stellen. Organisierte Religionen dienen dazu, eine soziale Ordnung herzustellen, auch wenn sie sich dabei nominell auf die ursprüngliche spirituelle Suche ihrer Gründungsfiguren beziehen. Mit seiner Betonung von Nächstenliebe versuchte Jesus das Judentum zu reformieren; und Siddhartha Gautamas kompromisslose Suche nach den Ursachen und dem Ende des Leidens führte dazu, dass er die Glaubensüberzeugungen, Strukturen und Rituale der hinduistischen Vorläuferreligionen seiner Zeit über Bord warf. Als aber Anhänger dieser neuen Lehren anfingen, sich zu organisieren, verwandelten sie mit der Zeit das, was Jesus und Siddhartha in Gang gesetzt hatten, in die Glaubensinhalte, Strukturen und Rituale, die uns jetzt als Christentum und Buddhismus bekannt sind. Und interessanterweise hat dieser Institutionalisierungsprozess seine sehr menschlichen Gründerfiguren zu »Christus« und »Buddha« gemacht – also zur menschlichen Inkarnation Gottes beziehungsweise der letztendlichen Wahrheit. »Wenn du den Buddha unterwegs triffst, töte ihn« heißt: Wenn wir den Vorstellungen folgen, die andere Leute von Buddha haben, können wir den Buddha-Geist nicht finden. Buddha gibt es nur als unsere eigene Erfahrung hier jetzt.

Das ist ein andauerndes Dilemma auf dem spirituellen Weg. Einerseits ist es der eigenen spirituellen Entwicklung sehr förderlich, mit anderen zusammen zu praktizieren. Der Buddhismus legt enormen Wert auf die Sangha, die Gemeinschaft der Praktizierenden. Sie ist der Kontext für die tägliche Übung von Resonanz, wechselseitiger Einleibung, Allseitigkeit, Teilnahme und Ver-Antwortlichkeit. Andererseits entstehen überall dort, wo Menschen sich organisieren, Verhaltensregeln, Führungsstrukturen und Hierarchien. Der spirituelle Weg kann leicht dadurch beeinträchtigt werden, dass man sich zu einer Institution zugehörig fühlen will.

Der Widerstand, den viele Menschen heutzutage gegenüber organisierten Religionen empfinden, wird insbesondere im Widerwillen gegen Rituale sichtbar. Rituale werden oft als inhaltslose Formalitäten erlebt und nicht als etwas, das dem spirituellen Weg Lebendigkeit einhaucht. Ihr Hauptziel scheint darin zu bestehen, sozialen Zusammenhalt zu stiften und einen Mechanismus für Zugehörigkeit und Ausschluss zu etablieren. Leere Rituale sind wie leere Rhetorik – wie etwas, das man sagt oder tut, um sozialen Erwartungen gerecht zu werden und nicht, um etwas für die Situation tatsächlich Relevantes beizutragen.

Ich habe persönlich großen Gewinn aus meiner jahrzehntelangen Praxis von Zen-Ritualen gezogen – in der Art und Weise, die ich in diesem Kapitel ansatzweise zu beschreiben versucht habe. Aber das bewahrt Rituale nicht vor grundsätzlicher Kritik. Ich glaube, dass der Formalismus und Traditionalismus ritueller Praktiken durchaus dazu missbraucht werden kann, Glaubenssysteme unhinterfragt zu lassen und ungesunde hierarchische Strukturen zu zementieren. Das liegt unter anderem daran, dass Rituale durch ihre ständige Wiederholung ein Gefühl von Zeitlosigkeit erzeugen. Wenn wir Rituale für unseren spirituellen Weg nutzbar machen wollen, müssen wir für diese Tendenzen wachsam bleiben und ihnen entgegenwirken, wenn sie sich zeigen. Es bleibt jedoch eine grundsätzliche Frage, wie wir Resonanz und wechselseitige Einleibung üben können, um den Buddha-Geist lebendig zu verkörpern.

22

Den Geist entgrenzen

Unsere Fähigkeit, reaktivitätsfrei in Resonanz zu sein, hat Grenzen. Wahrscheinlich haben die meisten von uns die Situation erlebt, wo jemand etwas sagt, das wir vehement ablehnen, und wir kaum ruhig sitzen bleiben können, weil unser Impuls zu widersprechen oder den Raum zu verlassen, so stark ist. Meine Fähigkeit in der Gegenwart einer anderen Person zu verweilen, kann in noch leidvollerer Weise beeinträchtigt sein, wenn ich mich leiblich von ihr abgestoßen fühle. Auf mir unerklärliche Weise finde ich ihre Verhaltensweise grausam, selbstbezogen, primitiv, affektiert oder aufdringlich, sodass ich es kaum in ihrer Gegenwart aushalten kann. Was immer der Grund ist, dass mir eine bestimmte Verhaltensweise gegen den Strich geht, es ist mehr als ein bisschen verstörend, wenn man feststellen muss, dass der eigene Geist nicht frei genug ist, um mit dem, was in dieser gegenwärtigen Situation der Fall ist, einfach nur präsent zu bleiben. So sehr wir vielleicht die Absicht besitzen, anderen mit offenem Herzen und ehrlichem Mitgefühl zu begegnen, können wir doch nicht umhin anzuerkennen, dass unser Geist von Mauern umbaut und von Zäunen durchzogen ist, deren Existenz oft erst sichtbar wird, wenn wir im gelebten Leben vor ihnen stehen und bemerken, wie unüberwindbar sie manchmal sind.

Schauen wir uns dazu die *Vier Brahmaviharas* an, eine buddhistische Lehre, die sich als die »Vier grenzenlosen Geisteszustände« übersetzen lässt. Die Lehre leitet eine Praxis an, mit der wir diese Mauern und Zäune entfernen können. Das Ziel ist: Allseitigkeit. In einem Artikel über die vier grenzenlosen Geisteszustände ist mir auch einmal die Übersetzung »Die vier Gesichter der Liebe« begegnet. Das ist ein passendes Bild, aber anstatt an unsere manchmal naive Fantasie zu appellieren, Abneigung, Widerwillen und Feindseligkeit einfach durch Liebe zu ersetzen, will ich einen Zugang zu dieser Lehre eröffnen, der auf den ersten Blick vielleicht ein bisschen technisch anmuten mag, mit dem wir aber im Grunde schon vertraut sind. Wir können unsere Fähigkeit zu lieben dadurch entwickeln, dass wir üben, unseren Geist zu »entgrenzen« – und der Schlüssel dafür ist, gefühlte Intensitäten zuzulassen. Aber bevor wir uns das im Detail anschauen, folgt nun die Liste der *Vier grenzenlosen Geisteszustände*:

Grenzenlose Freundlichkeit
Grenzenloses Mitleid
Grenzenlose Mitfreude
Grenzenloser Gleichmut

An früherer Stelle habe ich die Praxis der Freundlichkeit als ein »warmherziges Raumgeben« eingeführt. Im Kern besteht diese Übung darin, radikale, nicht-reaktive Offenheit gegenüber allen unseren Erlebensqualitäten zu praktizieren und ihnen darüber hinaus mit Wärme zu begegnen. Freundlichkeit bedeutet nicht, dass wir uns plötzlich bei allem gut fühlen, sondern dass wir unsere Lebendigkeit in all ihren Äußerungsformen akzeptieren – unabhängig davon, ob wir es mit angenehmen, unangenehmen oder neutralen Erfahrungen zu tun haben.

Diese geistige Haltung wird »grenzenlos«, wenn sie in der Sichtweise der ungetrennten Aktivität gründet. Im Kontext der Praxis der Freundlichkeit bedeutet »ungetrennt«, dass wir allen Empfindungen Raum geben und mit Wärme begegnen, egal ob wir ihren Ursprung in uns selbst oder in der Resonanz mit anderen sehen. Und »Aktivität« bedeutet, dass wir aufhören, Situationen lediglich als Konstellationen von Gegenständen und Personen zu betrachten. Wir erleben stattdessen jeden Moment als ein einzigartiges Dharma – als eine Erscheinung im Feld des Geistes.

Stellen wir uns folgendes Beispiel vor: Ich fühle mich von einem Freund betrogen, der ein Versprechen gebrochen hat. Ich trauere um den Verlust der Freundschaft, und weil ich außerdem die Angewohnheit habe, keine Schwäche zeigen zu wollen (Trauer fällt für mich in diese Kategorie), werde ich ärgerlich und beschuldige meinen Freund, dass er mich schlecht behandelt hat. Wie wir in Kapitel 10 besprochen haben, sind emotionale Reaktionen neben der Störung auf der Ebene der Empfindungen von Emotionsbegriffen (Verlust, Betrug), sozialen Skripten (keine Schwäche zeigen) und reaktiven Gewohnheitsmustern (Ärger statt Trauer) strukturiert. Mit anderen Worten: Meine emotionale Reaktion wird in diesem Fall eine ganze Geschichte implizieren, die ich mir selbst oder jemand anderes erzähle, wenn ich über die Situation nachdenke.

Die Praxis der grenzenlosen Freundlichkeit erfordert, dass ich diese Geschichte aufgebe und stattdessen meine Aufmerksamkeit ohne jegliche Interpretation auf die Ebene der Empfindungen richte. *Was spüre ich genau jetzt in meinem Körper?*

Wo in meinem Körper ist das Gefühl zentriert? Wie intensiv sind die Empfindungen? Was immer diese Intensität ist, ich mache es mir jetzt zur Übung, ihr so warmherzig wie möglich Raum zu geben. Wenn ich den Empfindungen, die *in mir* aufgestiegen sind und die ich als den »Betrug« erlebe, mit Wärme begegne, schaue ich automatisch bereits freundlicher auf die gesamte Situation – und das heißt auch auf meinen Freund.

Einige buddhistische Lehrer präsentieren Freundlichkeit als eine Emotion, mit der wir negative Emotionen – insbesondere Ärger – ersetzen sollen. Der Gedanke, dass es moralisch verwerflich ist, überhaupt Ärger zu empfinden, oder dass es unsere Aufgabe ist, Ärger langfristig ganz auszumerzen, ist eine unglückliche Nebenwirkung dieser Sichtweise. Im Grunde ist diese Haltung selbst aggressiv, denn sie will Freundlichkeit erzwingen, wo im Moment etwas anderes ist: nämlich die Empfindungen, die ich »Ärger« nenne. Wenn ich diese Empfindungen stattdessen zulasse – indem ich freundlich zu ihnen bin –, lade ich sie ein, aufzutauchen, eine Weile zu bleiben und sich dann wieder zu verabschieden. Freundlichkeit ist nicht in erster Linie eine Praxis, nett zu anderen zu sein (obwohl ein freundlicherer Umgang mit anderen sehr wahrscheinlich eine der Auswirkungen dieser Praxis ist); es ist eine Praxis, Dharmas offen willkommen zu heißen.

Indem wir immer mehr Dharmas in unsere Praxis der Freundlichkeit einbeziehen, wächst in uns die Erkenntnis, dass alles dazugehört. Je umfassender mit der Zeit diese Praxis des Anerkennens wird, desto mehr können wir allem zustimmen und vielleicht sogar mit Liebe begegnen, inklusive der Schwierigkeiten, weil sie zu unserer Lebendigkeit dazugehören. Und diese Praxis übersetzt sich dann vielleicht in eine Liebe zu unserer eigenen Lebendigkeit – grundlos, einfach nur weil wir lebendig sind. Die Welt und der Andere sind darin eingeschlossen, denn Lebendigkeit ist nicht verschieden von dem, was durch sie geschieht. Das Ergebnis ist eine wachsende Bereitschaft, alles zu akzeptieren, was in unserem Leben geschieht, und mit ihm zu arbeiten.

Ein klassischer Ansatz für diese Praxis besteht darin, ein grenzenloses Gewahrseinsfeld zu erzeugen und warmherzige Akzeptanz in die zehn Richtungen auszustrahlen, sodass sie alle Wesen erreicht. Das ist eine Haltung von Allseitigkeit im fast wörtlichen Sinne. Allseitigkeit bedeutet aber in der Praxis nicht nur, nach allen Seiten hin offen zu sein, sondern auch offen zu sein für alle Erlebnisqualitäten. Es bedeutet, Offenheit zu kultivieren für Leiden, Zerstörung, Gewalt, Tragödie und Scheitern in der Welt genauso wie für Freude und Glück – und für die vielen Erfahrungen, die nicht in diese beiden Lager fallen. Deshalb differenziert die Lehre den grenzenlos freundlichen Geisteszustand in drei weitere Aspekte: Mitleid, Mitfreude und Gleichmut.

Was in dieser Lehre »Mitleid« genannt wird, hat mit unserem gewöhnlichen Verständnis viel gemein, bezeichnet aber auch eine ganz spezifische Übung. Mitleid ist ein Gegenmittel in einer Situation, in der wir mit den Schmerzen anderer in Resonanz stehen und bemerken, dass wir uns gegen diese Resonanz innerlich wehren, weil wir unser eigenes Wohlbefinden nicht unnötig beeinträchtigen wollen. Wenn wir diejenigen, die leiden, dafür anklagen, dass sie uns mit ihrem Leiden Unannehmlichkeiten bereiten, sind wir im Widerstand gegen etwas, mit dem wir bereits in Resonanz stehen. Und paradoxerweise fügen wir damit unserem eigenen Leben zusätzliches Leiden hinzu. Wenn wir uns zum Beispiel über Obdachlosigkeit beklagen, gehen wir in Widerstand zu etwas, das bereits in der Welt und unserem Leben existiert. Uns abzuwenden und so etwas zu sagen wie: »Das geht mich nichts an« kommt einer Betäubung unserer Lebendigkeit gleich und macht uns stumpfer. Wann immer wir unsere Resonanzfähigkeit einschränken, vermindern wir unsere Fähigkeit, offen zu spüren und zu erleben. Mitleid zu praktizieren bedeutet, die Abwehr gegen unliebsame Resonanzen fallen zu lassen. Auf der tiefsten Ebene bedeutet es, uns darauf einzulassen, das Leiden anderer, mit denen wir in Resonanz sind, in der gleichen Weise lindern zu wollen wie unser eigenes.

Mitfreude steht dem Mitleid komplementär gegenüber. Manchmal ist es unproblematisch, mit der Freude oder dem Glück von anderen in Resonanz zu sein. Aber viele Menschen empfinden nicht selten einen gewissen Widerstand dagegen – wenn wir uns zum Beispiel selbst wünschen, so glücklich, erfolgreich oder euphorisch zu sein wie die Person, mit der wir in Resonanz stehen. Wenn diese Gefühle chronisch werden, sprechen wir von Neid. Um unseren neidischen Gefühlen aus dem Weg zu gehen, ziehen wir uns dann vielleicht aus dem Leben anderer immer weiter zurück, und als Folge fangen wir an, unter zunehmender Isolation und Einsamkeit zu leiden. Mitfreude zu praktizieren, bedeutet absichtsvoll mit dem Glück anderer in Resonanz zu treten und unseren Widerstand dagegen aufzugeben. Genauso wie das Mitleid befreit uns die Mitfreude von einem Leiden, dass wir in uns selbst erzeugen, und gleichzeitig befördert es Glück und Wohlbefinden um uns herum. Weil die Welt ungetrennte Aktivität ist, bedeutet »um uns herum« auch »in uns«.

Schließlich kommen wir zum letzten Punkt auf der Liste der *Vier grenzenlosen Geisteszustände*: grenzenloser, entgrenzender Gleichmut. Dem Wortsinn nach beschreibt *Gleichmut* einen Geist, der sich gleich bleibt. Mit anderen Worten: Was immer sein Inhalt ist, der Geist bleibt still und nicht-reaktiv. Wir können Gleichmut als die Bezeichnung für eine der Qualitäten des Gewahrseinsfeldes verstehen. Das Feld bleibt sich in seiner Gastgeberrolle gegenüber den verschiedenen Inhalten gleich. Die Inhalte kommen und gehen, während das Feld inmitten aller möglichen Störungen selbst ungestört bleibt. Wir verwirklichen diesen Geisteszustand, indem wir Reaktivität loslassen. Eine Sichtweise ist, dass wir Gleichmut immer schon besitzen – wir brauchen nur einen Weg zu finden, uns mit ihm zu verbinden. Eine andere Sichtweise ist, dass Gleichmut mit jedem Moment wächst, in dem es uns gelingt, Widerstand oder Anhaftung loszulassen.

Wir können Gleichmut als Ergebnis einer fortdauernden Übung von Freundlichkeit, Mitleid und Mitfreude verstehen. In immer weiter gezogenen Kreisen geben wir unserem Erleben Raum und begegnen ihm mit warmherziger Freundlichkeit – dabei beziehen wir nicht nur unsere eigenen Gefühle, sondern Resonanzen von allen Seiten mit ein. Außerdem schließen wir alle Qualitäten ein und geben, so weit wie möglich, die Unterscheidung zwischen angenehm, unangenehm und neutral auf. Dafür nutzen wir Mitleid und Mitfreude als spezifische Übungen, um die groben und feinen Unterschiede in der Arbeit mit unangenehmen und angenehmen Resonanzen zu untersuchen. Der Geist wird so immer einschließender, und das heißt: weniger begrenzt.

Gleichmut kann aber auch als der Ausgangspunkt verstanden werden. Gleichmut ist die Fähigkeit, Raum zu geben. Und Raumgeben erwächst aus der innigen Vertrautheit mit dem Feld des Geistes, in dem alle möglichen Inhalte auftauchen und verschwinden. Wie so viele buddhistische Lehren beschreibt auch diese Liste einen Kreis. Wir können sie als eine Wendeltreppe zu einem immer grenzenloseren Geist verwenden.

23
Unabhängigkeit und Verbundenheit

In unserem Verständnis von Mitgefühl kann es leicht zu einer Überbetonung von Verbundenheit und Altruismus kommen, während wir die Bedeutung von Unabhängigkeit, Getrenntheit und Selbst in Beziehungen unterschlagen. Der tibetisch-buddhistische Lehrer Chögyam Trungpa hat das gegenüber seinen amerikanischen Schülern als *Idioten-Mitgefühl* (»idiot compassion«) bezeichnet. Mit anderen Worten: Uns selbst zu vernachlässigen oder aufzuopfern, um anderen zu helfen, ist ein falsches Verständnis von Mitgefühl – insbesondere, wenn wir uns das zur Gewohnheit machen.

Andererseits kann dem, was wir für mitfühlendes Handeln halten, auch ein mehr oder weniger subtiler Egoismus zugrunde liegen. Vor allem wenn wir noch keine Praxis von Nicht-Reaktivität haben, sind wir oft geneigt, unsere Resonanz mit dem Leiden anderer genauso abzulehnen wie unsere eigenen schmerzvollen Erfahrungen. Stellen Sie sich eine Person in Ihrem Leben vor, die gerade eine Scheidung durchmacht, an einer psychischen Krankheit leidet oder für ein chronisch krankes Kind sorgen muss. Wenn Sie sich berufen fühlen, in dieser Situation Ratschläge zu erteilen, tun Sie das möglicherweise, weil Sie in sich selbst keinen inneren Raum für die andauernde Resonanz mit dieser Schwierigkeit haben und Sie das

Problem deswegen so schnell wie möglich beseitigen wollen? Oder wenn Sie einem obdachlosen Bettler begegnen, geben Sie dann etwas, um tatsächlich zu helfen, oder um Ihr schlechtes Gewissen zu beschwichtigen, dass es Ihnen finanziell besser geht? Ohne dass wir uns dessen bewusst sein müssen, können wir Großzügigkeit auch dazu benutzen, um unser Selbstbild aufzubessern – und uns unterschwellig vom Leiden anderer zu distanzieren.

Wenn wir anderen helfen, können wir uns selbst nicht aus der Situation herausnehmen. Das Wesen, das ich »Selbst« nenne, ist das Medium, in dem Mitgefühl und mitfühlendes Handeln zur Erscheinung kommt. Allseitigkeit, das Gelöbnis, dem Wohle *aller* Wesen zu dienen, zielt nicht nur darauf, für alle *anderen* Wesen zu sorgen; ich muss auch für mich selbst gut sorgen. Aber vielen buddhistisch Interessierten ist das nicht klar, weil sie sich in der Lehre vom Nicht-Selbst verstrickt haben. Wie können wir eine Praxis von allseitigem Mitgefühl verstehen und gleichzeitig die Lehre vom Nicht-Selbst ernst nehmen?

Wechselseitige Un-Abhängigkeit

Mein amerikanischer Zen-Lehrer spricht in diesem Zusammenhang von »inter-in-dependence«, was ich als »wechselseitige Un-Abhängigkeit« notdürftig ins Deutsche zu übertragen versuche. Diese paradoxe Wortschöpfung versucht, ein verbreitetes Missverständnis des für die buddhistische Lehre so zentralen Begriffs der wechselseitigen Abhängigkeit zu entschärfen. Wechselseitige Abhängigkeit bedeutet, dass nichts beständig mit einer eigenen Essenz existiert; alles ereignet sich vielmehr aus »ungetrennter Aktivität« heraus, aus einem Maschenwerk sich ständig wandelnder, wechselseitig voneinander abhängiger Bedingungen. Wechselseitige Abhängigkeit ist ein Antidot gegen die übliche Sichtweise, nach der die Welt eine Konstellation unabhängiger Dinge ist. Allerdings lässt sich nicht leugnen, dass alles, was aus diesem komplexen Wirkzusammenhang entsteht, gleichzeitig auch eine gewisse zeitlich erstreckte Kontinuität und Integrität – und deshalb Unabhängigkeit – besitzt.

Auch wenn der Buddhismus lehrt, dass es kein beständiges Selbst im Sinne einer unveränderlichen Wesensessenz gibt, leugnet er nicht, dass wir mit einem Selbst beziehungsweise einer Identität in der Welt stehen und handeln. Und jeder Gegenstand, der über einen bestimmten Zeitraum relativ stabil individuiert ist, scheint eine ähnliche Identität zu besitzen. Von »wechselseitiger Un-Abhängigkeit« statt »wechselseitiger Abhängigkeit« zu sprechen, versucht diese Komplexität begrifflich zu fassen; aber wie praktizieren wir das in unserem alltäglichen Leben? Und wie können wir dadurch unsere Mitgefühlspraxis weiterentwickeln?

Es ist nützlich, zwei komplementäre geistige Haltungen zu unterscheiden, mit denen Menschen ihre Beziehungen führen. Nennen wir sie »verbindlich« und »unabhängig«. Viele Menschen ziehen – oft unbewusst – eine der beiden Haltungen vor und wehren die andere ab. Daraus entwickelt sich dann ein entweder verbindlicher oder unabhängiger Beziehungsstil.[127] Unser jeweiliger Stil zeigt sich in unserem Privat- und Berufsleben und überall in unserem alltäglichen zwischenmenschlichen Handeln.

Menschen mit einem verbindlichen Stil haben eine erhöhte Sensibilität für die Bedürfnisse anderer. Für sie haben Beziehungen Vorrang, und sie legen großen Wert darauf, andere zu unterstützen und für sie da zu sein. In seiner gesunden Äußerungsform basiert dieser Stil auf dem Gewahrsein, dass alles wechselseitig voneinander abhängig ist, und auf der Bereitschaft, mit der eigenen Umgebung in ständiger Resonanz zu stehen. Die neurotische Spielart des verbindlichen Stils äußert sich in einer Tendenz zur Konfliktvermeidung und der Schwierigkeit, Grenzen zu setzen.

Unbewusst sind Menschen mit einem verbindlichen Stil oft bereit, ihre Bedürfnisse, ihre Ideen oder sogar ihre Integrität zu opfern, um Beziehungen so konfliktfrei wie möglich zu halten, und im Austausch dafür vielleicht Wertschätzung und Sicherheit zu erhalten. Subjektiv fühlt sich das vielleicht wie eine Praxis von Mitgefühl an, aber oft ist es einfach nur die spiritualisierte Interpretation des eigenen psychologisch einseitigen Persönlichkeitsstils. Unser Stil hat immer auch einen Preis. Beim verbindlichen Stil ist es oft Verärgerung oder Verbitterung darüber, dass andere sich nicht mit der gleichen Aufmerksamkeit und Fürsorge kümmern, die wir selbst in Beziehungen investieren. Wenn wir ehrlich mit uns selbst sind, stellen wir irgendwann fest: Der untergründige Hang, uns zu beklagen und uns als Opfer zu fühlen, ist nicht wirklich nährend und letztlich leiderzeugend. Es gibt aber ein einfaches Gegenmittel: Wir können lernen, »angemessen egoistisch« zu sein. Das heißt konkret: Wir finden Gelegenheiten, Nein zu sagen und unsere Bedürfnisse anzumelden, und wir experimentieren damit, wie es sich anfühlt, zurückgewiesen zu werden.

Das Wort *egoistisch* scheint nicht mit der buddhistischen Lehre vom Nicht-Selbst zusammenzupassen. Deswegen spreche ich von »*angemessen* egoistisch«. Damit ist gemeint, dass wir so gut für uns selbst sorgen, dass wir von anderen nicht erwarten, anders zu sein als sie sind. Ein solcher Egoismus ist nicht aggressiv selbstbezogen, sondern sogar das Gegenteil von Aggression. Mit anderen Worten: Wir bringen unsere Bedürfnisse und Ideen deutlich genug zum Ausdruck, um gehört zu werden, und wir ziehen die nötigen Grenzen, um uns vor Schaden zu bewahren. Natürlich riskieren wir auch etwas, wenn wir uns so verhalten. Wenn wir Meinungsverschiedenheiten nicht verbergen und bereit sind, Konflikte zu führen, wird anderen die Beziehung vielleicht zu anstrengend. Obwohl das ein Risiko ist, gewinnen wir auch viel: Wenn wir aufhören, unsere Integrität zu opfern und eine Fassade von Harmonie aufrechtzuerhalten, sammeln sich weniger Beschwerden und Ressentiments bei uns an. Das Wichtigste aber ist, dass wir uns freier fühlen und jetzt mit unserer ganzen Lebendigkeit in der Beziehung stehen. Unsere jeweiligen Beziehungspartner stellt das auf die Probe; sie müssen jetzt mit uns als ganzer Person klarkommen und nicht nur mit unserer Schokoladenseite.

Das, was der verbindliche Persönlichkeitsstil in seiner neurotischen Spielart um scheinbar jeden Preis zu vermeiden versucht, ist die Grundlage des unabhängigen Stils: Das Bewusstsein, dass wir mit unserer Erfahrung existenziell allein sind und dass wir trotz unserer wechselseitigen Abhängigkeit von allem und jedem für unser eigenes Handeln Verantwortung tragen. Andere bezahlen meine Rechnungen nicht, sind nicht für die Erziehung meiner Kinder verantwortlich und gehen nicht für mich aufs Klo. Ich muss all diese Dinge selbst tun, um mein Leben zu leben. Jedes Lebewesen muss ein Mindestmaß an Integrität bewahren, wenn es überleben und gedeihen will. Um in der Welt bestehen zu können, müssen wir Grenzen setzen, Bedürfnisse anmelden und lernen, auf eigenen Beinen zu stehen. Wir können anderen nicht wirklich helfen, wenn wir nicht in der Lage sind, zuverlässig für uns selbst zu sorgen.

Suzuki Roshi sagte: »Es sollte keine Unterscheidung zwischen euren Aktivitäten geben. Eure Haltung sollte dieselbe sein, ob ihr etwas für euch selbst tut oder für andere. … Wenn ihr die richtige Haltung habt, dann helft ihr, wenn ihr für euch selbst sorgt, auch anderen und umgekehrt.«[128]

Die neurotische Äußerungsform des unabhängigen Stils zeigt sich in einem Verlust von Verbindung. Wenn wir die Bedürfnisse und Meinungen anderer als unwillkommene Eindringlinge in die Blase unserer eigenen Existenz betrachten, fühlen wir uns am Ende isoliert und einsam. Wir laufen Gefahr, uns von der Resonanz mit anderen abzuschneiden – natürlich nur, um uns vor Gefühlen zu schützen, die wir nicht fühlen wollen. Untergründig haben wir dann vielleicht das beunruhigende Gefühl, dass niemand wirklich für uns da ist und wir alles allein machen müssen. Unser Selbstschutz und unsere Unnahbarkeit werden von anderen leicht als fehlende Sensibilität und Rücksichtslosigkeit verstanden, was den Teufelskreis fehlender Verbundenheit nur weiter anheizt.

Beide Stile – verbindlich und unabhängig – helfen uns, Gefühle zu vermeiden, von denen wir meinen, dass wir sie nicht aushalten können. Unser Verhalten wurzelt meist in den Beziehungen, die uns als Kinder geformt haben. Und obwohl der von uns entwickelte Stil in unserer Kindheit einen essenziellen Beitrag zu unserem Überleben und unserer Entwicklung geleistet hat, finden wir später als Erwachsene heraus, wie begrenzend und leiderzeugend es sein kann, wenn wir auf bestimmte Verhaltensmuster festlegt sind. Der verbindliche Stil versucht, die Intensitäten zu vermeiden, die mit Unabhängigkeit und Selbstinteresse einhergehen, während der unabhängige Stil versucht, die Intensitäten zu vermeiden, die sich einstellen, wenn wir uns verbunden fühlen oder von anderen abhängig sind.

Die Fähigkeit, die Haltungen von Verbundenheit und Unabhängigkeit je nach Situation flexibel einnehmen zu können, beruht auf der Praxis des Loslassens von Reaktivität. Unser neues Verständnis, dass wir in Beziehungen immer gleichzeitig abhängig und unabhängig sind, unterstützt diese Flexibilität. Und dadurch eröffnen sich neue Möglichkeiten, Mitgefühl zu praktizieren. Wenn wir Verbundenheit in den Vordergrund stellen – also wenn wir bereit sind, anderen zu helfen und ihre Bedürfnisse über unsere eigenen zu stellen –, können wir ein Gefühl dafür behalten, wann wir Nein sagen sollten und wo wir Grenzen ziehen müssen, um nicht in einen Erschöpfungszustand zu geraten. Beziehungen profitieren eigentlich immer davon, wenn alle Beteiligten in der Lage und bereit sind, ausreichend für sich selbst zu sorgen. Wenn hingegen die unabhängige Haltung im Vordergrund steht – also wenn wir gegensätzliche Interessen aushandeln oder uns in einem Konflikt befinden – ist es gut, im Hintergrund eine Herzensverbindung aufrechtzuerhalten. Nicht, weil wir uns moralisch dazu verpflichtet fühlen, sondern weil wir verstehen, dass wir höchstwahrscheinlich nur deswegen im Konflikt sind, weil beiden Parteien die Beziehung so wichtig ist. Wir würden sonst doch einfach auseinandergehen.

Wenn ein Gespräch Differenzen zutage fördert, hilft es mir, beim Sprechen eine unsichtbare Linie zwischen meinem Herzen und dem Herzen der anderen Person zu ziehen. Das ist eine Möglichkeit, wie ich die im Hintergrund existierende Verbundenheit spürbar halten kann, während mir im Vordergrund die Differenzen um die Ohren fliegen.

So sehr wir uns auch darum bemühen mögen, wir können uns von den Resonanzen mit anderen nicht vollständig abschotten; andere werden unser Leben immer beeinflussen. Und egal, wie sehr wir uns wünschen, mit anderen zu verschmelzen, wir können nie unsere eigenen Bedürfnisse loswerden. Wenn wir uns von unserem Altruismus in die Erschöpfung treiben lassen, stellen sich wahrscheinlich irgendwann Unmut und Verärgerung ein – oder wenn wir diese Zeichen unbeachtet lassen, kann sich unser Stress und unsere Erschöpfung schließlich in körperlichen Symptomen zeigen. Wenn es uns andererseits in unserem Engagement für andere und unseren ganz normalen zwischenmenschlichen Beziehungen hauptsächlich um uns selbst geht, werden wir uns letztlich nie richtig verbunden fühlen, auch wenn wir von vielen Menschen umgeben sind.

Im praktischen Leben müssen wir uns von Situation zu Situation entscheiden, ob wir die verbindliche oder die unabhängige Haltung in den Vordergrund stellen wollen, während die jeweils komplementäre Haltung allenfalls im Hintergrund präsent bleiben kann. Aber in unserer Spürenswirklichkeit muss es diesen Dualismus so nicht geben. Ich will noch einmal das Tetralemma (siehe Seite 298 bis 306) heranziehen, um diese subtilere Dimension unserer Erfahrung zu beleuchten.

Das innige Verhältnis von Selbst und Welt

In unserer bisherigen Betrachtung haben wir Verbundenheit (oder wechselseitige Abhängigkeit) und Unabhängigkeit (oder Getrenntheit) als Gegensatz betrachtet. In der Struktur des Tetralemmas nehmen sie die ersten beiden Positionen ein: Sie sind »das Eine« und »das Andere«, wobei diese Positionen natürlich austauschbar sind. Der Begriff der »wechselseitigen Un-Abhängigkeit« überschreitet diesen Gegensatz; er stellt die *Beides*-Position dar. Wenn Verbundenheit im Vordergrund steht, halten wir Unabhängigkeit im Hintergrund präsent und umgekehrt.

In einem nächsten Schritt können wir jetzt fragen: Was hat eigentlich ursprünglich dazu geführt, dass sich Getrenntheit und Verbundenheit in Form von unvereinbaren Beziehungsstilen gegenüberstanden? Das ist die immer etwas Verwirrung stiftende *Keines-von-beiden*-Position. In ihr sind wir aufgefordert zu erspüren, was es bedeutet, weder verbunden noch getrennt zu sein – nicht eins und nicht zwei. Wir können die Frage auch so formulieren: In was für einem Raum befinden wir uns, bevor das Dilemma zwischen Sich-getrennt-Fühlen und Sich-verbunden-Fühlen auf den Plan tritt?

Wenn wir diese Frage ernsthaft beantworten wollen, dürfen wir uns nicht darauf beschränken, nur das logische Schema zu durchdenken, sondern wir müssen diesen Raum in der Erfahrung erforschen. Dafür brauchen wir die Zazen-Meditation – die Verkörperung von Stille, Nicht-Reaktivität und Nicht-Denken. Ist der vom Zazen eröffnete Raum, bevor er durch Bewegung, Reaktivität und Denken strukturiert wird, getrennt oder verbunden? Gibt es in ihm überhaupt einen Grund, diese Frage zu stellen? In was für einem Raum befinden wir uns – was für ein Raum *sind* wir –, wenn wir diese Frage fallen lassen?

Stellen Sie sich Ihre Zazen-Meditation als ein weißes Blatt Papier mit einem schwarzen Kreis vor. Der Kreis kann für die Haut als Grenze des Körpers oder für jegliche »reaktive Grenze« stehen. Damit meine ich Widerständigkeiten aller Art, zum Beispiel wenn wir mit einem einfachen »Ich mag das nicht« oder »Tu das bitte nicht« Dinge oder Verhalten abwehren. Die Grenze trifft eine Unterscheidung zwischen zwei Bereichen: Innen und Außen, Selbst und Welt. Wenn wir unser Augenmerk auf die trennende Funktion der Grenze legen, denken wir uns Verbindung vielleicht als den kommunikativen Austausch zwischen einem Selbst und seiner Umgebung. Aber bei näherer Betrachtung können wir bemerken, dass Verbindung nicht nur dann entsteht, wenn etwas die Grenze überschreitet (Essen, Luft, Photonen, Sinneseindrücke, Aufmerksamkeit, Worte); *die Grenze selbst* trennt und verbindet zur gleichen Zeit. Die Existenz der Haut ist eine Voraussetzung dafür, dass ich mit der Welt in Berührung sein kann. Ohne eine Grenze gäbe es weder eine Welt noch ein Selbst, weder Getrenntheit noch Verbundenheit – nur ein weißes Blatt Papier.

Das weiße Papier ist interessant. Wir übersehen es leicht, weil der Kreis und der von ihm erzeugte Beziehungsraum unsere Aufmerksamkeit in Bann ziehen. Die Trennung von Innen und Außen und der kommunikative Austausch zwischen den beiden Bereichen übt eine Faszination aus. Wir bemerken dabei kaum, dass wir dem Raum zunächst eine Grenze einschreiben müssen, um das Drama von Getrenntheit und Verbundenheit in Gang zu setzen. Ist es möglich, dasjenige, was vom weißen Blatt repräsentiert wird, konkret zu erleben? – den ungetrennten Raum, bevor eine unterscheidende Grenze gezogen wird? Ich nenne diesen Raum »innig-vertraut«.

Innige Vertrautheit heißt: Selbst und Welt sind eine ungetrennte Aktivität. Wenn wir auf das schauen, was vor unseren Augen gerade im Hier und Jetzt passiert, können wir erkennen, dass alles, was erscheint, im Feld unseres eigenen Geistes erscheint. Wenn wir unseren Körper spüren, können wir erkennen, dass das, was wir empfinden, immer schon eine Resonanz mit der Welt in den zehn Richtungen ist. Wenn ich und du in einer Beziehung sind, erscheinst du in meinem Körper-Geist und ich erscheine in deinem Körper-Geist.

An früherer Stelle habe ich die Praxis der Freundlichkeit als warmherziges Raumgeben definiert. Innig-Vertrautsein geht einen Schritt weiter: Wir werden uns in ihm bewusst, dass wir der Raum *sind*, den wir jeder Erscheinung geben. Alles, was erscheint – ob das nun ein anderer Mensch oder ein nichtmenschliches Wesen ist, eine Situation oder ein Objekt – ist Ausdruck dieses Raums, Ausdruck unseres eigenen Gewahrseinsfeldes. Aber durch den üblichen Sprachgebrauch, der uns dazu verleitet, hier von »*unserem* Gewahrsein« zu sprechen, entsteht ein falsches Bild. Das Gewahrseinsfeld, in dem die Welt erscheint, ist nicht im Besitz des Selbst – und doch ist es uns näher als unsere eigene Haut.

Es ist erst in einem zweiten Schritt – auf der Verhaltensebene –, dass wir eine Wahl treffen müssen, ob wir etwas befürworten oder bekämpfen wollen – oder ob wir es uns ersparen können, eine Position einzunehmen. Dieser zweite Schritt ist das, was ich an früherer Stelle »Teilnahme« genannt habe. Ein Bewusstsein von der Innigkeit unseres Weltverhältnisses hat einen tiefen Einfluss auf den Charakter unseres Teilnehmens. Wenn wir uns für das, was erscheint, nicht öffnen können oder wollen, stecken wir in Abwehr fest. Wenn unser Teilnehmen hingegen in inniger Vertrautheit wurzelt, wird es zu einem Ausdruck unserer gesamten Lebendigkeit.

Die Kraft dieses Innig-Vertrautseins liegt darin, dass es unsere Handlungen im Hintergrund als eine vitale Präsenz durchziehen und informieren kann. Zum Beispiel erlaubt es uns, Mitgefühl selbst mit Verbrechern und Kriminellen zu empfinden, auch wenn wir auf der Verhaltensebene ihre Straftaten zutiefst ablehnen. Und es erlaubt uns, mit dem Schicksal von Opfern von Krieg, Unterdrückung und Diskriminierung mitzuschwingen, auch wenn es uns unmöglich ist, sie hier und jetzt von ihrem Schicksal zu befreien. Inmitten eines Gefühls von Ohnmacht angesichts des Leidens hilft uns dieses innige Weltverhältnis, unser Herz offen zu halten; und auch wenn uns zu diesem Zeitpunkt die Hände gebunden sind, bleibt in uns trotzdem die grundsätzliche Bereitschaft zum Handeln lebendig. Die Innigkeit mit der Welt macht uns auch frei: Aus ihr erwächst Spontaneität, der Mut – wenn nötig –, einen Kurswechsel vorzunehmen, und die Freiheit, uns nicht in Vorurteilen und rigiden moralischen Normen festzufahren.

Und diesem letzten Punkt – der Frage nach der Moralität und ethischen Verantwortlichkeit unseres Handelns – wenden wir uns jetzt als Thema des nächsten Kapitels zu.

24

Ethik als Ausdruck von Lebendigkeit

Die zen-buddhistische Ethik wurzelt in den sogenannten *Sechzehn Bodhisattva-Gelöbnissen.* Auf den ersten Blick sieht diese Liste von Gelöbnissen wie eine Auflistung einfacher Regeln aus – von Geboten und Verboten. Wenn man sie so betrachtet, schmecken sie nach religiösem Moralismus oder nach einer Form von sozialer Kontrolle, wie wir sie im Zusammenhang mit dem Gebrauch von Ritualen diskutiert haben. Nur wenn die Gelöbnisse eine Erforschung und ein Ausdruck unserer eigenen Lebendigkeit werden, können sie ein wertvolles Werkzeug für die Entwicklung unserer ethischen Lebensführung werden.

Ein Wendepunkt in meiner eigenen Praxis der Gelöbnisse war folgende Erkenntnis: Wenn ich die Gelöbnisse breche, verliere ich Energie; wenn ich sie einhalte, gewinne ich Energie. Das Einhalten der Gelöbnisse schafft die Bedingungen dafür, dass sich ein freundlicher, mitfühlender Geist entwickeln kann. Und sobald dieser Geist etabliert ist, hält er die Gelöbnisse automatisch und spontan ein. Die Gelöbnisse sind also einerseits eine *Anleitung* zur Kultivierung von Mitgefühl und andererseits eine Beschreibung, wie sich Mitgefühl in einer gelebten Beziehung konkret äußert.

Die *Sechzehn Bodhisattva-Gelöbnisse* werden traditionell in drei Gruppen aufgelistet:

Die dreifache Zufluchtnahme

Ich nehme Zuflucht zum Buddha.
Ich nehme Zuflucht zum Dharma.
Ich nehme Zuflucht zur Sangha.

Die drei reinigenden Gelöbnisse

Ich gelobe, Gutes zu tun.
(Ich gelobe, heilsames Handeln zu fördern.)
Ich gelobe, keinen Schaden zu verursachen.
(Ich gelobe, unheilsames Handeln zu unterlassen.)
Ich gelobe, zum Wohle aller Wesen zu leben.
(Ich gelobe, den Geist zu reinigen.)

Die zehn untersagenden Gelöbnisse

Ich gelobe, nicht zu töten.
Ich gelobe, nicht zu nehmen, was nicht gegeben wurde.
Ich gelobe, andere nicht durch mein sexuelles Verhalten zu verletzen.
Ich gelobe, nicht zu lügen.
Ich gelobe, die Klarheit von Körper und Geist nicht zu trüben.
Ich gelobe, nicht über die Fehler anderer zu sprechen.
Ich gelobe, mich selbst nicht über andere zu erheben.
Ich gelobe, anderen nichts aus Habgier vorzuenthalten.
Ich gelobe, keine Feindseligkeiten aufrechtzuerhalten.
Ich gelobe, die drei Juwelen nicht zu missbrauchen.

Mit diesen Gelöbnissen steht uns ein Werkzeug zur Verfügung, um unsere Lebendigkeit zu untersuchen, wie sie sich in der Polarität zwischen dem Selbst und der Welt, Ich und Du ereignet. Es ist völlig unvermeidbar, dass wir dabei mit allen möglichen ethischen Dilemmas konfrontiert werden.

Der Zweck jeder Ethik ist es, uns beim Navigieren von Richtig und Falsch beziehungsweise Gut und Böse behilflich zu sein. Im Gegensatz zu einem moralischen Absolutismus, der davon ausgeht, dass Werte und Normen in Gottes Wort oder der universalen menschlichen Vernunft wurzeln, behandeln die Gelöbnisse Gut und Böse nicht als fest definierte Größen. Was in einem bestimmten Kontext oder zu einer bestimmten Zeit gut ist, kann in einem anderen Kontext oder zu einer anderen Zeit schlecht sein und umgekehrt. Alles hängt von den Umständen und der Perspektive ab. Aber wie können wir dann überhaupt Orientierungshilfe für unser Verhalten bekommen, wenn es keine universell verlässlichen Kriterien gibt, die sich auf jede Situation anwenden lassen? Statt uns im Vorhinein zu erklären, was gut und böse ist, fordern uns die Gelöbnisse auf, uns tief genug auf jede Situation einzulassen, sodass sich eine angemessene Antwort in uns bilden kann – eine Antwort, die der Absicht entspringt, von ganzem Herzen Gutes tun zu wollen und Schaden zu vermeiden. Damit sich eine solche von Moment zu Moment verlässliche moralische Spontaneität entwickeln kann, müssen wir für uns selbst herausfinden, dass wir uns tatsächlich nur dann wirklich lebendig fühlen, wenn wir Gutes tun und es unterlassen, Schaden zu verursachen. Die Begriffe und Übungen, die wir bisher erkundet haben – Resonanz, wechselseitige Einleibung, Allseitigkeit und Teilnahme – können dabei behilflich sein. Und doch verbleibt in jeder Handlung eine gewisse Unsicherheit. Wir können nie im Voraus Gewissheit haben, ob unser Handeln tatsächlich Gutes bewirkt. Aber wir können von ganzem Herzen unser Bestes tun, dass sich unsere guten Absichten tatsächlich auch verwirklichen.

Wenn wir anfangen zu untersuchen, was im gelebten Leben von Moment zu Moment Schaden verursacht und Nutzen bringt, finden wir heraus, wie komplex und subtil alles ist. Mit unserer Tendenz zu moralisieren oder uns am Buchstaben des Gesetzes festzuklammern, kommen wir hier nicht weit. Tatsächlich kann ein überzogener Moralismus zum Schaden beitragen, den wir anrichten. Im Zen sagen wir: »Die Gelöbnisse strikt einzuhalten, bedeutet sie zu brechen.« Dieses Paradoxon stellt uns keine Lizenz für moralisches Fehlverhalten aus, sondern verweist vielmehr auf die Tatsache, dass eine gelebte Ethik die buchstabengetreue Auslegung jedweder moralischen Regel überschreiten und ihre Quelle in einer tieferen Spürenswirklichkeit finden muss. Die Regeln sind wichtig, aber wir verleihen ihnen keine ultimative Autorität über uns.

Buddha, Dharma und Sangha

In der buddhistischen Tradition werden Buddha, Dharma und Sangha als die »Drei Juwelen« bezeichnet. Die Sechzehn Gelöbnisse beschreiben einen Kreis: Sie beginnen mit dem Versprechen, Zuflucht zu den drei Juwelen zu nehmen und sie enden mit dem Gelöbnis, dieses Versprechen nicht zu brechen. Die drei Juwelen verweisen auf zentrale Aspekte des spirituellen Weges: Wir erlauben dem historischen Buddha und allen, die nachfolgend zur Weisheit der Befreiung vom Leiden beigetragen haben, uns als Beispiel zu dienen. Wir lassen uns von der Lehre, dem Dharma, anleiten; und wir praktizieren innerhalb der Sangha, der Gemeinschaft aller, die nach einem Weg suchen, Freiheit, Weisheit und Mitgefühl in ihrem Leben zu verwirklichen. Auf einer tieferen Ebene nehmen wir, wenn wir Zuflucht zu den drei Juwelen nehmen, Zuflucht zur Wirklichkeit. Die Wirklichkeit entzieht sich. Wir können sie nicht abstrakt und begrifflich fassen, aber wir sind in, mit und durch sie am Leben. Und unser Leben ist dann wirklich lebendig, wenn wir geloben, uns selbst und andere vom Leiden zu befreien (Buddha), zu erkennen, wie die Dinge wirklich existieren (Dharma), und auf eine Art und Weise an der Wirklichkeit teilzunehmen, die dem Wohle aller Wesen dient (Sangha).

Als konkrete Übung bedeutet Zuflucht zum Buddha zu nehmen, dass wir mit dem Feld des Geistes verbunden bleiben; Zuflucht zum Dharma, dass wir lernen, die Welt als ungetrennte Aktivität zu sehen; und Zuflucht zur Sangha, dass wir unser Leben aus der innigen Verbundenheit zwischen Selbst und Welt, Ich und Du heraus leben. In-Beziehung-Sein ist ein alltägliches Mysterium: Du bist mit mir in Resonanz (du erscheinst in meinem Körper-Geist), und ich bin mit dir in Resonanz (ich erscheine in deinem Körper-Geist). Inniger verbunden geht es nicht. Die Gelöbnisse handeln davon, wie man diese tiefe wechselseitige Verbundenheit konkret leben soll.

Den Geist reinigen

In der obigen Liste habe ich zwei verschiedene von der Tradition überlieferte Formulierungen der drei reinigenden Gelöbnisse vorgestellt. Ich finde das Wort *heilsam* interessant, weil es den Vorgang des Heilwerdens impliziert. Etwas wird heil, wenn es wieder ganz wird. Im Buddhismus lässt sich das Gute vielleicht am besten über den Begriff des Ganzen verstehen. Eine Handlung ist tendenziell gut und von Nutzen, wenn sie das Ganze im Blick hat. Wenn sie sich aber aus einer Identifikation mit nur einem der Teile speist, läuft sie Gefahr, Schaden anzurichten. Aus der Warte der Ungetrenntheit aller Dinge und Aktivitäten können wir erkennen, dass nicht nur die Teile ungetrennt sind, sondern auch das Ganze und die Teile sind ungetrennt. Das Ganze ist in Wirklichkeit selbst nur einer der Teile. Das Ganze drückt sich in den Polaritäten von Selbst und Welt und von Getrenntheit und Verbundenheit aus. Wenn wir diese Polaritäten als ursprünglich ungetrennt betrachten, vermeiden wir die falsche Vorstellung, dass wir den anderen loswerden oder ausbeuten können, ohne selbst einen empfindlichen Preis dafür zu bezahlen. Wir dürfen also keinen Teil über das Ganze stellen, aber genauso wenig dürfen wir das Ganze über einen seiner Teile stellen.

Das Wort *reinigen* klingt wie eine Ermahnung, uns von sündhaften Angewohnheiten und bösen Neigungen zu befreien. Ich interpretiere es hier stattdessen als Aufforderung, die grundlegende Tätigkeit des Bewusstseins zu untersuchen: das Unterscheiden. Das Bewusstsein unterscheidet und verdinglicht seine Unterscheidungen. Es entzweit das Selbst von der Welt und anderen Menschen, dieses von jenem und das Ganze von seinen Teilen. Es entzweit sogar uns selbst von uns selbst: den Geist vom Körper, den Beobachter von den Empfindungen, den inneren Kritiker von den Gewohnheitsmustern. Den Geist reinigen bedeutet, einen Weg zu finden, mit diesem Entzweien aufzuhören.

Unheilsames Handeln unterlassen

Die zehn untersagenden Gelöbnisse formulieren zehn Arten und Weisen, in denen wir aufhören können, Trennung zu erzeugen. Es sind zehn Arten und Weisen, unheilsames Handeln zu unterlassen. Ich finde es hilfreich, die Gelöbnisse auf drei verschiedenen Ebenen zu praktizieren: (1) als Wachsamkeit gegenüber Selbstzentriertheit, (2) als wechselseitige Un-Abhängigkeit, das heißt als Ausbalancieren meiner Bedürfnisse mit den Bedürfnissen anderer, und (3) als Praxis inniger Vertrautheit mit der Welt von Moment zu Moment.

Nehmen wir das erste der untersagenden Gelöbnisse, das Gelöbnis, nicht zu töten, als Beispiel, um diese drei Ebenen zu untersuchen.

Wachsamkeit gegenüber Selbstzentriertheit

Mit dem Gelöbnis, nicht zu töten, versprechen wir, einem anderen Lebewesen nicht aus egoistischen Gründen das Leben zu rauben. Vergleichsweise wenige Menschen haben tatsächlich einen anderen Menschen umgebracht, aber viele dürften schon einmal den Gedanken daran gehabt haben. Und wer hat nicht schon mal genervt eine Fliege oder aus Ekel eine Spinne getötet? Das Gelöbnis abzulegen, nicht zu töten, bedeutet herauszufinden, dass jede und jeder Einzelne von uns die Samen von Hass und Gewalt in sich trägt – und dass wir besser daran tun, diese Saat nicht aufgehen zu lassen.

Wechselseitige Un-Abhängigkeit: Bedürfnisse ausbalancieren

Je genauer und tiefer wir die Haltung des Nicht-Tötens erforschen, desto klarer wird, dass wir schlicht nicht überleben können, ohne zu töten. Sich der vollen Tragweite dieser einfachen existenziellen Wahrheit bewusst zu werden, kann ziemlich erschütternd sein. Um am Leben zu bleiben, müssen wir uns ernähren und unser Leben gegebenenfalls verteidigen. Fast jede Form der Nahrungsaufnahme impliziert einen Tötungsakt. Niemand kann seine Hände in totaler Unschuld waschen, aber wir haben eine Wahl, wo wir die Grenze ziehen. Alan Watts wird mit dem Satz zitiert: »Ich bin Vegetarier, weil Kühe lauter schreien als Karotten.«

Das Töten ist natürlich kein rein menschliches Phänomen; fast alle Lebewesen töten anderes Leben, um zu überleben. Man könnte einwenden, dass zum Beispiel Bienen eine Ausnahme sind. Bienenvölker sind aber durchaus wehrhaft und können andere Tiere, die in den Bienenstock eindringen, durch ihre Stiche umbringen. Und wie steht es mit Pflanzen? Abgesehen von der Tatsache, dass es fleischfressende Arten gibt, wetteifern Pflanzen um das Sonnenlicht und können einander so die Lebensgrundlage entziehen. Tiere und Menschen haben außerdem ein Immunsystem, das in ständiger Bereitschaft steht, Bakterien und Viren abzutöten. Hörte das Immunsystem mit dem Töten auf, würden wir sofort sterben. Wir können also nicht behaupten, dass Töten immer schädlich, schlecht oder böse ist und kategorisch vermieden werden kann.

Obwohl ein bestimmtes Maß an Töten für die Selbsterhaltung notwendig ist und deshalb als »gut« angesehen werden muss, kann das Töten egoistische, selbstzentrierte Züge annehmen. Das wird in unserer Zeit besonders dort augenfällig, wo unser kollektives menschliches Verhalten zum Aussterben ganzer Arten führt und ökologische Netzwerke bedroht, von denen alle Lebensformen abhängen. Die moderne Landwirtschaft hat zum Beispiel über Jahrzehnte von Pestiziden Gebrauch gemacht, um Ernteerträge zu steigern. Und als unbeabsichtigte Nebenfolge hat diese kompromisslose Konzentration auf unsere menschlichen Bedürfnisse und Begierden inzwischen zu einem solch enormen Massensterben von Bestäuberinsekten geführt, dass Landwirtschaft, wenn dieser Prozess fortschreitet, langfristig in der gegenwärtigen Form vielleicht gar nicht mehr möglich sein wird. Das Problem zeigt uns, wie groß unsere Abhängigkeit vom Reich der Insekten ist. Das Massensterben von Korallen aufgrund der Übersäuerung und Vergiftung der Meere ist ein vergleichbares Problem; es wurzelt in unserer Abhängigkeit von fossilen Brennstoffen und bedroht das ökologische Gleichgewicht der Ozeane, von dem das Überleben von Millionen von Menschen und unzähligen Meerestieren abhängt. Artenvielfalt ist nicht nur die Grundlage für das menschliche Leben, sondern für das Leben aller Organismen – das ist das Prinzip der wechselseitigen Un-Abhängigkeit. Zu unserem Gelöbnis, nicht zu töten, gehört deshalb heutzutage der Schutz der Artenvielfalt unweigerlich dazu.

Was bedeutet das für meinen persönlichen Alltag? Für mich geht es darum, wachsam zu beobachten, wann der Selbsterhaltungstrieb meines Körpers (oder das Anliegen meiner Gesellschaft oder sozialen Gruppe, sich zu behaupten) zu unnötigem Sterben von Menschen und anderen Lebensformen führt. Das betrifft Militär- und Polizeieinsätze, Waffenbesitz, den gesellschaftlichen Umgang mit Tieren, den Einsatz von Giften in der Landwirtschaft und auch meine eigene Ernährung. Der Buddhismus plädiert nicht für Selbstaufopferung oder Selbstverleugnung, er fordert uns vielmehr auf zu untersuchen, wie ein Verzicht auf Hass, Territorialismus, Rassismus, Kontrolle, Rache, Profit und Lustbefriedigung unser Gefühl von Lebendigkeit letztlich nicht mindert, sondern steigern kann.

Um die Möglichkeit zu erwägen, selbst für das Akzeptanz zu entwickeln, was uns bedroht oder Unannehmlichkeiten bereitet, müssen wir uns die nächste und tiefere Ebene der Gelöbnisse anschauen: unsere immer schon bestehende innige Verbundenheit mit der Tatsächlichkeit der Welt.

Ein inniges Weltverhältnis praktizieren

Mit »inniger Vertrautheit« oder »inniger Verbundenheit« bezeichne ich eine geistige Haltung, in der wir die Unterscheidung zwischen Selbst und Welt entspannen. Aber wir landen dann leicht in einer Paradoxie: Entspannung wird umso schwieriger, je mehr man sich anstrengt, sie zu erlangen. Sich zu sehr anstrengen bedeutet in diesem Zusammenhang so viel wie sich einen allumfassenden Erlösungszustand herbeizuwünschen, in dem sich jegliche Getrenntheit oder Störung auf wundersame Weise in Wohlgefallen auflöst.

Während der zwanzig Jahre, die ich in einem Zen-Kloster in den Bergen Colorados verbrachte, musste ich lernen, mit einer jährlichen sommerlichen Mückenplage zurechtzukommen, die sechs bis acht Wochen dauerte und oft so schlimm war, dass ich mich überhaupt nicht draußen aufhalten wollte. Natürlich ließen sich die Mücken auch nicht ganz aus der Meditationshalle fernhalten. Allein wegen der Hitze und dem Schweiß unter meinen Roben war es nicht einfach, standhaft der Anweisung zu folgen, mich nicht zu bewegen. Aber jetzt hatte ich während jeder Meditationsperiode noch zusätzlich die Gelegenheit, minutiös mitzuverfolgen, wie es sich anfühlte, wenn Mücken sich meinen kahl rasierten Kopf als Landeplatz aussuchten.

Innig mit der Mücke vertraut sein hieß in dieser Situation, dem hochfrequenten Summen ihres lang gezogenen, meinen Schädel umkreisenden Anflugs beizuwohnen – bsss! – ein Landeversuch im Nacken, ein Landeversuch auf dem Ohr, dann auf dem Scheitel, ihr krabbelndes Suchen nach der richtigen Bohrstelle, dann eine Pause – und schließlich der Stich ihres Rüssels, ununterscheidbar vom Brennen, das ihr eingespritzter Speichel verursacht. Mir ist klar, dass sie das Gerinnen meines Blutes verhindern muss; sie braucht es für die Produktion ihrer Eier. Nach einer gefühlten Ewigkeit hebt sie endlich wieder ab. Die Summfrequenz ist hörbar tiefer; das muss daran liegen, dass ihr Tank jetzt voll ist. Ihr Stich hinterlässt bei mir einen Juckreiz, der nur darauf wartet, gekratzt zu werden. Mein Immunsystem hat seit Kindheitstagen immer schon ziemlich stark auf Mückenstiche reagiert. Mit der Mücke vertraut sein bedeutet nicht, dass ich ihr liebend zugeneigt bin. Was hält mich also ab, diese Mücke hier einfach zu töten? Ein kurzer Schlag auf meinen Kopf würde genügen.

Es ist erstaunlich, wie viel reflexhafter Widerstand unserem Körper gegen ein so winziges Ereignis wie einen Mückenstich innewohnt. Erst in der unbewegten Stille können wir das Ausmaß unserer Reaktivität so richtig bemerken. Wenn es schon schwierig ist, entspannt und ruhig zu bleiben, wenn eine Mücke über unsere Haut krabbelt, um wie viel schwieriger ist es dann, mit den Intensitäten klarzukommen, die tägliche Ungerechtigkeiten wie Krieg, Rassismus, Polizeigewalt, Diskriminierung von Frauen, ökonomische Ausbeutung und ökologische Zerstörung in uns aufkommen lassen? Mit einer Mücke zu praktizieren, scheint im Verhältnis zu diesen großen Themen vielleicht absurd, aber ich bin davon überzeugt, dass wir zum Kern dieser großen Probleme nicht vordringen können, wenn wir unsere Reaktivität nicht im Detail studieren. Dazu müssen wir lernen zu beobachten, wie sich Anhaftung und Widerstand von Moment zu Moment auf der Empfindungsebene zeigen – das geht sowohl mit Mücken als auch mit Menschen, die uns mit unliebsamen Verhaltensweisen konfrontieren.

Die Wurzel von Gier und Hass ist immer eine gefühlte Intensität zusammen mit dem nahezu gleichzeitig auftretenden Wunsch, etwas gegen sie zu tun. Töten oder seine gewaltsame Androhung können in bestimmten Situationen wie eine Lösung aussehen; wir entledigen uns des Objekts unseres Hasses und eignen uns an, was wir begehren. In unserer menschlichen Welt haben wir Geschichten von Herrschaft und Unterdrückung erfunden, um diesen in unserer Reaktivität begründeten tendenziell gewaltsamen Mechanismus auf Dauer zu rechtfertigen: die Vorherrschaft von Männern über Frauen und nicht-konforme Geschlechtsidentitäten (Patriarchat), von weißer über andersfarbige Haut (Rassismus), von reich über arm (Klassengesellschaft) und so weiter. Was genau begehren wir eigentlich; was genau wehren wir ab? Auf der Suche nach einer gerechteren menschlichen Welt hat es Jahrhunderte gebraucht, um den etablierten Geschichten von Herrschaft und den aus ihnen resultierenden Machtstrukturen alternative und friedvollere Geschichten und Machtverhältnisse entgegenzusetzen.

Während sich die Geschichte der Menschheit in der scheinbar endlosen Verhandlung dieser Gegensätze fortschreibt, bleibt eine Machtstruktur weitgehend unverändert: unser Anthropozentrismus – das Recht, das wir empfinden, die nichtmenschliche Welt zu dominieren. Während wir um eine bessere Organisation unserer menschlichen Angelegenheiten kämpfen, leben wir in einer Ära des Massenaussterbens von Arten. Im Schatten unserer zwischenmenschlichen Konflikte sind wir im Begriff, die Biosphäre zu töten. Unsere Fortschrittsutopie eines bequemen, ungestörten und immer glücklicheren Lebens mit immer gerechterer Güter- und Chancenverteilung unter allen Menschen auf der Erde unterschlägt weitgehend, dass wir nichtmenschliche Wesen in diesem Prozess meistenteils als bloße Mittel zu unseren sehr menschlichen Zwecken ansehen.

Ein inniges Weltverhältnis, dass auch die mehr-als-menschliche Welt in den Blick nimmt, fordert von uns, unserer Rede von »Leben« und »Lebendigkeit« eine neue Grundlage in der Erfahrung zu verschaffen. Wenn unser Leben von dem Wunsch dominiert wird, um jeden Preis den Tod und selbst die Angst vor dem Tod zu vermeiden, beurteilen wir den anderen – ob Mensch, Tier oder Pflanze – in erster Line danach, ob er unserem Überleben zuträglich oder abträglich ist. Das zeigt sich zum Beispiel in der Rede von Nützlingen und Schädlingen. Die dahinterstehende Haltung ist: »Ich hoffe, ich kann überleben, auch wenn du dabei sterben musst oder deine Lebensqualität drastisch eingeschränkt wird.« Der Kapitalismus und Imperialismus sind Resultate dieser Art von selbstzentrierter Überlebenslogik von Gier und Nichtachtung. In einer Zeit, in der sich diese Logik globalisiert hat, sehen wir die ökologischen Folgen, und es beginnt in uns die Einsicht zu dämmern, dass dies auf lange Sicht nicht gut gehen kann.

Wie wäre es, wenn wir »Leben« nicht als Attribut verstünden, dass solche Dinge wie Menschen, Ameisen und Bäume »lebendig« macht, während es andere Dinge wie Steine, Regen und Luft »tot« erscheinen lässt? Wie wäre es, wenn wir zusätzlich zu unserem Überlebenswunsch das Leben als etwas betrachteten, das ungetrennter Aktivität innewohnt und sich ständig aus ihr heraus ereignet? Vielleicht könnten wir von sogenannten »primitiven« animistischen Kulturen lernen, das Leben als ein »fortwährendes Geborenwerden«[129] zu verstehen – von Moment zu Moment entspringt das Erleben eines jeden Organismus aus einem großen Feld ungetrennter Lebendigkeit. Mit der Wiederbelebung einer solchen scheinbar veralteten Sichtweise könnten wir vielleicht aufhören, so entschieden zwischen fühlenden und nicht-fühlenden Wesen zu unterscheiden, und erkennen, dass es letztlich nichts Unlebendiges gibt.

Wir könnten die zehntausend Dinge, mit denen wir jeden Moment in Resonanz stehen und von denen unser Überleben und Wohlergehen abhängt, als eigenständige Akteure anerkennen. »Innige Vertrautheit mit der Welt« bedeutet, eine seltsame Solidarität mit allem zu empfinden. Von dieser Warte aus ist Töten manchmal eine Notwendigkeit, aber nie eine Lösung für unsere selbstzentrierten Begierden. Die schlichte Tatsache, am Leben zu sein, bringt Intensität mit sich. Wenn wir alle Insekten vergiften, die uns in die Quere kommen, wird die Landwirtschaft, wie wir sie kennen, zusammenbrechen. Wenn wir unsere menschlichen Feinde umbringen, werden unvermeidlich neue Gegenspieler auftauchen und ihren Platz einnehmen.

Das innige Weltverhältnis, von dem ich spreche, ist nicht das Gleiche wie Harmonie. Es ist vielmehr die Bereitschaft, mit der Intensität zu leben, die andere in uns hervorbringen. Ich verstehe die Praxis dieses innigen Vertrautseins mit der Welt als einen Weg ohne Ende. Wir brauchen uns aber nicht übermäßig anzustrengen. Es geht darum, tiefer und tiefer anzuerkennen, dass wir immer schon mit allem anderen koexistieren – mit Menschen wie Nicht-Menschen.

Auf den ersten Blick erscheinen die zehn untersagenden Gelöbnisse lediglich wie Vorschriften dafür, was wir nicht tun sollten. Aber je mehr auf unserem Weg ein Verständnis der ungetrennten Lebendigkeit reift, desto deutlicher erscheinen sie als Beschreibungen von den Arten und Weisen, wie sich der Große Wirkzusammenhang in Form unseres täglichen Lebens äußert.

Das Prinzip der Ungetrenntheit liegt jedem der zehn Gelöbnisse zugrunde. In einer Welt ungetrennter Aktivität, einer Welt, in der ich mich nicht als grundsätzlich vom anderen verschieden und getrennt fühle, wie kann ich den anderen und die andere in dieser Welt töten, ohne mir dabei selbst Schaden zuzufügen? Wie kann ich ihm oder ihr etwas wegnehmen, ihn oder sie sexuell missbrauchen, mit Worten in die Irre führen, oder mein eigenes oder ihr oder sein Bewusstsein mit Drogen vernebeln, ohne dabei Energie zu verlieren? Wie kann ich mich über den anderen durch destruktive Kritik oder Selbstverherrlichung erheben, der anderen etwas vorenthalten oder Böses wünschen, ohne dabei mein eigenes Gefühl von Lebendigkeit herabzusetzen? Die drei Juwelen stehen für die drei fundamentalen Aspekte dieser Lebendigkeit; sie zu missbrauchen bedeutet, meiner eigenen Lebendigkeit aktiv zuwiderzuhandeln – wieso sollte ich das tun?

In einer Welt, in der Ich und Du, Selbst und Welt getrennt sind, sind all diese Verhaltensweisen nicht nur möglich, sie finden ständig und überall statt. Und in einer Welt, die sich hauptsächlich um mein Ich dreht, erscheinen sie sogar als die beste Methode, um im Leben voranzukommen. Aber in einer Welt der innigen Verbundenheit, in der ich aufhöre, Resonanzen abzuwehren, erkenne ich, dass ich mir selbst schade, wenn ich meinem Mitmenschen Schaden zufüge. Der ganze Sinn der Gelöbnisse besteht darin, die Wahrheit der Ungetrenntheit inmitten der unvermeidlichen Polarität von Selbst und Welt, Ich und Du, Unabhängigkeit und Verbundenheit zu leben. Wir können unser kleines, individuelles Selbst nicht einfach loswerden; es ist von der Welt (und all den »Anderen« in ihr) sowohl getrennt als auch mit ihr verbunden. Aber wir können es im Kontext von inniger Vertrautheit mit der Wirklichkeit ungetrennter Aktivität anders und neu verstehen. Wir können dieses kleine Selbst aus unserem kontrollierenden Zugriff entlassen und ihm weniger Bedeutung und »Wirklichkeit« zumessen. Die zehn untersagenden Gebote sind *ein Weg des Unterlassens* – ein Weg, immer weniger von dem zu tun, was Trennung verursacht und uns deshalb Energie raubt. Dieser Weg entspringt nicht einem *Sollen*, weil wir uns vorstellen, wir könnten uns dadurch zu einem besseren Menschen formen – das wäre ziemlich selbstbezogen. Vielmehr halten wir die Gelöbnisse ein, weil wir es von uns aus *wollen*. Und wir wollen es, weil sich dadurch in uns die Lebendigkeit der ungetrennten Aktivität erneuert.

Unsere Aufgabe als Praktizierende ist es, jedes Gelöbnis so konkret wie möglich im gelebten Leben zu untersuchen. Es würde den Rahmen dieses Buches sprengen, das hier für jedes Gelöbnis zu tun. Ich will aber noch ein weiteres Gelöbnis herauspicken, um zumindest *ein* zusätzliches Beispiel zu geben.

Das Gelöbnis, nicht zu lügen, bedeutet positiv formuliert: die Wahrheit sagen. Ich habe an der Universität Rhetorik studiert und diesen Studiengang ursprünglich mit der Idee gewählt, Journalist zu werden. Als ich als Hospitant und freier Mitarbeiter täglich die Erfahrung machte, was es bedeutet, für eine Zeitung »Geschichten« zu schreiben, fing ich ziemlich schnell an, an meinen Berufsplänen zu zweifeln. Wenn ich einen Text verfasste, um meine Leser zu informieren oder zu unterhalten, ging es einerseits darum, Fakten zu berichten oder wahrhaftig eine subjektive Wahrheit zu vermitteln. Andererseits hatte ich das Gefühl, meine Leserinnen auf einer tieferen Ebene irgendwie »anzulügen«. Was immer ich auch sagte, konnte die tatsächliche Komplexität einer Situation oder eines Ereignisses nicht vollständig darstellen. Allen journalistischen Standards zum Trotz fühlte sich jede »Geschichte« immer irgendwie selektiv und verzerrt an. Und dennoch wurden die Texte mit dem Anspruch veröffentlicht, »wahr« oder »wahrhaftig« zu sein.

Das Gelöbnis, nicht zu lügen, hält uns dazu an, nicht absichtlich die Unwahrheit zu sagen, um uns einen Vorteil zu verschaffen. Aber was die Wahrheit ist, lässt sich gar nicht so leicht fassen. Der historische Buddha fasste seine Lehre von der rechten Rede so zusammen: Sprich nur, wenn das, was du sagst, sowohl *wahr* als auch *hilfreich* ist. Wenn wir das Gelöbnis aus der Warte des »innigen Weltverhältnisses« untersuchen, können wir feststellen, dass jedes Wort »falsch« oder »unwahr« ist. Und zwar, weil sich die Wirklichkeit unserem begrifflichen Zugriff entzieht und wir sie deswegen nie präzise und zutreffend in Worte fassen können. Wir leben in einer Welt von fabrizierten Geschichten, aber wir leben gleichzeitig auch in der Wahrheit des Großen Wirkzusammenhangs. Die Idee, dass wir dieser Wahrheit entkommen könnten, indem wir Lügen erzählen – Geschichten, denen wir selbst keinen Glauben schenken – ist verblendet.

Die Praxis, nicht zu lügen, besteht in der Erkenntnis, dass ich nicht wirklich davon profitiere, wenn ich die Kluft zwischen Worten und Wirklichkeit so ausnutze, dass mir dadurch ein Vorteil entsteht oder ich Macht über andere gewinne. Die Idee, dass wir alles sagen können, weil es keinen unmittelbaren Zusammenhang zwischen Worten und Wirklichkeit gibt, ist die

Verblendung unserer gegenwärtigen »fake news« und »post truth« Gesellschaft. Über eine Wirklichkeit zu kommunizieren, die sich entzieht, ist unweigerlich mit enormer Komplexität behaftet. Und doch können wir jeden Sprechakt dazu benutzen, unsere gemeinsam geteilte Welt in heilsamer und verantwortlicher Weise in die Gegenwart fortzusetzen. Diese Möglichkeit steht uns jederzeit offen.

Unsere Praxis mit den Gelöbnissen findet auf verschiedenen Ebenen statt. Zunächst bemühen wir uns, unserer Selbstzentriertheit auf die Spur zu kommen. Eine Art, das anzugehen, ist, den Ort in unserem Herzen zu suchen, der bereits aufhören will:

- Aufhören zu töten, wenn es nicht der Erhaltung des Lebens dient.
- Aufhören zu nehmen, wenn etwas nicht frei gegeben ist.
- Aufhören, sexuelle Begierde auszuleben, wenn sie die Wünsche und Würde meines Partners oder meiner Partnerin verletzt.
- Aufhören zu versuchen, mir dadurch einen Vorteil zu verschaffen, dass ich die Unwahrheit sage.
- Aufhören, durch das Vermeiden von Schmerz und Maximieren von Wohlgefühl die Klarheit des Geistes zu opfern.
- Aufhören, andere zu kritisieren, um mich über sie zu erheben.
- Aufhören, mich selbst zu erhöhen, um andere abzuwerten.
- Aufhören, mich an meine Besitztümer zu klammern, während andere unter materieller und spiritueller Armut leiden.

- Aufhören, Feindseligkeit zu schüren, indem ich an meinem Ärger festhalte, anstatt ihn verfliegen zu lassen.
- Aufhören, mich an mein kleines Selbst zu klammeren und offenes Gewahrsein und Ungetrenntheit abzuwehren.

In einem nächsten Schritt können wir erkennen, dass Selbstzentriertheit nicht das Gleiche ist wie das, was wir zuvor als »angemessenen Egoismus« bezeichnet haben. Die Notwendigkeit, gut für uns selbst zu sorgen, bleibt bestehen. Aber uns ist jetzt klar, dass wir in der Beziehung mit anderen beim Ausbalancieren von Wünschen, Interessen und Bedürfnissen mit einer unendlichen Komplexität zu rechnen haben – und zwar in jedem der zehn Handlungsfelder, von denen in den Gelöbnissen die Rede ist:

- Leben erhalten und Leben nehmen
- Geben und nehmen
- Sexuelle Lust ausagieren
- Mit Worten eine Wirklichkeit kommunizieren, die sich entzieht
- Die Biologie von Schmerz und Wohlgefühl navigieren
- Über Gut und Böse, Tugendhaftigkeit und Schuld urteilen
- Das Selbst in Beziehungen behaupten
- Besitztümer haben und verwalten
- Mit Gefühlen von Verletzung und Ungerechtigkeit zurechtkommen
- Sich einem spirituellen Leben in einer sehr materialistischen Welt verschreiben

Wir müssen in jedem dieser Handlungsfelder mit Wertkonflikten und ethischen Dilemmas rechnen. Das ist eine Intensität, die schlicht Teil unserer Lebendigkeit ist und der wir nicht entkommen können. Die zehn untersagenden Gelöbnisse sind nicht notwendigerweise eine vollständige Liste, aber sie geben uns zehn nützliche Einstiegspunkte dafür, im Einzelnen zu untersuchen, wie sich Lebendigkeit in Beziehung manifestiert. Jedes Mal, wenn wir bemerken, dass wir in unserer Teilnahme an der Welt Energie verlieren – dass wir unsere Freundlichkeit und unser Mitgefühl verlieren –, können wir uns fragen, welches Gelöbnis wir gerade mit unserem Handeln brechen und auf welcher Ebene. Auf der Ebene der Selbstbezogenheit, der wechselseitigen Un-Abhängigkeit oder der innigen Vertrautheit? Der Punkt bei dieser Selbsterforschung ist es, das Brechen des Gelöbnisses als Anlass für ein Erneuern des Gelöbnisses zu nehmen. Das heißt: Wir geloben erneut, unsere Selbstbezogenheit aufzugeben, die Weltsicht von wechselseitiger Abhängigkeit und Unabhängigkeit einzunehmen und uns in der Lebendigkeit zu verankern, die sich aus der Erfahrung von Ungetrenntheit speist. Im Zen sagen wir: »Die Gelöbnisse zu praktizieren ist wie ein Frühlingswind, der über ein verbranntes Feld weht.«

25

Ökologisches Mitgefühl

In unserem Zeitalter sind mitfühlendes Handeln und das Gelöbnis, zum Wohle aller Wesen zu leben, nicht nur eine Frage der Menschenliebe. Es ist zu einer existenziellen Notwendigkeit geworden, »alle Wesen« wörtlich als *alle menschlichen und nicht-menschlichen Wesen* zu verstehen – die gesamte Biosphäre. Wir leben inmitten einer globalen ökologischen Krise. Vier miteinander verwickelte Megatrends drohen, der Biosphäre irreparablen Schaden zuzufügen: Erderwärmung, globale Verschmutzung, Artensterben und Überbevölkerung. Die Krise des Lebens auf dem Planeten Erde stellt die Frage nach unserer »Ver-Antwortlichkeit« – unserer grundsätzlichen Fähigkeit, angemessen und verantwortlich auf Situationen zu antworten.

Seit meiner Jugendzeit bin ich über unsere globalen ökologischen Probleme zutiefst besorgt. Im Verlauf der Jahrzehnte habe ich eine ganze Bandbreite verschiedener emotionaler Reaktionen und geistiger Haltungen durchlebt: Angst, Trauer, Überwältigung, Ohnmacht, Frustration, Hoffnungslosigkeit, Depression und Schuldzuweisungen. Inzwischen kann ich sehen, dass all diese verschiedenen Emotionen Interpretationen für sich ständig verändernde propriozeptive Empfindungen geliefert haben, die ich über die Jahre erlebt habe und nach wie vor erlebe. Ich verstehe jetzt, dass der Körper-Geist nicht anders kann, als mit allem, was geschieht, in Resonanz zu sein. Wenn diese Resonanzen zu verstörend sind, wünscht sich unser Bewusstsein sie fast reflexhaft weg. In der Praxis der Befreiung geht es darum, den Widerstand gegen diese Empfindungen aufzugeben und aufzuhören, nach einer alternativen Wirklichkeit zu greifen. Den Empfindungen Raum zu geben bedeutet, der Krise Raum zu geben. Ein Beiname des Großen Bodhisattvas des Mitgefühls ist: »Der, der das Weinen der Welt hört.« Das Weinen wirklich zu hören heißt, es zu *fühlen* – »überall im Körper« und »durch und durch«. Ich sage »Krise«, aber womit haben wir es tatsächlich zu tun? Womit stehen wir in Resonanz?

Wissenschaftler haben vorgeschlagen, die gegenwärtige geologische Epoche »Anthropozän« zu nennen. Und zwar, weil sie die Wirkung, die wir Menschen durch unsere schiere Zahl und die von uns entfesselten technologischen Kräfte auf die Erde haben, inzwischen für den wirkmächtigsten Faktor in der biologischen und geologischen Entwicklung des Planeten halten. Die pessimistischsten Stimmen warnen, dass wir im Begriff sind, den Planeten unbewohnbar zu machen. Vielleicht lässt sich das noch abwenden. Aber weltweite Verschmutzung, Überhitzung und die Vernichtung von Arten finden nicht in der Zukunft statt – sie sind in vollem Gange, hier und jetzt. Es ist eine auf kleiner Flamme köchelnde Katastrophe, die wir jeden Tag leben.

Natürlich nehmen die meisten von uns nicht mit Vorsatz an der allmählichen Zerstörung des Lebens auf dem Planeten Erde teil. Wir wollen alle nur überleben, erfolgreich sein und bequem leben – und dabei so wenig Sorgen und Schmerzen wie möglich haben. Wir leben mit den scheinbar unumkehrbaren Konsequenzen kollektiver Entscheidungen in der Menschheitsgeschichte, und die Strukturen unseres gegenwärtigen politischen Systems sind nicht dafür gemacht, mit globalen Problemen wie der Klimakrise effektiv umzugehen.

Wie sind wir in dieser Situation gelandet? In der Agrarrevolution um etwa 12 000 v.Chr., die wahrscheinlich durch die Überjagung großer Beutetiere und klimabedingte Nahrungsmittelknappheit ausgelöst wurde, gingen nomadische Jäger-Sammler-Kulturen allmählich zu Sesshaftigkeit und Landwirtschaft über. Der amerikanische Geograf Jared Diamond hat diesen Übergang »den schlimmsten Fehler in der Geschichte der Menschheit« genannt.[130] Im Gegensatz zum wissenschaftlichen Mainstream, der die Menschheitsgeschichte noch immer als eine Geschichte des Fortschritts darstellt, argumentiert er, dass uns die Landwirtschaft Krieg, Klassen- und Geschlechterkonflikt und Krankheiten beschert hat. Aber nachdem der Prozess erst einmal in Gang gesetzt war, gab es keinen Weg zurück – der Garten Eden war verloren. Züchtungserfolge, verbesserte Lagertechniken und Handel zwischen den entstehenden Siedlungen trugen zu einer unaufhaltsamen Eigendynamik von Produktivitätssteigerung und Bevölkerungswachstum bei.

Einige Tausend Jahre später steigerte die industrielle Revolution des späten 18. und frühen 19. Jahrhunderts und die mit ihr verbundene Nutzung fossiler Brennstoffe das Wachstum von Produktivität und Bevölkerung noch um ein Vielfaches. Und so dehnten sich die bereits in der Landwirtschaft des alten Mesopotamiens angelegten sozialen und ökologischen Probleme auf den gesamten Erdball aus.

In unserer post-industriellen Technologie- und Digitalkultur sind wir jetzt in einer Situation, in der wir versuchen, die komplexen und scheinbar immer unlösbarer werdenden »wicked problems« (auf Deutsch sinngemäß »vertrackten Probleme«)[131] des Anthropozäns zu entschärfen, während wir in den Strukturen weiterleben, von denen sie verursacht wurden.

Der Philosoph Timothy Morton hat für diese unheilvolle Dynamik den Begriff *Agrilogistik* geprägt. Die Agrilogistik ist eine kollektive Geisteshaltung – sie verspricht, so Morton, »soziale, körperliche und ontologische Ängste, Sorgen und Widersprüche zu beseitigen, indem sie feste Grenzen zwischen menschlichen und nicht-menschlichen Welten zieht und die Existenz auf reine Quantität reduziert. Obwohl dieses Programm toxisch ist, ist es überaus erfolgreich gewesen, weil es enorm überzeugend ist. Die Agrilogistik ist die noch warme, qualmende Tatwaffe, die sich hinter den qualmenden Schornsteinen verbirgt, die für das sechste Massenaussterben von Arten verantwortlich sind.«[132]

So gesehen unterscheidet sich unsere gegenwärtige ökologische Krise nur in ihrem Ausmaß und nicht ihrem Wesen nach vom dem, was sich bereits seit Jahrtausenden zuträgt. Dieses Geschehen wurzelt letztlich in der instinktgeleiteten Abwehr von gefühlten Intensitäten – wir wollen, dass es uns immer besser geht – und unserem tief eingeprägten Gewohnheitsmuster, uns selbst ins Zentrum unserer eigenen Überlebens- und Fortschrittserzählung zu setzen. All das zeichnet ein finsteres Bild von der sogenannten Natur des Menschen. Dem Historiker Yuval Harari zufolge ist Homo sapiens »ein ökologischer Massenmörder«.[133]

Vom Standpunkt des Buddhismus aus gibt es allerdings keine unveränderliche Natur, kein feststehendes Wesen des Menschen. Es gibt nur ungetrennte Aktivität, einen Nexus von Resonanzen und wechselseitiger »antwortlicher« Abstimmung. Durch das Leiden, dem wir jetzt in unserer agrilogistischen Falle begegnen, wächst in uns allmählich die Einsicht, dass ökologische Zerstörung nicht nur andere Lebewesen, sondern auch uns selbst bedroht. Mit anderen Worten: Eine rein egoistische Ausrichtung aufs eigene Überleben und Wohlergehen ist letzten Endes selbstmörderisch. Die globale ökologische Krise unserer Zeit ist das unzweideutige Feedback, dass unser kollektives Verhalten mit einem allgemeinen Florieren des Lebens auf der Erde unvereinbar ist.

Die ökologische Krise ist daher auch eine spirituelle Krise. Das griechische Wort »krisis« bedeutet Zeit der Entscheidung. In der Medizin ist es der Wendepunkt in einem Krankheitsverlauf, von dem aus entweder Heilung oder Sterben einsetzt. In spiritueller Hinsicht sind wir jetzt aufgerufen zu erkennen, dass die Welt ungetrennte Aktivität ist. Praktisch gesprochen müssen wir eine im Mitgefühl gegründete Antwort finden – das heißt, die noch verbliebenen natürlichen Grundlagen des Lebens bewahren, reparieren und so weit wie möglich wiederherstellen. Wir müssen unsere Beziehung mit der Biosphäre grundlegend transformieren.

Wie kann Zen und alles, was wir in diesem Buch erkundet haben, diese Antwort sinnvoll informieren? Vor mehr als tausend Jahren sagte der chinesische Zen-Meister Fayan Wenyi: »Um den Weg zu verwirklichen, müssen Zen-Praktizierende einfach nur den Bedingungen entsprechend handeln. Wenn ihr unbedingt die Bedeutung von ›Buddha-Natur‹ verstehen wollt, dann gebt dem, was gerade passiert, eure Aufmerksamkeit. Ihr alle solltet verstehen, dass die tausend Dinge euer eigenes Selbst sind. Handelt so, dass es dem gegenwärtigen Moment angemessen ist! Seid achtsam und sorgt füreinander!«[134]

Fayan spricht hier über das, was ich Ver-Antwortlichkeit genannt habe; sie zeigt sich in einer fürsorgenden Teilnahme, die aus einer ungetrennten und innigen Vertrautheit zwischen dem Selbst und allen Wesen entspringt. Im Zen wird mitfühlendes Handeln oft als eine Art Reflex dargestellt, in dem der resonanzfähige Körper-Geist spontan aus der Wahrnehmung zum Handeln übergeht. Wenn ein Kind droht, blindlings auf die Straße zu rennen, streckt die Mutter ihren Arm aus und hält das Kind zurück. Wenn wir in der Sommerhitze einen brennenden Zigarettenstummel auf einem Waldweg sehen, treten wir ihn mit dem nächsten Schritt aus, um einen Waldbrand zu verhindern. Zwischen der Unmittelbarkeit der Wahrnehmung und dem Handeln gibt es praktisch keinen zeitlichen Abstand. In dieser Art von Situation würde rationales Abwägen den ursprünglichen, spontanen Impuls nur ausbremsen. Das Koan, von dem in Kapitel 20 (Seite 372) die Rede war, charakterisiert den Gebrauch der tausend Hände und Augen in ähnlicher Weise: »Es ist, als ob jemand in der Nacht die Hand nach dem Kopfkissen ausstreckt.« In diesem Hand-Ausstrecken, das nicht von rationalem Überlegen vermittelt ist, reicht der »nächtliche Geist« in unser Handeln hinein. Die Dunkelheit der Nacht steht für einen Geist inniger Vertrautheit und Ungetrenntheit. Wir haben diesen Geist immer schon, aber er muss entdeckt, entwickelt und zur Reife gebracht werden, um als zuverlässige Quelle für unser Handeln dienen zu können. Mitfühlendes Handeln aus diesem Geist heraus ist ein Gehorsam gegenüber einer Art von Autorität. Es ist die Autorität, die die zehntausend Dinge auf uns ausüben. Wir merken, dass wir uns ihrem Imperativ nicht entziehen können. In diesem Gehorsam spiegelt sich unsere Achtung für den intrinsischen Wert des gefährdeten Kindes und des erhabenen Waldes. Ich sage »intrinsischer Wert«, aber wo ist der in unserer Erfahrung verwurzelt? Die Antwort lautet: in unserer eigenen Lebendigkeit. Unsere eigene Lebendigkeit würde gemindert, wenn wir eine

Verletzung des Kindes in Kauf nähmen oder den Wald niederbrennen ließen. Deswegen strecken wir spontan eine rettende Hand aus oder springen mit dem ganzen Körper zu Hilfe.

Dieses reflexartige Handeln aus Mitgefühl kann durch das Denkbewusstsein außer Kraft gesetzt werden, wenn es anfängt, in unser Gewahrseinsfeld Unterscheidungen zwischen Selbst und Welt, Menschen und Nicht-Menschen, Kosten und Nutzen einzuziehen. Wenn wir uns Beispiele vor Augen führen, in denen wir nicht quasi-automatisch ins Gewahrsein hineingezogen werden, weil keine unmittelbare Gefahr für Leib und Leben besteht, können wir sehen, wie leicht sich das überlegende Denkbewusstsein Einlass verschaffen und unser reflexartiges Mitgefühl aushebeln kann. Stellen Sie sich vor, Sie sind in einem Park joggen und sehen ein weggeworfenes Stück Plastik auf dem Gras. Sie spüren den Impuls, es aufzuheben, aber als Sie sich bücken wollen, kommen Ihnen Zweifel. Als Sie sehen, wie dreckig es ist, überlassen Sie Ihrer Reaktivität das Ruder. Und anschließend findet das Bewusstsein Gründe, warum Sie sich um dieses Stück Abfall nicht zu kümmern brauchen: *Es gibt keine Mülltonne in der Nähe, sicher hat die Stadtverwaltung Angestellte, die den Park regelmäßig reinigen, und es ist sowieso nicht meine Aufgabe, den Dreck von anderen Leuten zu beseitigen.* Also laufen Sie weiter. Oder Sie bestellen ein Muttertags-Geschenk bei Amazon. Sie haben ein leicht schlechtes Gewissen, dass Sie mit Ihrem Kauf unnötigen Müll produzieren und Ihren CO_2-Fußabdruck vergrößern werden, aber Sie rechtfertigen Ihr Handeln mit dem Gedanken, dass es in unserer Kultur eben bestimmte Erwartungen gibt und Ihre Mutter enttäuscht wäre, wenn Sie ihr kein Geschenk machen würden. Oder Sie bestellen in einem Restaurant Fisch. Die Überfischung der Meere macht Ihnen Sorgen, Sie sind sich der Umweltbelastung durch

Aquakulturen bewusst und wissen, wie intransparent der Fischmarkt ist, aber Ihr Arzt hat empfohlen, regelmäßig Fisch zu essen, und Sie fühlen sich mit dieser Diät tatsächlich besser.

Ich gebe diese Beispiele nicht, um Gedanken und Rechtfertigungen zu diskreditieren, sondern um zu zeigen, dass mitfühlendes Handeln komplexer zu sein scheint, als uns das buddhistische Reflexmodell und das Bild einer sich nach dem Kissen streckenden Hand glauben machen wollen. Instinktiv den Arm auszustrecken, damit das Kind nicht überfahren wird, oder einem Obdachlosen spontan Geld zu geben, ohne sich groß weitere Gedanken darüber zu machen, ist einfach und unkompliziert – jedenfalls im Vergleich dazu, eine angemessene Antwort auf die moralischen Imperative des Artensterbens, der globalen Klimakrise und der Anreicherung von Plastik in den Meeren zu finden. Und ähnlich vertrackt sind Fragen nach den sozialen und ökonomischen Umstrukturierungen, die die wachsende Einkommensungleichheit und die daraus resultierenden gesellschaftlichen Spannungen von uns verlangen. Wenn wir in den Nachrichten von einer Ölkatastrophe hören oder von der Unfähigkeit der amerikanischen Regierung, sich zuverlässig auf eine wirksame Klimapolitik zu einigen, was für eine Antwort sollen wir dann als einer von 7,9 Milliarden Menschen auf dieser Welt geben?

Timothy Morton hat Phänomene wie die Erderwärmung und den globalisierten Kapitalismus als »Hyperobjekte« beschrieben. Nach Morton ist ein Hyperobjekt etwas, das »relativ zum Menschen so kolossal in Raum und Zeit verteilt« ist, dass es von niemandem kontrolliert werden kann.[135] Es lässt sich weder direkt beobachten noch ganz verstehen. Es kommt für uns nur stückweise und in Fragmenten zur Erscheinung: als eine Plastiktüte im Park, als das verfrühte Blühen der Aprikosenbäume, als die Beobachtung, dass dieser bestimmte Schmetterling seit Jahren von niemandem mehr gesichtet worden ist. Selbst Wissenschaftler können die Erderwärmung nicht direkt beobachten; auch sie interpretieren nur aufwendig gesammelte Datensätze.

Ohne dass wir es wissen, hat uns das Hyperobjekt unter seiner Kontrolle. Unsere Beziehung zu ihm ist wie die des biblischen Jonas zum Wal, von dem er verschluckt wurde[136] – unser tägliches Leben findet in ihm statt. Wir können das Problem der Erderwärmung oder der globalen Einkommensungleichheiten nicht wie ein mathematisches Problem lösen oder wie ein mechanisches Versagen reparieren, auch wenn das oft die Art und Weise ist, auf die wir es versuchen. Wir *sind* das Problem! Wenn wir in einem Verkehrsstau stecken, ist es einfach zu denken, dass all die Autos um uns herum das Problem sind – bis wir merken, dass wir eines der Autos fahren, aus denen der Stau besteht. Wir mögen den Gedanken haben, dass ein einfacher Stopp aller fossilen Brennstoffe und jeglicher Plastikproduktion die ökologische Krise zu großen Teilen lösen würde. Aber jedes Mal, wenn wir auf einer langen Autofahrt an einer Raststätte haltmachen, um unseren Tank mit Benzin zu füllen, und eine Flasche Wasser kaufen, um unseren Durst zu stillen, können wir feststellen, dass wir das Problem sind, das wir zu lösen versuchen. Wir sind existenziell in das Problem verwickelt.

Nehmen wir an, wir wollen uns aus dieser Verwicklung befreien, indem wir ein Elektroauto kaufen, so weit wie möglich öffentliche Verkehrsmittel benutzen und auf jede Reise eine wiederverwendbare Wasserflasche mitnehmen. Dann gibt es immer noch das verstörende Problem, dass mein persönliches Handeln statistisch gesehen völlig unerheblich ist. Unser

Denkbewusstsein tappt in ein moralisches Dilemma. Einerseits *sind* wir das Problem und fühlen den moralischen Imperativ, jegliches Verhalten zu unterlassen, durch das das Problem fortgeschrieben wird. Andererseits sind wir uns bewusst, dass das Problem kollektiver Natur ist – dass es die unbeabsichtigte Nebenfolge einer siebzigtausendjährigen Evolution menschlicher Gesellschafts- und Wirtschaftsformen ist. Aus den vorhistorischen Jäger-und-Sammler-Kulturen ist über die Landwirtschaft und industrielle Revolution ein globalisiertes Netzwerk von Wissensarbeitern entstanden. Wie kann ein Einzelner für diesen Hyperprozess Verantwortung übernehmen? Wir könnten also schlussfolgern, dass die Evolution verantwortlich ist – und nicht wir.

Aber müssen wir wirklich zwischen Verantwortlichsein und Nicht-Verantwortlichsein wählen? Die buddhistische Weisheit – wie sie im Tetralemma ihren Ausdruck findet – zeigt uns, dass jeder Begriffsrahmen einseitig ist. Ein erster Schritt besteht darin festzustellen, dass wir sowohl persönlich verantwortlich als auch persönlich nicht verantwortlich sind. Es ist vollkommen vernünftig, durch Veränderung unseres persönlichen Lebensstils und durch politische Mitwirkung alles zu tun, um den ökologischen Imperativen unserer Zeit gerecht zu werden. Gleichzeitig können wir wissen, dass unsere persönlichen Bemühungen nur einen marginalen Unterschied machen und dass dramatische systemische Veränderungen vonnöten sind, um den globalen Kohlendioxid-Ausstoß und die Verschmutzung der Biosphäre zu stoppen. Grundsätzlich besteht kein Widerspruch; die Veränderung des persönlichen Lebensstils und der Systemwandel sind wechselseitig voneinander abhängig. Wir können diesen Prozess nur nicht im Alleingang oder durch die Anstrengung einer kleinen Gruppe steuern. Ein signifikanter Teil der 7,9 Milliarden Menschen auf der Erde wird sich an diesem Prozess beteiligen müssen. (Die Weltbevölkerung ist auch ein Hyperobjekt.)

Wenn wir dieses Thema in die Keins-von-beidem-Position schieben, können wir uns fragen: In welchem Kontext ist diese Frage nach der Verantwortlichkeit ursprünglich aufgetaucht? Dieser Kontext ist aus meiner Sicht Leiden und Mitgefühl.

Für ein empfindsames, offenes menschliches Herz ist es kaum zu ertragen, dass wir kollektiv der Biosphäre mit unserem alltäglichen Verhalten, das noch bis vor Kurzem als Fortschritt galt, irreparablen Schaden zufügen. Wir können und wollen uns nicht dafür verantwortlich fühlen. Mehr unbewusst als bewusst versuchen wir die »Störung« deshalb mit verschiedenen emotionalen Strategien abzuwehren: zum Beispiel Verleugnung, Ohnmacht oder fatalistische Untergangsstimmung. Um unsere Panik oder unser Schuldgefühl zu beschwichtigen, sagen wir uns: *So schlimm ist es ja gar nicht; ich allein kann nichts tun; und wahrscheinlich ist es ist ohnehin schon zu spät.* Und so können wir dann weiter unserem »unschuldigen« Wunsch nachgehen, es uns so gut wie möglich gehen zu lassen.

Aber die andere Seite des Dilemmas lässt uns nie ganz los. Im Versuch, unserer persönlichen Verantwortung gerecht zu werden, wählen wir vielleicht einen Lebensstil, in dem wir ökologisch – wenn wir es uns leisten können! – alles richtig machen: Elektroauto oder gar kein Auto fahren, nur biologisch essen, Klimaschutzprojekte unterstützen, die Partei mit der ökologischsten Ausrichtung wählen und so weiter. Aber wenn wir darauf schauen, was die Mehrheit der Menschen macht, ärgern wir uns wahrscheinlich darüber, dass sie die Dringlichkeit einfach nicht zu kapieren scheint. Gleichzeitig nehmen wir natürlich selber weiter die meisten der Bequemlichkeiten in

Anspruch, die unsere CO_2-speiende kapitalistisch organisierte Gesellschaft für uns bereithält.

Die kollektive Dimension des Problems bringt eine ganze Reihe solcher Paradoxien mit sich. Wir mögen zum Beispiel radikalen politischen Wandel fordern und über Politiker schimpfen, die immer nur weiter den Status quo repräsentieren; gleichzeitig sind wir selbst zutiefst in diesen Status quo eingebunden und verwickelt. Es lässt sich nicht vermeiden, dass all diese Situationen eine gewisse Scheinheiligkeit mit sich führen: Öko-Aktivisten, die um die Welt jetten, um für die Verringerung des CO_2-Ausstoßes zu werben, und Naturapostel, die den Großteil ihrer Arbeit vor einem Flachbildschirm erledigen. Aber diese Art von Scheinheiligkeit ist kein persönliches Versagen; es ist eine unvermeidliche Eigenschaft unserer besonderen Situation. Denn wir *sind* das Problem – nicht als Einzelmenschen, sondern als Kollektiv.

Die Natur ist nicht die grüne Landschaft da drüben – etwas, das wir entweder ausbeuten können oder beschützen müssen. Die Natur und das menschliche Tun sind eine ungetrennte Aktivität. Wir können unsere Situation nur fortsetzen, wenn wir bereit sind, uns in neue, noch unbekannte kollektive Verhaltensweisen hineinzuentwickeln – in eine neue Lebensform, die tatsächlich weniger Schaden anrichtet. Wir müssen eine Lebensweise entwickeln, die tatsächlich dem Wohle aller Wesen dient. Dazu brauchen wir auch eine spirituelle Revolution.

Probleme mit Hyperobjekten – also Probleme, die wir uns nicht als Gegenstand gegenüberstellen können – lassen sich nicht *lösen.* Sie können nur *gelebt* werden. Indem wir sie von der Gegenwart in die Gegenwart fortsetzen, entwickeln wir uns selbst durch sie. Ich bin der Überzeugung, dass wir unsere globalen Probleme paradoxerweise nur in Beziehung zu unserer jeweiligen persönlichen Spürenswirklichkeit leben können, durch die sich diese großen Probleme in jedem Einzelnen von uns spiegeln. Ich ermutige meine Schülerinnen und Schülern immer, zunächst den sogenannten miesen Gefühlen Raum zu geben, die zwangsläufig auftauchen, wenn wir uns dem Ernst und dem Ausmaß der ökologischen Krise zuwenden. Die renommierte amerikanische Buddhistin und Öko-Aktivistin Joanna Macy hat betont, dass der Schmerz, den der Zustand der Welt in uns auslöst, ein angemessener Ausdruck für unsere historisch nie dagewesene Situation ist – für die Tatsache, dass wir Menschen, ohne es direkt zu beabsichtigen, im Begriff sind, die Biosphäre zu zerstören. Wir müssen lernen, uns diesem Schmerz zuzuwenden – ihn sogar zu ehren, wie Joanna Macy sagt – statt zu versuchen, ihn von unserem Prozess auszuschließen.

Was ich salopp das »miese Gefühl« nenne, ist ein sich ständig verändernder Felt Sense, der all die Paradoxien, Blockaden, Sackgassen, Frustrationen, Motivationen und positiven Visionen einschließt, die Teil unserer Wahrnehmung der ökologischen Krise sind. Manchmal erscheint der Felt Sense als Trauer, Verzweiflung oder Depression. Zu anderer Zeit als Ärger, Optimismus, Entschlossenheit oder sogar Freude. Emotionen sind allerdings ziemlich grobschlächtige Interpretationsrahmen; die eigentliche Information liegt unter ihnen – im Felt Sense, der zwar vage, aber gleichzeitig auch präziser ist. Die Dimensionen der ökologischen Krise sind immens, aber wundersamerweise tauchen sie in unserem individuellen Körper-Geist als dieser Felt Sense hier jetzt auf – als genau die Komplexität, auf die und aus der heraus wir in der Lage sind, eine Antwort zu geben.

Aus buddhistischer Sicht kommt es darauf an, unseren Widerstand aufzugeben und den Mut zu entwickeln, die Gegenwart in die Gegenwart fortzusetzen. Wir leugnen nicht die

Möglichkeit eines zivilisatorischen Kollapses oder das potenzielle Aussterben der Menschheit. Aber wenn wir uns in der Tatsächlichkeit dieses Moments hier jetzt verankern, spielen die dunklen Vorhersagen weder eine Rolle noch keine Rolle. Wenn wir die Vorhersagen ernst nehmen und auf sie antworten, können wir einen Beitrag dazu leisten, dass sie nicht eintreffen. Letztendlich wissen wir nicht, was passieren wird. Aber eines wissen wir, wenn wir unser Herz geöffnet haben: Wir können den Imperativen der gegenwärtigen Situation, in die wir verwickelt sind, nicht ausweichen – wir müssen ihnen verantwortlich antworten. Wie Fayan sagte: »Handelt so, dass es dem gegenwärtigen Moment angemessen ist!«

Dogen versteht die Welt als einen Prozess des Geborenwerdens und Sterbens – von Moment zu Moment. Er sagt, wir erlangen Befreiung, indem wir inmitten von Geborenwerden und Sterben frei von Geborenwerden und Sterben sind. Er erklärt dazu: »Es gibt die *Nicht-Anhaftung* an Geburt und Tod und das *Durchdringen* von Geburt und Tod. Das ist die vollständige Praxis des Großen Weges. Es gibt das *Loslassen* von Geburt und Tod und das *Verlebendigen* von Geburt und Tod. Das ist die gründliche Praxis des Großen Weges [Hervorhebungen vom Autor].«[137]

Für die meisten von uns bedeutet Befreiung, frei von Problemen, Einschränkungen und unangenehmen Gefühlen zu sein und unser Leben so einzurichten, dass es unseren Vorlieben entspricht. Im Gegensatz dazu fordert uns die buddhistische Idee von Befreiung dazu auf, Widerstand gegen und Anhaftung an unser gegenwärtiges Erleben aufzugeben. Als Praxis bedeutet das: Akzeptanz, Akzeptanz, Akzeptanz. Dieses Akzeptieren schließt letztlich unseren eigenen Tod, das Sterben der menschlichen Zivilisation und das potenzielle Sterben von weiten Teilen der Biosphäre mit ein. Durch körperlich geankertes, nicht-reaktives Gewahrsein können wir üben, in jedem Moment anzuerkennen, was ist. Wir geben Raum. So weit wie möglich heißen wir Geburt und Tod, Erscheinen und Verschwinden in unserem Gastgeber-Geist willkommen. Wenn Gedanken und Emotionen mit einer anhaftenden oder widerständigen Qualität auftauchen, geben wir auch diesen Raum und identifizieren uns so wenig wie möglich mit ihnen.

Für die meisten buddhistisch Praktizierenden endet hier die Vision von Praxis. Persönliche Befreiung dieser Art ist enorm schwierig zu meistern. Aber wenn wir hier haltmachen, bekommt unsere Praxis leicht einen Geschmack von Teilnahmslosigkeit. Wir ignorieren das Weinen in der Welt oder verhalten uns passiv zu ihm. Dogen lädt uns ein, einen Schritt weiter zu gehen. Er stellt der Nicht-Anhaftung und dem Loslassen die komplementären Qualitäten *Durchdringen* und *Verlebendigen* an die Seite. Wenn wir frei sind, das, was erscheint, ungehindert zur Erscheinung kommen zu lassen, durchdringen wir unser Erleben vollständiger. Was wir *da draußen* als die Welt wahrnehmen, ist nicht getrennt von dem, was wir *hier drinnen* von ihr am eigenen Leib spüren. Das ist ungetrennte Aktivität. Innige Resonanz. Wechselseitige Einleibung. Nicht-anhaftend, aber nicht getrennt. Durchdringend. Verlebendigend. Wir durchtränken die Welt mit unserer ungehinderten Lebendigkeit, und wir werden umgekehrt durch ihre Präsenz verlebendigt. Wir verlebendigen unser In-der-Welt-Sein und die Welt-in-unserem-Sein.

Jetzt sind Handeln zum Wohle anderer und Handeln in unserem eigenen Interesse nicht mehr getrennt. Solches akzeptierendes Verlebendigen unseres Erlebens schließt ver-antwortliches Handeln nicht nur nicht aus, es bringt es vielmehr zur

Welt. Es ist ein Ausdruck unserer Lebendigkeit, auch wenn das, worauf wir antworten, zutiefst beunruhigend ist und unsere Antwort schrecklich begrenzt erscheint. Dogen sagt: »Die ungetrennte Aktivität von Leben und Sterben ist wie ein junger Mensch, der sich beugt und streckt, oder jemand, der in der Nacht die Hand nach dem Kopfkissen ausstreckt.«[138] Unser Tun muss nicht unbedingt etwas außergewöhnliches Großes leisten.

Müssen wir eine spezielle ökologische Einstellung annehmen, um Dogens Ruf nach verlebendigender Teilnahme und Fayans Ermahnung zu angemessenem Handeln gerecht zu werden? Ich finde es hilfreich, mich daran zu erinnern, dass ich immer schon ökologisch bin. Ich bin immer schon ein resonanzfähiger Körper. Ich bin immer schon die ungetrennte Aktivität von Allem-auf-Einmal, immer schon Teil einer wechselseitigen Einflussnahme. Es ist wichtig, sich einen Moment Zeit zu nehmen und das so tief wie möglich zu spüren –die fortschreitende Zerstörung der Biosphäre ist davon nicht ausgenommen. Alles, was lebt, muss irgendwann sterben. Die fundamentale Zerbrechlichkeit und Vergänglichkeit aller Dinge macht auch nicht vor riesigen Dingen wie dem arktischen Eisschelf halt. Es schmilzt, während Sie diese Zeilen lesen.

Die Zukunft ist in fundamentaler Weise unvorhersehbar. Wir wissen wirklich nicht, was geschehen wird. Wir wissen nicht, ob es zu spät ist. Vielleicht ist es das. Möglicherweise werden die Tropen in nicht allzu langer Zeit für Menschen unbewohnbar sein. Möglicherweise wird es bald noch größere Massen von Klimaflüchtlingen geben. Oder vielleicht kommt es zu einem globalen Zusammenbruch des Weltwirtschaftssystems und die CO_2-Emissionen senken sich plötzlich in drastischer Weise von selbst, so wie das ansatzweise während der Lockdowns der COVID-Pandemie passierte. Vielleicht gelingt es uns aber auch, eine globale Energiewende auf den Weg zu bringen, die einen wirtschaftlichen und ökologischen Kollaps vermeidet.

Viele, die die Folgen der Erderwärmung viel detaillierter studieren als ich, vertreten die Meinung, dass es immer unwahrscheinlicher wird, dass wir eine Katastrophe abwenden können. Andere halten trotzig an ihrem Optimismus fest. Wenn ich diese Interpretationsrahmen beiseitelasse, was finde ich dann hier und jetzt in meinem resonanzfähigen Körper-Geist vor? Was ist der Imperativ, dem ich bereit bin zu folgen?

Ein Freund von mir war für die Koordination der nichtstaatlichen Akteure bei der Klimakonferenz der Vereinten Nationen verantwortlich, die 2021 in Glasgow stattfand. Ich bewundere sein unerschütterliches Bemühen um eine Transformation des globalen kapitalistischen Systems in eine zukunftsfähige Null-Emissions-Gesellschaft. Er lud mich ein, mit einigen Mitgliedern seines *Climate Champions Teams* zu arbeiten. Es ging darum, Wege zu finden, wie man angesichts der enormen Herausforderungen der ökologischen Wende und dem damit verbundenen Stress geerdet bleiben kann. In unseren Zoom-Meetings arbeiteten wir an leiblich geankerter Achtsamkeit und an der Transformation von geistigen Haltungen.

An einem früheren Zeitpunkt in meinem Leben hatte ich die Idee, in die Umweltpolitik zu gehen, aber daraus ist nie etwas geworden. Stattdessen entschied ich mich, in einer kleinen Gemeinschaft in den Bergen Zen zu praktizieren. Später, als ich in der Gemeinschaft eine Führungsrolle innehatte, plante und verwirklichte ich ein Solarprojekt, das den CO_2-Fußabdruck unseres Zen-Zentrums um 75 Prozent reduzierte. Und ich entwickelte ein »Wild Dharma«-Programm, um die Resonanzfähigkeit mit der nicht-menschlichen Welt zu kultivieren und zu stärken. Davon hatte ich schon zu Beginn des Buches gesprochen.

Ein befreundeter Zen-Lehrer befürwortet zivilen Ungehorsam. Ein Mitglied unserer Sangha mit beträchtlichen finanziellen Ressourcen hat seine philanthropischen Bemühungen auf die Green-New-Deal-Agenda der Demokratischen Partei in den USA fokussiert. Ein anderes Sangha-Mitglied mit viel geringeren finanziellen Ressourcen ist seit Jahren im Naturschutz engagiert. Ein anderer Freund hat sich auf das Finanzieren von Solarprojekten spezialisiert, während eine meiner Schülerinnen sich vor allem für lokales Recycling interessiert. Und dann ist da meine Freundin, eine alleinerziehende Mutter, deren tägliche Übung es ist, mit ihrer Überforderung und ihren Sorgen klarzukommen, sodass sie zur Arbeit gehen und sich um ihre Kinder kümmern kann. Ihr Gelöbnis ist es, keine Plastikprodukte zu kaufen. Welche dieser Antworten ist angemessen?

Zen schreibt uns nicht vor, *was* wir tun sollen. Was wir in unseren gegenwärtigen Lebensumständen tun können und bereit sind zu tun, ergibt sich aus unserer Achtsamkeits-Praxis und unserer wachsenden Erkenntnis, dass »der Körper durch und durch aus Händen und Augen besteht«. Wenn wir erkennen, dass wirkliches Lebendigsein eine Lebendigkeit mit und durch andere ist, kann die Unterscheidung zwischen Egoismus und Altruismus wegfallen. In diesem unserem ökologischen Zeitalter ist das zu einer dringenden Notwendigkeit geworden. Das Selbst vergessen und sich von den zehntausend Dharmas leiten lassen bedeutet heutzutage auch, sich vom Anthropozentrismus in all seinen psychologischen, religiösen und ökonomischen Formen zu verabschieden. Unser resonanzfähiger Körper und unsere Fürsorge müssen natürlich die menschliche Welt weiter einschließen, aber wir müssen auch über sie hinausgehen. Nur wenn unsere Lebendigkeit mit *allen* Wesen in Resonanz tritt – menschlichen, nicht-menschlichen und sogar nicht-fühlenden Wesen – wird unser Mitgefühl wahrhaft allseitig und ökologisch. Wir praktizieren es, wie Fayan sagt, mit dem, was uns direkt vor Augen steht.

EPILOG

Ganze Landschaften von Begriffen und Ideen haben wir durchwandert. So viele Worte. Ich habe Sie auf diese Pfade geführt, weil mir die Praxis am Herzen liegt. Es ist mir ein Anliegen, dass Praxisanleitungen so klar und genau wie möglich sind und auf einem guten begrifflichen Verständnis fußen. Ich mag es nicht, wenn spirituelle Lehren über Komplexitäten und Feinheiten unseres Erlebens hinweggehen. Aber es muss auch klar sein: Der einzige Zeitpunkt, an dem Praxis stattfinden und wir unseren tiefen Wunsch nach Lebendigkeit erfüllen können, ist *jetzt.* Dafür müssen wir alle Erklärungen loslassen und mit unserer Aufmerksamkeit zur Empfindung zurückkehren.

Die Zen-Tradition hat die buddhistischen Lehren zu Transformation, Befreiung, Weisheit und Mitgefühl in kurze Wendesätze verdichtet: *Lade deine Gedanken nicht zum Tee ein*; *wenn es kalt ist, bringt dich die Kälte um; wenn es heiß ist, stirbst du an der Hitze*; *Nicht-Wissen ist das Innig-Vertrauteste*; *nachts die Hand nach dem Kissen ausstrecken.* Die Eleganz dieses Ansatzes liegt darin, dass wir diese Sätze dazu nutzen können, neue Geisteshaltungen einzunehmen, während wir die Gegenwart in die Gegenwart fortsetzen.

In einer der Zen-Zeremonien, in die ich eingeführt worden bin, sagt der Mönch, der gerade eine Reihe von Fragen seiner Weggefährten beantwortet hat: »Wenn ich euch in die Irre geführt habe, wascht euch bitte am Boulder Creek mit der Reinheit seines Rauschens die Ohren aus.«

Hören Sie genau hin! – die Reinheit des rauschenden Gebirgsflusses lässt sich genau dort hören, wo Sie gerade jetzt sind.

Heute Morgen hat mein drei Monate alter Sohn Matias untröstlich geweint. Ich bin mit ihm auf den Balkon hinausgetreten. Dort standen wir der majestätischen Pappel gegenüber, die im Vordergarten des Boulder Zen Center wächst. Eine Abendbrise brachte plötzlich die Baumkrone zum Rascheln und schlug Wellen im Ozean der Blätter mit ihren hellgrünen Ober- und silbrigen Unterseiten. Matias war von dem Spektakel völlig eingenommen. Sein Weinen war im Nu verflogen. Friede stellte sich in unseren beiden Körpern ein und breitete sich in die zehn Richtungen aus. Und dann überkam ihn ein strahlendes Lächeln, und er gluckste vor Freude. Leid und seliges Glück – nur durch einen einzigen Schritt und Perspektivwechsel voneinander getrennt. Was für ein Wunder, lebendig zu sein!

Als Dongshan den Tempel seines Lehrers verließ, sagte er: »Wenn mich in der Zukunft jemand nach der Essenz der Lehre fragt, was soll ich dann sagen?«

Nach einer langen Pause sagte Yunyan: »Genau dies hier jetzt.«

Dongshan seufzte.

ANMERKUNGEN

1 Diese prägnante Gegenüberstellung von »sich *besser* fühlen« und »(sich) besser *fühlen*« stammt von Steven Hayes. Siehe Steven C. Hayes und Spencer Smith, *Get Out of Your Mind and Into Your Life: The New Acceptance and Commitment Therapy.* Oakland 2005, Kindle Edition, S. 45.

2 Mahayana (wörtlich: »Großes Fahrzeug« oder »Großer Weg«) ist der Oberbegriff für verschiedene Strömungen des Buddhismus, zu denen unter anderem auch der Zen-Buddhismus gehört. Der Mahayana-Buddhismus akzeptiert die Lehren des frühen Buddhismus (oft Theravada-Buddhismus genannt) als Ausgangspunkt, stellt ihnen aber verschiedene neue Texte und Praktiken zur Seite. Insbesondere wird der Bodhisattva-Weg betont, bei dem es um die Befreiung *aller* Wesen, nicht nur der eigenen Person geht.

3 Anders als die sogenannten Sutras, die Lehrreden Buddhas, bringt der Abhidharma die von Buddha und seinen Hauptschülern überlieferte Weisheitslehre in eine systematische Ordnung. Der sogenannte Pali-Kanon des frühen Buddhismus umfasst drei Teile: Ordensregeln, Sutras und Abhidharma.

4 Ich bin mir bewusst, dass der Begriff *Propriozeption* in der Neurobiologie und der Psychologie in der Regel in einem engeren Sinn verwendet wird, als ich es hier tue. Als Fachbegriff bezeichnet er normalerweise die Fähigkeit des Körpers, seine eigene Position im Raum wahrzunehmen und dadurch seine Bewegung effektiv zu koordinieren. Die Fähigkeit des Körpers, sein eigenes Inneres wahrzunehmen, wird gewöhnlich »Interozeption« genannt. Ich treffe diese Unterscheidung hier bewusst nicht. Ich nenne den allgemeinen Prozess des Körpers, sich selbst wahrzunehmen »Propriozeption«. Das lateinische Wort *proprio* bedeutet »eigen« oder »selbst«; Propriozeption bedeutet also Eigenwahrnehmung. Ich vermeide den Begriff Interozeption unter anderem deswegen, weil ich nicht weiter zur

Verdinglichung der Unterscheidung zwischen innen und außen beitragen will.

5 Sie haben vielleicht bemerkt, dass ich *Aufmerksamkeit* in der Satzstruktur manchmal wie ein handelndes Subjekt auftreten lasse. Und ich werde dasselbe mit dem Begriff *Absicht* im nächsten Abschnitt tun. Wir gehen gewöhnlich davon aus, dass es ein »Ich« gibt, das die Absicht formt und auswählt, wohin es seine Aufmerksamkeit richten will. Ich lasse dieses Ich manchmal bewusst weg und deute damit an, dass der Prozess des aufmerksamen Achtgebens nicht in erster Linie von einem Selbst gesteuert wird. Im Gegenteil, dieser Prozess ist vielmehr die Grundlage, aus der sich ein Ich-Gefühl erst herausbildet. Manchmal ist es allerdings unmöglich, der Struktur der deutschen Sprache zu entkommen, und das Pronomen »ich« oder »wir« ist meist so gut wie unvermeidlich. Wir werden das buddhistische Verständnis von Nicht-Selbst in den folgenden Kapiteln noch ausführlich besprechen.

6 Ich übernehme den Begriff *Spürenswirklichkeit* von Ulrich Pothast und verwende ihn im Verlauf des Buches unter anderem als Übersetzung für den englischen Begriff *Felt Sense*, der von Eugene Gendlin stammt und in einem eigenen Exkurs (Seite 346 bis 358) näher beleuchtet wird. Siehe Ulrich Pothast, *Lebendige Vernünftigkeit: Zur Vorbereitung eines menschenangemessenen Konzepts.* Frankfurt am Main 1998.

7 Isshū Miura und Ruth Fuller Sasaki, *Zen Dust: The History of the Koan and Koan Study in Rinzai (Linji) Zen*. Melbourne/Basel 2015, S. 97. (Übersetzung vom Autor)

8 Dogen, »Recommending Zazen to All People«, in: *Treasury of the True Dharma Eye: Zen Master Dogen's Shobo Genzo*, hrsg. v. Kazuaki Tanahashi. Boulder 2012, S. 908. (Übersetzung vom Autor)

9 Ebd., S. 307. (Übersetzung vom Autor)

10 Charlotte Joko Beck, *Ordinary Wonder: Zen Life and Practice*. Boulder 2021, 161 f. (Übersetzung vom Autor)

11 Dogen, *Dogen's Extensive Record: A Translation of the Eihei Koroku*, übers. v. Taigen Dan Leighton und Shohaku Okumura, Dharma Hall Discourse #72 »Not Yet Attained«. Somerville 2010, Kindle Edition. (dt. Übersetzung vom Autor)

12 Wie bereits in der Vorbemerkung (Seite 19 bis 21) eingeführt, bezeichne ich als »Leib« beziehungsweise »leiblich« all das, was man in der Gegend des eigenen Körpers von sich spüren kann. Der Leib ist also der propriozeptiv gespürte Körper. Das Leibliche steht damit im Kontrast zum sicht- und

tastbaren Körper, bleibt aber auf ihn bezogen. Zur Definition der Leiblichkeit siehe Hermann Schmitz, *Der unerschöpfliche Gegenstand: Grundzüge der Philosophie.* Bonn 1995, S. 115 f.

13 Shunryu Suzuki, *Zen-Geist Anfänger-Geist: Unterweisungen in Zen-Meditation*, übers. v. Silvius Dornier und Pirmin Ragg. Bielefeld 2014, Kindle Edition, S. 22.

14 »Yunyan Sweeps the Ground« in: *Book of Serenity: One Hundred Zen Dialogues*, hrsg. v. Thomas Cleary. Hudson 1990, S. 91–94. (Übersetzung vom Autor)

15 Shunryu Suzuki, »The Trikaya«, Frühling 1969, in: *Wind Bell: Teachings from the San Francisco Zen Center 1968–2001*, hrsg. v. Michael Wenger. San Francisco 2002, S. 12 f. (Übersetzung vom Autor)

16 Dazu eine kurze Bemerkung: In angeleiteten Meditationen benutzt man eine externe Stimme, die die Objekte der Achtsamkeit jeweils für einen benennt und einen durch die Übung lotst. Das »Benennen« stabilisiert die Aufmerksamkeit – eine Funktion, die wir im nächsten Kapitel besprechen werden. Um diese Stabilität allerdings irgendwann als die eigene zu erleben, muss man sich letztlich von der externen Struktur lösen.

17 Dogen, »Body-and-Mind-Study of the Way«, in: *Treasury of the True Dharma Eye: Zen Master Dogen's Shobo Genzo*, hrsg. v. Kazuaki Tanahashi. Boulder 2012, S. 426. (Übersetzung vom Autor)

18 Shunryu Suzuki, *You have made great progress* (Transkript einer Sesshin-Vorlesung, November 1965), http://shunryusuzuki2.com/Detail1?ID=76 [aufgerufen am 28. Juli 2021]. (Übersetzung vom Autor)

19 »Wenn man eine Vielzahl von Objekten darstellt, wird der Kreis, den man um diese Objekte herum zeichnet, rein physisch gesehen, größer sein als die Menge selbst. Sonst würde er nicht in der Lage sein, sie zu umfassen. Aber wie eine Zeichnung aussieht, ist nicht, was sie logisch bedeutet. Wenn alles auf die gleiche Art und Weise existiert, das heißt, wenn Ganzheiten auf die gleiche Art und Weise existieren wie ihre Teile, dann heißt das, dass die Teile zahlreicher sind als das Ganze – und das heißt, dass das Ganze immer weniger ist als die Summe seiner Teile. Das ist kinderleicht zu verstehen, wenn man so darüber nachdenkt. Warum ist es also so schwer, es zu akzeptieren? Das hat mit dem Vermächtnis des Monotheismus zu tun. Selbst wenn wir nicht an Gott glauben, selbst wenn wir agnostisch sind, retweeten wir weiter monotheistische Vorstellungen. Oder unsere Vorstellungen haben unabhängig davon, was wir meinen zu glauben, eine monotheistische Form. In der Art von Holismus, die ich fortan *explosiven*

Holismus nennen werde (in ihm ist das Ganze immer mehr als die Summe seiner Teile) verhält es sich genau so.« Timothy Morton, *Being Ecological*. Cambridge, MA2018, S. 47. (Übersetzung vom Autor.) Auf Deutsch unter dem Titel erschienen: *Ökologisch sein*, übers. v. Dirk Höfer. Berlin 2019.

20 Suzuki, *Zen-Geist Anfänger-Geist*, S. 31.

21 Die sogenannte Parabel vom vergifteten Pfeil findet sich im Culamalukya Sutta, das zur Sammlung der mittellangen Abhandlungen (Majjhima Nikaya) des Pali-Kanon gehört. Siehe Mettiko Bhikkhu alias Kay Zumwinkel (Übers.): *Majjhima Nikaya. Die Reden des Buddha aus der Mittleren Sammlung*. Uttenbühl 2012, 2. Auflage.

22 Dieser Satz wird Bodhidharma, dem sagenumwobenen Gründer der Zen-Schule in China, zugeschrieben.

23 Das Zitat ist vom Autor übersetzt und beruht auf einer Reihe von englischen und deutschen Übersetzungen von Dogens Genjo Koan: (1) Dogen, »Actualizing the Fundamental Point (Genjo Koan)«, in: *Treasury of the True Dharma Eye: Zen Master Dogen's Shobo Genzo*, hrsg. v. Kazuaki Tanahashi. Boulder 2012, S. 30; (2) Dogen, »Genjo-Koan: The Realized Universe«, in: *Master Dogen's Shobogenzo*, Book 1, übers. v. Gudo Nishijima und Chodo Cross. Woods Hole 1996, S. 28; (3) auf Deutsch: Dogen, »Genjo Koan: Das verwirklichte Universum«, in: *Meister Dōgen, Shōbōgenzō*, Band 1, übers. v. Ritsunen Gabriele Linnebach und Gudō Wafu Nishijima. Heidelberg-Leimen 2008, S. 58.

24 Stephen Batchelor, *Secular Buddhism: Imagining the Dharma in an Uncertain World*. New Haven 2017, Kindle. Siehe auch Stephen Batchelor, *After Buddhism: Rethinking the Dharma for a Secular Age*. New Haven 2015. Kindle. Auf Deutsch erschienen: *Jenseits des Buddhismus. Eine säkulare Vision des Dharma*. Berlin 2017.

25 Bruce Tift, *Already Free: Buddhism Meets Psychotherapy on the Path of Liberation*. Boulder 2015, Kindle.

26 Steven Pinker, *Enlightenment Now: The Case for Reason, Science, Humanism, and Progress*. New York 2018.

27 Yuval Noah Harari, *Sapiens: Eine kurze Geschichte der Menschheit*. München 2013, S. 114.

28 Thanissaro Bhikkhu (Geoffrey DeGraff), *The Shape of Suffering: A Study of Dependent Co-Arising*. Valley Center 2008, S. 3.

29 Stephen Batchelor, *Jenseits des Buddhismus*.

30 Ebd.

31 Ebd.

32 Eine englischsprachige Beschreibung dieser Praxis findet sich im Internet: www.fullybeing.org/course/handshake/ [aufgerufen am 28. Juli 2021].

33 Es handelt sich hier um eine wichtige Beziehung zwischen Innen- und Außenraum, die wir in Teil 4 noch genauer besprechen werden, wenn es um mitfühlendes Handeln geht.

34 »Tung Shan's No Cold or Heat«, in: *The Blue Cliff Record*, übers. v. Thomas Cleary und J. C. Cleary. Boston 1992, S. 258–63.

35 Suzuki, *Zen-Geist Anfänger-Geist*, S. 34 f.

36 Ich persönlich bin damit zufrieden, zur Frage, was während des Sterbeprozesses und nach dem Tod passiert, eine agnostische Haltung einzunehmen. Mich interessiert am meisten, ob ich eine geistige Haltung kultivieren kann, die es mir erlauben wird, dem Moment des Sterbens so vollständig und furchtlos wie möglich zu begegnen. Was auch immer passiert, wird dann, so stelle ich mir vor, grundsätzlich in Ordnung sein. Allwissenheit ist auch kein Thema, das für mich von Belang ist. Wenn ich mir beispielsweise meine eigene Erfahrung bewusst mache, dass ein Hund Frequenzen hören kann, die für das menschliche Ohr nicht wahrnehmbar sind, löst sich die Fantasie von Allwissenheit mit einem Schlag auf – mit einer einzigen einfachen Beobachtung. Das bedeutet nicht, dass wir unsere Wahrnehmungsfähigkeiten grundsätzlich nicht verfeinern können (möglicherweise auch in parapsychologische Bereiche hinein), aber davon als »Allwissenheit« zu sprechen, scheint doch etwas übertrieben.

37 Dogen, *Dogen's Extensive Record*. A Translation of the Eihei Koroku, hrsg. v. Taigen Da Leighton, übers. v. Shohaku Okumura. Somerville 2010, Kindle. (Übersetzung vom Autor)

38 Diese Praxisanweisung wird Meister Yaoshan zugeschrieben. See Dogen, Siehe Dogen, »The Point of Zazen«, in: *Treasury of the True Dharma Eye*, hrsg. v. Kazuaki Tanahashi. Boulder 2012, S. 303. (Übersetzung vom Autor)

39 Ich habe aus Lesbarkeits- und Verständnisgründen die veröffentlichte deutsche Übersetzung des Zitats leicht modifiziert. Das Original lautet: »Da der Körper immer ganz im Geist ist und der Geist immer ganz im Körper ist, heißt es, dass Körper und Geist eine Einheit sind. Diese Ganzheit ist die ganze Welt und alle Richtungen, ist der ganze Körper und der ganze Geist. Dies ist ein von Freude erfüllter Zustand besonderer Art.« Siehe Dogen, »Juki: Die Bestätigung«, in: *Meister Dōgen, Shōbōgenzō*, Band 2, übers. v. Ritsunen Gabriele Linnebach und Gudō Wafu Nishijima. Heidelberg-Leimen 2013, S. 235.

40 Dogen, »Only a Buddha and a Buddha«, in: *Treasury of the True Dharma Eye: Zen Master Dogen's Shobo Genzo,* hrsg. v. Kazuaki Tanahashi. Boulder 2012, S. 877. (Übersetzung vom Autor)

41 »Euren Geist anzuhalten bedeutet nicht, die Aktivitäten des Geistes [anzuhalten]. Es bedeutet, dass euer Geist den ganzen Körper durchdringt.« Suzuki, *Zen-Geist Anfänger-Geist*, S. 46. [Das Zitat wurde vom Autor leicht verändert; ursprünglich »einzustellen«.]

42 Kosho Uchiyama, *Opening the Hand of Thought: Foundations of Zen Buddhist Practice.* Somerville 2004, Kindle. (Übersetzung vom Autor)

43 Ich danke Bruce Tift für diese Begriffe. Tift verwendet ein etwas differenzierteres siebenstufiges Modell zur Auflösung interner Spaltungsvorgänge. Bruce Tift, *Already Free: Buddhism Meets Psychotherapy on the Path of Liberation.* Boulder 2015, Kapitel 1, im Abschnitt mit der Überschrift »Stages of Dissolving Our Internal Divisions«, Kindle.

44 Shunryu Suzuki, *Be Kind with Yourself*, (Tassajara, Februar 1971), http://shunryusuzuki2.com/Detail1?ID=410 [aufgerufen am 28. Juli 2021]. (Übersetzung vom Autor)

45 A. H. Almaas, *The Unfolding Now.* Boston 2008, S. 22. (Übersetzung vom Autor)

46 Dogen, »Continuous Practice, Part One«, in: *Treasury of the True Dharma Eye: Zen Master Dogen's Shobo Genzo*, hrsg. v. Kazuaki Tanahashi. Boulder 2012, S. 333. (Übersetzung vom Autor)

47 Die buddhistische Lehre wurde in Form von Lehrreden des Buddha (Sutras) übermittelt, die zunächst nur mündlich weitergegeben und erst viel später schriftlich aufgezeichnet wurden. Der Pali-Kanon ist die in der Sprache Pali verfasste älteste zusammenhängend überlieferte Sammlung von Sutras. Daneben gibt es auch den Sanskrit und den Chinesischen Kanon.

48 Antonio Damasio, *Descartes' Error: Emotion, Reason, and the Human Brain.* New York 1994.

49 Lisa Feldman Barrett, *How Emotions Are Made: The Secret Life of the Brain.* New York 2017, S. 140 f. (Übersetzung vom Autor)

50 Ebd., S. 147.

51 Bruce Tift verwendet diese Frage in einer Interventionstechnik, die er »Schlimmste-Angst-Methode« (*worst fear technique*) nennt. (Bruce Tift, *Already Free*, Kapitel 1 im Abschnitt »View, Practice, Action«, und Kapitel 2.)

52 Dan Lusthaus, *Buddhist Phenomenology.* New York 2002, S. 168.

53 Der sogenannte Abhidharma ist eine systematische Ordnung der von Buddha in seinen Lehrreden (Sutras) dargelegten Lehre.

54 Allen Carr, *Endlich Nichtraucher! Der einfache Weg, mit dem Rauchen Schluss zu machen*, aktualisierte und überarbeitete Ausgabe, übers. v. Ingeborg Andreas Hoole. München 2011, Kindle Edition, S. 186.

55 Dogen, »Refraining from Unwholesome Action«, in: *Treasury of the True Dharma Eye: Zen Master Dogen's Shobo Genzo*, hrsg. v. Kazuaki Tanahashi. Boulder 2012, S. 95–103. (Übersetzung vom Autor)

56 Für die grundlegende Bedeutung des Begriffs des Nährenden im Taoismus und der chinesischen Philosophie siehe François Jullien, *Vital Nourishment: Departing from Happiness.* New York: Zone Books, 2007.

57 »Baizhang's Fox«, in: *Book of Serenity: One Hundred Zen Dialogues,* hrsg. v. Thomas Cleary. Hudson 1990, S. 35. (Übersetzung vom Autor)

58 Susan Aposhyan, *Body-Mind Psychotherapy. Principles, Techniques, and Practical Applications.* New York 2004, S. 100 f. (Übersetzung vom Autor)

59 Dogen, »Actualizing the Fundamental Point [Genjo Koan]«, in: *Treasury of the True Dharma Eye: Zen Master Dogen's Shobo Genzo*, übers. v. Kazuaki Tanahashi. Boulder 2012, S. 30. (Übersetzung vom Autor)

60 Das Zitat ist vom Autor übersetzt und beruht auf einer Reihe von englischen und deutschen Übersetzungen von Dogens Genjo Koan: (1) Dogen, *Treasury of the True Dharma Eye*, S. 29; (2) Dogen, »Genjo Koan: Das verwirklichte Universum«, in: *Meister Dōgen, Shōbōgenzō*, Band 1, S. 57.

61 Rolf Elberfeld, *Phänomenologie der Zeit im Buddhismus. Methoden interkulturellen Philosophierens.* Stuttgart-Bad Cannstatt 2004, S. 339 f. und 391.

62 Mir ist klar, dass dies eine sehr verallgemeinernde Unterscheidung ist. Die Vielfalt der psychotherapeutischen Ansätze und Verfahren ist enorm. Dennoch hoffe ich, dass der holzschnittartige Kontrast eine wertvolle Orientierungshilfe darstellt.

63 Dies ist meine Übersetzung einer englischen Übersetzung aus dem chinesischen Original: »The Great Way is not difficult: / Just do not pick and choose. / Cut off all likes and dislikes / And it is clear like space. / … / If you choose or reject, / You cannot see things as they are«. Siehe Jianzhi Sengcan, *Trust in Mind*, übers. v. Stanley Lombardo. Lexington 2004, http://kansaszencenter.org/wp-content/uploads/2015/01/Hsin-Hsin-Ming.pdf [aufgerufen am 28. Juli 2021].

64 In meiner Zen-Lehrlinie ist ein Sesshin eine siebentägige meditative Einkehr mit zwölf 30- bis 40-minütigen Meditationsperioden am Tag und drei Mahlzeiten, die auch in der Meditationshaltung eingenommen werden.

65 Peter Payne, Peter A. Levine und Mardi A. Crane-Godreau, »Somatic Experiencing: Using Interoception and Proprioception as Core Elements of

Trauma Therapy«, 4. Februar 2015, www.frontiersin.org/articles/10.3389/fpsyg.2015.00093/full [aufgerufen am 28. Juli 2021].

66 Der Psychotherapeut und Achtsamkeitslehrer David Treleaven hat fünf Prinzipien herausgearbeitet, um Meditationslehrern und Organisationen, die Achtsamkeitsübungen anbieten, zu helfen, eine trauma-sensitive Umgebung herzustellen: (1) im Toleranzfenster verbleiben, (2) die Aufmerksamkeit so lenken, das Stabilität unterstützt wird, (3) den Körper im Blick behalten, (4) in Beziehung praktizieren, (5) den sozialen Kontext mitbeachten. Siehe David Treleaven, *Trauma-Sensitive Mindfulness. Practices for Safe and Transformative Healing.* New York 2018.

67 Terry Kleeman, Professor für Sinologie an der University of Colorado in Boulder, erklärte mir in einem persönlichen Gespräch, dass Yunmens Antwort im Chinesischen wörtlich bedeutet, dass »der Buddha sprach, als würde er zu einer einzelnen Person sprechen« (Übersetzung vom Autor). Im übertragenen Sinne heißt das: Der Buddha sprach auf eine Weise, die der Besonderheit der Situation angemessen war. Siehe »Yun Men's Appropriate Statement«, in: *The Blue Cliff Record*, übers. v. Thomas Cleary und J.C. Cleary. Boston 1992, S. 94–97.

68 »Dizang's Nearness«, in: *Book of Serenity: One Hundred Zen Dialogues*, hrsg. v. Thomas Cleary. Hudson 1990, S. 86 f. (Übersetzung vom Autor)

69 Reiko Ohnuma, *Unfortunate Destiny. Animals in the Indian Buddhist Imagination*. Oxford 2017.

70 Hermann Schmitz bezeichnet als »Einleibung« die »spontane Bildung übergreifender quasi-leiblicher Einheiten [...], die [...] über den einzelnen eigenen Leib, den unmittelbaren Gegenstand des eigenleiblichen Spürens, hinausgehen«. Schmitz stellt fest: »Die normale Wahrnehmung ist in erster Linie Einleibung, keineswegs, wie die Physiologie und die an ihr sich orientierende Psychologie nahelegen, bloße Aufnahme und Verarbeitung von Signalen.« Siehe Hermann Schmitz, *Der unerschöpfliche Gegenstand: Grundzüge der Philosophie.* Bonn 1995, 2. Auflage, S. 137 f.

71 In der westlichen Philosophie geht diese Idee einer »transzendentalen Lücke« auf Immanuel Kants Unterscheidung zwischen dem Ding an sich und seinen Erscheinungen zurück. Timothy Morton erklärt das wie folgt (Übersetzung vom Autor): »Mit Gedanken kann man all das, was ein Apfel ist, nicht erfassen, weil man dabei vergessen hat, ihn zu schmecken. Aber in einen Apfel hineinzubeißen, führt auch nicht zur Erkenntnis der Gesamtheit des Apfels, weil man vergessen hat, sich wie ein Wurm in ihn hineinzubohren. Und das Gleiche gilt natürlich jetzt auch für dieses Wurmloch.

In jedem dieser Fälle hat man nicht mit dem Apfel an sich zu tun, sondern mit Apfel-Daten: mit einem Apfel-Gedanken, einem Apfel-Bissen und einem Apfel-Wurmloch. Ein Diagramm aller möglichen Zugänge zum Apfel in allen möglichen Zeiten und Räumen – angenommen es könnte erstellt werden (was unmöglich ist) – würde denjenigen Apfel verfehlen, den ein weniger vollständiges Diagramm erfassen würde. Sicher ist aber, dass es Apfel-Daten gibt: Äpfel sind grün, rund, saftig, süß, knackig und voll mit Vitamin C; sie haben in der Genesis ihren Auftritt als schicksalsträchtigster Snack der Menschheitsgeschichte, sie sitzen in Geschichten auf dem Kopf kleiner Jungen und warten darauf, mit Pfeilen beschossen zu werden. [...] Keiner dieser Sachverhalte ist der Apfel an sich. Es gibt eine radikale Lücke zwischen dem Apfel und wie er seinen Daten gemäß erscheint. Egal wie genau man den Apfel erforscht, man wird diese Lücke nie durch einen Fingerzeig lokalisieren können, denn es handelt sich um eine transzendentale Lücke.« Morton, *Ökologisch sein.* Berlin 2019, S. xxix–xxx.

72 Das Zitat ist vom Autor übersetzt und beruht auf einer Reihe von englischen und deutschen Übersetzungen von Dogens Genjo Koan. Vgl. Anmerkung 60: (1) S. 31; (2) S. 59.

73 Albert Schweitzer, *Straßburger Predigten*, hrsg. v. Ulrich Neuenschwander. München 1993, S. 161.

74 Friedrich Nietzsche, *Menschliches, Allzumenschliches: Ein Buch für Freie Geister* (Erster Band), in: Ders., Werke, Band 1, hrsg. v. Karl Schlechta. München 1954, Abschnitt 631. Nietzsche argumentiert hier, dass »der Glaube an den Besitz einer unbedingten Wahrheit« einer »vorsichtigen Enthaltung« und »weisen Mäßigung« weichen sollte.

75 Dogen, »Actualizing the Fundamental Point«, S. 30. (Übersetzung vom Autor)

76 Nagarjuna, *The Fundamental Wisdom of the Middle Way: Nagarjuna's Mulamadhyamakakarika*, übers. v. Jay L. Garfield. New York 1995, S. 296 (24:8). (dt. Übersetzung vom Autor)

77 Ich sage hier zwar der Einfachheit halber *Geist*, aber wir sollten wie bereits besprochen mitbedenken, dass der Geist immer eine körperliche Komponente hat und deshalb als Körper-Geist verstanden werden muss.

78 Dogen, »Undivided Activity«, in: *Treasury of the True Dharma Eye*, S. 451. (Übersetzung vom Autor)

79 Die Wiedergabe dieses Ausspruchs basiert auf der Darstellung von Alan Watts, *The Way of Zen.* New York 1951, S. 126. (Übersetzung mit leichten Modifizierungen vom Autor)

80 Nagarjuna, *The Fundamental Wisdom of the Middle Way: Nagarjuna's Mulamadhyamakakarika*, übers. v. Jay L. Garfield. New York 1995, S. 75 (25:20). (Übersetzung vom Autor)

81 Ebd., S. 83 (27:30).

82 Ebd., S. 68 (24:10).

83 Ebd., S. 36 (13:8).

84 Ebd. S. 68 (24:11).

85 Dogen schreibt diese Zazen-Unterweisung Zen-Meister Yaoshan zu. Dogen, »The Point of Zazen« in: *Treasury of the True Dharma Eye,* S. 303. (Übersetzung vom Autor.)

86 Die Präsentation der praktischen Anwendung von Nagarjunas Tetralemma basiert weitgehend auf dem Werk des Logikers Matthias Varga von Kibéd. Ich habe von ihm die Bezeichnungen der fünf Positionen übernommen: (1) *das Eine*, (2) *das Andere*, (3) *Beides*, (4) *Keines von Beiden*, (5) *All dies nicht – und selbst das nicht!* Darüber hinaus bin ich vor allem für die folgenden zentralen Ideen dankbar: *Die Vereinbarkeit des Unvereinbaren*, *Kontexterweiterung*, *impliziter Kontext* und *Fünfte Position.* Siehe Sparrer/Varga von Kibéd, *Ganz im Gegenteil.* Heidelberg 2003.

87 Diese und andere Untertypen der *Beides*-Position werden von Sparrer und Varga von Kibéd aufgelistet. Siehe Sparrer/Varga von Kibéd, *Ganz im Gegenteil*, S. 78–85.

88 Die Frage ist Teil eines Koan-Dialogs, auf den Dogen in seiner Schrift *Daigo* (»Das große Erwachen«) Bezug nimmt. Diese Übersetzung des Autors beruht auf der englischen Übersetzung von Hee-Jin Kim, *Dōgen on Meditation and Thinking: A Reflection on His View of Zen.* Albany 2007, S. 2.

89 Dogen, »Great Enlightenment«, in: *Treasury of the True Dharma Eye*, S. 299.

90 »Dizang Planting the Fields«, in: *Book of Serenity*, S. 52. In seiner Übersetzung für dieses Buch ersetzte der Autor im Zitat »Dizang« mit »er«.

91 Der erste Ansatz ist der allgemein bekannte; siehe zum Beispiel Chögyam Trungpa, »The Development of the Ego« in: *Cutting Through Spiritual Materialism.* Berkeley 1973, S. 121–137, und Dan Lusthaus, *Buddhist Phenomenology.* New York 2002, S. 46–51. Den Ansatz des meditativen De-aggregierens habe ich von meinem Lehrer Zentatsu Baker Roshi gelernt.

92 Lusthaus, *Buddhist Phenomenology*, S. 46.

93 Dogen, »One Bright Pearl« in: *Treasury of the True Dharma Eye,* S. 35. (Übersetzung vom Autor)

94 Ebd., S. 37 f. (Übersetzung vom Autor)

95 Der Titel wurde vom Autor aus dem Englischen übersetzt. Dogen, »Undivided Activity«, in: *Treasury of the True Dharma Eye*, S. 450 ff.

96 Dogen, »Sansuigyo: Das Sutra der Berge und Wasser« in: *Meister Dōgen, Shōbōgenzō*, Band 1, S. 194.

97 Mein Lehrer Zentatsu Baker Roshi sprach im Englischen von den »Four Revocations«. *Revocation* bedeutet wörtlich »Widerruf« oder »Zurücknahme«.

98 Suzuki, *Zen-Geist Anfänger-Geist: Unterweisungen in Zen-Meditation*, S. 44 f. [A.d.Ü.: Ich habe das Wort »Wirklichkeit« durch »Tatsache« ersetzt; im Original steht »fact«.]

99 Für eine ausführliche Behandlung der Entwicklung des Begriffs des Lagerhaus-Bewusstseins (ālaya-vijñāna) siehe William S. Waldron, *The Buddhist Unconscious: The Ālaya-vijñāna in the Context of Indian Buddhist Thought*. New York 2003.

100 Suzuki, *Zen-Geist Anfänger-Geist*, S. 158 f.

101 Ich folge damit der Praxis von deutschen Einführungen. Siehe Eugene T. Gendlin, *Focusing. Selbsthilfe bei der Lösung persönlicher Probleme.* Reinbek bei Hamburg 1998, sowie Eugene T. Gendlin und Johannes Wiltschko. *Focusing in der Praxis. Eine schulenübergreifende Methode für Psychotherapie und Alltag.* Stuttgart 1999.

102 Gendlin, *Focusing, 1998.*

103 Ders., *Experiencing and the Creation of Meaning.* Evanston 1997.

104 Gendlin bezeichnet seine eigene Forschungsarbeit als eine »Reihe von Studien«, die »zeigen, dass Klienten, bei denen Psychotherapie (gemäß einer Vielzahl von Kriterien) wirksam ist, sich während mitgeschnittener Therapiesitzungen gemessen an zuverlässig wiedererkennbaren sprachlichen Redewendungen signifikant häufiger auf gespürte Erfahrungen beziehen«. (Übersetzung vom Autor.) David Michael Levin (Hg.), *Language After Postmodernism: Saying and Thinking in Gendlin's Philosophy.* Evanston 1997. Siehe auch Eugene Gendlin, *»What Comes After Traditional Psychotherapy Research«, American Psychologist* 41, Nr. 2, S. 131–136.

105 Eugene Gendlin, *Saying What We Mean: Implicit Precision and the Responsive Order*, Studies in Phenomenology and Existential Philosophy. Evanston 2018, Kindle, Kapitel »Introduction to *Thinking at the Edge*«. (Übersetzung vom Autor)

106 Gendlin, *Saying What We Mean*, Kapitel »Experiential Phenomenology«, Kindle. (Übersetzung vom Autor)

107 Ebd.

108 Gendlin, *Focusing*, S. vii.

109 »Fortsetzen« ist meine Übersetzung des von Gendlin geprägten englischen Begriffs *carrying forward.*

110 Gendlin, *Focusing*, S. 49–57.

111 Dogen, »Only a Buddha and a Buddha« in *Treasury of the True Dharma Eye*, S. 880. (Übersetzung vom Autor)

112 Hermann Schmitz, *Der unerschöpfliche Gegenstand. Grundzüge der Philosophie.* Bonn 1995, 2. Auflage, S. 137–140.

113 Ebd., S. 139

114 Dogen zitiert in: Hee-Jin Kim, *Dōgen on Meditation and Thinking*, (Übersetzung vom Autor)

115 Ich danke Ulrike Greenway für die Hilfe beim Erstellen einer deutschen Version des Haikus. In der deutschen Übersetzung der englischen Version von David Lanue findet sich folgende Fassung: Diese Welt / ist eine Welt aus Tautropfen / Ja … aber … Siehe David G. Lanoue, *Schreiben wie Issa. Ein Haiku-Ratgeber.* Books on Demand 2019, Kindle Edition.

116 Gary Snyder, *Danger on Peaks.* Washington D.C. 2004., S. 102. (Übersetzung vom Autor) Auf Deutsch: *Gefahr auf den Gipfeln*, übers. v. Sebastian Schmidt. Berlin 2006.

117 Suzuki, *Zen-Geist Anfänger-Geist: Unterweisungen in Zen-Meditation*, S. 137.

118 Dogen, »Body-and-Mind-Study of the Way« in: *Treasury of the True Dharma Eye*, S. 426 f. (Übersetzung vom Autor)

119 Dogen, »Undivided Acivity« in: *Treasury of the True Dharma Eye*, S. 450. Die Begriffe sind vom Autor übersetzt. Wir werden diese Begriffe in Kapitel 25 noch weiter untersuchen.

120 Steven C. Hayes, *A Liberated Mind.* Kindle Edition, S. 359.

121 Hartmut Rosa, *Resonanz: Eine Soziologie der Weltbeziehung.* Berlin 2016, S. 66 ff.

122 Alle Zitate in diesem Kapitel stammen, sofern nicht anders angegeben, aus der folgenden Quelle: »Yunyan's 'Great Compassion« Ausgabe 54 in: *Book of Serenity: One Hundred Zen Dialogues*, S. 229–32.

123 Shunryu Suzuki, *Way-Seeking Mind, Part II* (Winter Sesshin-Vorlesung, Nr. 2, Tassajara, November 1969, http://shunryusuzuki2.com/detail1?ID=318 [aufgerufen am 28. Juli 2021].

124 Zitiert in Andy Ferguson, *Zen's Chinese Heritage: The Masters and Their Teachings.* Boston 2000, S. 144. (Übersetzung vom Autor)

125 Ich übernehme diese Formulierung von Matthias Varga von Kibéd.

126 Oryoki ist eine in der Zen-Tradition praktizierte meditative Form gemein-

samen Servierens und Essens, die im Schweigen stattfindet. Das Ritual besteht aus einem festgelegten Ablauf von Gesten für die Benutzung von Serviertöpfen, Essschalen und Besteck.

127 Ich danke Bruce Tift für diese Idee von »Beziehungsstilen«, die auf Englisch »separate« und »connecting« (beziehungsweise auch maskulin und feminin) nennt, und für den Begriff des angemessenen Egoismus (»effective selfishness«). Siehe Bruce Tift, *Already Free*.

128 Shunryu Suzuki, »The Traditional Way: Summary of Shunryu Suzuki's Sesshin Lectures« (Wind Bell, August 1964). Aufgerufen am 28. Juli 2021, http://shunryusuzuki2.com/detail1?ID=30 [aufgerufen am 28. Juli 2021]. (Das zusammenfassende Transkript der Vorträge wurde von Trudy Dixon angefertigt und entspricht nicht dem genauen Wortlaut; Übersetzung vom Autor.)

129 Das ist die Definition des Lebens, die ein Mann des nordkanadischen Jägervolkes der Wemindji Cree dem Ethnografen Colin Scott gegeben hat. Siehe Tim Ingold, *Being Alive: Essays on Movement, Knowledge, and Description.* New York 2011, S. 69.

130 Jared Diamond, »The Worst Mistake in the History of the Human Race«, *Discover Magazine* 1999, www.discovermagazine.com/planet-earth/the-worst-mistake-in-the-history-of-the-human-race [aufgerufen am 28. Juli 2021].

131 »Wicked Problems sind echte Zwickmühlen. Sie sind verwirrend, dynamisch, unstrukturiert und mehrdeutig; sie sind komplex, vielschichtig, vertrackt und können uns irre machen. Es gibt für sie keine endgültigen Lösungen, lediglich vorübergehende Antworten.« Joseph Bentley und Michael Toth, *Exploring Wicked Problems: What They Are and Why They Are Important.* Bloomington 2020, im Kapitel »What Makes Wicked Problems Wicked?«, Kindle. (Übersetzung vom Autor)

132 Timothy Morton, *Dark Ecology*, The Wellek Library Lectures. New York 2016, Kapitel »The First Thread«, Kindle. (Übersetzung vom Autor)

133 Yuval Noah Harari, *Sapiens: Eine kurze Geschichte der Menschheit.* München 2013, S. 90.

134 Zitiert in: Andy Ferguson, *Zen's Chinese Heritage: The Masters and Their Teachings.* Boston 2000, S. 319. (Übersetzung vom Autor)

135 Timothy Morton, *Hyperobjects: Philosophy and Ecology after the End of the World*, Posthumanities. Minneapolis 2013, Kapitel »A Quake in Being: An Introduction to Hyperobjects«, Kindle. (Übersetzung vom Autor)

136 Nachdem Morton diese biblische Metapher eingeführt hat, zeigt er uns,

wie tief wir eingebettet sind: »Unsere wachsenden wissenschaftlichen Erkenntnisse zur Erderwärmung setzen allen möglichen Ideen ein Ende, bringen jedoch auch andere hervor. Der Wesenskern dieser neuen Ideen ist der Begriff der Koexistenz – das ist ja letztlich die Tiefenbedeutung von Ökologie. Wir koexistieren mit menschlichen Lebensformen, nichtmenschlichen Lebensformen und Nicht-Lebensformen auf der Innenseite einer Reihe von gigantischen Entitäten, mit denen wir auch koexistieren: das Ökosystem, die Biosphäre, das Klima, der Planet, das Sonnensystem. Eine Mannigfaltigkeit von russischen Puppen. Wale im Inneren von Walen in Inneren von Walen.« Timothy Morton, *Hyperobjects*, im Kapitel »The End of the World«. (Übersetzung vom Autor)

137 Dogen, »Undivided Activity« in: *Treasury of the True Dharma Eye*, S. 450. (Übersetzung vom Autor)

138 Ebd., S. 452. (Übersetzung vom Autor)